HERAUSGEGEBEN VON
Dr. Barbara Ort und Ludwig Rendle

fragen suchen entdecken

3

Arbeitshilfen für NRW

ERARBEITET VON
Michael Bauer, Ursula Heilmeier, Inge Höpfl,
Barbara Ort, Angelika Paintner, Ludwig Rendle,
Norbert Rinck

BEARBEITET VON
Karla Dommers, Hedwig Kulinna,
Hans-Werner Kulinna, Gabi Menke

Kösel

**fragen – suchen – entdecken
Religion in der Grundschule 1 – 4**

Herausgegeben von
Dr. Barbara Ort und OStDir Ludwig Rendle
mit Beratung von Prof. Dr. Lothar Kuld

fragen – suchen – entdecken 3 – Arbeitshilfen für NRW

Erarbeitet von
Michael Bauer, Ursula Heilmeier, Inge Höpfl,
Barbara Ort, Angelika Paintner, Ludwig Rendle,
Norbert Rinck

Bearbeitet von
Karla Dommers, Hedwig Kulinna,
Hans-Werner Kulinna, Gabi Menke

Bitte beachten Sie: Das Internet ist ein schnelllebiges Medium, dessen Inhalte sich einer wirksamen Kontrolle entziehen. Herausgeber/in, Autor/innen und Verlag haben sich bei allen Link-Angaben bemüht, ausschließlich „langlebige" Adressen seriöser Quellen anzugeben, die kindgemäß sind und keinerlei Gewalt verherrlichende, diskriminierende, pornografische oder sonstige sittenwidrige Inhalte transportieren. Alle Angaben werden bei jeder Neuauflage der Bücher überprüft.
Dennoch kann nicht restlos ausgeschlossen werden, dass durch Veränderungen (z. B. Übernahme einer Domain durch einen neuen Inhaber) unerwünschte Inhalte auf den Seiten stehen, Links nicht mehr funktionieren oder auf andere Seiten mit unerwünschten Inhalten verwiesen wird. Wir distanzieren uns von solchen Inhalten, weisen Sie als Lehrkraft auf die besondere Aufsichtspflicht bei der Nutzung des Internets im Unterricht hin und bitten Sie um Hinweise an den Verlag, sollten Ihnen unerwünschte Inhalte auf den angegebenen Internet-Seiten auffallen.
Vielen Dank für Ihre Bemühungen!

ISBN 3-466-50696-4 (Kösel)
ISBN 3-403-04112-3 (Auer)

© 2005 by Kösel-Verlag GmbH & Co., München,
und Auer Verlag GmbH, Donauwörth

Rechtschreibreformiert.
Alle Rechte vorbehalten.
Das Werk und seine Teile sind urheberrechtlich geschützt.
Jede Nutzung in anderen als den gesetzlich zugelassenen Fällen
bedarf deshalb der vorherigen schriftlichen Einwilligung der Verlage.
Hinweis zu § 52a UrhG: Weder das Werk noch seine Teile dürfen ohne eine solche Einwilligung eingescannt und in ein Netzwerk eingestellt werden. Dies gilt auch für Intranets von Schulen und sonstigen Bildungseinrichtungen.
Jede Verwertung in anderen als den gesetzlich zugelassenen Fällen bedarf deshalb der vorherigen schriftlichen Einwilligung des Verlags.

Satz: Kösel-Verlag, München.
Druck und Bindung: Ludwig Auer GmbH, Donauwörth.
Sachzeichnungen: Maria Ackmann, Hagen.
Notensatz: Christa Pfletschinger, München.
Umschlag: Kaselow-Design, München.

Der Kösel-Verlag ist Mitglied im „Verlagsring Religionsunterricht (VRU)".

Vorwort

Liebe Kollegin, lieber Kollege,

diese Arbeitshilfen für NRW zum dritten Band des Grundschulwerkes **fragen – suchen – entdecken** wollen Sie bei Ihrer kreativen Arbeit mit dem Schulbuch begleitend unterstützen.

- Zum besseren Verständnis des Gesamtwerkes wird zu Beginn das Konzept von fragen – suchen – entdecken erläutert. Im Mittelpunkt steht dabei die **Betonung des eigenständigen Aneignungsprozesses** von Inhalten durch die Schülerinnen und Schüler. Die Konsequenzen, die sich aus dieser didaktischen Konzeption ergeben, bestimmen die didaktische Struktur der einzelnen Kapitel.

- Für **jahrgangsübergreifende Lerngruppen** finden Sie in diesen Arbeitshilfen zu jeder Schulbuchseite alternative Aufgabenstellungen und konkrete Unterrichtsbeispiele gemäß den entsprechenden Anforderungen für die Kinder aus dem jeweils anderen Jahrgang.

- Die **Bezüge zu den anderen Fächern** werden in jedem Kapitel deutlich aufgezeigt. Ihr Anliegen, fächerübergreifende Bezüge für das Lernen der Kinder herzustellen, wird gut begleitet.

- Eine Besonderheit stellen die ersten Seiten des jeweiligen Schulbuches dar. Sie sind überschrieben mit „**Stille entdecken**" und verweisen Sie und die Schülerinnen und Schüler auf eine wichtige Aufgabe des Religionsunterrichts: auf die Einübung der Stille, der Achtsamkeit, der Möglichkeiten „Wege der inneren Erfahrung" zu erkunden und zu gehen. Diese Angebote sollen gleichsam wie ein roter Faden den Religionsunterricht in immer neuen Variationen während des Jahres begleiten.

- Die Folienmappe mit Kunstbildern **Schatzkiste 3/4**, die Folienmappe mit Fotos von Alltagssituationen und Symbolen **Lebensbilder 3/4** und die CD **Liederkiste 3/4** sind zusätzliche Hilfen für Ihren Religionsunterricht.

Wir hoffen, dass die Arbeitshilfen mit ihren zahlreichen Impulsen, Arbeitsblättern und zusätzlichen Materialien eine lebendige und kreative Unterrichtsgestaltung ermöglichen.

Die Autorinnen und Autoren,
die Herausgeberin und der Herausgeber

Inhalt

A GRUNDLAGEN	Das Konzept zu „fragen – suchen – entdecken 1-4"

Rahmenbedingungen 16
Konsequenzen für die Religionsbücher „fragen – suchen – entdecken" 19
Ausgangspunkt und Ziel: fragende, suchende und entdeckende Schülerinnen und Schüler 20

A GRUNDLAGEN	Das Begleitmaterial zu „fragen – suchen – entdecken 1-4"

1. Die „fragen – suchen – entdecken –Arbeitshilfen" 21
2. Die Folienmappe Schatzkiste 3/4 21
3. Die CD Liederkiste 3/4 21
4. Die Folienmappe Lebensbilder 3/4 21
5. Die Handpuppe Relix 22
6. Begleitbuch über die Stufen religiöser Entwicklung 22
Literatur und Adresse 22

B SCHULBUCH	Der Umschlag von „fragen – suchen – entdecken 3"

B SCHULBUCH	Meditationsseiten in „fragen – suchen – entdecken 1-4"

Stille-Übungen im RU der Grundschule 23
Die religionspädagogische Bedeutung von Stille-Übungen 23
Rahmenbedingungen und Gestaltung einer Stille-Übung 24
Grundformen der Stille-Übung: Atmen – Aufrechtes Sitzen 25
Aufbau der Stille-Übungen 26
Literatur 26

B SCHULBUCH	Stille entdecken in „fragen – suchen – entdecken 3"

FRAGEN – SUCHEN – ENTDECKEN 4: Symbol: Brot 27
1. Hintergrund 27
2. Einsatzmöglichkeiten im RU 28
    AB 3.0.1 *Lied und Tanz:* Danke für das Brot 29
    AB 3.0.2 *Symbolgeschichte:* Das Brot 31
    AB 3.0.3 *Symbolgeschichte:* Das Brot des Glücks 33
    AB 3.0.4 *Symbolgeschichte:* Der Wert eines Brotes 33
    AB 3.0.5 *Gestaltungsvorlage:* Was Brot alles sein kann 35

FRAGEN – SUCHEN – ENTDECKEN 5: Riechen und Schmecken 32
1. Hintergrund 32
2. Einsatzmöglichkeiten im RU 34
    AB 3.0.6 *Fantasiereise:* Die Geschichte vom guten Zauberer 37
    AB 3.0.7 *Fantasiereise:* Der Duft des Weihrauches 37

FRAGEN – SUCHEN – ENTDECKEN 5: Wo ich Gott finde 36
1. Hintergrund 36
2. Einsatzmöglichkeiten im RU 40
    AB 3.0.8 *Gedicht:* Ein Lied für die Sonne 38
    AB 3.0.9 *Psalmen:* Lob auf Gott und seine Schöpfung 39
    AB 3.0.10 *Gedichte* zu den Jahreszeiten 41

AB 3.0.11 *Gestaltungsvorlage:* Mandalas zu den Jahreszeiten 42
AB 3.0.12 *Erzählung:* Der betende Gaukler 43
AB 3.0.13 *Beobachtungsaufgabe:* Auf der Straße 38
AB 3.0.14 *Folienvorlage:* Gesichter von Menschen 45

FRAGEN – SUCHEN – ENTDECKEN 6: Die Gebärden 44
1. Hintergrund 44
2. Einsatzmöglichkeiten im RU 46
    AB 3.0.15 *Infoblatt:* Gebärdenfolge 47
3. Jahrgangsübergreifende Lerngruppe 48
4. Weiterführende Anregungen 48

FRAGEN – SUCHEN – ENTDECKEN 6: Meditationslied „Schweige und höre" 50
1. Hintergrund 50
2. Einsatzmöglichkeiten im RU 50
    AB 3.0.16 *Eskimo-Märchen:* Wenn etwas aufbrechen will 49
    AB 3.0.17 *Lied:* Stille, Stille 49

KAPITEL 1 — Nach Gott fragen – von Gott sprechen

1. Religionspädagogische und theologische Hinweise 51
2. Das Thema im Lehrplan und in fragen – suchen – entdecken 52
3. Jahrgangsübergreifende Einsatzmöglichkeiten 52
4. Verbindungen zu anderen Themenbereichen und Fächern 53
5. Lernsequenz 53
6. Lebensbilder 3/4 53

FRAGEN – SUCHEN – ENTDECKEN 7: Nach Gott fragen – von Gott sprechen 54
1. Hintergrund 54
Ein Grundmodell der Bilderschließung 56
2. Einsatzmöglichkeiten im RU 57
    AB 3.1.1 *Gestaltungsvorlage:* Paul Klees Gemälde 55
3. Jahrgangsübergreifende Lerngruppe 57

FRAGEN – SUCHEN – ENTDECKEN 8/9: Sich Gott vorstellen 58
1. Hintergrund 58
2. Einsatzmöglichkeiten im RU 58
    AB 3.1.2 *Dialog:* Kannst du mir Gott zeigen? 59
3. Jahrgangsübergreifende Lerngruppe 62
    AB 3.1.3 *Erzählung:* Der König, der Gott sehen wollte 60
    AB 3.1.4 *Lied:* Gottes Liebe ist wie die Sonne 60

FRAGEN – SUCHEN – ENTDECKEN 10/11: Sich ein Bild machen 62
1. Hintergrund 62
2. Einsatzmöglichkeiten im RU 62
    AB 3.1.5 *Arbeitsblatt:* Was ich über Gott denke 61
    AB 3.1.6 *Arbeitsblatt:* Hätte Gott ..., dann 63
    AB 3.1.7 *Lied:* Mein Gott 65
    AB 3.1.8 *Text:* Peter hat eine Frage 66
3. Jahrgangsübergreifende Lerngruppe 64

FRAGEN – SUCHEN – ENTDECKEN 12/13: Über Gott nachdenken 64
1. Hintergrund 64
2. Einsatzmöglichkeiten im RU 64
    AB 3.1.9 *Metaphern:* Gott ist wie 67
    AB 3.1.10 *Lied:* Ganz nah ist manchmal Gott 69

  AB 3.1.11 *Lied:* Gott ist Vater 69
  AB 3.1.12 *Infoblatt:* Regieanweisung für die Gruppenarbeit 71
 3. Jahrgangsübergreifende Lerngruppe 68

FRAGEN – SUCHEN – ENTDECKEN 14/15: Gott erfahren 68
1. Hintergrund 68
2. Einsatzmöglichkeiten im RU 72
  AB 3.1.13 *Text:* Jakob erinnert sich 73
  AB 3.1.14 *Sehhilfe:* Jakobs Traum 77
3. Jahrgangsübergreifende Lerngruppe 74

FRAGEN – SUCHEN – ENTDECKEN 16/17: Anders als erwartet 74
1. Hintergrund 74
2. Einsatzmöglichkeiten im RU 76
3. Jahrgangsübergreifende Lerngruppe 76
  AB 3.1.15 *Meditation:* Ganz anders 73
  AB 3.1.16 *Lückentext:* Ganz anders 79

FRAGEN – SUCHEN – ENTDECKEN 18/19: Danken – loben – bitten 78
1. Hintergrund 78
2. Einsatzmöglichkeiten im RU 78
3. Jahrgangsübergreifende Lerngruppe 78

FRAGEN – SUCHEN – ENTDECKEN 20/21: Sich an Gott wenden 80
1. Hintergrund 80
2. Einsatzmöglichkeiten im RU 80
  AB 3.1.17 *Arbeitsblatt:* Erlebnisse von Kindern – Gelegenheiten zum Beten? 81
  AB 3.1.18 *Abdeckbogen:* Ich bitte ..., ich danke ..., ich 83
3. Jahrgangsübergreifende Lerngruppe 80

FRAGEN – SUCHEN – ENTDECKEN 22/23: Weiterfragen – weiterdenken 80
1. Hintergrund 80
2. Einsatzmöglichkeiten im RU 82
  AB 3.1.19 *Arbeitsblatt:* Gott kann man nicht malen 85
  AB 3.1.20 *Arbeitsblatt:* Weiterfragen – weiterdenken 86
3. Jahrgangsübergreifende Lerngruppe 84

FRAGEN – SUCHEN – ENTDECKEN 24: Mit Gott leben 84
1. Hintergrund 84
2. Einsatzmöglichkeiten im RU 84
  AB 3.1.21 *Lied:* Laudate omnes gentes 59
3. Jahrgangsübergreifende Lerngruppe 84
Literatur und Medien 84

KAPITEL 2   Was Juden glauben – wie sie leben

1. Religionspädagogische und theologische Hinweise 87
2. Das Thema im Lehrplan 88
3. Jahrgangsübergreifende Einsatzmöglichkeiten 89
4. Verbindungen zu anderen Fächern 89
5. Lernsequenz 89
6. Lebensbilder 3/4 89

FRAGEN – SUCHEN – ENTDECKEN 25: Was Juden glauben – wie sie leben 90
1. Hintergrund 90
2. Einsatzmöglichkeiten im RU 90
3. Jahrgangsübergreifende Lerngruppe 92

FRAGEN – SUCHEN – ENTDECKEN 26/27: Ein Fest der Befreiung: Pessach 92
1. Hintergrund 92
2. Einsatzmöglichkeiten im RU 94
   AB 3.2.1 *Arbeitsblatt:* Lieber Ben! 91
3. Jahrgangsübergreifende Lerngruppe 94

FRAGEN – SUCHEN – ENTDECKEN 28/29: Fremd und unterdrückt 94
1. Hintergrund 94
2. Einsatzmöglichkeiten im RU 96
   AB 3.3.2 *Arbeitsblatt für GA:* Fremd und unterdrückt 93
   AB 3.2.3 *Arbeitsblatt für Ergebnissicherung:* Fremd und unterdrückt 95
3. Jahrgangsübergreifende Lerngruppe 97
   AB 3.2.4 *Folienvorlage:* Sandalen des Pharao 99

FRAGEN – SUCHEN – ENTDECKEN 30/31: Neue Hoffnung: Gott ist da 98
1. Hintergrund 98
2. Einsatzmöglichkeiten im RU 102
   AB 3.2.5 *Gestaltungsvorlage:* Meine Lupe 99
   AB 3.2.6 *Infotext:* Mirjam erzählt: Gott rettet 101
   AB 3.2.7 *Gestaltungsvorlage* und *Lied:* Er rettet Mose, er rettet dich 103
   AB 3.2.8 *Erzähltext:* Warum Mose nach Midian floh 105
   AB 3.2.9 *Lied:* Du bist immer da 107
3. Jahrgangsübergreifende Lerngruppe 104

FRAGEN – SUCHEN – ENTDECKEN 32/33: Eine neue Erfahrung: Gott rettet 104
1. Hintergrund 104
2. Einsatzmöglichkeiten im RU 108
   AB 3.2.10 *Rollentext:* Lisa fragt Ben 109
   AB 3.2.11 *Gestaltungsvorlage:* Gute Hände 111
3. Jahrgangsübergreifende Lerngruppe 108

FRAGEN – SUCHEN – ENTDECKEN 34/35: Erinnerung an die Befreiung 110
1. Hintergrund 110
2. Einsatzmöglichkeiten im RU 110
   AB 3.2.12 *Arbeitsblatt:* Bens Rätsel-Brief 112
   AB 3.2.13 *Puzzle:* Die Speisen beim Pessachmahl 113
   AB 3.2.14 *Lieder:* Sh'ma Israel und Höre, Israel 115
   AB 3.2.15 *Gestaltungsvorlage:* Die Mesusa 117
   AB 3.2.16 *Arbeitsblatt:* Fromme Juden beten 119
3. Jahrgangsübergreifende Lerngruppe 114

FRAGEN – SUCHEN – ENTDECKEN 36/37: Sabbat – Tag der Freiheit 116
1. Hintergrund 116
2. Einsatzmöglichkeiten im RU 118
   AB 3.2.17 *Arbeitsblatt:* Sabbat – Tag der Freiheit 121
3. Jahrgangsübergreifende Lerngruppe 120
   AB 3.2.18 *Gestaltungsvorlage:* Ein Davidstern-Mandala 123
   AB 3.2.19 *Gestaltungsvorlage:* Eine Tora-Rolle 123
   AB 3.2.20 *Bastelanleitung:* Einladungskarte 125

FRAGEN – SUCHEN – ENTDECKEN 38/39: Mit seinem Volk glaubte und hoffte Jesus ... 122
1. Hintergrund 122
2. Einsatzmöglichkeiten im RU 124
3. Jahrgangsübergreifende Lerngruppe 124

FRAGEN – SUCHEN – ENTDECKEN 40: Jüdisches Leben heute 126
  1. Hintergrund 126
  2. Einsatzmöglichkeiten im RU 126
      AB 3.2.21 *Tanzanleitung:* „Schalom chaverim" als Friedenstanz 127
      AB 3.2.22 *Arbeitsblatt:* Mein Name in Hebräisch 117
  3. Jahrgangsübergreifende Lerngruppe 126

KAPITEL 3 — Vergebung erfahren – sich versöhnen

1. Religionspädagogische und theologische Hinweise 128
2. Das Thema im Lehrplan und in fragen – suchen – entdecken 128
3. Jahrgangsübergreifende Einsatzmöglichkeiten 129
4. Verbindungen zu anderen Fächern 129
5. Lernsequenz 130
6. Lebensbilder 3/4 130

FRAGEN – SUCHEN – ENTDECKEN 41: Vergebung erfahren – sich versöhnen 130
  1. Hintergrund 130
  2. Einsatzmöglichkeiten im RU 132

FRAGEN – SUCHEN – ENTDECKEN 42/43: So kann ein Fest enden 134
  1. Hintergrund 134
  2. Einsatzmöglichkeiten im RU 136
      AB 3.3.1 *Gestaltungsvorlage:* Im Sog der Spirale – und der Ausweg? 131
      AB 3.3.2 *Lied:* Das kleine Wort 133
  3. Jahrgangsübergreifende Lerngruppe 136

FRAGEN – SUCHEN – ENTDECKEN 44/45: Zusammenleben ist nicht immer einfach 138
  1. Hintergrund 138
  2. Einsatzmöglichkeiten im RU 138

FRAGEN – SUCHEN – ENTDECKEN 46/47: Damit das Zusammenleben gelingt 139
  1. Hintergrund 139
  2. Einsatzmöglichkeiten im RU 139
      AB 3.3.3 *Comic:* Damit das Zusammenleben gelingt 135
      AB 3.3.4 *Arbeitsblatt:* Die Häsin ist krank 137
      AB 3.3.5 *Wortkarten:* Hilfreiche Verhaltensweisen und Redensarten? 140
      AB 3.3.6 *Fallbeispiele:* Welche Verhaltensweise/Redensart passt zu welchem Fall? .. 143
  3. Jahrgangsübergreifende Lerngruppe 142

FRAGEN – SUCHEN – ENTDECKEN 48/49: Immer ehrlich? 142
  1. Hintergrund 142
  2. Einsatzmöglichkeiten im RU 144
      AB 3.3.7 *Gedankenblasen:* Was Lutz wohl denkt? 145
      AB 3.3.8 *Gedicht:* Ich 143
  3. Jahrgangsübergreifende Lerngruppe 146

FRAGEN – SUCHEN – ENTDECKEN 50/51: Wie Begegnung verändern kann 146
  1. Hintergrund 146
  2. Einsatzmöglichkeiten im RU 148
      AB 3.3.9 *Lied:* Ach, Zachäus! 147
      AB 3.3.10 *Fantasiereise:* Weißt du schon? 149
  3. Jahrgangsübergreifende Lerngruppe 150

FRAGEN – SUCHEN – ENTDECKEN 52/53: Ein Vater kommt entgegen 150
1. Hintergrund 150
2. Einsatzmöglichkeiten im RU 152
   AB 3.3.11 *Lied:* Der barmherzige Vater 153
   AB 3.3.12 *Bodenbild/Folienvorlage:* Ein Vater kommt entgegen 155
3. Jahrgangsübergreifende Lerngruppe 154
   AB 3.3.13 *Comic:* Ein Vater kommt entgegen 157

FRAGEN – SUCHEN – ENTDECKEN 54/55: Zeichen der Versöhnung 156
1. Hintergrund 156
2. Einsatzmöglichkeiten im RU 158
   AB 3.3.14 *Arbeitsblatt:* So könnte Sebastian beten 159
3. Jahrgangsübergreifende Lerngruppe 160

FRAGEN – SUCHEN – ENTDECKEN 56/57: Die Versöhnung Gottes weitergeben 160
1. Hintergrund 160
2. Einsatzmöglichkeiten im RU 161
   AB 3.3.15 *Folienvorlage:* Elemente eines Bußgottesdienstes 163
3. Jahrgangsübergreifende Lerngruppe 162

FRAGEN – SUCHEN – ENTDECKEN 58: Weil du Ja zu mir sagst 162
1. Hintergrund 162
2. Einsatzmöglichkeiten im RU 164
3. Jahrgangsübergreifende Lerngruppe 164
Literatur 164

KAPITEL 4   Mit Jesus Mahl feiern

1. Religionspädagogische und theologische Hinweise 165
2. Das Thema im Lehrplan und in fragen – suchen – entdecken 166
3. Jahrgangsübergreifende Einsatzmöglichkeiten 166
4. Verbindungen zu anderen Fächern 167
5. Lernsequenz 167
6. Lebensbilder 3/4 167

FRAGEN – SUCHEN – ENTDECKEN 59: Mit Jesus Mahl halten 168
1. Hintergrund 168
2. Einsatzmöglichkeiten im RU 168
3. Jahrgangsübergreifende Lerngruppe 170

FRAGEN – SUCHEN – ENTDECKEN 60/61: Lieber allein sein? 170
1. Hintergrund 170
2. Einsatzmöglichkeiten im RU 170
   AB 3.4.1 *Arbeitsblatt:* Niklas will lieber allein sein 169
   AB 3.4.2 *Lied und Tanzanleitung:* Wenn du singst, sing nicht allein 171
3. Jahrgangsübergreifende Lerngruppe 172

FRAGEN – SUCHEN – ENTDECKEN 62/63: Gut, dass wir einander haben! 172
1. Hintergrund 172
2. Einsatzmöglichkeiten im RU 172
3. Jahrgangsübergreifende Lerngruppe 174

FRAGEN – SUCHEN – ENTDECKEN 64/65: Miteinander essen – miteinander feiern 174
1. Hintergrund 174
2. Einsatzmöglichkeiten im RU 174
3. Jahrgangsübergreifende Lerngruppe 174
   AB 3.4.3 *Gestaltungsvorlage:* Ein Gemeinschaftsteller entsteht 173

FRAGEN – SUCHEN – ENTDECKEN 66/67: Mit Jesus Gemeinschaft erleben 176
1. Hintergrund 176
2. Einsatzmöglichkeiten im RU 178
    AB 3.4.4 *Gestaltungsvorlage:* Der Zöllner Levi verlässt seine Arbeitsstelle 175
    AB 3.4.5 *Erzähltext:* Die Speisung der Fünftausend 177
    AB 3.4.6 *Lied:* Fünf Brote und zwei Fische 177
    AB 3.4.7 *Malvorlage:* Jesus sättigt die Menschen 179
3. Jahrgangsübergreifende Lerngruppe 181

FRAGEN – SUCHEN – ENTDECKEN 68/69: Abschied feiern – in Verbindung bleiben 182
1. Hintergrund 182
2. Einsatzmöglichkeiten im RU 184
    AB 3.4.8 *Arbeitsblatt:* Jesus und seine Jünger erinnern sich 183
    AB 3.4.9 *Arbeitsblatt:* Ein Mensch wie Brot 185
    AB 3.4.10 *Lied:* Das Brot, das du uns gibst 187
    AB 3.4.11 *Bildkarten:* Vom Korn zum Brot – von der Traube zum Wein 189
    AB 3.4.12 *Rezept und Gebet:* Weizenvollkornbrot und Tischgebet 187
3. Jahrgangsübergreifende Lerngruppe 186
    AB 3.4.13 *Lied:* Wo zwei oder drei 191
    AB 3.4.14 *Lied:* Danke für die geschenkte Erde 191

FRAGEN – SUCHEN – ENTDECKEN 70/71: Mahl feiern – Jesu Gegenwart erfahren 188
1. Hintergrund 188
2. Einsatzmöglichkeiten im RU 192
    Ein Grundmodell: Die gestaltete Mitte 190
    AB 3.4.15 *Textvorlage:* Von mutlos bis hoffnungsfroh 193
    AB 3.4.16 *Sehhilfe:* Struktur des Emmaus-Bildes 195
    AB 3.4.17 *Spiellied:* Zwei Männer kommen aus Jerusalem 197
3. Jahrgangsübergreifende Lerngruppe 194
    AB 3.4.18 *Erzählvorlage:* Jesus begleitet die beiden Jünger auf dem Weg nach Emmaus 199
    AB 3.4.19 *Kanon:* Herr, bleibe bei uns 199

FRAGEN – SUCHEN – ENTDECKEN 72/73: Sich an Jesus erinnern – seinem Beispiel folgen 194
1. Hintergrund 194
2. Einsatzmöglichkeiten im RU 196
3. Jahrgangsübergreifende Lerngruppe 196

FRAGEN – SUCHEN – ENTDECKEN 74: Bet- und Breakfast – eine Frühschicht 198
1. Hintergrund 198
2. Einsatzmöglichkeiten im RU 198
    AB 3.4.20 *Lied:* Ein Morgenlied „Father, we thank you for the night" 193
3. Jahrgangsübergreifende Lerngruppe 198
Adressen 198

KAPITEL 5 — Miteinander leben und feiern

1. Religionspädagogische und theologische Hinweise 200
2. Das Thema im Lehrplan und in fragen – suchen – entdecken 201
3. Jahrgangsübergreifende Einsatzmöglichkeiten 201
4. Verbindungen zu anderen Fächern 201
5. Lernsequenz 202
6. Lebensbilder 3/4 202

FRAGEN – SUCHEN – ENTDECKEN 75: Miteinander leben und feiern 202
1. Hintergrund 202
2. Einsatzmöglichkeiten im RU 204

FRAGEN – SUCHEN – ENTDECKEN 76/77: Zusammenkommen – viel erleben 204
1. Hintergrund 204
2. Einsatzmöglichkeiten im RU 206
   AB 3.5.1 *Rätsel:* In der Gemeinde zusammenkommen 203
3. Jahrgangsübergreifende Lerngruppe 206

FRAGEN – SUCHEN – ENTDECKEN 78/79: Viele Aufgaben – ein Ziel 208
1. Hintergrund 208
2. Einsatzmöglichkeiten im RU 208
   AB 3.5.2 *Arbeitsblatt:* Eine Kirche – viele Aufgaben 205
   AB 3.5.3 *Arbeitsblatt:* Einige Aufgaben in der Pfarrgemeinde 207
   AB 3.5.4 *Lied:* Stein auf Stein 209
3. Jahrgangsübergreifende Lerngruppe 210

FRAGEN – SUCHEN – ENTDECKEN 80/81: Worte, die Menschen bewegen 210
1. Hintergrund 210
2. Einsatzmöglichkeiten im RU 210
   AB 3.5.5 *Arbeitsblatt:* Worte aus der Bibel 211

FRAGEN – SUCHEN – ENTDECKEN 82/83: Zusammenkommen – auf Gottes Wort hören 212
FRAGEN – SUCHEN – ENTDECKEN 84/85: Zusammenkommen – Eucharistie feiern 212
1. Hintergrund 212
2. Einsatzmöglichkeiten im RU 214
   AB 3.5.6 *TA/Bodenbild:* Zusammenkommen – Mahl feiern 213
   AB 3.5.7 *Lied:* Wir preisen deinen Tod 215
   AB 3.5.8 *Arbeitsblatt:* „Tut dies zu meinem Gedächtnis" 217
3. Jahrgangsübergreifende Lerngruppe 218

FRAGEN – SUCHEN – ENTDECKEN 86/87: Der Lebensweg Jesu – Stationen im Jahreskreis 218
1. Hintergrund 218
2. Einsatzmöglichkeiten im RU 220
   AB 3.5.9 *Erzählung:* Welches Fest ist das wichtigste? 219
3. Jahrgangsübergreifende Lerngruppe 221

FRAGEN – SUCHEN – ENTDECKEN 88/89: Vom Leben Jesu bewegt – Don Bosco 221
1. Hintergrund 221
2. Einsatzmöglichkeiten im RU 222
   AB 3.5.10 *Gruppen-Aufgaben:* Don Bosco kennen lernen 223
   AB 3.5.11 *Lied:* Fröhlich sein 224
   AB 3.5.12 *Text:* Interview mit Don Bosco und Emilio 224
3. Jahrgangsübergreifende Lerngruppe 222

FRAGEN – SUCHEN – ENTDECKEN 90: In der Pfarrgemeinde leben 227
1. Hintergrund 227
2. Einsatzmöglichkeiten im RU 227
   AB 3.5.13 *Erzählung:* Die kleine Schraube 215
   AB 3.5.14 *Rätsel:* Buchstabengitter 225
3. Jahrgangsübergreifende Lerngruppe 228

KAPITEL 6 — *Sich nach Gerechtigkeit und Frieden sehnen*

1. Religionspädagogische und theologische Hinweise 229
2. Das Thema im Lehrplan 229
3. Jahrgangsübergreifende Einsatzmöglichkeiten 230
4. Verbindungen zu anderen Fächern 230
5. Lernsequenz 231
6. Lebensbilder 3/4 231

FRAGEN – SUCHEN – ENTDECKEN 91: Sich nach Gerechtigkeit und Frieden sehnen 231
1. Hintergrund 231
2. Einsatzmöglichkeiten im RU 234
    AB 3.6.1 *Infoblatt:* Elemente des Hungertuchs 233
3. Jahrgangsübergreifende Lerngruppe 234

FRAGEN – SUCHEN – ENTDECKEN 92/93: Not – Unrecht – Leid sehen 236
1. Hintergrund 236
2. Einsatzmöglichkeiten im RU 236
    AB 3.6.2 *Abdeckschablone:* Not und Leid in der Welt 235
    AB 3.6.3 *Leporello zur Filmgeschichte:* „Die alte Frau" 237
    AB 3.6.4 *Gestaltungsvorlage:* Was mich bedrückt 239
3. Jahrgangsübergreifende Lerngruppe 238

FRAGEN – SUCHEN – ENTDECKEN 94/95: Unrecht beim Namen nennen 238
1. Hintergrund 238
2. Einsatzmöglichkeiten im RU 240
    AB 3.6.5 *Erzähltext:* Das Alte Testament erzählt von Amos 241
    AB 3.6.6 *Arbeitsblatt:* Neueste Nachrichten aus dem Nordreich 242
    AB 3.6.7 *Arbeitsblatt:* Unrecht beim Namen nennen 243
    AB 3.6.8 *Folienvorlage:* Was tut ein Prophet, eine Prophetin? 245
    AB 3.6.9 *Spielkarten:* Amos 246
3. Jahrgangsübergreifende Lerngruppe 240

FRAGEN – SUCHEN – ENTDECKEN 96/97: Sich für die Rechte von Menschen einsetzen 244
1. Hintergrund 244
2. Einsatzmöglichkeiten im RU 244
    AB 3.6.10 *Arbeitsblatt:* So lebt Lorena in Mexiko und so lebe ich 249
    AB 3.6.11 *Logo-Streifen:* RUGMARK 250
    AB 3.6.12 *Abdeckschablone:* Der Prophet Amos 250
    AB 3.6.13 *Arbeitsblatt:* Aufweckendes Gebet 251
    AB 3.6.14 *Gestaltungsvorlage:* Wie eine Papiertüte entsteht 253
3. Jahrgangsübergreifende Lerngruppe 248

FRAGEN – SUCHEN – ENTDECKEN 98/99: Sehen – Mitleid haben – handeln 252
1. Hintergrund 252
2. Einsatzmöglichkeiten im RU 256
    AB 3.6.15 *Skizze:* Von Jerusalem nach Jericho 255
    AB 3.6.16 *Einfühlungsübung/Infotext:* Von Jerusalem nach Jericho 255
    AB 3.6.17 *Abdeckfolie und Gestaltungsvorlage:* Der barmherzige Samariter 257
    AB 3.6.18 *Spiellied* vom barmherzigen Samariter: Hört und seht, dass ihr's wisst 259
3. Jahrgangsübergreifende Lerngruppe 258

FRAGEN – SUCHEN – ENTDECKEN 100/101: Not sehen und helfen 258
1. Hintergrund 258
2. Einsatzmöglichkeiten im RU 260
    AB 3.6.19 *Infoblatt:* Wer ist Ali Mahmoud? 261
    AB 3.6.20 *Arbeitsblatt:* Kinderhilfe Betlehem 263
    AB 3.6.21 *Arbeitsblatt:* Wer ist mein Nächster? 263
3. Jahrgangsübergreifende Lerngruppe 262

FRAGEN – SUCHEN – ENTDECKEN 102/103: In der Not dabei sein 262
1. Hintergrund 262
2. Einsatzmöglichkeiten im RU 264
3. Jahrgangsübergreifende Lerngruppe 264

FRAGEN – SUCHEN – ENTDECKEN 104/105: Sich sehnen – hoffen – Trost finden 265
1. Hintergrund 265
2. Einsatzmöglichkeiten im RU 266
    AB 3.6.22 *Ausschneidebogen:* Spirale 267

FRAGEN – SUCHEN – ENTDECKEN 106: Kleine Schritte zu einer besseren Welt 268
1. Hintergrund 268
2. Einsatzmöglichkeiten im RU 270
    AB 3.6.23 *Lied:* Wenn einer den Frieden beginnt 269
    AB 3.6.24 *Gestaltungsvorlage:* Unser Friedenshaus 271
    AB 3.6.25 *Textblatt:* Friedenstexte 273
3. Jahrgangsübergreifende Lerngruppe 272

KAPITEL 7	Die Bibel verändert die Welt

1. Religionspädagogische und theologische Hinweise 274
2. Das Thema im Lehrplan 275
3. Jahrgangsübergreifende Einsatzmöglichkeiten 275
4. Verbindungen zu anderen Fächern 276
5. Lernsequenz 276
6. Lebensbilder 3/4 276

FRAGEN – SUCHEN – ENTDECKEN 107: Die Bibel verändert die Welt 278
1. Hintergrund 278
2. Einsatzmöglichkeiten im RU 278
    Ein Grundmodell: Die „neun Schritte" des Bibel-Teilens mit Kindern 284
    AB 3.7.1 *Gestaltungsvorlage:* Ernst Barlach, Lesender Klosterschüler 277
3. Jahrgangsübergreifende Lerngruppe 278

FRAGEN – SUCHEN – ENTDECKEN 108/109: Ein weit verbreitetes Buch 280
1. Hintergrund 280
2. Einsatzmöglichkeiten im RU 280
    AB 3.7.2 *Arbeitsblatt:* Diese Bibel wurde untersucht 279
3. Jahrgangsübergreifende Lerngruppe 281

FRAGEN – SUCHEN – ENTDECKEN 110/111: Ein Buch für viele Menschen 282
1. Hintergrund 282
2. Einsatzmöglichkeiten im RU 286
    AB 3.7.3 *Arbeitsblatt:* Meine Lieblingsbibelstelle 283
    AB 3.7.4 *Frage-Antwort-Karten:* Die Bibel – ein Buch der Rekorde 285
3. Jahrgangsübergreifende Lerngruppe 288

FRAGEN – SUCHEN – ENTDECKEN 112/113: Ein Buch zum Leben 288
1. Hintergrund 288
2. Einsatzmöglichkeiten im RU 288
    AB 3.7.5 *Arbeitsblatt:* ... und heute? 287
3. Jahrgangsübergreifende Lerngruppe 290

FRAGEN – SUCHEN – ENTDECKEN 114/115: ... mit einer langen Geschichte 290
1. Hintergrund 290
2. Einsatzmöglichkeiten im RU 292
    AB 3.7.6 *Infotext:* Wie das Alte Testament entstand 289
    AB 3.7.7 *Ausschneidebogen:* Ein Nomadenzelt 291
    AB 3.7.8 *Ausschneidebogen:* Pfeilkarten Altes Testament 293
    AB 3.7.9 *Arbeitsblatt:* Ben fragt nach dem Buch mit einer langen Geschichte 295
3. Jahrgangsübergreifende Lerngruppe 294

FRAGEN – SUCHEN – ENTDECKEN 116/117: Ein Evangelium entsteht 294
1. Hintergrund 294
2. Einsatzmöglichkeiten im RU 296
    AB 3.7.10 *Infotext:* Jonathan erzählt von der Schreibstube des Markus 297
    AB 3.7.11 *Arbeitsblatt:* Themen im Markus-Evangelium 298
3. Jahrgangsübergreifende Lerngruppe 296
    AB 3.7.12 *Lied:* Das Bibel-Lied 299

FRAGEN – SUCHEN – ENTDECKEN 118/119: Vom Federkiel zur CD-ROM 300
1. Hintergrund 300
2. Einsatzmöglichkeiten im RU 300
    AB 3.7.13 *Gestaltungsvorlage:* Ein Bucheinband 301
    AB 3.7.14 *Infoblatt:* Schreibmaterialien früher 303
    AB 3.7.15 *Bildkärtchen:* Jetzt kenne ich die Entstehungsgeschichte und Geschichten der Bibel 304
    AB 3.7.16 *Frage-Antwort-Spiel:* Vom Federkiel zur CD-Rom 307
3. Jahrgangsübergreifende Lerngruppe 302

FRAGEN – SUCHEN – ENTDECKEN 120/121: In der Bibelwerkstatt 302
1. Hintergrund 302
2. Einsatzmöglichkeiten im RU 306
    AB 3.7.17 *Infoblatt:* So könnte eine Bibelnacht ablaufen 305
3. Jahrgangsübergreifende Lerngruppe 315

FRAGEN – SUCHEN – ENTDECKEN 122/123: Ein Bibelspiel 316
1. Hintergrund 316
2. Einsatzmöglichkeiten im RU 316
3. Jahrgangsübergreifende Lerngruppe 316
    AB 3.7.18 *Kopiervorlage:* 20 Basisfragen zum Bibel-Spiel 311
    AB 3.7.19 *Kopiervorlage:* 20 Expertenfragen zum Bibel-Spiel 317

FRAGEN – SUCHEN – ENTDECKEN 124/125: Ich-Buch 321
1. Hintergrund 321
2. Einsatzmöglichkeiten im RU 321
3. Weiterführende Anregung 321

Stichwortregister 322
Quellenverzeichnis 324

Lieder in fragen – suchen – entdecken 3   ARBEITSHILFEN FÜR NRW

Titel	Arbeitsblatt	Seite	
Ach, Zachäus	**AB 3.3.9**	Seite	147
Danke für das Brot	**AB 3.0.1**	Seite	29
Danke für die geschenkte Erde	**AB 3.4.14**	Seite	191
Das Bibel-Lied	**AB 3.7.12**	Seite	299
Das Brot, das du uns gibst	**AB 3.4.10**	Seite	187
Das kleine Wort	**AB 3.3.2**	Seite	133
Der barmherzige Vater	**AB 3.3.11**	Seite	153
Du bist immer da	**AB 3.2.9**	Seite	107
Er rettet dich, er rettet mich	**AB 3.2.7**	Seite	103
Father, we thank you	**AB 3.4.20**	Seite	193
Fröhlich sein	**AB 3.5.11**	Seite	224
Fünf Brote und zwei Fische	**AB 3.4.6**	Seite	177
Gott ist Vater	**AB 3.1.11**	Seite	69
Gottes Liebe ist wie die Sonne	**AB 3.1.4**	Seite	60
Herr, bleibe bei uns	**AB 3.4.19**	Seite	199
Höre, Israel	**AB 3.2.14**	Seite	115
Hört und seht, dass ihr's wisst	**AB 3.6.18**	Seite	259
Laudate omnes gentes	**AB 3.1.21**	Seite	59
Mein Gott ...	**AB 3.1.7**	Seite	65
Sh'ma Israel	**AB 3.2.14**	Seite	115
Stein auf Stein	**AB 3.5.4**	Seite	209
Stille, Stille	**AB 3.0.16**	Seite	49
Wenn du singst, ...	**AB 3.4.2**	Seite	171
Wenn einer den Frieden beginnt	**AB 3.6.23**	Seite	269
Wir preisen deinen Tod	**AB 3.5.7**	Seite	215
Wo zwei oder drei	**AB 3.4.13**	Seite	191
Zwei Männer kommen aus Jerusalem	**AB 3.4.17**	Seite	197

Das Konzept zu „fragen – suchen – entdecken 1–4"

Rahmenbedingungen

Bei der Planung der neuen Religionsbücher waren für uns folgende Kriterien maßgebend:

1. Die Vorgaben des Lehrplans:
Es waren für uns nicht nur die Lehrplaninhalte maßgebend, sondern das Gesamtbild des Religionsunterrichtes (RU), das dem Lehrplan zugrunde liegt.

2. Die Lebenswelt der Grundschülerinnen und Grundschüler:
Hier spielen sowohl die gesellschaftlichen Bedingungen, unter denen Kinder lernen, als auch die Religiosität der Schülerinnen und Schüler eine wichtige Rolle.

3. Religiöses Lernen als Prozess der Aneignung:
Wir haben uns vor allem auf die Untersuchungsergebnisse der strukturgenetischen Forschung gestützt, nach denen die Kinder eigenständige religiöse Vorstellungen entwickeln und die deshalb im RU als Subjekte ihrer eigenen Lernprozesse, Lebens- und Sinnentwürfe und ihrer Glaubensvorstellungen betrachtet werden müssen.

1. Die Aussagen des Lehrplans für NRW zum RU in der Grundschule

Kinder im Grundschulalter kommen mit unterschiedlichen religiösen Erfahrungen, Vorstellungen und Verstehensweisen in die Grundschule und bringen Interesse an Religion und Glauben mit. Sie haben die Fähigkeit zu staunen und wollen mit ihren Fragen ernst genommen werden.
Im RU werden die Schülerinnen und Schüler (Sch) darin unterstützt, ihre religiösen Bedürfnisse und ihre Vorstellungen von Gott und von der Welt zu klären. Sie sollen angeregt werden, ihre Hoffnungen und Ängste auszudrücken, sich mit ihren eigenen sowie mit den Fragen ihrer Mitschüler auseinander zu setzen und im gegenseitigen Austausch von- und miteinander zu lernen. Sch werden ermutigt, nach sich selbst und nach Gestaltungsformen des Zusammenlebens mit anderen, nach dem Woher und Wohin ihres Lebens und in diesem Zusammenhang nach Gott zu fragen.
Im Fachprofil des Lehrplans für Katholische Religionslehre werden die Ziele und Inhalte des RU in fünf Lernbereichen entfaltet (vgl. Richtlinien und Lehrpläne zur Erprobung, Katholische Religionslehre, Ministerium für Jugend, Schule und Kinder, Düsseldorf 2003):

1. Lernbereich: *„Ich, die anderen, die Welt und Gott"*
Ausgehend von Lebenssituationen der Sch werden hier die grundlegenden menschlichen Fragen nach Ursprung und Sinn des Lebens thematisiert.
2. Lernbereich: *„Religion und Glauben im Leben der Menschen"*
Hier wird die Mehrdimensionalität der Welt aufgespürt und erkundet, wie Menschen ihren Glauben an Gott zum Ausdruck bringen.
3. Lernbereich: *„Das Wort Gottes und das Heilshandeln Jesu Christi in den biblischen Überlieferungen"*
In diesem zentralen Bereich werden die biblisch bezogenen Unterrichtsgegenstände angesprochen. Diese werden mit den Gegenständen der anderen vier Bereiche in Verbindung gebracht und bieten Grundlagen für das Verständnis biblischer Texte.
4. Lernbereich: *„Leben und Glauben in Gemeinde und Kirche"*
Hier werden durch die Erkundung des Lebens und Glaubens in Gemeinschaft Grundvollzüge der Verkündigung, der Liturgie und der Diakonie in den Blick genommen.
5. Lernbereich: *„Maßstäbe christlichen Lebens"*
In diesem Bereich werden christliche Orientierungen für das eigene Handeln reflektiert.

2. Die Lebenswelt der Grundschülerinnen und -schüler

Schulbücher müssen einerseits die Vorgaben eines Lehrplans beachten und einlösen, sie müssen andererseits aber auch die Lebenswelt der Grundschülerinnen und -schüler, ihre Verstehensvoraussetzungen und die Möglichkeiten eines religiösen Lernens im Blick haben.

GESELLSCHAFTLICHE BEDINGUNGEN
Wenn mit Pluralisierung und Individualisierung die Lebenswelt der Erwachsenen gekennzeichnet wird, dann gilt dies nicht minder für Sch. Denn Kindheit ist heute geprägt von einem Wandel der Lebensräume, von neuen Raum- und Zeitwahrnehmungen, von Ver-

häuslichung und Verinselung des Kinderlebens und dem Wandel in den familiären Systemen (vgl. z. B. Maria Fölling-Albers (Hg.), Veränderte Kindheit – veränderte Grundschule, Frankfurt 1993, 25 f.).
Ein Gesamtpanorama der veränderten Lebensbedingungen unserer Sch lässt die Verflochtenheit vieler Phänomene erkennen: So kann die veränderte Nachmittagsgestaltung der Sch nicht von der Veränderung der Familienstrukturen getrennt werden. Festzustellen ist vor allem eine Übernahme erwachsener Zeitorganisation. An die Stelle von spontan aufgesuchten Nachbarschaftsgruppen tritt eine verstärkte Institutionalisierung der Freizeit und der Freizeitgestaltung durch „Terminnetze". Die Vielfalt von Kursen sportlicher, musikalischer und handwerklicher Art verspricht Eltern und Sch, um den Preis einer verstärkten Institutionalisierung der Freizeitgestaltung, Ergänzung und Erweiterung der schulischen Ausbildung. Die Kommerzialisierung der Freizeit ist jeglicher Spontaneität entgegengerichtet und die Beschäftigungen sind oft so vorgegeben, dass es keiner großen Fantasie mehr bedarf. Vor allem die Natur und ihre wirklichen Zusammenhänge werden ausgeblendet. Eine vorpräparierte Welt wird präsentiert und schafft dazu noch mehr Distanz zu der unmittelbaren Realität. Verstärkt wird diese Erfahrungsarmut durch die elektronische Welt vom Fernsehen bis zum Computer, in denen keine unmittelbare Realität mehr erlebt wird, sondern Abbilder einer konstruierten Welt wahrgenommen werden. Bei allen positiven Aspekten, die einer modernen technischen Welt neu zuzuerkennen sind, bleiben doch als Probleme, dass rezeptive Aneignungsformen überwiegen und psychosoziale Konsequenzen in Richtung Isolierung und Kontaktverlust zu bewältigen sind. Während Hartmut von Hentig bereits 1984 „das allmähliche Verschwinden der Wirklichkeit" diagnostizierte, beklagt Horst Rumpf, dass die Schule in einen Wettlauf mit den Medien eintrete und durch ihre Art des Lernens die Realitätsverschiebungen noch vergrößere (vgl. Horst Rumpf, Die übergangene Sinnlichkeit, München 1981). Die Überlegungen, welche Wirkungen davon auf die Innenwelten der Sch ausgehen, stehen erst am Anfang. Vermutet wird, dass die überbordenden „Erfahrungen aus zweiter Hand" das Erleben der Sch besetzen und ihre Wahrnehmungen und ihre Fantasie mit übernommenen standardisierten Bildwelten überfluten. An die Stelle der selbst gemachten unmittelbaren Erfahrungen tritt Übernommenes. Während die „Fernsinne" (sehen, hören) in Anspruch genommen werden, verkümmern die „Nahsinne" (tasten, riechen, schmecken). Eigentätigkeit und direkte Wahrnehmung und Erfahrung der Welt nehmen ab. Da erscheint die These berechtigt, dass Lehrkräfte und Erzieherinnen bei unseren Sch mit einer anders akzentuierten inneren Welt rechnen müssen.

Mit diesen Veränderungen korrespondiert bei Sch das Bedürfnis nach Stille, nach unmittelbarer Wahrnehmung und Erfahrung. Damit scheint eine Gegenbewegung gegenüber einer Veräußerlichung zu entstehen, die als Kairos für den RU verstanden werden kann.

DIE RELIGIOSITÄT DER SCH IM GRUNDSCHULALTER

Die Auswirkungen von Pluralisierung und Individualisierung in der Gesellschaft spiegeln sich auch im religiösen Bereich wider. Bei einem großen Teil der Sch stellen die Religionslehrerinnen und -lehrer fest, dass die religiöse Tradition, wie sie von der Kirche gelebt wird, im Leben der Sch weitgehend fremd bleibt. Bis auf Weihnachten spielt das Kirchenjahr kaum eine Rolle. Allerdings darf für die Familienerziehung nicht pauschal behauptet werden, dass Religion keine Rolle mehr spiele. „Vielmehr ist es vielfach die kirchliche Religion, die von dem beobachteten Wandel betroffen ist, während individuell-persönliche Formen von Religiosität und Sinnfindung nach wie vor bedeutsam sind" (vgl. Friedrich Schweitzer, Kind und Religion. Religiöse Sozialisation und Entwicklung im Grundschulalter, in: ders./Gabriele Faust-Siehl, Religion in der Grundschule, Frankfurt [4]2000, S. 62).
Der Religionspädagoge Friedrich Schweitzer warnt davor, bei Sch einfach von unbeschriebenen Blättern auszugehen, die der schulische RU erstmals „beschreiben" könne. Auch wenn der RU den Sch die Erstbegegnung mit biblischen Geschichten und mit Kirche ermöglicht, bringen Sch doch nach wie vor religiöse Vorerfahrung bereits in die Schule mit. An solchen Vorerfahrungen wird der RU nicht einfach vorbeigehen dürfen.
Die Individualisierung von Religion erzeugt eine immer heterogenere Zusammensetzung von Klassen oder Lerngruppen.
Die These von Friedrich Schweitzer, dass wir statt von einer Säkularisierung besser von einer religiösen Individualisierung und Pluralisierung auszugehen hätten, wird in den Untersuchungen, die im Folgenden dargestellt werden, weitgehend bestätigt.
Anton A. Bucher legt eine Untersuchung vor, in der die Grundschülerinnen und -schüler Religion als ihr drittliebstes Fach angeben. Dabei werden „genuin theologische Themen" häufiger registriert als „anthropologische oder lebenskundliche". Am häufigsten seien die Themen „Gott" (84 %) und „Jesus" (83 %), auffallend selten „Dritte Welt" (11 %), „Probleme in der Familie" (11 %) sowie „Probleme in der Schule" (14 %). Religion in der Grundschule ist somit weniger problemorientiert als vielmehr biblisch-theologisch akzentuiert. Den L gelingt es, auch bei 40 % jener Sch, die religiös nicht oder kaum sozialisiert sind (85 % kennen kein regelmäßiges Tischgebet), Religion als etwas für ihr Leben „sehr Wichtiges" zu vermitteln, und zwar insbesondere mit Methoden, die die Selbsttätig-

keit der Sch ermöglichen und fördern. Die enorme Beliebtheit dieses Faches korreliert mit einer hohen Akzeptanz christlicher Glaubensinhalte. 90 % halten für wahr, Gott könne Wunder wirken; noch mehr, Jesus sei von den Toten auferstanden (vgl. Anton A. Bucher, RU zwischen Lernfach und Lebenshilfe, Stuttgart ³2001, S. 47 f.). Diese religiöse Unbefangenheit – in einer als nachchristlich etikettierten Epoche eher überraschend – ist auch entwicklungspsychologisch bedingt und erinnert an das von Fowler beschriebene Stadium des mythisch-wörtlichen Glaubens.

3. Religiöses Lernen als Prozess der Aneignung

Die Ergebnisse der strukturgenetischen Forschungen gehen im Unterschied zu psychologischen Reifungstheorien davon aus, dass Sch religiöse Inhalte eigenständig mit ihren Denkstrukturen begreifen und mit Sinn erfüllen (vgl. z. B. Fritz Oser, Die Entstehung Gottes im Kinde, Zürich 1992). Die Entwicklung religiöser Urteilsstrukturen (Oser) und die Entwicklung von Selbststrukturierungen (Kegan) sind deshalb auch nicht abhängig vom Lebensalter, sondern von der Entwicklung der Fähigkeiten, die mit diesen Strukturen und Konzepten verbunden sind (vgl. Robert Kegan, Die Entwicklungsstufen des Selbst, München ³1994). Die entwicklungstheoretischen Arbeiten von Oser und Fowler legen uns nahe, Kinder und Jugendliche als Subjekte ihrer Lebens- und Sinnentwürfe zu betrachten. Sch übernehmen nicht einfach die religiösen Vorstellungen der Erwachsenen, sondern interpretieren diese Vorstellung im Rahmen ihres Weltverstehens. Für Glaube und Religion hat das zur Folge, dass ein Kind die Begriffe des Glaubens anders versteht als ein/e Erwachsene/r. Es übernimmt das Gesagte nicht einfach wie eine tabula rasa, sondern übersetzt das Gesagte und gleicht es den eigenen Verstehensmustern an.

So entwickelt ein Kind im Grundschulalter einen do-ut-des Glauben (Oser) wechselseitiger Gefälligkeiten oder jenes von Fowler mythisch-wörtlich genannte Glaubensverständnis, bei dem es sich in Geschichten über den Sinn der Welt verständigt, diese Geschichten aber nicht als Geschichten durchschaut, sondern wörtlich nimmt.

Ähnlich könnte man dies für die Konstruktion, Aneignung und Reflexion moralischer Sachverhalte annehmen (vgl. Lawrence Kohlberg, Die Psychologie der Moralentwicklung, Frankfurt/M. ⁴1996). Auch sie verändert sich entwicklungsbedingt von einer Moral, die an konkreten Folgen einer Handlung (Lohn oder Strafe) orientiert ist, über eine Moral, die sich auf Rollenerwartungen (Rollenmoral), Gesetze und Verträge beruft, bis hin zu einer prinzipienorientierten Moral, die abstrakt mit Werten argumentiert.

Diese strukturgenetischen Annahmen und Beobachtungen zur Religiosität von Sch und Jugendlichen sind grundlegend für den RU. Dieser hat mit einer Vielfalt individueller Glaubensgeschichten zu tun und mit einer Pluralität von Glaubenskonstruktionen, die Sch jeweils für sich gefunden haben und die sie im Unterricht zur Geltung bringen. Der gemeinsame Nenner, auf den L sich noch beziehen können, sind die in einer Klassenstufe jeweils zu erwartenden religiösen und moralischen Entwicklungsstufen.

Religiöses Lernen ist somit als ein Prozess der Aneignung zu verstehen, der vom Kind (und Jugendlichen) selbst gesteuert und vorangebracht wird, wenn die entsprechenden Lernanlässe gegeben sind. Als religionspädagogische Grundhaltung ergibt sich weder die des bloßen Reifen-Lassens noch die des ausschließlichen Vermittelns: Sch sollen vielmehr zu eigener Reflexion und Praxiserprobung angeregt, sie sollen als Subjekte ihres Glaubens betrachtet werden. Ihre Gottesvorstellungen beruhen nicht auf bloßen Übernahmen der Vorgaben, sondern stellen aktive Interpretationsweisen dar.

Sch sind auf diese Weise Subjekte ihrer eigenen Lernprozesse, Lebens- und Sinnentwürfe und ihrer Glaubensvorstellungen. Die Wirksamkeit religiöser Lernprozesse ist abhängig von den Zugangsweisen und Verstehensgrundlagen der Sch. Aus diesem Grund haben aufgedrängte Inhalte und Bedeutungen keine emotionale Tiefenwirkung. Der RU sollte deshalb auf die Vorstellungen und Begriffe, mit denen Sch Religion denken und entwickeln, eingehen und mit diesen arbeiten. Ein solcher Unterricht ermutigt Sch zu eigenständigen religiösen Vorstellungen und achtet durch Differenzierung des Lernfeldes auf den jeweiligen – im Einzelfall von der Mehrheit der Klasse vielleicht verschiedenen – glaubensbiografischen Kontext.

Ziel dieser Pädagogik ist religiöse Autonomie: Sie versteht Glaubensgeschichten als Entwicklungsgeschichten (vgl. Fritz Oser, Die Entstehung Gottes im Kinde, Zürich 1992). „Der Blick auf diese Entwicklungschancen begründet das Plädoyer für eine religionspädagogisch gewendete Theologie, die entwicklungsbedingte Konstruktionen des Glaubens durch das Kind zulässt und damit zum Ausgangspunkt einer für die Lebensumbrüche sensiblen Didaktik religiösen Lernens macht" (vgl. Lothar Kuld, Wie hast du's mit der Religion? Die Gretchenfrage bei Kindern und Jugendlichen, in: Noormann, Harry/Becker, Ulrich/Trocholepcy, Bernd (Hg.), Ökumenisches Arbeitsbuch Religionspädagogik, Stuttgart 2000, S. 57-73, hier 72).

Die Religionsbücher wollen einen Unterricht unterstützen, der Sch ermutigt, zu eigenständigen religiösen Vorstellungen zu kommen.

Konsequenzen für die Religionsbücher „fragen – suchen – entdecken"

Selbstkonstruktion des Glaubens

Die oben skizzierten Einsichten über Erfahrungsorientierung und über die Selbstkonstruktion des Glaubens der Kinder (und Jugendlichen) sind die Grundlage für die Konzeption der Unterrichtsreihe fragen – suchen – entdecken für die Grundschule.
Wenn Sch einerseits Subjekte ihrer Lernprozesse sind und bleiben, sie andererseits aber Einsichten gewinnen und in einen Lernprozess eintreten sollen, dann müssen eine Fragehaltung und eine Suchbewegung der Sch initiiert und angestoßen werden, bei der sich Sch auch interessiert mit Glaubensüberlieferungen beschäftigen. Dies mündet in eine aktive und praktisch werdende Beschäftigung mit den Einsichten und neuen Erfahrungen am Ende einer Thematik.
Die Programmatik dieses Prozesses gibt der Titel der Bücher wieder: fragen – suchen – entdecken. Die folgende didaktische Grundstruktur konkretisiert diese allgemeine Absicht im Aufbau der einzelnen Kapitel und will damit der Lebenswelt der Grundschüler ebenso gerecht werden wie den Erkenntnissen der modernen strukturgenetischen Entwicklungspsychologie.

Didaktische Grundstruktur der Kapitel

Die folgende didaktische Grundstruktur beschreibt den Aufbau eines jeden Kapitels und dient als Suchraster zur Erschließung jeweils eines Themas des Lehrplans. Sie besteht aus drei Teilen und folgt dem Titel „fragen – suchen – entdecken":
Mit „fragen" ist der spezifische Zugang zu einem Thema markiert. Es wird ein Lernprozess angestoßen und angeregt.
Mit „suchen" wird die inhaltliche Beschäftigung mit einem Thema beschrieben, das so angelegt ist, dass der angeregte Lernprozess in Gang gehalten wird.
Das „Entdecken" macht den Bezug zum Leben der Sch deutlich, indem die Relevanz dessen, was inhaltlich erarbeitet worden ist, für das praktische Leben deutlich wird.

I. EINEN LERNPROZESS ANSTOßEN
Zugänge: Wahrnehmen – Fragen – Erkunden

In diesem ersten Schritt erfolgt nicht nur das, was häufig als „Motivation" bezeichnet wird. Sch werden vielmehr angeregt zur Eigenwahrnehmung, zur Beobachtung und zum Fragenstellen. Ziel ist es, Sch über Wahrnehmungsübungen, Betrachten von Bildern, Hören von Geschichten und Erzählungen dazu anzuregen, sich mit einer Thematik zu befassen und ihr durch Fragen auf den Grund zu gehen.
Jedes Kapitel beginnt mit einer oder mehreren Doppelseiten, in denen der „fragende" Lernprozess in Bewegung kommt. Die folgenden Stichworte sollen Möglichkeiten signalisieren, wie dies geschehen kann.

- **WAHRNEHMEN – STAUNEN**
  - Wecken und Intensivieren sinnlicher Wahrnehmungsfähigkeit (sehen, hören, atmen usw.)
  - Schaffen einer inneren Disposition für weitergehende religiöse Erfahrungen (still werden, staunen, loben)
- **FRAGEN – SUCHEN**
  - Anstiften zum Stellen der Fragen, die Sch bewegen
  - Stärken der natürlichen Fragebereitschaft der Sch und deren Weiterentwicklung durch gemeinsames Fragen
  - Verstehen der Fragen als Ausgangspunkt von Lernprozessen, die von den Sch mitgetragen werden (z. B. Warum feiern wir eigentlich Feste?)
- **ERKUNDEN – ERLEBEN**
  - Authentisches Lernen durch Begegnung mit Zeugnissen des Glaubens
  - Anregen und Inszenieren eigener Erfahrungen und Erlebnisse

II. EINEN LERNPROZESS IN GANG HALTEN
Inhaltliche Beschäftigung mit einem Thema

Diese Phase konfrontiert Sch nicht mit fertigem „Bescheidwissen", sondern regt sie zur Auseinandersetzung und Beschäftigung an, z. B. in Form von Dilemmageschichten (zahlreiche Gleichnisse, z. B. vom verlorenen Schaf, und biblische Erzählungen lassen sich mit einem Dilemmaschluss darstellen), zum Entdecken von Zusammenhängen, zum Infragestellen bisheriger kindlicher Annahmen und ihrer kognitiven Weiterentwicklung.
In diesem Hauptteil eines jeden Kapitels werden die notwendigen Informationen angeboten. Es wird bei jedem Thema geprüft, wie weit die Eigentätigkeit der Sch mit geeigneten Methoden, z. B. Freiarbeit, angeregt werden kann. In den Schulbüchern für die dritte und vierte Klasse wird diese Sachinformation durch ein Glossar ergänzt, in dem die wichtigsten Fachbegriffe erklärt werden und das die Kinder selbstständig benutzen können.

- **VERSTEHEN – SICH VERSTÄNDIGEN**
  - Unterstützen bei den Formulierungen gefundener Einsichten und Entdecken von Zusammenhängen
  - Verstehen von Erzählungen und biblischen Geschichten in ihrem Bedeutungsüberschuss als Anstoß, eigene Erfahrungen mit anderen Augen zu sehen

A GRUNDLAGEN

- **UNTERSCHEIDEN UND BEWERTEN – MAßSTÄBE FINDEN**
  - Stimulieren der Entwicklung des ethischen Urteilens und Handelns
  - Sensibilisieren für Ungerechtigkeiten

III. LERNPROZESSE PRAKTISCH WERDEN LASSEN
Aneignen – Handeln – praktisches Lernen – Miteinander leben

Das in Phase II. Erarbeitete nimmt in Phase III. Gestalt an, nicht in Form von Merksätzen oder Zusammenfassungen, sondern in beispielhaften Ausdrucksformen oder Möglichkeiten praktischen Umsetzens oder Handelns. Jedes Kapitel mündet ein in ein Praktisch-Werden der erarbeiteten Thematik. Sch können die Relevanz des Erarbeiteten für ihr tägliches Leben neu entdecken. Aus diesem Grund geht es in diesem dritten Teil darum, das Erfahrene in verschiedene Handlungszusammenhänge umzusetzen.

- **MITEINANDER LEBEN – ANTEIL NEHMEN**
  - Einüben sozialer Umgangsformen und Regeln
  - Erschließen religiöser Sprach- und Ausdrucksformen, Einüben der Fähigkeit, eigene Empfindungen anderen mitzuteilen (Bild, Sprache, Gestik)
  - Kennenlernen von Ausdrucksformen in Bildern, Metaphern und Symbolen; Einüben, eigene Erfahrungen darin zum Ausdruck zu bringen
  - Befähigen, andere zu verstehen
- **PRAKTISCHES LERNEN – HANDELN**
  - Suchen von Handlungsperspektiven zur Veränderung von Missständen
  - Erarbeiten von Konsequenzen für die Gestaltung des eigenen Lebens
  - Gestalten und Umsetzen der Erkenntnisse in Spiel, Feier usw.

Ausgangspunkt und Ziel: fragende, suchende und entdeckende Schüler/innen

Wie die oben skizzierten Untersuchungen und Umfragen (s. S. 17 f.) dokumentieren, sind Grundschülerinnen und -schüler in religiösen Fragen ansprechbar, obwohl sie mehrheitlich in ihrem Elternhaus keine religiöse Erziehung erfahren haben. Von diesem Umstand geht „fragen – suchen – entdecken" konsequent aus. Sch nehmen die Realität mit wachem Sinn wahr, sie stellen Fragen und wollen Hintergründe klären.

Das Thema „Ostern feiern" soll beispielsweise in der Klasse eingeführt werden mit typischen Situationen, mit denen Ostern in einer säkularen Welt in Verbindung gebracht werden kann, wie Ferienreiseverkehr und Stau auf der Autobahn, Osterhasen oder Ostereier im Schaufenster usw. Sch werden angesichts dieser Phänomene zu der Frage ermuntert, weshalb das Osterfest gefeiert wird.
Diese Frage verlangt nach Klärung und Information über „die letzten Tage Jesu", seinen Tod am Kreuz sowie über die Erfahrung seiner Auferstehung. Im gemeinsamen Basteln einer Osterkerze kann die Bedeutung der Osterbotschaft von den Sch in einfachen Symbolen dargestellt werden. Sie erfahren damit im praktischen Tun, wie Glaube sich ausdrücken kann, und sie erkennen beim erkundenden Gang in die Kirche auch dort eine Osterkerze.
Wenn Sch auf die eben skizzierte Weise als fragende, suchende und entdeckende Sch eigentätig sein sollen, dann ist auch auf die Sprachebene zu achten. Sch verstehen in den ersten Grundschuljahren Inhalte und Texte überwiegend im wörtlichen Sinn, eine übertragene Bedeutung ist ihnen fremd.
Statt Belehrung sollen Erzählungen Vorrang besitzen. Diese lassen sich häufig wegen des Umfangs nicht in „fragen – suchen – entdecken" abdrucken. Dafür können kindgemäße und zugleich künstlerisch wertvolle Bilder Ausgangspunkt und Grundlage für Erzählungen sein.
Wo immer es sich anbietet, sollte das Lernen mit allen Sinnen erfolgen. Dabei kommt es vor allem darauf an, dass Sch zu eigenem Erfahren und zu eigenem Ausdruck und dessen Wahrnehmung angeregt werden: im Malen und Gestalten, im Musizieren, in der Bewegung, im Tanz, im Spiel. Zur Wahrnehmungsschule gehören auch Sehen, Hören, Riechen, Schmecken und Fühlen – sie sind die Tore zur Welt und können gleichzeitig Tore zur Innenwelt des Selbst sein.
Diese Konzeption trägt der pluralen weltanschaulichen Situation Rechnung und begreift den RU als Chance Sch anzuregen und zu unterstützen, die Gestalt des eigenen Lebens zu entwickeln, ihre Frage nach Gott zu wecken und wach zu halten.
Wir sind uns bewusst, dass das wichtigste Medium gerade im Unterricht der Grundschule aber nicht ein Buch, sondern die Lehrerin oder der Lehrer ist. Bücher können anregen und unterstützen – gestaltet und getragen wird der RU von den Menschen, die von den Sch als glaubwürdige Zeuginnen und Zeugen ihrer Botschaft wahrgenommen werden.

Das Begleitmaterial zu „fragen – suchen – entdecken 1–4"

1. „fragen – suchen – entdecken – Arbeitshilfen"

Jeden Band der Schülerbücher erschließt ein unterrichtspraktischer Lehrerkommentar. Das schulbuchdidaktische Konzept wird vorgestellt. Die Möglichkeiten, mit den Meditationsseiten „Stille entdecken" während des Schuljahres vielseitig zu arbeiten, werden entfaltet. Jedes Kapitel wird in größere Lernzusammenhänge gestellt und in seinem didaktischen Aufbau vorgestellt. Schließlich wird jede (Doppel)Seite erläutert, indem religionspädagogische und sachliche Information (1. Hintergrund) und eine Fülle von erprobten methodischen Anregungen geboten werden (2. Einsatzmöglichkeiten im RU). Zahlreiche Materialien und Arbeitsblätter (AB) erleichtern die Unterrichtsvorbereitung und Stundengestaltung. Gelegentlich finden sich Vorschläge, deren Vorbereitung aufwändiger ist (3. Weiterführende Anregungen).

2. Die Folienmappe Schatzkiste 3/4

Die Schatzkiste 3/4 (Kösel: Best.-Nr. 3-466-50652-2, Auer: Best.-Nr. 3-403-03502-6) enthält 24 Farbfolien mit Bildern der Kunst aus **fse 3** und **fse 4**. Die ausgewählten Kunstwerke helfen den thematischen Horizont der Grundschulreihe zu vertiefen und stehen für den kreativen Einsatz im Unterricht zur Verfügung. Aus „fragen – suchen – entdecken 3" sind folgende Bilder enthalten: „Grenzen des Verstandes" und „Bunte Gruppe" von Paul Klee (**fse 7** und **75**), „Jakobs Traum" und „Jude mit Tora-Rolle"von Marc Chagall (**fse 15** und **25**), „Elija am Horeb" von Sieger Köder (**fse 17**), „Schilfmeer" aus dem Stuttgarter Psalter (**fse 33**), „Das Königreich des Friedens" von Edward Hicks (**fse 39**), „Ein Regentropfen, der in eine Stadt fällt" von Friedensreich Hundertwasser (**fse 41**), „Der verlorene Sohn" von Max Slevogt (**fse 53**), „Abendmahl" von Duccio di Buoninsegna, genannt Maestà (**fse 59**), „Die Brotvermehrung" aus dem Echternacher Evangeliar (**fse 71**), „Hungertuch aus Indonesien 2000" von Misereor (**fse 91**), „Der barmherzige Samariter" und „Das blinde Schwesterchen" von Paula Modersohn-Becker (**fse 99** und **103**).

Der Schatzkiste ist ein Handblatt beigelegt, auf dem die historischen Werkdaten des jeweiligen Bildes und „Ein Grundmodell der Bilderschließung" zu finden sind (vgl. auch Arbeitshilfen S. 56).

3. Die CD Liederkiste 3/4

Die Liederkiste 3/4 (Kösel: Best.-Nr. 3-466-45738-6, Auer: Best.-Nr. 3-403-05916-2) enthält vertonte Lieder aus **fse 3** und **fse 4** (**fse 3**: Seiten 6, 22, 40, 58, 68, 77, 82, 85, 89, 105; **fse 4**: Seiten 12, 22, 27, 31, 38, 60 f., 74, 85, 102), aber auch ergänzende Stücke, u. a. zu den Themen Judentum und Islam. Die Lieder dieser Arbeitshilfen für NRW, die auf der Liederkiste 3/4 zu hören sind, tragen ein Symbol auf dem AB.

4. Die Folienmappe Lebensbilder

Die Lebensbilder 3/4 (Kösel: Best.-Nr. 3-466-50701-4, Auer: Best.-Nr. 3-403-04196-4) enthalten Symbolfotos und Fotos aus dem kindlichen Alltag. Ferner bieten sie Einblicke in Gottesdiensträume (Synagoge, Moschee, ev. und kath. Kirche) und liturgische Vollzüge (Beten, Beichten, Erstkommunion, Messdiener, Erntedank). Sie eignen sich für den situativen Einsatz, als Gesprächs- oder Schreibimpuls, als Ausgangspunkt für kreative Gestaltung und als Meditationsbilder im RU und Kindergottesdienst.

Ein Register erlaubt rasches und gezieltes Suchen nach thematisch passenden Fotos.

5. Die Handpuppe Relix

Die Handpuppe Relix (Kösel: Best.-Nr. 3-466-45742-4, Auer: Best.-Nr. 3-403-03550-6) lässt sich im RU in vielfältiger Weise spielerisch einsetzen. Sch spielen gerne mit einer solchen Puppe, die im Spiel wie zu einer Person wird (vgl. Flitner 1996, S. 144). L oder Sch erwecken Relix durch die Hand zum Leben. Dabei kommt die Gestalt den „Identifikationsbedürfnissen" der Kinder (Fritz 1989, S. 23) als Vermittlungsfigur sehr entgegen. Relix bietet die Möglichkeit eines Gesprächspartners auf kindlicher Ebene, mit dem das Kind eigene Gefühle und Erlebnisse besprechen kann, die es gegenüber L kaum aussprechen würde. Als Medium ist er dem „androgynen Typ" zuzuordnen (Riegel/Zieberts, S. 367), es sollte daher keine stereotype weibliche oder männliche Rollenzuweisung erfolgen. Relix spricht entsprechend der Vielfalt der Lerntypen verschiedene Eingangskanäle der Sch an: neben dem visuellen Sehtyp auch „den auditiven Hörtyp, den haptischen Fühltyp, ... den verbalen Typ und den Gesprächstyp" (Vester, S. 121). Über einen längeren Zeitraum hinweg trät Relix dazu bei, dass sich Sch entsprechend ihrer Entwicklungsphase von der mythisch-wörtlichen Entwicklungsphase (vgl. Fowler 1991, S. 151-167, und 1989, S. 87-91) mit einer antropomorphen Sicht der Welt distanzieren können, ohne diese zu zerstören. Dass Relix eine eigene Stimme bzw. Stimmlage bekommen sollte, ist in dem Hörbeispiel unter www.KTHF.Uni-Augsburg.de/lehrstuehle/dida-rel/riegger.shtml anzuhören.

Literatur

Flitner, A., Spielen-Lernen. Praxis und Deutung des Kinderspiels, München u. a. [10]1996

Fritz, J., Spielzeugwelten. Eine Einführung in die Pädagogik der Spielmittel, Weinheim/München 1989

Ders., Theorie und Pädagogik des Spiels. Eine praxisorientierte Einführung, Weinheim/München [2]1993

Riegel, U./Zieberts, H.-G., Mädchen und Jungen in der Schule, in: Hilger, G./Leimgruber, St./Zieberts, H.-G. (Hg.), Religionsdidaktik. Ein Leitfaden für Studium, Ausbildung und Beruf, München 2001, 361-372

6. Begleitbuch über die Stufen religiöser Entwicklung

Lothar Kuld, Das Entscheidende ist unsichtbar. Wie Kinder und Jugendliche Religion verstehen, München (Kösel) 2001

Für 9- und 10-jährige Sch sind Gottesvorstellungen mit menschlichen Zügen durchaus üblich, aber es nehmen symbolische und metaphorische Beschreibungen zu. Die Vorstellbarkeit Gottes wird selbst zu einer Frage. Lothar Kuld verfolgt anhand von Kinderfragen, Zeichnungen von Gottesbildern, kurzen Interviews, wie sich die Vorstellungen im Kindesalter verändern. Er plädiert dafür, sorgfältig auf die Fragen der Schülerinnen und Schüler zu hören und mit ehrlichen Antworten das Weiterdenken zu stimulieren.

Literatur und Adresse

Esser, Wolfgang, Gott reift in uns. Lebensphasen und religiöse Entwicklung, München 1991

Ders./Kothen, Susanne, Die Seele befreien. Kinder spirituell erziehen, München 2005

Fowler, J. W., Glaubensentwicklung – Perspektiven für Seelsorge und kirchliche Bildungsarbeit, München 1989

Ders., Stufen des Glaubens, Gütersloh 1991

Der Umschlag von „fragen – suchen – entdecken 3"

Der Umschlag des Religionsbuches weist die Kinder (Sch), Lehrkräfte (L) und Eltern auf zwei wichtige Intentionen des Schulbuches fragen – suchen – entdecken (fse) hin:
Da sind zunächst die drei Verben „fragen", „suchen", „entdecken". Sch werden im RU angeregt zu fragen nach dem, was sie bewegt, und sich auseinander zu setzen mit dem, was auf den verschiedenen Seiten von **fse** zum Fragen und Weiterfragen anregt. Das Fragen führt dazu, dass sich L und Sch auf einen „Suchweg" begeben und schließlich gemeinsam auch Entdeckungen machen, die hilfreich sind.

Die drei ausgewählten Illustrationen, die **fse 3** entnommen sind (**fse 72, fse 61** und **fse 60**), beziehen sich auf drei wichtige Themenbereiche des Schulbuchs. Erstens verdeutlicht die Illustration einer Szene aus dem Gleichnis vom barmherzigen Vater, dass Sch mit der biblischen und christlichen Tradition vertraut werden sollen. Zweitens zeigt das Bild des Jungen, der abends in seinem Bett sitzt und über das Erlebte nachdenkt, dass die Selbstreflexion der Sch stimuliert werden soll. Und drittens motiviert die Illustration der Kinder am Lagerfeuer zu gemeinschaftlichen Unternehmungen und zur Identitätsfindung in der Gruppe.

Stille entdecken: Meditationsseiten in „fragen – suchen – entdecken 1-4"

Stille-Übungen im RU der Grundschule

Stille-Übungen wurden in verschiedenen Ansätzen der Reformpädagogik, wie z. B. von Maria Montessori, als Bestandteil einer neuen Schul- und Bildungskonzeption entwickelt. Sie sollen in Abkehr vom Klassenunterricht ein interessegeleitetes individuelles Arbeiten und die Fähigkeit zur persönlichen Vertiefung ermöglichen.
Innerhalb der Religionspädagogik hat vor allem Hubertus Halbfas die Überlegungen und Erfahrungen von Maria Montessori aufgegriffen und deren Bedeutung für den RU entwickelt und dargestellt. Stille ist nach Hubertus Halbfas Voraussetzung für einen „Weg zur Mitte", und zwar sowohl zur eigenen Mitte als auch zu Gott (vgl. Hubertus Halbfas, Der Sprung in den Brunnen, Düsseldorf ²1998, S. 20).
Der Alltag heutiger Sch hat gegenüber früheren Zeiten eine rasante Veränderung erfahren. Sch wachsen heute in einer reizstarken, von elektronischen Medien geprägten und wenig strukturierten Umwelt auf. Deshalb ist es für Sch besonders wichtig, dass ritualisierte Handlungen, wie gemeinsame Mahlzeiten oder die Gute-Nacht-Geschichten, den Tag strukturieren. Dies ist eine wichtige Funktion von Ritualen für Sch: Rituale erlauben den Transfer von äußeren Erlebnissen zu innerem Bewusstsein. Aus diesem Grunde wurde die Bedeutung von Ritualen für den schulischen Alltag neu erkannt (vgl. Gertrud Kaufmann-Huber, Kinder brauchen Rituale, Freiburg 2001). Rituale in der Schule sind verabredete Abläufe, die über einen bestimmten Zeitraum eine feste Form behalten, deren Inhalt aber durchaus unterschiedlich sein kann. Rituale werden nicht jedes Mal neu diskutiert und ausgehandelt. In ihrer konstanten Selbstverständlichkeit liegt ja gerade ihre entlastende Funktion.
Regelmäßige Stille-Übungen sind deshalb in den vier Jahrgangsbänden des Unterrichtswerks vorgesehen.

Die religionspädagogische Bedeutung von Stille-Übungen

Stille-Übungen schaffen eine indirekte Bereitschaft für neue Erfahrungen

Stille-Übungen verhelfen Sch bzw. L zu Sammlung und innerer Besinnung. Sie verhelfen zu Ruhe und Eigentätigkeit und gleichen damit die Defizite einer von raschem Zeittakt und Medien geprägten Lebenswelt aus. Sch wie L können im Strom der Eindrücke innehalten. Und die Hektik der Ereignisse wird für einen Augenblick unterbrochen und angehalten.
Wohl deshalb empfinden alle Klassen diese Übungen in der Regel als wohltuend. Sch wie L nehmen sich da-

bei als Personen mit einer „inneren Welt" wahr. Der Unterricht verändert sich in der Weise, dass die „Wege der inneren Erfahrung" Lernen und Belehrung erweitern und bereichern. Es wird die notwendige Offenheit für die geforderten Prozesse erreicht, eine psychische Gefasstheit, Sensibilität und Bereitschaft, neue Erfahrungen machen zu können und sich selber ins Spiel zu bringen. Die Erfahrung des Elia (1 Kön 19, 4-13), wonach Gott nicht im Sturm, Beben oder Feuer zu vernehmen ist, kann auch analog für den RU gelten. Nicht nur im Reden und Erklären, sondern auch im vernehmenden Schweigen bietet sich dem RU ein Fundament an, mit dem er Sch über bloßes Nutz- und Brauchwissen hinausführen kann.

Stille-Übungen eröffnen einen Weg innerer Erfahrung

Das Stichwort von der Erlebnisgesellschaft (Gerhard Schulze, Die Erlebnisgesellschaft, Frankfurt [8]2000) verdeutlicht, wie sehr unsere Gesellschaft, unsere Kinder und Jugendlichen geprägt sind von der „Reise nach draußen", d. h. von der Suche nach immer neuen Reizen und Erlebnissen. Stille-Übungen bilden ein Gegengewicht zur lauten Umwelt und werden als „Reise nach innen", als wohltuend und entspannend empfunden. Die Erfahrung der Stille kann dazu führen, dass Sch sich selbst und ihre Erlebnisse in neuer Perspektive wahrnehmen. Wenn dies gelingt, dann werden Stille-Übungen zu inneren Weiterentwicklungen, zu „Pfaden der inneren Veränderung" und zu „spirituellen Lernwegen".

Stille-Übungen schaffen Offenheit für einfache Sinneswahrnehmungen

Es scheint so, als müssten Sch wieder einfache Dinge lernen. Dazu gehören die Sinneswahrnehmungen wie hören, sehen, riechen, tasten usw., die als so genannte Primär-Erfahrungen zur Folie werden können für religiöse Erfahrungen. Aus diesem Grunde wird auf den Eingangsseiten „Stille entdecken" für jede Jahrgangsstufe jeweils ein Sinnesorgan thematisiert (vgl. Arbeitshilfen S. 32 ff.).

Stille-Übungen haben einen eigenständigen Wert

1. Stille-Übungen lassen sich nicht durch Druck gegen den Willen einer Klasse durchsetzen. Wenn wir Widerstand spüren, werden wir geduldig warten und mit neuen und andersgearteten Angeboten versuchen, Sch zur inneren Bereitschaft für eine Stille-Übung zu führen.
2. Stille-Übungen haben ihre eigene Bedeutung und dürfen nicht instrumentalisiert werden. Natürlich helfen sie mit, dass Sch ihre hektische Unruhe leichter verlieren oder sich besser konzentrieren. Doch sind dies Nebenwirkungen und sollten nicht Hauptziel sein. Stille-Übungen sind auch nicht als Mittel der Disziplinierung zu funktionalisieren. Sie ermöglichen etwas grundlegend anderes als nur die Abwesenheit von Lärm und Unruhe.
3. Für Stille-Übungen lassen sich keine Normen aufstellen, um bestimmte „Ergebnisse" zu erzielen. Die gemachten Erfahrungen sind oft sehr persönlich und müssen entsprechend respektvoll behandelt werden. Gesprächsaufforderungen werden deshalb einladenden Charakter haben unter Achtung der Freiheit des und der Einzelnen, sich nicht zu äußern.

Stille-Übungen als Rituale

Wie das Wort Stille-Übungen schon sagt, bedürfen diese der ständigen Übung. Sie werden nicht nur als gelegentlicher Gag oder als Besonderheit bemüht, sondern lassen z. B. den Anfang einer Stunde zu einem Ritual werden. Damit signalisieren sie, dass die Klasse sich innerlich auf Religion einstellen soll. Wiederholungen einer Übung müssen dabei nicht stereotyp sein, bei gleich bleibendem Grundgerüst können verschiedene neue Akzentuierungen gesetzt werden.

Unter einem Ritual versteht man ein gleich bleibendes Vorgehen in einer festgelegten Ordnung. Das Wort leitet sich aus dem Lateinischen „ritualis: den religiösen Brauch, die Zeremonien betreffend" und dem Substantiv „ritus: heiliger, feierlicher Brauch" ab.

Daraus wird ersichtlich, dass Rituale ursprünglich im religiösen Bereich wurzeln. Auch im täglichen Leben beggenen uns zahlreiche Rituale, die es uns erleichtern, den Tag zu organisieren und das Zusammenleben fass- und vorhersehbar zu gestalten.

Rahmenbedingungen und Gestaltung einer Stille-Übung

Der Raum

Günstig für eine längere Übung ist ein eigener Meditationsraum, den es bereits in vielen Schulen gibt.
Für die Übung im Klassenzimmer bietet sich der Sitzkreis an, den man mit einem farbigen Tuch, mit Blumen oder einem anderen „Mittezeichen" (Kerze/Stein/Duftschale/Muschel usw.) zentriert.
Wenn Sch am Platz üben, soll dieser frei von allem unnötigen Beiwerk sein. Sch brauchen genügend Platz, um sich gegenseitig nicht zu stören.

Beginn und Ende der Übung

Die Stille-Übung beginnt mit einem Ton der Klangschale, einem Stillelied oder einem anderen akustischen Zeichen. Damit sind Vereinbarungen mit den Sch verbunden das Reden einzustellen, ruhig zu werden, nur zu reden, wenn dazu aufgefordert wird. Sch berühren sich nicht. Unruhige Sch, die sich weigern mitzumachen, bleiben auf ihrem Platz oder gehen in die Ruheecke und beschäftigen sich still.

Wie der Anfang ist auch das Ende der Übung durch ein Ritual gekennzeichnet: sich verneigen, körperliche Entspannung (sich strecken, sich bewegen), ruhig an den Platz gehen (Musikbegleitung) ... Den Abschluss bildet die Rückkehr in den Alltag, wenn es sich ergibt mit Austausch des Erlebten oder durch Verarbeitung über das Malen/Formen/Schreiben oder eine andere Tätigkeit.

Die Zeit

Der Einsatz einer Stille-Übung richtet sich nach der Disposition der Klasse und dem Thema der Unterrichtseinheit. Günstige Zeiten sind der Tagesbeginn, der Anfang einer Stunde, der Woche, das Ende eines Unterrichtstages, einer Unterrichtswoche. Aber auch innerhalb einer Unterrichtsstunde kann sich zur Vertiefung eine Übung anbieten. Die Dauer einer Stille-Übung wird in ungeübten Gruppen sehr kurz sein und kann mit der Zeit immer länger werden. Stille-Übungen verlangen nach Wiederholungen: im Laufe der Unterrichtseinheit, im Ablauf der Schulwoche ...

Die Schülerinnen und Schüler

Ein Hauptaugenmerk ist auf die Situation der Sch zu richten: L muss herausfinden, wann Sch bereit sind, sich auf die Stille-Übung einzulassen. Nach einiger Zeit lernen Sch auch mit Störungen umzugehen (Nichtbeachten von Durchsagen, von Lärm, der von außen kommt). Unruhige Sch werden nicht gezwungen mitzumachen: Sie werden in ihrer Entscheidung respektiert. Einzige Abmachung: Sie sollen nicht stören. Manchmal sind die Störungen innerhalb der Gruppe so stark, dass die Übung abzubrechen ist. Es darf dabei nicht zu Schuldzuweisungen kommen. Den Sch soll die Lust an und die Bereitschaft zu weiteren Übungen nicht genommen werden. Ein Gespräch zu späterer Zeit mit Sch kann die Situation klären.

Die Lehrerin/der Lehrer

Stille-Übungen beginnen bei den Erwachsenen. Sie müssen sich selbst der Stille aussetzen, für sich selbst Ruheerfahrungen machen. Sehr hilfreich sind Erfahrungen, die in Meditationskursen erworben werden. Bevor L die Übung mit Sch durchführt, hat er sie selbst für sich mehrmals ausprobiert und sie so gleichsam internalisiert. Vor der Übung hat L alle Materialien bereitgestellt (Symbole, Kassettenrecorder, Musik, Malutensilien usw.). Die Stimme ist dem Inhalt angepasst, zwischen einzelnen Sätzen bleiben Pausen, damit Sch sich auf Bilder oder Gesten einstellen können.

Der Ablauf einer Übung

In der Regel besteht jede Übung aus folgenden Phasen: Einstimmung durch ein Ritual – Bewegung – Ruheübung – (Thema) – Entspannung – Ausdruck. Die einzelnen Phasen erhalten je nach Thema und Situation unterschiedliches Gewicht. Bei allen individuellen Gestaltungsmöglichkeiten soll eine feste Form und eine klare Struktur Sch die notwendige Sicherheit geben: Sie wissen, worauf sie sich einlassen.

1. Die Übung beginnt mit dem Anfangsritual, z. B. mit einem Lied. Sch finden sich im Kreis zusammen, evtl. mit Hilfe von Musik oder Klängen der Klangschale. Sie lockern den Körper, bewegen sich bei Musik und setzen sich entspannt auf den Stuhl.
2. Im Mittelpunkt der Übung steht ein Inhalt, der auf verschiedene Weise vermittelt wird, z. B. durch eine Fantasiereise, eine Sinneswahrnehmung, den Umgang mit einem Symbol, durch eine Geschichte, eine Gebärde ...
3. Die Übung wird mit dem Abschlussritual beendet: Sch bewegen sich, dehnen und strecken den Körper, öffnen die Augen, verneigen sich, kehren still auf den Platz zurück (evtl. Musik einsetzen), lassen die Übung nachklingen. Eine Ausdrucksphase kann sich anschließen: Gespräch, Tanz, Malen, Schreiben.

Zu Beginn der dritten Jahrgangsstufe werden oft nur einzelne Phasen dieser Abfolge eingeübt. Im Laufe des Schuljahres sind längere Stille-Übungen möglich.

Grundformen der Stille-Übung: Atmen – Aufrechtes Sitzen

Das Atmen

Bei vielen Übungen steht am Anfang die Beobachtung des Atems. Sch atmen durch die Nase ein und aus: Sie beobachten, wie sich der Bauch, der Brustkorb hebt und senkt, wie der Atem von selbst fließt, wie nach jedem Ausatmen eine kleine Pause entsteht. Die Beobachtung der Atmung kann unterstützt werden, indem Sch ihre Hand auf den Bauch legen oder ihre beiden Hände an den Brustkorb. Eine weitere Übung: Beim Einatmen geht der Atem von den Füßen bis in den Kopf (Scheitel), das Ausatmen können wir bis in die Beine (Füße, Zehenspitzen) verfolgen. Oder: Einatmen durch die Nase, ausatmen mit gespitztem Mund. Die Beobachtung des Atems kann die Stille-Übung einleiten.

Das aufrechte Sitzen

Das bewusste Sitzen ist eine gute Hilfe, um zur Ruhe zu kommen: Die Füße stehen fest auf dem Boden. Die Fußsohlen spüren den Boden. Die Hände liegen locker auf den Oberschenkeln. Die Schultern hängen locker herab. Der Blick geht geradeaus. Die Wirbelsäule ist aufrecht. In der Vorstellung kann am Scheitel ein Faden befestigt sein, der zur Decke strebt. Für manche Kinder ist es leichter, wenn sie die Stuhllehne im Rücken spüren. Der Körper bewegt sich nicht mehr.

Aufbau der Stille-Übungen

Für eine kontinuierliche Arbeit sind in den Jahrgangsbänden 1 bis 4 folgende Elemente vorgesehen:

Für jedes Schuljahr wird ein **Symbol** angeboten:
1. Schuljahr: *die Tür*
2. Schuljahr: *der Baum*
3. Schuljahr: *das Brot*
4. Schuljahr: *der Weg*

Über die Schuljahre verteilt kommen folgende **sinnenhaften Erfahrungen** zur Sprache:
1. Schuljahr: *hören*
2. Schuljahr: *sehen*
3. Schuljahr: *schmecken/riechen*
4. Schuljahr: *tasten*

Für jedes Schuljahr werden je vier **Gebärden** vorgestellt. Schuljahrsübergreifend ergeben sie zusammengenommen eine längere Gebärdenfolge (vgl. Arbeitshilfen S. 44 f. und **AB 3.0.15, Arbeitshilfen S. 47**). Jede Reihe kann aber auch für sich stehen.

Daneben folgt für jedes Schuljahr ein **weiteres Angebot** für die Stille-Übung:
1. Schuljahr: *ein Mandala*
2. Schuljahr: *ein Text zum Meditieren: ein irischer Segenswunsch*
3. Schuljahr: *eine Symbolgeschichte: Wo ich Gott finde*
4. Schuljahr: *ein Labyrinth*

Die Eingangsseiten „Stille entdecken" werden abgeschlossen mit einem **Lied**, das die Stille-Übung eröffnen bzw. abschließen kann.
Weitere Anregungen für Stille-Übungen sind in den nachfolgenden Kapiteln der Arbeitshilfen zu finden.

Literatur

Brunner, R., Hörst du die Stille? Meditative Übungen mit Kindern, München 2001

Gruber, Chr./Rieger, Chr., Entspannung und Konzentration. Meditation mit Kindern, München 2002

Halbfas, H., Der Sprung in den Brunnen, Düsseldorf 1989

Kreusch-Jacob, D., Zauberwelt der Klänge. Klangmeditationen mit Naturton-Instrumenten, München 2002

Maschwitz, G. u. R., Gemeinsam Stille entdecken. Wege der Achtsamkeit – Rituale und Übungen, München 2003

Dies., Stille-Übungen mit Kindern. Ein Praxisbuch, München ^{6}1998

Merz, V., Übungen zur Achtsamkeit, München 2002

Dies., Wie gut der Apfel schmeckt ... Den Alltag und die kleinen Dinge achtsam erleben, München 2004

Schneider, M. u. R. (Hg.), Meditieren mit Kindern. Set mit Anleitungsbuch, CD und Dias, Mülheim an der Ruhr 1994

Stille entdecken in „fragen – suchen – entdecken 3"

Symbol: Brot fragen – suchen – entdecken **4**

1. Hintergrund

Das erste Bild auf den meditativen Seiten „Stille entdecken" gilt jeweils Grundsymbolen: Die Tür in **fse 1**, der Baum in **fse 2** und das Brot in **fse 3**.
Mit „Brot" in der 3. Klasse wird eine neue Dimension angesprochen: Brot als Grundnahrungsmittel, als Symbol für Nahrung.

Bedeutungsebenen des Symbols „Brot"

Abgesehen von Asien, wo der Reis zum Hauptnahrungsmittel der Menschen zählt, gehört Brot in den meisten Teilen der Erde zu den Grundnahrungsmitteln.
Wenn wir im „Vater unser" um „unser tägliches Brot" bitten, dann steht „Brot" synonym für Nahrung, für unsere Lebensgrundlage. Dies meinen wir auch, wenn wir unsere Mahlzeiten als „Abendbrot", als „Vesperbrot" oder kurz als „Brotzeit" bezeichnen.
Mit „Broterwerb" wird dann jene Tätigkeit beschrieben, die dazu dient, eine Lebensgrundlage zu schaffen, das notwendige Einkommen zu sichern im Unterschied zu einer „brotlosen Kunst", die zwar wichtig sein kann, die aber nichts beitragen kann zur materiellen Sicherung des Daseins.
Diese Beispiele dokumentieren, dass Brot immer schon mehr bedeutete als ein aus Teig hergestelltes Produkt.
In unterschiedlichen Redewendungen kommt die übertragene Bedeutung von Brot zum Tragen: „Das ist ein hartes Brot" meint eine schwierige Lage, durch die man sich „hindurchbeißen" muss; wenn jemand zu „Wasser und Brot" verurteilt ist, heißt das, dass er nur das Allernotwendigste bekommt, um seine Existenz erhalten zu können, während die Kombination „Brot und Wein" die Freude mitschwingen lässt, die der Wein vermittelt.
„Brot und Spiele" sind ein beliebtes Mittel von Machthabern, um ein Volk „bei Laune zu halten" und gefügig zu machen, indem es nicht nur mit dem Notwendigsten versorgt, sondern auch abgelenkt wird.

Die Bedeutung von „Brot" in der Bibel

Als Hauptnahrungsmittel konnte Brot auch die Bedeutung von „Speise", „Nahrung" ganz allgemein annehmen. Dies gilt bereits für die bekannte Stelle der Genesis (3,19), nach der Adam im Schweiße seines Angesichtes sein Brot verzehren soll. Brot ist mehr als eine Frucht, die man einfach vom Baum pflücken kann, es ist nicht nur eine Gabe aus dem Zusammenspiel von Sonne und Erde, sondern auch ein Produkt menschlicher Arbeit. Brot und Wein gehören zu den Wundergaben von Himmel und Erde (Ps 104,15).
Nur den Auserwählten wird Brot zuteil, das nicht von Menschen gebacken wurde, so wird das für die hungernden Israeliten bestimmte Manna gesehen (Ex 16,14f.). Der Bedeutung des Brotes als Lebensspeise in einem umfassenden, geistig überhöhten Sinn wird das materielle Brot gegenübergestellt, von dem allein der Mensch nicht leben kann (Dtn 8,3).
Jesus hält dem Teufel, der ihn nach 40-tägiger Fastenzeit durch irdische Gedanken in Versuchung führen wollte, die alttestamentliche Stelle entgegen: Der Mensch lebt nicht nur vom Brot, sondern von jedem Wort, das aus Gottes Mund kommt" (Mt 4,4).
Nahrung für den Körper und die Seele ist gemeint, wenn Jesus betet: „Gib uns heute das Brot, das wir brauchen" (Mt 6,11). Wenn es heißt, dass das Brot Gottes jenes ist, das vom Himmel herabkommt und der Welt das Leben gibt (Joh 6,33), dann kann darunter die umfassende Erlösungsgabe verstanden werden. Die anschließende Aussage Jesu deutet aber auch unmittelbar auf das eucharistische Geheimnis und die damit verbundene Teilnahme am göttlichen Leben hin: „Ich bin das Brot des Lebens; wer zu mir kommt, wird nie mehr hungern" (Joh 6,35). „Ich bin das lebendige Brot, das vom Himmel herabgekommen ist. Wer von diesem Brot isst, wird in Ewigkeit leben. Das Brot, das ich geben werde, ist mein Fleisch für das Leben der Welt" (Joh 6,51). Beim letzten Abendmahl nahm deshalb Jesus das Brot, sprach den Segen, brach es und gab es den Jüngern mit den Worten: „Nehmt und esst; das ist mein Leib" (Mt 26,26). In Verbindung mit dem Kreuzestod haben wir hier eines der tiefsten Symbole: Die Urkirche verstand das Geheimnis der Eucharistie als eine Wirklichkeit der Gegenwart des Herrn und der Lebensverbindung mit ihm. „Ist das Brot, das wir brechen, nicht Teilhabe am Leib Christi? Ein Brot ist es. Darum sind wir viele ein Leib; denn wir alle haben Teil an dem einen Brot" (1 Kor 10,16f.).
Essen, Verzehren bedeutet also so viel wie „in sich aufnehmen". Das in der Eucharistiefeier verwandelte

Brot ist sakramentales Symbol dessen, der von sich sagt: „Wie ich durch den Vater lebe, so wird jeder, der mich isst, durch mich leben" (Joh 6,57).

Das bei der Eucharistie verwendete reine Weizenbrot ist in der lateinischen Kirche ungesäuert analog dem beim Pessach-Mahl und dem letzten Abendmahl verwendeten Brot.

Das Symbolfoto fse 4

Dargestellt ist ein Brotlaib. Seine Oberfläche zeigt Risse, die bei der Ausdehnung der Hefe während des Backvorgangs entstanden sind. Der Brotlaib ist rund, aber uneben mit verschiedenen Einkerbungen. Er ist einmalig in seiner Form, keiner gleicht dem anderen. Was können Sch sehen und erkennen?
– die Risse in der Oberfläche;
– die unterschiedliche Färbung, oben im Bild ist das Brot dunkler, fast schwärzlich, dort war es näher an der Hitze als auf der anderen Seite;
– an der Oberfläche ist Mehl erkennbar, vor dem Backen war der Teig „eingemehlt";
– auf beiden Seiten liegen Ähren, vermutlich ein Dinkelgetreide.

Diese Ähren weisen hin auf die Herkunft des Brotes aus dem Korn. Der Weg vom Korn zum Brot wird in einer eigenen Übung bearbeitet.
Sinnvoll ist es, über die Bildbetrachtung hinaus einen Brotlaib mit in den RU zu bringen, damit Sch ihn riechen, in die Hand nehmen, das Brot brechen und essen können.

2. Einsatzmöglichkeiten im RU

Brot wahrnehmen und kosten

Ein frisch gebackener Brotlaib oder ein Fladenbrot wird in ein Tuch gehüllt. Die Sch sitzen im Stuhlkreis, sie betasten das eingehüllte Brot und riechen daran.
Das Brot wird auf dem Tuch in die Mitte gelegt, die Sch beschreiben das Aussehen, riechen den Duft des Brotes.
Das Brot wird auseinander geschnitten oder gebrochen und geteilt. Jede/r Sch erhält einen Teil, riecht zunächst an dem Brot, kaut dann einen Bissen langsam. Wir tauschen anschließend unsere Erfahrungen aus: Wie hat das Brot allein, ohne Beigaben, geschmeckt? Wie essen wir sonst das Brot?

Vom Korn zum Brot – eine Fantasiereise

● Aus einer Schale mit Getreidekörnern (Weizen, Roggen oder Dinkel), die herumgereicht wird, nehmen Sch jeweils ein Korn, das sie in die geöffnete Hand legen.

– Wir betrachten zunächst das Getreidekorn; es ist klein, länglich, auf einer Seite hat es eine kleine Einbuchtung. Wir versuchen es mit den Fingern zu drücken und spüren, wie hart es ist.
– In unserer Fantasie begeben wir uns mit unserem Korn auf eine weite Reise. Wir schließen dazu unsere Augen:

„Es ist ein sonniger Herbsttag. Unser Samenkorn befindet sich mit vielen anderen Körnern in einem großen Sack, der mit anderen Säcken auf einem Wagen zu einem Feld gefahren wird. Dort werden die Körner aus den Säcken in eine Sämaschine gekippt. Diese Sämaschine wird von einem Traktor gezogen. Sie zieht kleine Furchen in die lockere Erde, sie lässt unser Samenkorn in eine dieser Furchen rollen und deckt hinterher etwas Erde darüber. Da liegt nun also unser Samenkorn in der lockeren Erde. Es dauert nicht lange und es regnet. Die harte Schale des Samenkorns wird weich. Als der Regen aufhört und die Sonne wieder scheint und die Erde erwärmt, wird unser Samenkorn weicher und größer. – Kleine Würzelchen kommen aus der Schale heraus und wachsen in die Erde hinein. Ein anderer winziger Trieb streckt sich nach oben, wird größer und durchbricht die Erde. Über der Erde wird er grün wie ein Gras. – Aber bevor die Wurzeln und Triebe unseres Samenkorns weiterwachsen können, müssen sie nun zuerst den Winter überstehen und warten, bis die warme Sonne und der Regen im Frühjahr es wieder zum Wachsen anregen. – Ein Halm mit schmalen langen Blättern und einer Ähre mit vielen Körnern darin wächst heran. Sonne und Regen lassen die Körner reif werden. Die vielen Körner in der Ähre sind zunächst grün und weich, in der Sonne werden sie gelb und hart wie unser Samenkorn. – Dann kommt der Bauer mit einer großen Maschine, dem Mähdrescher. Dieser trennt die Körner von den Ähren und dem Halm. Die vielen Körner werden wieder in Säcke gepackt und zum Bauernhof gefahren."

– An dieser Stelle wird die Fantasiereise unterbrochen. Sch betrachten wieder die Samenkörner in ihrer Hand.
● Dieser Weg des Korns zum Brot kann nachvollzogen werden, indem die Bildkärtchen von der linken Hälfte des **AB 3.4.11, Arbeitshilfen S. 189**, gemischt und auf dem OHP in die richtige Reihenfolge gelegt werden.
● Wir betrachten mehrere Brotsorten. Beim Vollkornbrot können wir die Körner noch erkennen, bei anderen sind sie feiner zu Mehl gemahlen.
– Die Betrachtung des Weges vom Korn zum Brot stimmt L mit den Kolleginnen und Kollegen, die Sachkundeunterricht geben, ab.

Lied und Tanz: Danke für das Brot

T: Rolf Krenzer
M: Peter Janssens
© Peter Janssens Musik Verlag, Telgte-Westfalen

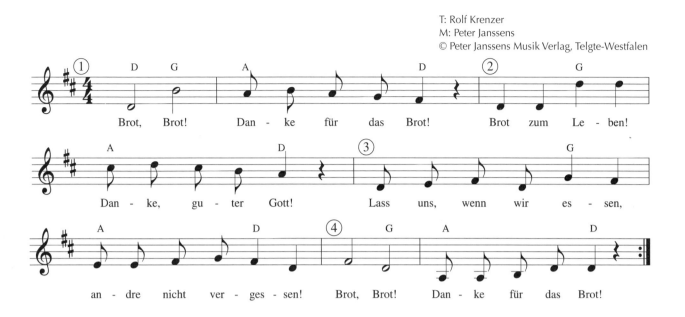

Tanzelemente zum Lied: „Danke für das Brot"

Zu Beginn im Stehkreis aufstellen

beim Vorspiel	auf der Stelle linkes Bein an das rechte ziehen, das rechte an das linke usw.
Brot, Brot! Danke für das Brot!	Hände wie eine Schale vor den Körper halten
Brot zum Leben!	Hände an das Herz halten
Danke, guter Gott!	Arme und Hände nach oben strecken
Lass uns, wenn wir essen, ...	einander an der Hand nehmen und zur Mitte gehen, mit rechts beginnend
... andere nicht vergessen ... Brot	rückwärts zurücklaufen, wieder zuerst mit rechts
Brot! Danke für das Brot!	s. o.
bei Instrumentalmusik	einander an der Hand nehmen und im Uhrzeigersinn im Kreis gehen

Von den Kindern der Klasse 4 (Schuljahr 98/99) der Wilhelm-Busch-GS in Ramm entwickelt.

SCHULBUCH

Die Entstehungsgeschichte des Brotes verklanglichen

Wenn Sch die „Geschichte vom Korn" noch nicht aus dem 2. Schuljahr (HSU) kennen, kann sie hier vertiefend ergänzt werden. L oder einzelne Sch verklanglichen die einzelnen Schritte. Auch ein Nachvollziehen durch passende Gebärden durch alle Sch ist sinnvoll.

1. Das kleine Korn, winzig, unscheinbar, voller Energie, fällt tief in die dunkle Erde, wohin keiner blickt. Alles ist dunkel, scheinbar leblos und einsam.
Klang: Glöckchen oder Wasserglas

2. Warme Sonnenstrahlen fallen auf die Erde und schenken dem Korn ihre wohlige Wärme. Das kleine Korn fühlt sich richtig gemütlich und geborgen tief im Innern des Bodens.
Klang: Reiben auf der Handtrommel

3. Am Himmel ziehen dunkle Wolken auf, viele Regentropfen fallen sanft auf die Erde. Einige der Tropfen suchen sich ihren Weg zum Korn.
Klang: Klopfen auf der Handtrommel

4. Die harte Schale bricht auf. Das Wunder des Lebens beginnt. Ein kleiner frischer Keim wächst zaghaft aus dem Innern des Korns.
Klang: Schlagen der Klanghölzer

5. Lebendig durchbricht der Kern die Dunkelheit der Erde und streckt sich dem Licht freudig entgegen.
Klang: Schlagen der Klanghölzer

6. Die kleine Pflanze wird größer und stärker und wächst der Sonne entgegen.
Klang: Rassel

7. Der Halm öffnet sich. Aus ihm heraus wächst, von Blättern umgeben, eine feste Ähre. Sie wird größer und größer und öffnet sich. Das Wunder zeigt sich: Aus einem winzigen, kleinen Korn wurden viele Körner.
Klang: Gläserorgel
(nach: H. Freudenberg (Hg.), Freiarbeit mit RU praktisch, Bd. 2, Göttingen 2001, S. 163)

„Danke für das Brot" tanzen

- Sch erlernen das Lied „Danke für das Brot" **AB 3.0.1, Arbeitshilfen S. 29**.
- Sie üben den Tanz ein.

Brot ist lebenswichtig

- L schneidet aus braunem Tonkarton die Großbuchstaben BROT aus. Diese werden je nach Anzahl der Sch in kleinere Puzzle-Teile zerteilt. Die zusammengehörigen Schnittkanten werden entsprechend markiert, sodass beim späteren Zusammensetzen keine Probleme entstehen.
- Stille-Übung: Danke für das Brot
  Du kannst dich entspannen und kommst zur Ruhe. Du spürst deinen Atem, er geht ganz gleichmäßig, du atmest ein – du atmest aus. Jetzt kannst du deine Augen schließen.
  Stell dir das Brot vor, das hier in unserer Mitte liegt – ein Stück Brot – bestehend aus vielen Körnern, aus der Saat von einem Feld. Viel Sonne und Wasser, Arbeit und Zeit waren notwendig, um die Körner reifen zu lassen, aus denen das Mehl gemahlen und dann unser Stück Brot gebacken wurde.
  Das Brot in der Mitte wird geteilt und den Kindern in die geöffnete Hand gelegt.
  Du spürst und wiegst nun das Brot in deiner Hand. Du kannst mit einem Finger darüber streichen, du riechst daran.
  Es erinnert dich an schöne Momente, in denen du mit anderen Brot gegessen hast, an deine Eltern oder Freunde, du erinnerst dich, wie es dir dabei ging und wie du dich dabei gefühlt hast.
  Du bist dankbar für dein Brot. Du dankst für die Energie, die du aus diesem Stück Brot bekommst. Vielleicht spürst du ein Hungergefühl. Langsam beginnst du zu essen – deine Zunge spürt den Geschmack – du kaust und spürst die Stärke, die das Brot dir gibt.
- EA: Jedes Kind erhält ein braunes Puzzle-Teil, auf das es seine Assoziationen zu Brot malt und schreibt. Am Ende werden die Puzzle-Teile zusammengefügt und das Wort BROT wird lesbar.
- Vertiefung: Sch stehen im Kreis um das Puzzle und singen oder tanzen das Lied: „Danke für das Brot" (**AB 3.0.1, Arbeitshilfen S. 29**).

Wenn das Brot fehlt

- Sch erzählen von eigenen Hungererlebnissen.
- Sch hören oder lesen die Erzählung „Das Brot": **AB 3.0.2, Arbeitshilfen S. 31**.

Brot als Symbol

- Es gibt nicht nur Hunger nach Brot, sondern auch Hunger nach ... (Gemeinschaft, Freunden usw.).
- L wählt eine passende Symbolgeschichte von **AB 3.0.3, Arbeitshilfen S. 33**, oder **AB 3.0.4, Arbeitshilfen S. 33**.

Was Brot alles sein kann

- Sch erhalten **AB 3.0.5, Arbeitshilfen S. 35**, und bearbeiten die Arbeitsvorschläge.

Literatur und Medien

Berger, Klaus, Manna, Mehl und Sauerteig. Korn und Brot im Alltag der frühen Christen, Stuttgart 1993

Bihler, Elsbeth, Symbole des Lebens – Symbole des Glaubens III. Werkbuch für RU und Katechese, Limburg 1995, S. 174 ff.

Brot, von dem ich lebe, Aachen 1994

Domay, Erhard (Hg.), Vorlesebuch Symbole. Geschichten zu biblischen Bildwörtern, Lahr/Düsseldorf 21990, S. 222 ff.

Eiselen, Hermann (Hg.), Brotkultur, Köln 1995

Schindler, Regine u. a., Jesus teilt das Brot, Lahr 1986

Schmitz, Gustav, Symbole. Urbilder des Lebens, Urbilder des Glaubens, Bd. 1, Limburg 1998, S. 47 ff.

Walker, Lorna, u. a., Das große Buch vom Brot, Herrsching 1977

Das Brot

1. Abschnitt

Otto wohnte mit seiner Mutter und seinen drei Geschwistern in einem winzigen Zimmer. In dem Zimmer gab es keine Betten und so breiteten sie abends Decken auf dem Boden aus und legten sich darauf. Da sie oft sehr müde waren, schliefen sie trotzdem gut.

Otto spielte viel mit anderen Kindern auf der Straße. An einem Mittag hörten sie Lärm, Rufe, das Kettengeklirr von rollenden Panzern und sie sahen, wie die russischen Soldaten die Dorfstraße herunterliefen. Die Kinder bekamen Angst, aber die Soldaten winkten ihnen freundlich zu. Aus einem Lastwagen warf einer ein weißes Brot herunter, dann noch eins und noch eins und so konnten die Kinder Brot mit nach Hause bringen. Ottos Mutter schimpfte schrecklich, als ihr Sohn mit dem Brot nach Hause kam. Sie hatte ihm nicht erlaubt auf die Straße zu gehen. Am Ende aber waren alle froh, dass Otto das Brot mitgebracht hatte.

Vom Brot, genauer gesagt, vom Brot, das die Leute nicht hatten, will ich euch eigentlich erzählen: vom Hunger. Wisst ihr, wie Hunger ist? Ich glaube, so richtigen Hunger hat noch niemand von euch erlebt. Obwohl es auf der Erde noch viele Menschen gibt, die immer Hunger haben. Der Hunger fängt ganz langsam an, macht den Bauch hohl und schwer. Man hat das Gefühl, man sei satt, sehr satt, aber nur eine Weile, dann beginnt der Hunger wehzutun. Es sind Schmerzen, die überall stecken, in den Beinen wie im Kopf. Vor allem im Kopf, denn man weiß, wenn man eine Weile Hunger gehabt hat, nicht mehr, was man vor lauter Hunger tun soll. Hunger macht einen verrückt. Die Kinder beginnen vor sich hinzuweinen; die Mütter sind hilflos. Als Otto einmal zwei Tage lang Hunger gehabt hatte, gab ihm seine Mutter einen Schnürsenkel, auf dem er kauen konnte. Das half zwar nicht gegen den Hunger, aber Otto dachte sich aus, was der Schnürsenkel alles sein konnte: ein Stück Fleisch, Brot, Nudeln, was ihm eben einfiel.

2. Abschnitt

In dem Dorf gab es Leute, die nicht hungern mussten, weil sie Gärten besaßen, in denen Gemüse wuchs, oder weil sie Vorräte in ihren Kellern hatten. Bei denen bettelten die Kinder, aber sie bekamen selten etwas, denn für diese Leute waren es fremde Kinder, die von irgendwo hierher gekommen waren. Der Besitzer des großen Hauses, in dem Otto wohnte, war ein grobschlächtiger, unfreundlicher Kerl. Er besaß viele Vorräte. In den Regalen stapelten sich Einmachgläser und Konserven. Niemals aber gab der reiche Besitzer etwas ab.

Eines Tages spielte Otto mit kleinen Steinchen auf der Straße. Plötzlich sah er den Hausbesitzer die Straße herunterkommen. Der Mann zog einen Holzkarren hinter sich her. Darauf stapelten sich Unmengen an frischem Brot. Der Mann stellte den Holzkarren vor der Haustür ab und fing an, das Brot ins Haus zu tragen. Otto war es unbegreiflich, woher das viele Brot kam und was der Hausbesitzer damit anfangen wollte. Er hatte auch gar keine Zeit, länger darüber nachzudenken, denn in ihm stieg wieder dieses schreckliche Hungergefühl auf. Als der Mann mit der zweiten Ladung im Haus verschwand, schlich Otto vorsichtig näher. Der Duft des frischen Brotes machte ihn schier verrückt. Einen Moment lang zögerte er noch, dann griff seine Hand nach dem kleinsten Brot vom Wagen. Die Spucke floss Otto im Mund zusammen. In dem Augenblick, als er gerade in das Brot beißen wollte, packte ihn eine Hand im Nacken, die andere schlug mit furchtbarer Gewalt auf ihn ein. Es war der böse Hausbesitzer. Immer wieder schlug ihn der Mann. Am Ende drückte er Ottos Gesicht in den Schmutz der Straße und schrie: „Friss das!" Otto merkte gar nicht, dass er weinte. Er stand auf. Alles tat ihm weh. Der Mann riss ihm das Brot aus der Hand.

An diesem Abend kam Otto spät und von Schmutz überzogen in das Zimmer zurück. Seine Mutter schimpfte ihn aus. Otto aber hörte gar nicht hin. Er spürte seinen Bauch hohl und schwer. Er spürte die Schmerzen in seinen Beinen und konnte kaum noch stehen. Er spürte die Schmerzen in seinem Kopf. Ganz fest hielt er seinen Kopf, der ihm zu zerspringen drohte, und fragte sich: Warum habe ich nicht wenigstens das kleine Brot bekommen?

Riechen und Schmecken

1. Hintergrund

Riechen

Gerüche nehmen wir mit der Nase auf. Es gibt sehr viele Düfte, die wir mit Hilfe unserer Nase wahrnehmen können und die das Hören (**fse 1**) und das Sehen (**fse 2**) ergänzen.

Im oberen Bereich unserer Nase befinden sich zahlreiche Nervenzellen, die empfindlich für Gerüche sind. Jeder Mensch kann etwa 10 000 verschiedene Gerüche wahrnehmen und an das Gehirn weiterleiten. Dies müssen nicht nur angenehme Düfte sein. Wir nehmen auch übel riechenden Gestank wahr – als Warnung. Auf diese Weise schützt uns die Nase vor dem Kontakt mit gefährlichen Krankheitserregern. Es sind vor allem angenehme Düfte, die wir gern wahrnehmen: Blumen, z. B. Rosen, verbreiten oft einen Wohlgeruch, der unsere Stimmung heben kann. Wenn wir bewusst durch die Landschaft gehen und auf unseren Geruchssinn achten, werden wir eine Fülle von Eindrücken wahrnehmen.

Der Wald riecht anders als eine Blumenwiese oder eine Moorlandschaft. Auch die Jahreszeiten haben ihren „Geruch" (vgl. **fse 1**, Arbeitshilfen 1 – NRW, S. 214 „Weißt du, wie der Sommer riecht?"). Vor allem der Frühling und Sommer haben ausgeprägte Düfte, wie z. B. einen blühenden Fliederstrauch oder eine Wiese, auf der Gras zu Heu getrocknet wird.

Im übertragenen Sinn sagen wir manchmal von einem Menschen, dass wir ihn nicht riechen können. Sein „Geruch", d. h. sein Verhalten, erzeugt in uns Abwehr, sodass wir ihn meiden. Andere Menschen ziehen uns an, wir können sie „gut riechen".

Gerüche können in uns auch Gefühle und Erinnerungen wachrufen, z. B. an die eigene Kindheit, an den Kerzenduft an Weihnachten. Manche Gerüche sollen die Stimmung heben und werden deshalb künstlich erzeugt, wie z. B. Parfüm oder so genannte Duftkerzen. Der Wohlgeruch des Weihrauchs im Gottesdienst zählt sicher auch dazu.

Schmecken

Zuständig für den Geschmack bzw. für das Schmecken ist die Zunge. Auf ihr befinden sich sehr viele kleine Erhebungen (Papillen), mit denen wir den Geschmack der Speisen, die wir gerade zu uns nehmen, erkennen können.

Es gibt vier Geschmacksrichtungen: süß, salzig, sauer und bitter. Auf unserer Zunge sitzen in vier verschiedenen Bereichen Geschmacksknospen, die uns mitteilen, wie etwas schmeckt: Die Spitze der Zunge ist für Süßes zuständig, der vordere Rand erkennt Salziges, die mittleren Ränder schmecken Saures und im hinteren Bereich der Zunge befinden sich die Geschmacksknospen für bittere Speisen. Kleine Sinneszellen in diesen Geschmacksknospen nehmen die unterschiedlichen Geschmacksrichtungen wahr und teilen sie unserem Gehirn mit.

Unser Geschmackssinn warnt uns, wenn wir verdorbenes Essen zu uns nehmen wollen, und kann so verhindern, dass wir krank werden.

Das Schmecken ist dem Riechen verwandt. Das mittelhochdeutsche Wort „smecken" bedeutet „kosten, wahrnehmen, riechen, duften". Heute wird das Schmecken auf den Geschmackssinn beschränkt. Interessant ist der Zusammenhang von Weisheit und schmecken in der lateinischen Sprache: „sapientia" (= Weisheit) kommt von „sapere" (= schmecken).

Riechen und Schmecken in der Bibel
Riechen

Die Begriffe für „Riechen" oder „Geruch" sind in der hebräischen Sprache verwandt mit „Wind" und „Geist" (ruach) und können sowohl in sinnlicher wie auch geistiger Bedeutung verwendet werden.

Besonders im Hohenlied der Liebe spielen das Riechen und der Duft eine große Rolle, der Duft des Parfüms (Hld 1; 3; 12; 4,10), des Atems der Geliebten (Hld 7,9) und der blühenden Weinreben (Hld 2,13). In der Antike galt Duft als Zeichen göttlicher Gegenwart und göttlichen Lebens. Im alttestamentlich-jüdischen Bereich hat die Duftsymbolik nicht in Gottesaussagen Eingang gefunden, wohl aber in Aussagen über die Weisheit („Wie Zimt und duftendes Gewürzrohr, wie beste Myrrhe strömte ich Wohlgeruch aus." Sir 24,15) und über die Gerechtigkeit („Ihr werdet Duft verströmen wie der Weihrauch, ihr werdet Blüten treiben wie die Lilie." Sir 39,14f.).

König Salomo liebte den Wohlgeruch besonders: „Bei Prozessionen ließ er in weiße Tuniken gekleidete junge Männer vorangehen, die Begleiter und Umstehende mit Parfüm besprühten, andere trugen Räucherpfannen mit brennenden, duftenden Hölzern, wieder andere hatten ihr Haar mit Goldstaub bedeckt, sodass es in der Sonne leuchtete. Diese Gepflogenheiten waren assyrischen Ursprungs, während der Brauch, einen Gast mit kostbaren Ölen zu salben, von den Ägyptern stammte" (vgl. P. Rovesti/S. Fischer-Rizzi (Hg.), Auf der Suche nach den verlorenen Düften, München 1995, S. 208).

Zu den bekanntesten biblischen Duftstoffen zählen:

Weihrauch:	Ex 30,34; Jes 60,6; Mt 2,11;
Myrrhe:	Ex 30,23-25; Mt 2,11;
	Mk 15,23; Joh 19,39;
Balsam:	Gen 37,25; 43,11; Ps 141,5;
Narden/Lavendelöl:	Mk 14,3; Joh 12,3.

Das Brot des Glücks

Es lebte einmal ein alter und weiser König. Er hatte all die Jahre seines Lebens hindurch sein Volk mit Liebe und Weisheit regiert. Nun fühlte er, dass seine Zeit gekommen war, und er dachte voller Sorge an das, was nach seinem Tod mit seinem Volk und Land geschehen sollte. Da rief er seinen Sohn zu sich, den einzigen, und sprach zu ihm: „Mein Sohn, meine Tage sind gezählt! Geh du deshalb in die Welt hinaus und suche das Brot des Glücks, denn nur, wenn du deinen Untertanen das Brot des Glücks geben kannst, werden sie satt werden und du wirst ein guter König sein."

So ging der Prinz in die Welt hinaus und suchte das Brot des Glücks. Aber in welche Backstube er auch schaute, in welchem Laden er auch nachfragte, niemand kannte das Brot des Glücks. Der Prinz war verzweifelt. Niemand wusste von dem Brot des Glücks, niemand hatte auf seine Frage eine Antwort.

Als er in seiner Angst und Sorge dasaß, kam ein Kind des Weges und schaute ihn an: „Du hast Hunger", sprach es und reichte ihm ein Stück Brot. „Da nimm, ich habe nicht mehr, aber mit dir will ich teilen."

Der Prinz nahm das Brot und sogleich verschwand seine Not, als sei sie nie da gewesen. „Das Brot des Glücks!", rief er. „Du hast das Brot des Glücks. Schnell, gib mir mehr davon! Wo hast du es her?" „Das ist das Brot, das meine Mutter heute morgen gebacken hat. Sie gab es mir, damit ich keinen Hunger zu leiden brauche. Du hattest Hunger und so teilte ich mit dir." „Das ist alles?", fragte der Prinz. „Ist es kein besonderes Brot?" „Nein, es ist wie jedes andere Brot, aber weil es zwischen dir und mir geteilt wurde, ist es für dich das Brot des Glücks geworden."

Da erkannte der Prinz, wo das Brot des Glücks für alle Zeit zu finden war. Er kehrte zu seinem Vater zurück und erzählte ihm, wie er das Brot des Glücks gefunden und wie es ihm geholfen hatte, mit seiner Verzweiflung fertig zu werden. Von da an wusste der Vater, dass der Prinz, genau wie er selbst, das Reich mit Liebe und Weisheit regieren würde, alle Tage seines Lebens.

Stefanie Spendel

Der Wert eines Brotes

Einen aufschlussreichen Test unternahm kürzlich ein englischer Journalist: Er kaufte ein Dreipfundbrot und stellte sich damit an belebte Straßenecken verschiedener Städte. Die Vorübergehenden forderte er auf, für dieses Brot eine Stunde lang zu arbeiten. Seine Ergebnisse:

In Hamburg wurde er ausgelacht.
In New York von der Polizei festgenommen.
Im afrikanischen Nigeria waren mehrere Personen bereit, für dieses Brot drei Stunden zu arbeiten.
Im indischen Neu-Delhi hatten sich rasch mehrere hundert Personen angesammelt, die alle für dieses Brot einen ganzen Tag arbeiten wollten.

mündlich überliefert

Im Brief an die Philipper bezieht Paulus den Duft des Gott wohlgefälligen Opfers auf die Gabe, die die Gemeinde in Philippi für seinen Unterhalt aufbringt (Phil 4,18).

Schmecken und Kosten

Diese Form der Sinneswahrnehmung wird sowohl im wörtlichen wie auch im übertragenen Sinn gebraucht, z. B. vom Schmecken der Speisen bei 2 Sam 19,14, bei Mt 27,34 und Joh 2,9 oder im übertragenen Sinn: „Nur ein alter Freund schmeckt gut wie alter Wein" (Sir 9,15).

Im Neuen Testament „schmeckt/kostet" der Speisemeister das zu Wein gewordene Wasser (Joh 2,9). Im übertragenen Sinn spricht der Hebräerbrief vom „Kosten der himmlischen Gaben", des Wortes Gottes und der Kräfte der zukünftigen Welt und meint damit die Erfahrung der im Gottesdienst zuteil gewordenen Gaben der Vergebung (Hebr 6,4).

2. Einsatzmöglichkeiten im RU

Geschmack und Duft identifizieren

- Das Foto **fse 5** zeigt einen Verkaufsstand mit Obst, Gemüse und Gewürzen. Mit diesen unterschiedlichen Früchten werden die Sinne Riechen und Schmecken angesprochen und thematisiert.
  An diesem Verkaufsstand werden dem/der Besucher/in verschiedene Gerüche und Düfte in unterschiedlicher Intensität entgegentreten.
  Beim Betrachten des Fotos werden die abgebildeten Früchte, Gewürze und Gemüsesorten von den Kindern identifiziert und, soweit möglich, werden deren Duft oder Geschmack beschrieben.
- Früchtestand im Klassenzimmer
  Einige der dargestellten Obst-, Gewürz- und Gemüsearten werden im Klassenzimmer ausgestellt, die Kinder nehmen sie in die Hand und riechen daran. In einem zweiten Schritt werden einigen Kindern die Augen verbunden, andere lassen sie die Früchte, die sie vorher schon in Händen hatten, riechen und die Art erraten.
- Obststand zum Schmecken
  Es sind unterschiedliche Obstsorten in kleinen Stückchen auf Zahnstochern vorbereitet. Den BesucherInnen werden die Augen verbunden. Sie werden mit einigen Früchten gefüttert, die sie am Geschmack erkennen sollen. Wichtig ist, dass sie vorher gefragt werden, ob sie irgendeine Obstsorte nicht mögen. Wenn ja, muss diese auf jeden Fall weggelassen werden. Überhaupt ist ein sehr behutsamer Umgang mit den Gästen geboten.
- Saftladen
  Hier werden den BesucherInnen verschiedene Säfte angeboten (Apfelsaft, Kirschsaft, gefärbtes Mineralwasser etc.), die sie am Geschmack erkennen sollen. Jede/r Besucher/in erhält natürlich ein frisches Glas bzw. einen frischen Becher.
- Zungentest
  Wir untersuchen unsere Zunge, wo sie süß, salzig, bitter und sauer wahrnimmt. Dazu sind vier unterschiedliche Flüssigkeiten vorbereitet: verdünnter Zitronensaft, Wermuttee, Zuckerwasser und Salzwasser. Mit Wattestäbchen tupfen die Kinder nun die Flüssigkeiten auf die Zunge und erkunden, wo die jeweiligen Geschmacksrichtungen die intensivsten Geschmacksempfindungen hervorrufen.
- Schnüffelstand
  In kleinen Fläschchen und kleinen Döschen sind Flüssigkeiten (Essig, Zitronensaft, Badeöl, Putzmittel, Medizin etc.) und Materialien (Erde, Zimt, Nelken, Zwiebeln, Rosenblätter etc.) vorbereitet, die die BesucherInnen erkennen und benennen sollen.
- *Variante*: Duftgruppen
  Verschiedene Geruchsstoffe (Putzmittel, Fensterreiniger, WC-Reiniger, Mundwasser, Babyöl, Creme, Sonnenmilch, Hustensaft, Salbe, Erde, Moos, Tannennadeln) stehen in kleinen Dosen bereit. Die Kinder sollen daran schnuppern und die Gerüche Oberbegriffen zuordnen (Reinigungsmittel, Körperprodukte, Medikamente, Dinge aus der Natur etc.).
- Fantasiereise
  L leitet die Geschichte vom Zauberer **AB 3.0.6, Arbeitshilfen S. 37**, als Fantasiereise an. Anschließend malen Sch ihre Eindrücke in stiller EA oder schreiben ein Haiku, Elfchen oder anderes kurzes Gedicht.
- Duftsäckchen zuordnen
  Verschiedene Samen, getrocknete Blätter und Blütenblätter (Rose, Lavendel, Pfefferminze, Anis, Veilchen etc.) sind in kleine Stoffsäckchen gefüllt und mit einem Band verschlossen. Es gibt immer zwei Stoffsäckchen mit dem gleichen Duft. Durch Beschnuppern werden die Paare gefunden.
- Spürnasen unterwegs
  Die Duftsäckchen können auch zu diesem Spiel verwendet werden, das zwei Kinder miteinander spielen. Eines schnuppert an einem Duftsäckchen und versucht sich diesen Duft zu merken. Der/die Partner/in versteckt das zweite und einige weitere Duftsäckchen im Raum. Das ratende Kind entdeckt durch Schnuppern das richtige Duftsäckchen.
- Geruchsdetektive
  In PA suchen Sch je fünf unterschiedliche Gerüche im Raum und schreiben sie auf kleine Wortkärtchen. Auf anderen Kärtchen schreiben sie auf, wie diese Dinge ihrer Meinung nach riechen (Blumenerde, Blume, Seife, Tafel ...). Anschließend versuchen die Partner die Kärtchen der/des anderen einander zuzuordnen.

Was Brot alles sein kann

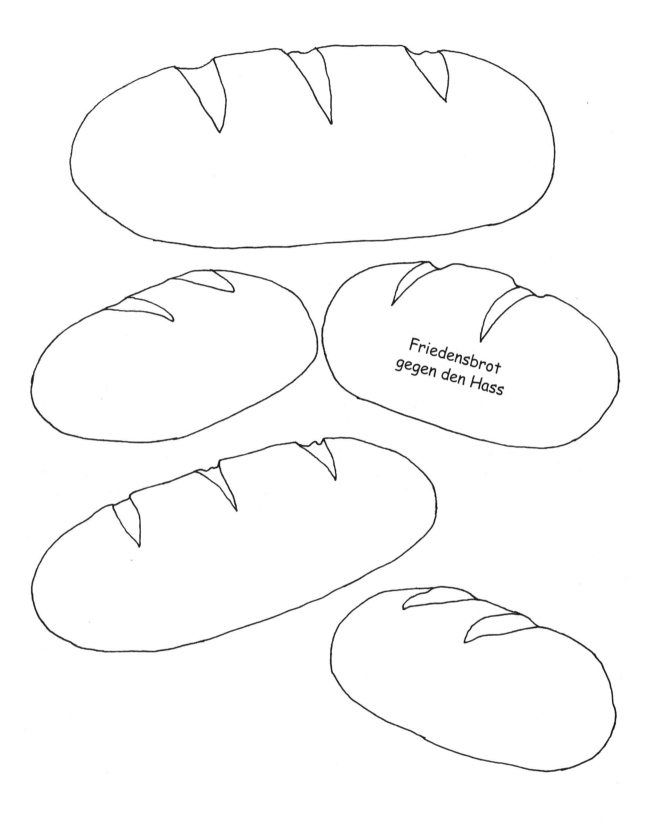

Friedensbrot gegen den Hass

➤ Schreibe in die Laibe, was Brot für dich alles sein kann.
➤ Wähle einen Brotlaib aus. Schreibe eine kleine Geschichte oder male eine Bildfolge/Bildergeschichte dazu.

- Der Duft des Weihrauchs
L leitet eine meditative Duftwahrnehmung an:
AB 3.0.7, Arbeitshilfen S. 37.

Literatur

Brem, Christiane, Sinneserlebnisse, Donauwörth 1999
Bross-Burkhardt, Brunhilde, Duftstoffe für die Naturkosmetik, Stuttgart 1990
Brunner, Reinhard, Hörst du die Stille? Hinführung zur Meditation mit Kindern, München 1991, S. 57 f. („Riechen")
Das H & R Buch Parfüm. Aspekte des Duftes. Geschichte, Herkunft, Entwicklung, Bedeutung, Hamburg 1984
Forstner, Dorothea, Die Welt der christlichen Symbole, Innsbruck/Wien [5]1986, S. 209 ff. („Pflanzliche Duftsubstanzen")
Faust-Siehl, Gabriele u. a., Mit Kindern Stille entdecken, Frankfurt/M. [3]1992, S. 88 f., 96 („Riechen")
Fischer-Rizzi, Susanne, Himmlische Düfte. Aromatherapie, München [11]1995
Hopkins, C., Das große Buch der Aroma-Therapie, München 1993
Maschwitz, Gerda und Rüdiger, Stille-Übungen mit Kindern. Ein Praxisbuch, München 1993, S. 74 f. („Riechen"), S. 110 ff. („Der Weg des Atems")
Rovesti, Paolo/Fischer-Rizzi, Susanne (Hg.), Auf der Suche nach den verlorenen Düften. Eine aromatische Kulturgeschichte, München 1995
RL 1/95: Themenheft „Düfte"
Zimmer, Renate, Handbuch der Sinneswahrnehmung, Grundlagen einer ganzheitlichen Erziehung, Freiburg [5]1999
Zohary, Michael, Pflanzen der Bibel, Stuttgart 1983

Wo ich Gott finde — fragen – suchen – entdecken 5

1. Hintergrund

Die Erzählung „Wo ich Gott finde" ist zum einen eng mit Kapitel 1 „Nach Gott fragen – von Gott sprechen" verbunden und kann dort sinnvollerweise ergänzend eingesetzt werden. Sie kann aber auch in ihren einzelnen Teilen als Programm Sch und L das Jahr hindurch begleiten und immer neue Zugänge zum Grundthema des RUs „Gott" erschließen (s. u.). Dann werden die einzelnen Aufgaben zu Übungen, die Sch anleiten im Hier und Jetzt, in der Einmaligkeit jeder Situation, etwas von der Fülle des Lebens zu erfahren und darin etwas von dem, das wir die Rückgebundenheit an einen göttlichen Ursprung nennen – Gott. Der Alltag wird zur Übung für diese Erfahrung.

Dem Umgang mit der Geschichte liegt – im Gegensatz zum Kapitel 1 – eine mehr meditative, staunende Haltung zugrunde, die zulässt, was sich zeigt. Sie umschließt die Übung der Achtsamkeit für das Hier und Jetzt, sie meint das Sich-berühren-Lassen von dem, was ist. In dieser Haltung, das ist die dahinter stehende Überzeugung, kann sich die Dimension des Göttlichen erschließen oder erahnen lassen.

Erschließung der Erzählung

- Die Erzählung stellt an den Anfang zwei Eigenschaften des Dorfbewohners Lin – Freundlichkeit und Friedfertigkeit – die dazu führen, dass die Bewohner des Dorfes ihn achten und auch der Dorfvorsteher auf Lin aufmerksam wird. Auf die Frage, wie Lin zu diesen Verhaltensweisen gekommen sei, gibt er die erstaunliche Antwort: Immer bin ich in der Nähe Gottes gewesen. In der Nähe Gottes sein bringt Menschen dazu, etwas von der Güte und Menschenfreundlichkeit Gottes auszustrahlen, die den Mitmenschen gut tut.
- Die Frage des Dorfvorstehers beantwortet Lin mit seiner Haltung, die er der Um- und Mitwelt entgegenbringt. Sie erinnert an einen Ausspruch von Martin Buber: „Gott ist da, wo man ihn einlässt." In der Alltäglichkeit, nicht im Außerordentlichen, dort, wo man lebt, findet man Spuren Gottes.
- Dieser Gedanke wird in der Erzählung entfaltet:
1) Am Anfang steht die Aufmerksamkeit gegenüber der Natur: Himmel (Sonne, Mond und Sterne) und Erde (Tiere und Pflanzen) und der Wechsel der Jahreszeiten erzählen von Gott.
2) Eine weitere Erfahrung der Nähe Gottes, die Lin das „Spüren" Gottes nennt, sind für ihn Menschen in ihrer alltäglichen Arbeit und Muße und es ist das Umfeld, in dem die Menschen leben. Lin geht nicht in die Einsamkeit, er findet etwas von der Anwesenheit Gottes in der Welt, in der die Menschen leben: Da ist der Eilige, der geschickte Arbeiter und der sein Leben Genießende, Beobachtungen, die jeder Mensch in seiner Umgebung machen kann.
Lin geht sogar noch weiter: Die pulsierende Großstadt, die Faszination von Getümmel und Lärm und Neonreklame sind für ihn nicht Störung seiner Gottesbeziehung, sondern der Ort, an dem die Menschen leben und sie Gott nahe sein können.
3) Zum „Sehen Gottes" führt das Antlitz der Kinder und – so können wir ergänzen – das Antlitz der Menschen. Dabei steht das Gesicht (Antlitz) des Menschen für die Person im Ganzen. Dieser Gedanke erinnert an einen Satz von Clemens von Alexandrien: „Siehst du deinen Bruder (und deine Schwester, Verf.), so siehst du deinen Gott."
- Freundlichkeit und Friedfertigkeit von Lin sind Auswirkungen der aufmerksamen und wertschätzenden Wahrnehmung und liebevollen Anteilnahme an den Menschen und ihrer Welt.
- Schalom ist die Frucht dieser Haltung zum Wohl der Menschen, die in der Nähe Gottes gedeiht.

Die Geschichte vom guten Zauberer

Ich schließe die Augen. Mein Weg beginnt. Ich verlasse die laute Stadt und spüre jetzt schon den weichen Waldboden unter meinen Füßen. Kein Lärm ist mehr zu hören. Nur noch das Rauschen der Blätter über mir und ab und zu zwitschert friedlich ein Vogel.

Langsam gehe ich den Weg entlang. Da sehe ich vor mir, umgeben von hohen Hecken, eine alte Burg aus Steinen. Sie ist völlig bewachsen mit Moosen und Kletterpflanzen.

In dieser Burg wohnt ein alter, guter Zauberer. Den ganzen Winter über war er außerhalb seiner Burg nicht zu sehen. Doch im Frühling, sobald der letzte Schnee verschwunden ist und die ersten Sonnenstrahlen Blumen und Kräuter wachsen lassen, streift der alte Zauberer vom frühen Morgen bis zum späten Abend durch Wald und Wiesen. Dabei tut er seltsame Dinge. Er streichelt sorgfältig mit seinem Zauberstab über Blüten und Kräuter, schaut zu den Bäumen und Sonnenstrahlen empor. Manchmal legt er sich ganz lang auf den Boden, als wolle er hören, was ihm die Natur erzählt. Immer murmelt er dabei einen Zauberspruch und lässt seinen goldenen Stab über kleine, schwarze Büchsen gleiten. Wieder streckt er den Zauberstab Blumen und Kräutern entgegen und wieder verschwindet etwas in einer kleinen schwarzen Büchse.

Du wunderst dich sicher über den Zauberer. Weißt du, was er sammelt? Er sammelt Düfte – das ganze Frühjahr über. Die Düfte des langen, warmen Sommers und des bunten Herbstes, alle kommen in kleine schwarze Büchsen. Wenn die Tage dann kürzer und kälter werden und schließlich der Winter kommt, bleibt der Zauberer in seinem alten Schloss. Er nimmt eine Büchse, öffnet diese – vielleicht eine vom Herbst – steckt seine Nase hinein, schließt die Augen und träumt von der Sonne, den bunten Farben und von allen Herbstblumen.

Nacherzählt von Ute Wallascheck

Der Duft des Weihrauchs

Sch schließen die Augen.
L entzündet Weihrauchkörner/Öllämpchen.
Sch beschreiben (mit weiterhin geschlossenen Augen) den Duft des Weihrauchs.
L lädt zu einer Fantasie-Duftreise ein:
„Setz dich bequem hin und schließe deine Augen.
Du bist ruhig und entspannt.
Dein Atem kommt und geht.
Er kommt und geht – ganz von selbst ...
Du bist ruhig, ganz ruhig und entspannt ...
Lass dich in Gedanken auf eine Reise mitnehmen.
Der Duft des Weihrauchs wird dich und mich auf unserer Reise begleiten.
Mein Duft will dir und mir zeigen, woher er kommt.
Mein Duft trägt mich fort von (Name des Schulortes einsetzen), fort aus der Schule, fort von den Häusern und Menschen ...
Wie auf einem Teppich gleite ich auf meinem Duft über Berge und Täler, über Wüste und Meer ...
Wo der Himmel die Erde berührt, wächst eine Stadt wie aus biblischer Zeit.
Ich sehe Tore und Türme. Ich sehe Gärten und Palmen.
Mein Duft führt mich auf engen Pfaden zu einer orientalischen Händlergasse ...
Wie viele fremdartige Düfte liegen hier in der Luft ...
Ich rieche Ölgebäck und Türkischen Honig. Der Geruch von gerösteten Nüssen und Mandeln mischt sich mit dem gebratener Fleischspieße.
Aus halb geöffneten Jutesäcken duften Gewürze und Kräuter.
In einer Kupferschüssel schmelzen gelbe und rötliche Körner – weiß-grauer Rauch steigt auf: der Duft von Weihrauch. Mein Duft ist dorthin zurückgekehrt, woher er einst kam ...

Und nun stell dich langsam darauf ein, dass unsere Duft-(Fantasie-)Reise zu Ende geht ...
Langsam kommst du in diesen Raum zurück ...
Du atmest dreimal ganz tief durch. Du dehnst und räkelst dich genüsslich ...
Ganz vorsichtig öffnest du deine Augen."

Sacherklärung:
Weihrauch ist der getrocknete Wundsaft (Harz) des Weihrauch-Baumes, der in Äthiopien, in Oman, im Jemen sowie in Indien wächst.
Beim Verbrennen auf glühenden Kohlen in einem Rauchfass (-schale, -pfanne) wird aromatischer Duft frei. Dem Weihrauch wird seit alters her beruhigende Wirkung auf Götter und Menschen zugeschrieben.
Von den ersten Christen wurde Weihrauch (außer beim Begräbnis) wegen seiner Rolle im Herrscherkult vor allem der römischen Kaiser zunächst scharf abgelehnt.
Heute wird Weihrauch bei feierlichen Gottesdiensten verwendet. So werden der Altar, das Evangeliar oder der Priester und die versammelte Gemeinde inszeniert.

Ein Lied für die Sonne

Ein Lied für die Sonne,
die strahlende Schwester.
Sie bringt uns das Licht und den Tag.
Drum will ich dich loben,
mein Herr und mein Höchster,
so gut ich es selber vermag.

Ein Lied für die Sterne,
den Mond, meinen Bruder.
Du hießest sie leuchten für mich.
Du schenktest dem Himmel
unendliche Schönheit.
Mein Herr, dafür preise ich dich!

Dem Wind, meinem Bruder,
will freudig ich singen,
der Luft, die frei atmen mich lässt.
Ich danke dir, Herr,
für den Wind, meinen Bruder,
der mir durch die Haare jetzt bläst.

Ein Lied für das Wasser,
die freundliche Schwester,
das alles, was Leben hat, tränkt.
Ein Lied für das Feuer,
den leuchtenden Bruder,
der Wärme und Zuversicht schenkt.

Ein Lied für die Erde,
die Schwester, die Mutter,
die uns stets ernährt und erhält.
Ich danke dir, Schöpfer,
für Früchte und Blumen
und diene dir, Herr, in der Welt.

Ich lobe und preise
und danke und diene
so recht und so schlecht ich's vermag.
Ich singe dem Höchsten,
dem Herrn, meinem Schöpfer,
voll Demut mein Lied Tag für Tag.

Rolf Krenzer, nach dem Sonnengesang von Franz von Assisi

Auf der Straße

Für eine Langeweilstunde: Nimm einen großen farbigen Karton, leg Zeitungen und Illustrierte bereit, Filzstifte und Kleber. Es können auch noch andere mitmachen. Überlegt einmal, was auf der Straße alles los ist. Dann schaut nach, was ihr in Zeitungen und Illustrierten davon findet. Schneidet es aus und legt es zunächst beiseite. Da kommt sicher viel zusammen: Menschen, Geschäfte, Autos, Fußgänger, Radfahrer, Leute mit Einkaufs- und Kinderwagen. Und was alles passieren kann, die Zeitungen sind voll davon. Findet ihr mehr Rücksichtsvolles oder Rücksichtsloses?
Dann versucht aus Fotos, Überschriften und kurzen Textabschnitten ein Bild zu gestalten. Ihr könnt auch eigene Sätze dazuschreiben. Welche Überschrift passt zum Bild?

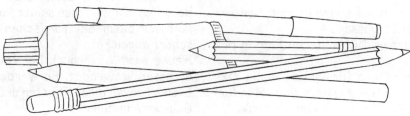

Lob auf Gott und seine Schöpfung

Ich will den Herrn loben, solange ich lebe, meinem Gott singen und spielen, solange ich da bin. Ps 146,2

In den Bäumen bauen Vögel ihr Nest. Ps 104,17

Gott bedeckt den Himmel mit Wolken, spendet der Erde Regen und lässt Gras auf den Bergen sprießen. Ps 147,8

Er lässt die Quellen hervorsprudeln in den Tälern. Ps 104,10

Der Herr hat Himmel und Erde gemacht, das Meer und alle Geschöpfe. Ps 146,6

Du hast den Mond gemacht als Maß für die Zeit, die Sonne weiß, wann sie untergeht. Ps 104,19

Lobt ihn, Sonne und Mond, lobt ihn, all ihr leuchtenden Sterne. Ps 148,3

Herr, wie zahlreich sind deine Werke! Die Erde ist voll von deinen Geschöpfen. Ps 104,24

Lobt den Herrn, ihr wilden Tiere und alles Vieh, Kriechtiere und gefiederten Vögel. Ps 148,10

2. Einsatzmöglichkeiten im RU

Die folgenden Vorschläge sind gedacht als einzelne Bausteine, die während des Schuljahres an geeigneter Stelle zum Einsatz kommen, nicht als einmalige Unterrichtseinheit.

Wo/wann kann man in der Nähe Gottes sein?
- L trägt den Anfang der Erzählung vor bis „... in der Nähe Gottes gewesen".
- GA: Sch überlegen in einem Schreibgespräch, wo Lin gewesen sein könnte. Sch schreibt auf einem Blatt den ersten Satz (Lin ist ..., Lin hat ...), gibt dann sein Blatt nach links weiter, erhält das Blatt seines rechten Nachbarn und schreibt einen weiteren Satz dazu. Wenn das eigene Blatt zurückgekommen ist, unterstreicht Sch die wichtigste Antwort und begründet seine Wahl.
Beispiele: Lin hat gebetet; ist in der Kirche gewesen; hat in der Bibel gelesen; hat Gott gelobt usw.
Ergänzung: Menschen, die Gott besonders nahe sind (Vermutungen der Sch: Priester, Ordensleute, Heilige. Diese Antworten werden durch die Erzählung richtig gestellt bzw. ergänzt).
- L liest die Erzählung zu Ende und motiviert Sch, wie Lin sich auf die Suche zu machen, wo sie Gott nahe sein könnten.

In der Betrachtung der Natur Gott nahe sein
- Die Sonne
  - Beobachtungsaufgaben für Sch: einen Sonnenaufgang/einen Sonnenuntergang erleben (je nach Jahreszeit).
  - Die Sonnenstrahlen auf der Haut spüren, die Wärme genießen.
  - Sonnenbilder anschauen und dazu ein Sonnengedicht schreiben und verzieren, z. B. ein Rondell: ein Gedicht in 8 Zeilen: die erste, vierte und siebte Zeile sind gleich; zweite und achte Zeile sind gleich; dritte, fünfte und sechste Zeile sind verschieden. Die einzelnen Zeilen mit Symbolen kennzeichnen. Die erste Zeile kann lauten: Ein Lied für die Sonne oder: Warm und hell ist die Sonne ... (Ähnliche Gedichte können für den Mond und die Sterne geschrieben werden.)
  - Ein Lied für die Sonne (erste Strophe des Gedichtes) kennen lernen, beten: **AB 3.0.8, Arbeitshilfen S. 38**.
  - Von Sonnenstrahl zu Sonnenstrahl: In der Mitte liegt eine Sonnenscheibe. Sch legt einen Sonnenstrahl an und spielt dazu auf einem Instrument. Ein/e zweite/r Sch legt einen weiteren Sonnenstrahl an und „antwortet" mit einer weiteren Melodie (nach Kreusch-Jakob, Dorothée, Zauberwelt der Klänge, S. 60). In Abständen die Sonnenstrophe wiederholen: **AB 3.0.8**.
  - *Ergänzung:* Der Sonnengesang als Lied in: Religionspädagogische Praxis 1999, H. 3 und auf der dazugehörigen CD „Tanz der Schöpfung" Nr. 4.
- Mond und Sterne
  - am Nachthimmel beobachten; auf die Veränderung des Mondes (die Helle, die Dunkelheit der Nacht) achten; Informationen zu den Sternen und zur Milchstraße beschaffen.
  - Einen Sternenhimmel malen in Kratztechnik: mit Wachsmalkreiden: erste Schicht gelb, zweite Schicht schwarz, Sterne auskratzen. Strophe 2 von **AB 3.0.8** dazuschreiben.
- Pflanzen und Tiere (Weiterführung der Geschichte)
  - Die Pflanzen im Zimmer, im Schulgarten, zu Hause: beobachten, pflegen; einen Samen beim Keimen beobachten (Zusammenarbeit mit dem SU). Mit dem Mikroskop ein Blatt, ein Stück Erde untersuchen.
  - Das Staunenswerte in der Tierwelt entdecken: das Schneckenhaus, das Spinnennetz, die Raupe, die Ameise und ihre Geschäftigkeit; die Arbeit der Bienen usw.
- Beobachtungen, die für Sch wichtig sind, ins Ich-Buch schreiben: Das habe ich entdeckt oder: Da habe ich gestaunt; Mein Rondell-Gedicht; Der Sonnengesang ...

In **fse 1** und **2** und in den Arbeitshilfen 1 und 2 finden sich weitere Anregungen.

Auch die Jahreszeiten künden von Gott
- Lin sieht im Wechsel der Jahreszeiten eine Spur Gottes. Zu jeder Jahreszeit machen Sch wie Lin Beobachtungen: sehen, riechen, tasten, hören, die Beobachtungen von Lin ergänzen und darin Spuren Gottes entdecken. Sie nehmen das Staunen über ihre Entdeckungen zum Anlass zu malen, zu singen, zu dichten und zu tanzen, Gott zu loben für die Schönheit der Natur.
- **AB 3.0.9, Arbeitshilfen S. 39**: Aus den Psalmen einen Vers heraussuchen, in schöner Schrift schreiben und verzieren. Den Vers weiterschreiben. Aus den weitergeschriebenen Zeilen einen Klassenpsalm zusammenstellen.
- Ein Frühlings-, Sommer-, Herbst-, Wintergedicht lesen und lernen in: **AB 3.0.10, Arbeitshilfen S. 41**.
- Im Ich-Buch eine Beobachtungsseite für jede Jahreszeit anlegen und mit einem Mandala beginnen (**AB 3.0.11, Arbeitshilfen S. 42**).
- Ein Mandala aus gesammelten Naturmaterialien legen.
- Ein Fünf-Sinnen-Gedicht schreiben: Der Frühling sieht aus wie; hört sich an wie; riecht wie usw.
- Für jede Jahreszeit ein Bild nur mit der charakteristischen Farbe malen.
- Musik hören: Die (vier) Jahreszeiten: Haydn, Vivaldi.

Gedichte zu den Jahreszeiten

Ich male den Winter

Ich male ein Bild,
ein schönes Bild,
ich male mir den Winter.
Weiß ist das Land,
schwarz ist der Baum,
grau ist der Himmel dahinter.

Sonst ist da nichts,
da ist nirgends was,
da ist weit und breit nichts zu sehen.
Nur auf dem Baum,
auf dem schwarzen Baum
hocken zwei schwarze Krähen.
Aber die Krähen,
was tun die zwei,
was tun die zwei auf den Zweigen?
Sie sitzen dort
und fliegen nicht fort.
Sie frieren nur und schweigen.

Wer mein Bild besieht,
wie's da Winter ist,
wird den Winter durch
und durch spüren.
Der zieht einen dicken Pullover an
vor lauter Zittern und Frieren.

Josef Guggenmos

Die Tulpe

Dunkel
war alles und Nacht.
In der Erde tief
die Zwiebel schlief,
die braune.

Was ist das für ein Gemunkel,
was ist das für ein Geraune?,
dachte die Zwiebel, plötzlich erwacht.
Was singen die Vögel da droben
und jauchzen und toben?

Von Neugierde gepackt,
hat die Zwiebel einen langen Hals gemacht
und um sich geblickt
mit einem hübschen Tulpengesicht.

Da hat ihr der Frühling entgegengelacht.

Josef Guggenmos

Sommerwind

Es streicht ein warmer Sommerwind
durch Gräser, Blüten, Blätter.
Er schiebt die Regenwolken fort
und bringt uns gutes Wetter.

Es scheint der warme Sommerwind
uns freundlich einzuladen
zum Spielen an der frischen Luft,
zum Wandern und zum Baden.

Es singt der warme Sommerwind
ein Lied hoch in den Bäumen
und du und ich, wir summen mit
und können dabei träumen.

Ich mag den warmen Sommerwind,
ich mag sein sanftes Wehen.
Ich möchte so gerne mit ihm zieh'n
und ferne Länder sehen.

Wolfgang Spode

Goldene Welt

Im September ist alles aus Gold:
Die Sonne, die durch das Blau hinrollt,
das Stoppelfeld, die Sonnenblume,
　schläfrig am Zaun,
das Kreuz der Kirche,
der Apfel am Baum.

Ob er hält? Ob er fällt?
Da wirft ihn geschwind
der Wind
in die goldene Welt.

Georg Britting

Mandalas zu den Jahreszeiten

Frühling

Sommer

Herbst

Winter

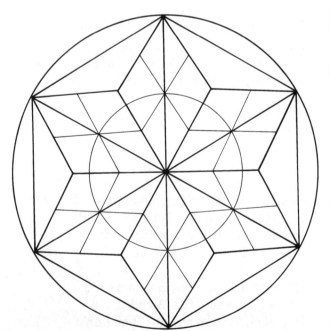

Der betende Gaukler

Es war einmal ein Gaukler, der tanzend und springend von Ort zu Ort zog, bis er des unsteten Lebens müde war. Da gab er alle seine Habe hin und trat in das Kloster zu Clairveaux ein. Aber weil er sein Leben bis dahin mit Springen, Tanzen und Radschlagen zugebracht hatte, war ihm das Leben der Mönche fremd und er wusste weder ein Gebet zu sprechen noch einen Psalter zu singen. So ging er stumm umher und wenn er sah, wie jedermann des Gebetes kundig schien, aus frommen Büchern las und im Chor die Messe mitsang, stand er beschämt dabei: Ach, er allein, er konnte nicht. „Was tu ich hier?", sprach er zu sich. „Ich weiß nicht zu beten und kann mein Wort nicht machen. Ich bin hier unnütz und der Kutte nicht wert, in die man mich kleidete."

In seinem Gram flüchtete er eines Tages, als die Glocke zum Chorgebet rief, in eine abgelegene Kapelle. „Wenn ich schon nicht mitbeten kann im Konvent der Mönche", sagte er vor sich hin, „so will ich doch tun, was *ich* kann." Rasch streifte er das Mönchsgewand ab und stand da in seinem bunten Röckchen, in dem er als Gaukler umhergezogen war. Und während vom hohen Chor die Psalmgesänge herüberwehen, beginnt er mit Leib und Seele zu tanzen, vor- und rückwärts, linksherum und rechtsherum. Mal geht er auf seinen Händen durch die Kapelle, mal überschlägt er sich in der Luft und springt die kühnsten Tänze, um Gott zu loben. Wie lange auch das Chorgebet der Mönche dauert, er tanzt ununterbrochen, bis es ihm den Atem verschlägt und die Glieder ihren Dienst versagen.

Ein Mönch war ihm aber gefolgt und hatte durch ein Fenster seine Tanzsprünge mitangesehen und heimlich den Abt geholt. Am anderen Tag ließ dieser den Bruder zu sich rufen. Der Arme erschrak zutiefst und glaubte, er solle des verpassten Gebets wegen gestraft werden. Also fiel er vor dem Abt nieder und sprach: „Ich weiß, Herr, dass hier meines Bleibens nicht ist. So will ich aus freien Stücken ausziehen und in Geduld die Unrast der Straße wieder ertragen." Doch der Abt neigte sich vor ihm, küsste ihn und bat ihn, für ihn und alle Mönche bei Gott einzustehen: „In deinem Tanz hast du Gott mit Leib und Seele geehrt. Uns aber möge er alle wohlfeilen Worte verzeihen, die über die Lippen kommen, ohne dass unser Herz sie sendet."

Französische Legende

Literatur

König, Hermine, Das große Jahrbuch für Kinder, München 2001
Krenzer, Rolf, Lesebuch der Jahreszeiten, Freiburg 1993
Kreusch-Jakob, Dorothée, Zauberwelt der Klänge, München 2002

Gott ist da, wo Menschen leben und arbeiten

- Um das „Spüren" Gottes zu erfahren, geht Lin in die Großstadt und beobachtet Menschen bei der Arbeit und in ihrer Freizeit.
- Sch beobachten Menschen, die ihnen begegnen: auf dem Schulweg, im Bus, im Schulhaus, zu Hause, im Supermarkt ... bei der Arbeit, und notieren, was diese besonders gut können.
- Sch formulieren Gebete, die einzelne Menschen sprechen können (der Busfahrer: Lass mich stets aufmerksam sein, damit ich die Menschen wohlbehalten an ihr Ziel bringe; der Lehrer, die Lehrerin: Hilf mir ... usw.).
- Sch überprüfen ihre Meinung, dass Gott (nur) bei auserwählten Menschen zu finden ist (s. o.);
- UG: Wie kann Lin bei dem Obstverkäufer „Gott spüren"?
- Sch lernen eine weitere Erzählung kennen, die die Aussage unterstreicht, dass Gott dort ist, wo Menschen ihre alltägliche Arbeit verrichten: Der betende Gaukler: **AB 3.0.12, Arbeitshilfen S. 43** (auch als Zeichentrickfilm in den Medienzentralen erhältlich).
- Sch malen, wie sie und andere Menschen ihre freie Zeit genießen. Die einzelnen Bilder werden zusammen betrachtet. Ein Dankgebet kann sich anschließen: Der alte Mann: Ich danke Gott, dass ich den schönen Tag auf der Parkbank genießen kann ...
- Weiterführung: Auf der Straße: **AB 3.0.13, Arbeitshilfen S. 38**.

Gott kann im Menschen entdeckt werden

Lin sieht im Gesicht des Menschen (des Kindes) die Anwesenheit Gottes:

- L zeigt am OHP verschiedene Gesichter: Sch identifizieren sich mit einem dieser Gesichter und erzählen, was der Mensch erlebt haben könnte (**AB 3.0.14, Arbeitshilfen S. 45**).
- Sch suchen in Zeitschriften und Zeitungen nach Fotos, zu denen sie eine Geschichte erzählen können. L kann aus verschiedenen Kalendern eine „Gesichtersammlung" zur Verfügung stellen.
- Eine Fantasiereise: L lässt Sch nach entsprechender Vorbereitung (sich entspannt hinsetzen, die Augen schließen, den Atem beobachten) einem guten Menschen begegnen, der für sie ganz wichtig ist. Sie stellen sich sein/ihr Gesicht vor: die Augen, die Nase, den Mund, das Lächeln, einen Satz, den sie hören, eine besonders schöne Situation, die sie mit diesem Menschen erlebt haben. Unsere Geschichte sagt: In seinem/ihrem Gesicht ... spiegelt sich Gott wider ... Nach der Rückführung malen Sch das Gesicht, das sie gesehen haben.
- L-Information: Mutter Teresa kümmerte sich in der Stadt Kalkutta um sterbende Menschen, die andernfalls am Straßenrand allein und verlassen gestorben wären. Auf die Frage, warum sie das tut, sagte sie: In jedem Gesicht eines (sterbenden) Menschen sehe ich das Gesicht Gottes (Christi).
- Was meinte sie damit? L kann dazu Mt 25,31-46 (ohne Gerichtsszene) ergänzen.
- Sch vergleichen mit Mutter Teresas Aussage die Aussagen von Lin am Anfang der Geschichte (Freundlichkeit und Friedfertigkeit).
- Eine weitere Erzählung: Tellhagen, C. H., Die Alte, die auf Gott wartete, in: Bihler, Elsbeth, Symbolkreis Haus, Stadt, Steine, Limburg 2002, S. 47.

Die Gebärden   fragen – suchen – entdecken 6

1. Hintergrund

Die Gebärden, die in **fse 3** zur Einübung angeboten werden, sind eine Fortsetzung der Zyklen aus **fse 1** und **2** (vgl. **AB 3.0.15, Arbeitshilfen S. 47**). Die Einführungen in Arbeitshilfen 1 – NRW (S. 40) und Arbeitshilfen 2 – NRW (S. 46) bilden den Hintergrund für die folgende Reihe und ihre Einsatzmöglichkeiten im Unterricht. Im Vollzug der Gebärde wird der Mensch als Person gesehen, die sich im Leib ausdrückt. Der äußere Vollzug kann eine innere Haltung bewirken, die die Frucht einer wiederholten Praxis ist. In den Religionen sind Gebärden in ihren vielfachen Formen eine Weise der Gotteserfahrung. Sch lernen im Vollzug, dass der Leib ohne Worte zum Gebet fähig ist.

Die Gebärden, die auf Gott hin offen sind, verändern auch den Menschen. Sie lassen eine heilende Atmosphäre entstehen: eine Atmosphäre der Ehrfurcht, der Sammlung und der inneren Präsenz. So stärken sie die eigene Person und tragen bei zur Selbstwerdung.

Die Gebärdenfolge beginnt mit einer halb offenen Form, die sich durch das Überkreuzen der Arme schließt. Nach der Verneigung bis zum Boden richtet sich Sch wieder auf in die halb offene Form und nimmt eine gesammelte Haltung ein.

Gebärde 1

Sch geht zuerst in die Gebärde 1 (1. Klasse, **fse 1** S. 6; **AB 3.0.15, Arbeitshilfen S. 47**). Die Hände werden langsam gelöst, die Arme langsam gehoben und vor

Gesichter von Menschen

den Körper gebracht. Die Ellbogen sind etwas tiefer als die Unterarme und Hände. Zwischen den beiden Händen ist Raum, sie stehen in Kontakt zueinander.
Erfahrungen: Ich stehe fest auf dem Boden. Ich spüre in die Gebärde der Umarmung. Ich fühle den Raum vor mir. Ich atme ruhig aus und ein und spüre die Weite in meinem Körper. Ich blicke ohne Absicht auf den Boden.
Bild: Ich umarme einen Baum, ich schütze, berge etwas, ich will etwas bewahren (einen Schatz, welchen?).
Weiterführung: Sch umarmen auf einem Waldspaziergang einen Baum. Sie gehen dabei so gesammelt vor wie bei der Gebärde.

Gebärde 2
Die zweite Gebärde besteht aus der knienden Haltung und der Geste der Sammlung.
Sch kommen aus der Stehhaltung zum Knien (Teppichfliese, Kissen, Decke). Die Arme hängen locker neben dem Körper. Sch gehen zunächst (langsam) mit dem einen Knie, dann mit dem anderen auf den Boden. Sie spüren, wie Fußrücken, Unterschenkel und Knie Kontakt mit dem Boden haben. Mit den Armen und Händen den Raum vor dem Oberkörper umschließen, langsam die beiden Handgelenke vor der Brust kreuzen, dabei das rechte Handgelenk über das linke legen. Die beiden Hände berühren die Schlüsselbeine. Langsam die Handgelenke lösen und anders übereinander legen; den Unterschied bemerken.
Erfahrungen: Die Brust hebt und senkt sich beim Ein- und Ausatmen. Das Herz klopft.
Die Haltung meint: Ich unterwerfe mich, ich mache mich klein. Nur vor Gott soll diese Ehrfurchtshaltung eingenommen werden. Die überkreuzten Arme sagen auch: Ich bin ganz bei mir, bei meinen Gedanken.
Worte: Jes 45,23: Vor mir wird sich jedes Knie beugen; Phil 2,9: Alle im Himmel, auf der Erde und unter der Erde sollen ihre Knie beugen vor dem Namen Jesu; Eph 3,14: Daher beuge ich meine Knie vor dem Vater, nach dessen Namen jedes Geschlecht im Himmel und auf der Erde benannt wird.
Weiterführung: Im Knien kann auch die Orantehaltung eingenommen werden (2. Klasse, 3. Gebärde) oder die Hände werden wie eine Schale ineinander gelegt. Eine weitere Möglichkeit ist eine Partnerübung. In der Gebärde 2 langsam den rechten Arm mit der Handfläche nach oben ausstrecken, der Partner, die Partnerin legt seine oder ihre Hand in die geöffnete Hand usw. Die wärmende Hand spüren, die Augen schließen und den Kontakt genießen.

Gebärde 3
Aus der knienden Haltung in die Verbeugung gehen. Die Stirn berührt den Boden. Die Hände werden neben dem Kopf abgelegt. Die Unterarme liegen am Boden.

Erfahrungen: Die Stirn am Boden spüren, die Hände, die Arme und die Füße (Fußrücken). Sich vor einem Größeren verbeugen; sich klein machen, wehrlos sein, aber voll Vertrauen; ganz bei sich sein, Ruhe und Frieden genießen.
Worte: Sich vor Gott niederwerfen ist eine geläufige Haltung, um die Größe Gottes anzuerkennen. Ps 22,30: Vor ihm allein sollen niederfallen die Mächtigen der Erde, vor ihm sich alle niederwerfen, die in der Erde ruhen; die Israeliten sollen sich nicht vor fremden Göttern niederwerfen!
Weiterführung: eine dynamische Variante: Sich langsam aufrichten – sich langsam wieder verbeugen, dabei die Arme nach vorne ausstrecken oder die Arme nach hinten ablegen, Handflächen nach oben (Halbschildkrötenhaltung im Yoga). In Partnerübung sich langsam aufrichten lassen. Ps 80,4: Gott richte uns wieder auf! Ps 145,14: Der Herr ... richtet alle Gebeugten auf.

Gebärde 4
Nach der Verbeugung sich aufrichten bis zum Fersensitz. Dazu die Hände neben die Schulter legen. Sich langsam aufrichten, Wirbel für Wirbel, zum Schluss den Kopf. Die Hände und Unterarme auf die Oberschenkel legen.
Erfahrungen: Die aufrechte Haltung wahrnehmen. Den Kontakt von Knien, Unterschenkeln, Fußrücken mit dem Boden spüren. Ich bin bei mir, gesammelt in meiner Mitte. Ich sitze auf der Erde. Sie trägt mich. Ich kann loslassen, ich bin ganz aufmerksam; ich bin dankbar; ich warte auf das, was kommt.
Worte: Ps 130,5: Ich warte voll Vertrauen auf das Wort des Herrn. Im Advent warten wir auf die Feier der Geburt Jesu.
Weiterführung: Ähnlich wie bei Gebärde 3 kann auch hier eine Partnerübung eingesetzt werden.

Abschluss
Zum Abschluss der Übungsreihe kann die Gebärde 2 wiederholt werden, verbunden mit einer Verneigung, dann langsam in den Stand zurückkommen (Gebärde 4 aus Klasse 1) und nachspüren: Wie stehe ich auf der Erde; wie spüre ich meine Beine, meine Arme, meine Schultern, meinen Kopf?

2. Einsatzmöglichkeiten im RU

Voraussetzungen für die Durchführung der Gebärden
Hier sei an die Ausführungen in Arbeitshilfen 1– NRW (S. 40 f.) und Arbeitshilfen 2– NRW (S. 46) erinnert: an die Voraussetzungen beim L, an den Zeitpunkt der Durchführung, an die kreative Weiterführung sowie an die Verbindung der Gebärden mit Lied und Tanz.

Gebärdenfolge

 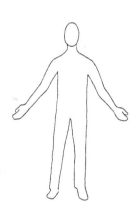  

Gebärde 1   Gebärde 2   Gebärde 3   Gebärde 4

„Nur was wir selbst wahrnehmen und zutiefst erfahren, ist wahr, und nur so können wir es in anderen Menschen wecken. Ein Körpergebet wird erst Gebet, wenn es immer und immer wieder gebetet wird" (Grimm, B., S. 48).

Den Körper lockern und beweglich machen

- Auch hier können die angeführten Beispiele aus Arbeitshilfen 1 – NRW (S. 43) und Arbeitshilfen 2 – NRW (S. 48 f.) weiter eingesetzt werden.
- Eine Ergänzung ist die „Regenübung". Sie wird in PA durchgeführt. Ein/e Sch steht leicht gebeugt, die Hände auf die Oberschenkel gelegt. Der/die andere beginnt nach Anweisung den Rücken zu „bearbeiten": – die Sonne scheint warm: über den Rücken streifen – Wind kommt auf: heftiges Streifen – es beginnt zu regnen: mit den Fingerspitzen den Regen simulieren – der Regen wird heftiger: Verstärkung der Fingerarbeit – es hagelt: mit der Faust den Rücken bearbeiten (seitlich der Wirbelsäule!) – der Regen/Hagel lässt nach usw. ... Am Ende scheint die Sonne wieder warm. Die Hände aneinander reiben und dann den Rücken ausstreichen. Die Bewegungen können mit dem Regenstab begleitet werden. – Partnerwechsel.
- Eine weitere Möglichkeit stellt das „Pizzabacken" dar. Auch hier werden die einzelnen Arbeitsschritte auf dem Rücken durchgeführt. Ziel für beide Übungen ist die Lockerung des Rückens (vgl. Esser u. a., S. 20).
- Sehr hilfreich sind auch Atemübungen und einfache Yogaübungen (vgl. Esser, Maschwitz).

Die Gebärde einüben

- Nach den verschiedenen Vorübungen wird eine Gebärde ausprobiert und anschließend wiederholend eingeübt.
- Sch spüren der Wirkung der jeweiligen Gebärde nach. Sie nehmen die Spannung und Entspannung in den einzelnen Körperteilen wahr.
- Sch lassen ein Wort, einen Satz kommen, der ihnen dazu einfällt.
- Im Laufe des Schuljahres werden die einzelnen Gebärden aneinander gereiht. Wenn die bereits bekannten Gebärdefolgen aus der 1. und 2. Klasse dazukommen, ergibt sich eine Folge von 12 Gebärden. Das erfordert von Sch eine hohe Konzentration und ist bei der Durchführung zu bedenken!
- Sch suchen sich eine Gebärde oder eine Gebärdenfolge aus, verbleiben in ihr und gehen selbstständig aus der Haltung heraus.
- Die Übung beginnt und endet mit einem Gongschlag und einer Verbeugung.

3. Jahrgangsübergreifende Lerngruppe

Befinden sich Sch mehrerer Jahrgänge in der Lerngruppe, ist es sinnvoll, den Zeitpunkt zur Einführung einer neuen Gebärde vom jeweils aktuellen Lernschwerpunkt abhängig zu machen. So steht bei der Einübung einer neuen Gebärde deren Ausdrucksintention im Vordergrund der Betrachtung. L nimmt sich Zeit, über die Bedeutung von eigenen Gedanken und Gefühlen (innere Haltung) und Körperhaltung mit den Schülern nachzudenken.

L überlegt gemeinsam mit Sch: Finden wir eine einfühlsame oder treffende Körperhaltung, die das ausdrückt, was uns jetzt wichtig ist?

Das Nachdenken über den Zusammenhang zwischen bewusster Körperhaltung und Ausdruckskraft des eigenen Körpers ist für Kinder, die heute in zunehmender Bewegungsarmut aufwachsen, eine wichtige Erfahrung.

Die hier dargestellten Gebärden bieten dabei Orientierung.

4. Weiterführende Anregungen

Haltungen zu Liedern und Bildern einnehmen

Vorübungen für die Gebärden sind Haltungen, die Sch zu den unterschiedlichen Liedern und Bildern einnehmen bzw. finden. Beispiele:

- **fse 6**: Schweige und höre: Beide Hände vor den Mund führen, anschließend mit den Händen die Ohren vergrößern, sich verneigen und beide Hände zur Schale ineinander legen.
- **fse 24**: Zum Segensgebet Gebärden finden.
- **fse 15**, **17**, **33**, **53**, **59**, **67**, **71**, **91**, **97**, **103**, **107**: die entsprechenden Haltungen ausprobieren als eine Möglichkeit, die Aussage des jeweiligen Bildes zu erschließen.

Schreiten

Eine weitere Übung für Sch ist das achtsame Schreiten am Anfang oder am Ende einer Gebärdenübung: Sch stehen aufrecht. Die rechte Hand umschließt die linke Hand, die vor der Mitte des Körpers liegt. Das Gehen bei leiser Musik (später in der Stille) wird individuell geübt, später kann es auch im Kreis erfolgen. Als Maß gilt eine Fußlänge. Das Schreiten mit der Beobachtung des Atems verbinden. Am Ende nachspüren im Körper, mit einer Verneigung enden (oder mit der Gebärdenübung beginnen).

Tanzen

Bei den meditativen Tänzen werden Haltungen und Gebärden miteinander verbunden. Die Tänze können bei Gottesdiensten Verwendung finden. (Lit. s. u.)

Wenn etwas aufbrechen will

Quarrtsiluni

Majuaq war eine greise Eskimofrau. Knud Rasmussen, der Forscher, hatte sie gebeten, aus der Geschichte ihres Stammes zu erzählen. Die alte Majuaq schüttelte den Kopf und sagte: „Da muss ich erst nachdenken, denn wir Alten haben einen Brauch, der Quarrtsiluni heißt."
„Was ist Quarrtsiluni?"
„Das werde ich dir jetzt erzählen, aber mehr bekommst du heute auch nicht zu hören."
Und Majuaq erzählte mit großen Handbewegungen: „In alten Tagen feierten wir jeden Herbst große Feste zu Ehren der Seele des Wales. Diese Feste mussten stets mit neuen Liedern eröffnet werden; alte Lieder durften nie gesungen werden, wenn Männer und Frauen tanzten, um den großen Fangtieren zu huldigen. Und da hatten wir den Brauch, dass in jener Zeit, in der die Männer ihre Worte zu diesen Hymnen suchten, alle Lampen ausgelöscht werden mussten. Es sollte dunkel und still im Festhaus sein. Nichts durfte stören, nichts zerstreuen. In tiefem Schweigen saßen sie in der Dunkelheit und dachten nach, alle Männer, sowohl die alten wie die jungen, ja sogar die kleinsten Knäblein, wenn sie nur eben so groß waren, dass sie sprechen konnten. Diese Stille war es, die wir Quarrtsiluni nannten. Sie bedeutet, dass man auf etwas wartet, das aufbrechen soll. Denn unsere Vorväter hatten den Glauben, dass die Gesänge in der Stille geboren werden. Dann entstehen sie im Gemüt der Menschen und steigen herauf wie Blasen aus der Tiefe des Meeres, die Luft suchen um aufzubrechen. So entstehen die heiligen Gesänge."

Eskimo-Märchen

Stille, Stille

T/M: Chris Herbring
© Christian Herbring Musik, Neuss

2. Liebe, Liebe, sie wird uns befrein.
3. Leben, Leben wird geboren sein.
4. Friede, Friede, Friede wird gedeihn.
5. Ruhe, Ruhe, lasst uns ruhig sein!
6. Stille, Stille wird bald in uns sein.

Literatur

Betz, Otto, Der Leib und seine Sprache, Kevelaer 2003

Esser, Wolfgang G./Kothen, Susanne, Die Seele befreien. Spiritualität für Kinder, München 1998

Grün, Anselm/Reepen, Michael, Gebetsgebärden, Münsterschwarzach 2002

Jäger, Willigis/Grimm, Beatrice, Der Himmel in dir. Einübung ins Körpergebet, München 2000

Lander, Hilda-Maria/Zohner, Maria-Regina, Meditatives Tanzen, Stuttgart ⁵1997 (Gebärden: S. 199-212; Beispiele für viele Tanzformen)

Maschwitz, Gerda und Rüdiger, Von Phantasiereise bis Körperarbeit. Existenzielle Methoden – gekonnt eingesetzt. Ein Handbuch für die Praxis, München 2004 (Gebärden: S. 116 ff., meditative Tänze: S. 87 ff.)

Dies., Stille-Übungen mit Kindern, München 1993 (Gebärden: S. 85-91; meditative Tänze: S. 120-131)

Zink, Jörg/Hufeisen, Hans-Jürgen, Wie wir feiern können, Stuttgart 1992, S. 173-197 (mit CD)

Musik

Klassische Musik, z. B.:

Albinoni, Tomaso, Concerto D-Moll, op. 9.2 (Adagio)

Bach, Johann Sebastian, Air

Pachelbel, Johann, Kanon

Schneider, Waltraud und Konrad, Lasst uns tanzen. Getanzte Gebete und Meditationen für Schule, Gottesdienst und Gemeinde (Anleitung mit CD), Freiburg 2002

Meditationslied: Schweige und höre

fragen – suchen – entdecken **6**

1. Hintergrund

Das Lied „Schweige und höre" ist ein weiteres Lied-Angebot neben den Liedern in **fse 1** und **fse 2**, das zu Beginn der Stille-Übungen gesungen werden kann.

Der Text ist inspiriert von der Vorrede zur Regel des hl. Benedikt. Ihr Beginn lautet:

„Höre, mein Sohn, auf die Lehren des Meisters und neige das Ohr deines Herzens, nimm die Mahnung des gütigen Vaters willig auf und erfülle sie im Werk ..."

In diesem ersten Satz klingen alttestamentliche Verse an. So heißt es z. B. in den Sprichwörtern: „Mein Sohn, achte auf meine Worte ..." (Spr 4,20) und in Ps 45,11: „Höre, Tochter, sieh her und neige dein Ohr ..." Nur im Schweigen kann die Stimme des Herzens gehört werden. Das „Ohr des Herzens" ist eine Metapher für die Haltung des Menschen, ganz aufmerksam, gegenwärtig zu sein um zu hören, was jetzt gehört werden will, jenseits aller Geschäftigkeit. Die Frucht dieser Haltung ist die Ruhe oder der Friede, wie es im Lied heißt.

2. Einsatzmöglichkeiten im RU

Ritualisierter Beginn

- Das Lied wird eingesetzt am Beginn einer Stille-Übung. Es wird von Sch mehrmals gesungen, bis sie bereit sind für die jeweilige Aufgabe.

- Weitere Strophen:
  - Ich will dir danken, weil du meinen Namen kennst, Gott meines Lebens.
  - Ich will dir danken, weil du meine Freude bist, Gott meines Lebens.
  - Vater, wir kommen, wir sind unterwegs zu dir, Gott unseres Lebens.
  - Dienet einander, jeder mit der Gabe, die er empfangen/jede mit der Gabe, die sie empfangen (mündliche Überlieferung).

Ein Märchen zur Einführung

- Zur Vorbereitung und Einführung in die Stille-Übungen kann das Eskimo-Märchen „Quarrtsiluni" dienen (**AB 3.0.16, Arbeitshilfen S. 49**).

Stille, Stille

Ein weiteres Stille-Lied bietet **AB 3.0.17, Arbeitshilfen S. 49**.

Weitere Musik

- Zur Abwechslung kann meditative Gitarrenmusik gespielt werden:
  - Habecker, Michael/Ruppel, Armin/Schmid, Hans, Inspirationen für die Seele, München 2002
  - Dies., Saitenspiel für die Seele, München 2000
  - Wakemann, Rick, Aspirant sunrise, 2000
  - Ders., Aspirant sunset, 2000
  - Horn, Paul, Inside the Great Pyramide, Kuckuck (BMG), 1996

1 Nach Gott fragen – von Gott sprechen

1. Religionspädagogische und theologische Hinweise

Die Frage nach Gott ist der zentrale Inhalt des Religionsunterrichts in allen Schuljahren und Themenbereichen. So heißt auch die erste Aufgabe im Fachprofil: „... die Frage nach Gott wach halten." Für die Denkschrift der EKD ist die „angemessene Behandlung dieses einzigartigen ‚Unterrichtsgegenstandes' für die Lernenden wie für die Lehrenden die verantwortungsvolle Mitte des Fachs" (Identität und Verständigung, S. 30).

Nach Gott fragen und den Sinn für das Religiöse entfalten (Fachprofil) bedeutet, dem Leben einen Sinn zuzuschreiben, hinter das nur Greifbare und Vordergründige zurückzufragen und darin Gott als das große Geheimnis des Lebens zu entdecken (vgl. K. Rahner). Es geht um die radikale Frage nach dem Woher und Wohin von Mensch und Welt. In diesem Themenbereich sollen L und Sch auf Spurensuche gehen und vor allem in der Erfahrung menschlicher Beziehungen eine Analogie zur personalen Beziehung von Mensch und Gott entdecken. Dabei ist immer im Auge zu behalten, dass die Unähnlichkeit aller Vergleiche Gottes mit menschlichen Begriffen und Vorstellungen unendlich größer ist als die Ähnlichkeit und Gott größer ist als alles, was gedacht werden kann (Anselm von Canterbury).

Das facettenreiche jüdisch-christliche Gottesbild zeigt zum einen das dem Menschen zugewandte Gesicht eines gütigen Gottes: „Ich habe das Elend meines Volkes in Ägypten gesehen ... Ich kenne ihr Leid. Ich bin herabgestiegen, um sie aus der Hand der Ägypter zu entreißen ..." (Ex 3,7 f; **fse 31**). Die Bibel kennt aber auch den unbegreiflichen und den Menschen fernen Gott: „Ich schreie zu dir und du erwiderst mir nicht" (Ijob 30, 20a). Die Frage nach dem unerklärlichen Leid und dem „Schweigen" Gottes wird im LP 3.1 im Aufgabenschwerpunkt „Nach Gott suchen und fragen" eigens thematisiert. Auch in der Grundschule darf diese Spannung nicht zugunsten eines nur „lieben" Gottes aufgelöst werden. Gott ist und bleibt der Unbegreifliche.

Für Sch wichtig ist die Frage nach der „Sichtbarkeit Gottes". Niemand hat Gott gesehen, gibt es ihn vielleicht gar nicht? (**fse 13**). Die Wirklichkeit und das Wirken Gottes müssen jenseits des „Sehens" Gottes angesiedelt werden (**fse 14/16**). In den Bildern, die Sch malen, kommt allerdings bei aller Konkretheit im Gespräch auch die Aussage vor: „Gott ist im Himmel, man kann ihn nicht sehen." Später wird das anthropomorph gestaltete Gottesbild der Sch aufgelöst in Richtung „Geist" und noch später wird die Wirklichkeit Gottes in die Seele bzw. in das Herz des Menschen verlegt (**fse 9**, linkes Bild). Eine Grenze des Themenbereiches ist die Beschränkung auf das alttestamentliche Gottesbild. So wird nicht ansichtig, dass die Frage nach der „Sichtbarkeit" Gottes und seinem Wirken in Jesus zur Anschauung gelangt ist. Er ist das Bild des unsichtbaren Gottes (Kol 12,15).

Eine weitere zentrale Frage der Sch ist die Hilfe, die Gott den Menschen zugesagt hat. Warum hilft er nicht immer trotz intensiven Betens? Gott als enttäuschungsfester Wunscherfüller (z. B. **fse 8; 10; 20**) ist eine allzu gern gedachte Vorstellung der Sch. Ein erster Zweifel an dieser Vorstellung eines stets und unmittelbar helfenden Gottes liegt in der Aussage eines Sch: „Gott hilft immer, nur nicht bei den Hausaufgaben." Eine vorsichtige Weiterführung des „Helfergottes" ist angezeigt und im gemeinsamen Gespräch zu problematisieren (**fse 8; 22**).

So bleiben als wichtige Aufgaben in diesem Themenbereich: die mitgebrachten Gottesbilder und Fragen der Sch auf- und ernst zu nehmen (1) und sie anderen „Gottesbildern" bzw. Gotteserfahrungen von Menschen, v. a. aus der Bibel, gegenüberzustellen (2), sodass sie ihre eigenen Vorstellungen erweitern können und ihre Gottesbilder offen halten für neue Erfahrungen (3). Wie für den gesamten Religionsunterricht gilt auch hier: Was Sch denken und an Vorstellungen mitbringen, ist wertvoll und nicht geringer zu achten als die Gedanken, Vorstellungen und Bilder Erwachsener. In Sachen des Glaubens sind alle, L und Sch gleichermaßen ... Befragte und Lernende (vgl. Synodenbeschluss 2.8.6).

Für L ist sodann die entwicklungspsychologische Seite der Gottesvorstellungen der Sch wichtig. Die Bilder von Gott sind zum einen geprägt von dem sozialen Umfeld der Sch, vor allem den Eltern, von ihrer medialen Umwelt, aber auch von ihrer Emotionalität und Einbildungskraft. Aus der Realwelt nehmen sie ihr Material für ihre Symbolwelt. In der Auseinandersetzung mit anderen Bildern der Mitschüler können sie die Relativität der eigenen Vorstellungen erfahren.

Aus der kognitiven Entwicklungspsychologie sind zwei Entwicklungsstufen von Bedeutung (nach Oser):

1. In der frühen Kindheit bis hinein in das Grundschulalter ist für Kinder Gott der Mächtige, der alles kann und macht. Der Mensch hat darauf keinen Einfluss. Gott ist der „deus ex machina".

2. Diese Gottesvorstellung wird abgelöst bzw. überlagert von dem gerechten und gütigen Gott, der die Guten belohnt und die Bösen bestraft. Dieser Gott ist durch Gebet und Wohlverhalten zu beeinflussen („do ut des").

L wird die Vorstellungen der Sch wahr- und in ihren Grenzen ernst nehmen. Gleichzeitig wird L ihnen „Angebote" für weiteres Nachdenken machen (**fse 14-17**), damit ihre Gottesbilder entwicklungsoffen bleiben.

Literatur

Kuld, Lothar, Das Entscheidende ist unsichtbar. Wie Kinder und Jugendliche Religion verstehen, München 2001

Kraus, J., Entwicklungspsychologische Fragestellungen – Impulse und Neuansätze, in: Handreichung zum Lehrplan Katholische Religionslehre. Materialien für den RU an Grundschulen, München 2002, S. 60-74

Gandlau, Thomas/Woller, Elfriede, Anregungen zu ausgewählten Themen des Lehrplans. Thema 3.1 Von Gott sprechen, ebd. S. 181-186

2. Das Thema im Lehrplan und in fragen – suchen – entdecken

Im Lehrplan 3.1 „Ich, die Anderen, die Welt und Gott" befindet sich der Aufgabenschwerpunkt „Nach Gott suchen und fragen". Dies setzt voraus, dass Sch ihren eigenen Gottesvorstellungen auf die Spur kommen, ihren „persönlichen" Gott ins Bild setzen oder zur Sprache bringen. Der Lehrplan legt in seinen verbindlichen Anforderungen als Fähigkeiten, Fertigkeiten und Kenntnisse fest: „biblische Gottesvorstellungen darstellen und eigene ausdrücken". Zeichnungen von gleichaltrigen Sch, Psalmworte, ein Gebet und ich-bezogene Wünsche usw. wollen dazu Anregungen geben (**fse 8/9**).

Daran schließen sich Fragen zum Gottesbild an. Die Fragen der Sch sollen dabei Unterrichtsmittelpunkt sein. Die Frageseite (**fse 10**) soll Sch zu eigenen Fragen ermutigen. (Hier ist die Lehrplananbindung zu den Klassen 1/2 im LP 3.1 zu beachten.) In der Geschichte von Lena wird ein erster Versuch vorgestellt, mit Hilfe der materiellen Welt und der zwischenmenschlichen Erfahrungen sich ein unanschaulich-anschauliches Bild von Gott zu machen.

In **fse 12/13** wird dieses Nachdenken über Gott weitergeführt und strukturiert: „Über Gott und die Schöpfung nachdenken" (LP 3.1) bedeutet, im Makro- und Mikrokosmos Spuren Gottes zu entdecken. Der „Anna-Text" ist ein Versuch, die Liebe Gottes zu uns Menschen zu buchstabieren. Die Fußspur Gottes (**fse 13**) weist darauf hin, dass wir die Wirklichkeit Gottes erschließen können aus dem, was wir sehen und erfahren.

Für das weitere Nachdenken über Gott werden den Sch zwei alttestamentliche Erzählungen angeboten. In beiden geht es darum, dass sich Gott anders zeigt als von Menschen erwartet.

fse 14/15 bringt im Jakobstraum anschaulich zur Sprache, dass Gott seine Nähe nicht aufkündigt trotz menschlicher Schuld (LP 3.1: Gott ist für die Menschen da, LP 3.5: Schuld erkennen, Vergebung erfahren). Das führt über die „do ut des"-Vorstellung der Sch hinaus (s. o.).

In der Gotteserfahrung des Elija zeigt sich auf andere Weise, dass Gott sich nicht in die geläufige Gottesvorstellung eines Menschen einfangen lässt. Er ist anders (**fse 16/17**; LP 3.1).

Die beiden nächsten Doppelseiten (**fse 18-21**) bringen in Wort und Bild Situationen, die zum Beten einladen, in denen Situationen von Kindern und Erwachsenen angesprochen werden. Von Gott reden heißt immer auch vom Menschen reden! (LP 3.2: Den Glauben an Gott zum Ausdruck bringen – Nachdenken und Sprechen über das eigene Leben: bitten, loben, klagen, danken ...)

Die Doppelseite **fse 22/23** soll Sch zum nochmaligen Nachdenken bringen, wer und wie Gott ist, und problematische Gottesbilder hinterfragen (**fse 23**). Es geht um die Kontinuität der Gottesvorstellungen der Sch, es geht um die Vertiefung und um eine vorsichtige Klärung und Weiterführung.

Der Abschluss des Kapitels ermuntert Sch, für das Schöne und Gute im Leben zu danken (LP 3.2) und die Allgegenwart Gottes für sie leibhaftig Wirklichkeit werden zu lassen (**fse 24**).

3. Jahrgangsübergreifende Einsatzmöglichkeiten

Gottesbilder ändern sich

Für Sch unterschiedlicher Jahrgänge ist es interessant, sich mit Gottesbildern anderer Kinder zu beschäftigen. Sie werden vielleicht ihren eigenen Entwicklungsweg entdecken, indem sie Gottesbilder jüngerer Sch mit ihren eigenen, zeitlich zurückliegenden Gottesbildern vergleichen. Dabei achtet L auf gegenseitigen Respekt der Sch untereinander.

Die Verknüpfung mit folgenden Themen in **fse 1**, **2**, **3** ist hilfreich, um diese Entwicklung zu begleiten:

fse 1, Kap. 1, S. 18 – 20 Was Menschen von Gott erzählen, Wie Kinder mit Gott reden

Kap. 2, S. 30 – 31 Jesus erzählt von Gott

fse 2, Kap. 1, S. 16 – 17 Gott ist bei den Menschen

Kap. 6, S. 86 Die Schöpfung lobt Gott

fse 3, Kap. 2, S. 30 Neue Hoffnung: Gott ist da

Kap. 2, S. 32 Eine neue Erfahrung: Gott rettet

Kap. 3, S. 52 Der Vater kommt entgegen

Kap. 3, S. 56 Die Versöhnung Gottes weitergeben.

4. Verbindungen zu anderen Themenbereichen und Fächern

EVANGELISCHE RELIGIONSLEHRE: Viele Namen für einen Gott, Gottes Bund mit den Menschen, Gott begleitet auf dem Lebensweg, Gott rettet und befreit, Gott bewahrt vor dem Verlorengehen, Gott sucht den Menschen, Menschen suchen Gott

DEUTSCH: 3.1. Mündliches Sprachhandeln, verstehendes Zuhören, gezielt zuhören und nachfragen, Erlebnisse und Geschichten erzählen, mit anderen sprechen, Gefühle benennen, wahrnehmen und reagieren, Entwicklung einer Gesprächskultur

KUNST: 3.2. Auseinandersetzung mit Bildern, Wirkungen wahrnehmen, versprachlichen und analysieren, Assoziationen erläutern, Kunstwerke erschließen

MUSIK: 3.1. Musik machen, Lieder lernen und gestaltend singen, das Liedrepertoire erweitern, aus verschiedenen Sprach- und Kulturräumen Lieder kennen lernen

4. Lernsequenz

Planungsskizze	Überschriften in fse	Inhalte im Lehrplan
I. Gottesvorstellungen ins Bewusstsein bringen. Wie sich andere Menschen Gott vorstellen	Sich Gott vorstellen **fse 8/9** Sich ein Bild machen **fse 10/11**	3.1 Nach Gott suchen und fragen, an Gott auf verschiedene Weise glauben/nicht glauben 4. Verbindliche Anforderungen: biblische Gottesvorstellungen darstellen und ausdrücken
II. Fragen zum Gottesverständnis. Nachdenken über Gott, Mensch und die Welt Zeugnisse aus dem AT „Erfahrungen anderer" Sich an Gott wenden, ihm danken, ihn loben, bitten	Über Gott nachdenken **fse 12/13** Gott erfahren und ihm vertrauen **fse 14/15** Anders als erwartet **fse 16/17** Danken – loben – bitten **fse 18/19** Sich an Gott wenden **fse 20/21**	3.1. Der Name Gottes im Alten Testament, Gott ist für die Menschen da 3.1 Von Gott beschenkt und geführt 3.2 Den Glauben an Gott zum Ausdruck bringen
III. Aussagen über Gott bedenken und bewerten: Gutes und Unbegreifliches im Leben Gott im Alltag; das ganze Leben unter den Segen Gottes stellen	Weiterfragen – weiterdenken **fse 22/23** Mit Gott leben **fse 24**	3.2 Nachdenken und sprechen über das eigene Leben: bitten, loben, klagen, danken

6. Lebensbilder 3/4

Folgende Fotos aus der Folienmappe Lebensbilder 3/4, vgl. Arbeitshilfen S. 21, sind für einen situativen Einsatz hilfreich: Nr. 1 Über Gott und die Welt nachdenken, Nr. 13 Krank sein, Nr. 14 Alt und jung, Nr. 15 Katharinas Grab, Nr. 26 Beichtgespräch, Nr. 27 Beten – Beichten, Nr. 30 Danken für die Ernte, Nr. 31 Baum in der Wiese, Nr. 32 Mohnblume im Ährenfeld.

Nach Gott fragen – von Gott sprechen

1. Hintergrund

Der Themenbereich wird eröffnet mit dem Bild von Paul Klee: „Grenzen des Verstandes". Es macht L und Sch darauf aufmerksam, dass von Gott reden heißt, nach dem „ganz Anderen" Ausschau zu halten. Wir versuchen es mit dem Verstand zu erreichen, aber es liegt jenseits unseres Erkennens und doch ist es wirklich.

Sch erahnen im bildhaften Reden und Darstellen die besondere Eigenart dieses Themas. Das Bild kann in der Sequenz immer wieder als symbolische Darstellung zur Verdeutlichung herangezogen werden.

Paul Klee (1879-1949)

Der Künstler Paul Klee wurde in der Nähe von Bern in der Schweiz geboren. Er wuchs in einem sehr musikalischen Elternhaus auf, sein Vater war Musikpädagoge und seine Mutter Sängerin. Schon im Alter von 11 Jahren spielte Paul Klee in einem Orchester Geige. Seine zeichnerische Begabung wurde durch seine Großmutter gefördert. Die Entscheidung zwischen der Liebe zur Musik, zur Malerei und zur Literatur fiel ihm schwer. Klee entschied sich für die Malerei, wirkte früh schon in München und hatte dort enge Verbindungen zu den Künstlern des „Blauen Reiters". Er wirkte ab 1920 am Bauhaus in Weimar, später in Dessau und ab 1930 in Düsseldorf. In diese Zeit fällt die Entstehung des Bildes „Grenzen des Verstandes" (1927). 1933 emigrierte er in die Schweiz, nachdem er von den Nazis entlassen worden war. Bilder von ihm wurden in der Ausstellung „Entartete Kunst" in München gezeigt. Paul Klee gilt als einer der bedeutendsten Vertreter der klassischen Moderne. Er versteht Kunst nicht darin, nach der Wirklichkeit der Welt zu malen, sondern darin, eigene Wirklichkeit zu schaffen und so das Wesentliche visualisierbar zu machen. Kunst überschreitet so, nach dem Verständnis von Paul Klee, vom Unbewussten geprägt, den Verstand.

Paul Klee: „Grenzen des Verstandes", 1927

46,4 x 41,7 cm, Öl, Aquarell und Bleistift auf Leinwand, Staatsgalerie moderner Kunst, München

Dieses Kunstwerk Paul Klees gilt als Schlüsselwerk seines Kunstverständnisses, da es deutlich die Differenz zwischen rationalem Denken und künstlerischer Erfassung der Wirklichkeit aufzeigt. Das Bild kann in zwei Teile gegliedert werden. Die untere Bildhälfte ist von zeichnerisch filigranen Elementen bestimmt, die obere von malerischen Elementen, dominiert von einem kreisförmigen Gestirn. Darin zeigt sich die Spannung der Komposition. Auf der unteren Bildhälfte dominieren klare geometrische Formen. Der Hintergrund ist weiß mit zart angedeuteten Gelbtönen. Die einzelnen geometrischen Figuren sind wie von einem Lineal gezogen, mess- und kalkulierbar, labyrinthmäßig angeordnet, die rechte Seite und der untere Bereich sind farbiger ausgearbeitet als die linke Seite und der obere Bereich. Bei längerer Betrachtung kann die Andeutung eines Gesichts wahrgenommen werden (senkrechte und waagrechte Linien in der Mitte). Aus der Grafik steigen zwei verschiedenfarbige Leitern empor in einen gelb-rötlichen Bereich, der in seiner Mitte ein lilafarbenes wolkenähnliches Gebilde umschließt. Die beiden Leitern enden im Nichts, sie sind aber eingetaucht in den gelbroten Lichtkreis. Oben zeigt sich eine fest umrissene runde Scheibe, die gleichsam alle Farben des Bildes in sich birgt. Zwei Linien verbinden die emporsteigenden Leitern mit der kreisrunden Form und zugleich die untere mit der oberen Bildhälfte. Ist diese kreisrunde Form eine Sonne, die mit ihren Farben alles in ihr Licht taucht, ein Bild für Vollkommenheit, für den göttlichen Bereich?

Worin liegen die Grenzen des Verstandes? Im Ausgriff auf etwas „Höheres" verlässt der Mensch – dargestellt im angedeuteten Gesicht – das Festumrissene und Kalkulierbare. Intuition, Unbekanntes, die Ahnung eines „Anderen", eines göttlichen Bereichs, kann sich einstellen. Aber das ist nicht herstellbar und kalkulierbar. Es kann auch scheinbar im Nichts enden, wenn auch – um im Bild zu bleiben – die Versuche eingetaucht sind in das Licht, das von oben kommt. In zarten Linien ist das Unten mit dem Oben verbunden. Im Vertrauen auf die Verbindung nach oben kann der Mensch in seiner labyrinthähnlichen Welt leben.

Paul Klees Gemälde

Wir haben viele Fragen

Wir Menschen können viel!

(Titel)

Ein Grundmodell der Bilderschließung

Auch in den Schulbüchern **fragen – suchen – entdecken 3** und **4** ist das Bild zur Eröffnung der Kapitel in der Regel ein Bild der Kunst, das sorgsam erschlossen werden will. Auch die Wahrnehmung der Alltagsfotos aus den Folienmappen „Lebensbilder 1/2" und „Lebensbilder 3/4" kann in bewussten Schritten vollzogen werden. Um einen fruchtbaren Zugang zu den einzelnen Bildern zu ermöglichen, wird im Folgenden ein Grundmodell zur Bilderschließung vorgestellt. Die einzelnen Phasen sind zugleich für die Vorbereitung der Lehrerin, des Lehrers hilfreich.

1. Spontane Wahrnehmung
Erste Kontaktaufnahme mit dem Bild; ungelenktes Anschauen und Wahrnehmen; nach einer Phase der Stille: spontane Äußerungen ohne Diskussion und Wertung.

2. Analyse des Bildes
Was ist auf dem Bild zu sehen?
– *Personen*: Haltung, Bewegung, Gestik, Stellung zueinander?
– *Landschaft*: statisch, bewegt? Stimmung?
– *Linien*: Verlauf von Linien: senkrecht, steigend, waagrecht, aufwärts, abwärts führend? Evtl. Bildlinien nachfahren.
– *Farben*: Welche kommen vor, welche fehlen? Hell-und-Dunkel-Kontraste?
– *Bildanordnung wahrnehmen*: Zusammenhang der einzelnen Teile?
– *Erinnern*: Mit geschlossenen Augen im Bild spazieren gehen.

3. Analyse des Bildgehalts
Was hat das Bild zu bedeuten? Was hat die Künstlerin, der Künstler ausgesagt oder dargestellt?
Evtl. Informationen zur Künstlerin, zum Künstler und der Entstehungszeit einbringen.
Bezug zu einem biblischen Text, zu anderen Texten, Motiven, Erfahrungen?
Dem Bild eine Überschrift geben.

4. Identifikation mit dem Bild
Was löst das Bild in mir aus?
Wo finde ich mich wieder in dem Bild? Wo bin ich gerne, nicht gerne?
Wenn die Personen sprechen könnten: Was würden sie sagen?

5. Weiterer Umgang mit dem Bild
Das Bild weitermalen, ergänzen, etwas weglassen.
Die Personen nachstellen, miteinander sprechen lassen.
Was war vorher, was kommt danach?
Welche Geschichte, welches Lied, welches andere Bild fällt mir zu dem Bild ein?

Literatur
Lange, Günter, Kunst zur Bibel, München 1988, 9-11
Niehl, Franz W., Damit uns die Augen aufgehen, in: ders./Thömmes, Arthur, 212 Methoden für den Religionsunterricht, München 1998, 13-45 (viele hilfreiche Methoden)
Schmid, Hans, Ein Grundmodell des Umgangs mit Bildern im Religionsunterricht, in: ders., Die Kunst des Unterrichtens, München 1997, 125-178

2. Einsatzmöglichkeiten im RU

Sehen und erahnen

Das Bild ist als Folie Nr. 1 enthalten in der „Schatzkiste 3/4", vgl. Arbeitshilfen S. 21.

- Sch schauen das Bild in Stille an, anschließend Äußerung ohne Wertung und Deutung: „Ich sehe ..."
- Sch decken mit einem quer gefalteten A5-Papier zunächst die obere Bildhälfte ab. Ihre Beobachtungen notieren sie auf dem Papier:
- Unterer Teil: Linien – Farben – Unterschiede rechts/links; über eine Steckfolie einzelne Linien und Figuren nachzeichnen oder mit dem Finger nachfahren, das Bild aus der Nähe oder der Ferne betrachten und evtl. das Gesicht wahrnehmen.
- Dann Betrachtung des oberen Teils bei Abdecken des unteren: Farben, feste runde Form, wieder mit dem Finger nachfahren. Unterschiede zwischen oben und unten feststellen.
- Mittlerer Teil: zwei Leitern, Anfang und Ende der Leitern suchen, die beiden senkrechten Linien von der kreisrunden Form ausgehend oder zu ihr führend wahrnehmen.
- Farben: wiederkehrend im unteren und oberen Teil.
- Stimmung des Bildes: der freundliche, warme obere Teil, der kalte, kantige verworrene und zugleich berechenbare untere Teil.
- Sch versuchen mit Orff-Instrumenten die Stimmung der beiden Teile wiederzugeben.
- Sch schließen die Augen und lassen das Bild vor ihrem inneren Auge entstehen.
- Sch malen ein eigenes Bild. Sie wählen den oberen oder unteren Teil des Bildes als Anregung. Währenddessen ist das Bild von Klee nicht sichtbar!
  Alternative: einen Teil des Bildes kopieren, aufkleben und weitermalen lassen.
- L gibt Info zum Künstler (vgl. Arbeitshilfen S. 54), ohne den Titel des Bildes zu nennen.

Eine Deutung versuchen

- Sch erkennen im unteren Teil: ein Gesicht. Es ist eingerahmt von vielen Linien und Figuren: Das alles kann der Mensch machen, erfinden, wissen, berechnen.
- Sch erhalten **AB 3.1.1, Arbeitshilfen S. 55**, und malen oder schreiben im unteren Teil auf, was Menschen alles können und erfinden ... (dichten, Maschinen erfinden, in den Weltraum fliegen, ein Land regieren, Kranke heilen, musizieren ...).
- Im mittleren Teil: Der Mensch ist nicht zufrieden mit dem, was er kann, was er weiß. Er hat viele Fragen. Sch schreiben in den oberen Teil neben die Sprossen der Leitern, was wir Menschen wissen möchten, was wir Menschen nicht machen können (Woher kommt alles, wer hat die Tiere gemacht, gibt es Gott, wie sieht er aus, warum hilft Gott den leidenden Menschen nicht? ...). Wo enden die Leitern, wie werden sie gehalten?
- Im oberen Teil: Klee hat mit warmen Farben gemalt: eine Sonne, einen himmlischen Bereich, ein Bild für Gott? Mit zwei dünnen Fäden sind wir Menschen über die Leitern (durch unsere Fragen) mit Gott verbunden, wir hören nicht auf zu fragen. Sch ergänzen ihr AB.
- Sch suchen für das Bild eine Überschrift.

„Nach Gott fragen" – kreativ gestaltet

- Die Frage nach Gott zieht sich wie ein roter Faden durch den RU und durch das Leben der Menschen. Um den Sch das Einfühlen in diese Thematik zu erleichtern, arbeiten sie kreativ während des gesamten Kapitels am Entstehen eines „Rote-Faden-Mobile". Als Klassen- oder Einzelarbeit und in Verbindung mit dem Kunst-Unterricht möglich.

- Sch fertigen aus stabilem Transparentpapier quadratische Taschen, die seitlich mit einem Faden im Schlingstich zusammengenäht werden.
- Nach jedem Kapitel malt oder schreibt ein/e Sch ein Bild oder einen Text auf ein weiteres Blatt Transparentpapier in „Taschengröße" mit Wachs- oder Holzbuntstiften.
- Durch das Transparentpapier sind die einzelnen Werke nur schemenhaft zu erkennen.
- Das „Rote-Faden-Mobile" zeigt, dass Gott trotz all unserer Beschreibungs- und Darstellungsversuche für uns nicht vollständig wahrnehmbar und fassbar ist.

3. Jahrgangsübergreifende Lerngruppe

Gottes-Bilder

Sch der vierten Jahrgangsstufe bringen ihre im vergangenen Schuljahr gestalteten Gottesbilder in den Unterricht mit. Die jüngeren Sch suchen sich ein Bild aus und erzählen ihre Eindrücke. So kann ein gemeinsamer Austausch zu der Entdeckung führen, dass verschiedene Vorstellungen das „Mosaikbild Gott" bunter werden lassen und ihren jeweiligen Wert haben.

Sich Gott vorstellen

fragen – suchen – entdecken **8/9**

1. Hintergrund

Die Doppelseite bietet Bilder und Aussagen von Kindern, die auf ihre Weise das Thema zu veranschaulichen suchen. Dazu kommen zwei Psalmverse in bildreicher Symbolsprache. Beide Seiten sollen Sch animieren, ihre eigenen Gottesvorstellungen ins Bild zu bringen oder in Worte zu fassen und zugleich zu erkennen, dass es das „richtige" Gottesbild nicht gibt.

Die Aussagen der einzelnen Bilder/Texte:

Die Unsichtbarkeit Gottes (fse 8, links oben, und Text von Niklas, Bild einer zehnjährigen Schülerin **fse 9**): Unsichtbarkeit Gottes ist für Sch ein Problem. Zugleich ist in Bildern und Worten die Unsichtbarkeit Gottes immer wieder Thema. Am Anfang steht die Auffassung eines siebenjährigen Kindes (die Gestalt Gottes hat keine Augen): „Der kann nicht sehen, weil ich den auch nicht sehen kann." Das Kind meint einen Himmel, den man nicht sehen kann, und ein Gesicht, das man nicht sehen kann (Kuld, S. 53). Ähnlich die Aussagen des vierjährigen Niklas, der mit Hilfe der Wolke die Unsichtbarkeit Gottes zu veranschaulichen sucht, um zugleich dessen Allgegenwart auszudrücken. Die Zeichnung einer zehnjährigen Schülerin steht gleichsam am Ende der Überlegungen zur „Gestalt" Gottes. Sie malt an Stelle einer Figur die Kraft und Energie Gottes, auch seine Liebe und Fürsorge, dargestellt in der roten Farbe (vgl. Ps 104,2: Du hüllst dich in ein Licht wie in ein Kleid). Dieses Bild kann Anlass für das UG mit Sch sein, mehr die Liebe und Fürsorge Gottes in den Blick zu nehmen als seine Gestalt und Sichtbarkeit.

Die Allgegenwart und Nähe Gottes (fse 8, links unten): Im Gebet wird Gottes Nähe in allen Situationen des Lebens angesprochen. Sie ist nicht Angst machend und kontrollierend, sondern fürsorglich und Vertrauen erweckend. Von Gott reden heißt vom Menschen reden in all seinen Bezügen.

Die anthropomorphe Vorstellung (fse 8, links oben, und Gott als Frau, fse 9): Wie bereits angedeutet, malen Sch, wenn sie aufgefordert werden, ihre Vorstellungen von Gott zu Papier zu bringen, in der Regel eine menschenähnliche Gestalt, die sie entsprechend kommentieren (s. o.). Bettina, 10 Jahre, sagt dazu: „Das ist auch Gott", verneint aber, dass sie eine Frau dargestellt hat (Klein, S. 93). Gott als Frau in Verbindung mit anderen Bildern kann Sch zur Diskussion anregen, ob Gott ein Mann oder eine Frau sei. Ina hat dazu die Erklärung: Man kann sich den (Gott) ganz verschieden vorstellen (**fse 9**, rechts oben).

Eigenschaften Gottes (die Psalmverse Ps 31,3 und Ps 84,12): Auch die Bibel gebraucht Bilder, um etwas über Gott aussagen zu können. Hier wurden zwei solcher Sprach-Bilder gewählt: die Stärke und Zuverlässigkeit Gottes im Bild des Felsens, der Burg und des Schildes, sowie die Herrlichkeit in der Verbindung von Gott und Sonne/Licht.

Gott als „Wunscherfüller" (fse 8 rechts unten): Die Annahme, dass Gott bei ausdauerndem Beten die Wünsche erfüllt, und die Enttäuschung, die Kinder bei Nichterfüllung erleben, kann neben der „Gestalt" Gottes ein weiterer Anlass zum Gespräch sein.

2. Einsatzmöglichkeiten im RU

Auseinandersetzung mit dem eigenen Gottesbild

- Sch malen ein Bild, Überschrift: So stelle ich mir Gott vor, mit Wasserfarben, Wachsmalkreiden, Buntstiften. Sch können zu ihrem Bild auch schreiben, das Bild **fse 8** oben kann dann als Einstieg dienen.
- Sch betrachten die unterschiedlichen Gottesvorstellungen und Gottesaussagen **fse 8/9** und malen.
- Sch betrachten und kommentieren ihre Bilder in einer Ausstellung: Ich denke über Gott so ..., auf meinem Bild habe ich Gott so dargestellt ...

So stellen sich andere Menschen Gott vor

- L verteilt vergrößerte Darstellung der Bilder **fse 8/9** mit dem Titel: „Andere Kinder stellen sich Gott so vor" in den vier Ecken des Klassenzimmers.
- Sch betrachten schweigend bei meditativer Musik die einzelnen Darstellungen.
- Sch erläutern ihre Gedanken im Kreisgespräch, indem sie dem Maler „ihre Stimme leihen".
- Sch bearbeiten in arbeitsteiliger GA die sechs Textbeispiele **fse 8/9** (je vergrößert und auf ein Plakat geklebt).
- Sch schreiben in einem „Schreibgespräch" ihre Gedanken und Ideen zum Text (ein Stift pro Gruppe, abwechselnd schreibt ein/e Sch und alle anderen „hören").
- Viele Gottesbilder, welches ist „richtig"? Ist die Antwort von Ina eine Hilfe? Woher wissen wir etwas über Gott?

Kannst du mir Gott zeigen?

- Ausgehend von dem Bild **fse 9**, der Zeichnung einer zehnjährigen Schülerin (Sonne) und dem Psalmwort Ps 84,12 „Gott ist Sonne und Schild" lesen zwei Sch als Dialog die Geschichte „Kannst du mir Gott zeigen?" **AB 3.1.2, Arbeitshilfen S. 59**.

Kannst du mir Gott zeigen?

„Kannst du mir Gott zeigen?"
„Vielleicht ist es mit Gott wie mit der Sonne."
„Wie ist es mit der Sonne?"
„Nun, du weißt ja: Die Sonne geht am Morgen auf und macht es hell und warm bei uns. Blumen, Bäume, Tiere und Menschen können leben, weil sie da ist. Ohne Sonne würde alles Leben vergehen."
„Aber immer scheint die Sonne auch nicht."
„Selbst wenn dunkle Wolken über uns sind und den Tag grau machen: Über den Wolken strahlt die Sonne doch. Ich denke, ähnlich ist es mit Gott."
„Aber nie können wir Gott sehen, auch nicht an hellen Tagen."

Laudate omnes gentes

T: Ps 117,1
M: Jacques Berthier (1923-1994)
© Ateliers et Presses de Taizé, F-71250 Taizé-Communauté

Übertragung aus dem Lateinischen: Lobt, alle Völker, lobt den Herrn!

Übertragung zum Singen: Lobsingt, ihr Völker, alle,
lobsingt und preist den Herrn.

Sing praises, all you peoples,
sing praises to the Lord.

Der König, der Gott sehen wollte

Einst lebte ein König, der in langen Jahren die ganze Welt kennen gelernt hatte. Als der König alt wurde, wünschte er auch noch Gott zu erfahren. Also befahl er seinen Ministern, ihm Gott zu zeigen. Er setzte ihnen eine Frist von drei Tagen.

Da wurden alle im Palast traurig und erwarteten ihr Ende, denn niemand wusste, weder am ersten noch am dritten Tag, wie sie ihrem König Gott zeigen könnten. Als sie noch verzweifelt herumstanden, kam ein Hirte vom Lande, der des Königs Befehl vernommen hatte, und sprach: „Gestatte mir, König, dass ich deinen Wunsch erfülle." – „Gut", entgegnete der König, „aber bedenke, es geht um deinen Kopf!"

Der Hirte führte den König ins Freie und wies auf die Sonne. „Schau hin", sprach er. Der König wollte in die Sonne blicken, aber ihr Glanz blendete seine Augen, sodass er sie schließen musste. „Willst du, dass ich erblinde?", sprach er zu dem Hirten. „Aber König!", sagte dieser, „das ist doch nur ein geschaffenes Ding, ein kleiner Abglanz des göttlichen Lichtes. Wie willst du da mit deinen schwachen Augen Gott schauen können? Suche ihn mit anderen Augen!"

Gottes Liebe ist wie die Sonne

T/M: Die Rufer 1970
© Verlag Singende Gemeinde, Wuppertal

Was ich über Gott denke

Vielleicht ist Gott _____
_____
_____
_____

Ich glaube _____
_____
_____
_____

Aber es kann sein _____
_____
_____
_____

Ich finde es schön _____
_____
_____
_____

Es ist auch gut _____
_____
_____
_____

- Sch ergänzen ihr „Rote-Faden-Mobile" mit einer weiteren Tasche. Ein Bild von der Sonne ist möglich oder der Text „Wo ist Gott?"
- Sch schreiben ein Akrostichon mit dem Text: „Sich Gott vorstellen".

3. Jahrgangsübergreifende Lerngruppe

So stelle ich mir Gott vor – kreativ
- Sch lernen die Erzählung vom König, der Gott sehen wollte, kennen **AB 3.1.3, Arbeitshilfen S. 60**.
- Sch malen auf ein Blatt Papier mit Wachsmalkreiden (gelb, orange, rot) immer größer werdende Kreise. Mit einem alten Radiergummi ziehen sie, von der Mitte ausgehend, Strahlen bis an den Bildrand.
- Sch singen das Lied: „Gottes Liebe ist wie die Sonne" **AB 3.1.4, Arbeitshilfen S. 60**.

Sich ein Bild machen   fragen – suchen – entdecken 10/11

1. Hintergrund

In Weiterführung der beiden ersten Seiten, die Sch anregen sollten, sich ihrer eigenen Gottesvorstellungen bewusst zu werden, geht es in **fse 10** um die Fragen, die Sch zum Thema „Gott" haben, und um erste „Klärungen" (**fse 11**).

Die Doppelseite **fse 10/11** zeigt links ein großes farbiges Fragezeichen, in dem eine kleine Auswahl von Fragen nach Gott zu sehen ist. Relix betrachtet nachdenklich das Bild. Zunächst erscheint nochmals die Frage der Sichtbarkeit/Unsichtbarkeit Gottes. Ein weiteres Problem ist die Allgegenwart Gottes, die sich Sch nicht vorstellen können bzw. die leicht in die Aufpasserfunktion abgleiten kann. Ebenso unvorstellbar ist die Aussage über Gott, dass er ohne Anfang ist, und schließlich ist die Vorstellung eines liebenden Gottes für Sch unvereinbar mit dem Leid, das sie bereits erfahren haben oder von dem sie wissen. Die Angebote in **fse 3** sind Katalysatoren für eigene Fragen der Sch. Sie sollen nicht „durchgenommen" werden.

Auf der rechten Seite hören Sch, wie sich Katharina Gott vorstellt. Hier ist für Sch Raum, eigene Bilder für Gott zu entdecken. Der Gedankengang geht in die Richtung: Von Gott reden heißt, sich wunderschöne Bilder und Verhaltensweisen ausdenken, in denen die Herrlichkeit und Liebenswürdigkeit Gottes aufscheint. Am Ende stehen zwei Impulse, die die Vorstellung von Gott in den Bereich der Beziehungserfahrung rücken. Dieser Gedanke kann vertieft werden: Gott ist erfahrbar im geglückten Miteinander von Menschen.

2. Einsatzmöglichkeiten im RU

Sch fragen nach Gott
- Sch schreiben ihre Fragen („Was ich Gott schon immer fragen wollte") auf einen Textstreifen und legen diese auf ein großes, auf Packpapier gezeichnetes Fragezeichen.
- Sch entdecken, dass sie auf einige Fragen gemeinsam Antworten finden können, dass viele Fragen (noch) unbeantwortet bleiben müssen. Diese unbeantworteten Fragen auf das Fragezeichen kleben, das Sch während der gesamten Unterrichtseinheit begleitet.
- *Alternative:*
– Sch bearbeiten **AB 3.1.5, Arbeitshilfen S. 61**, versuchen im Gespräch Antworten.
– Was könnte Relix fragen?
– Die wichtigste Frage ins „Ich-Buch" schreiben!

Katharina denkt sich „Gottes-Bilder" aus
- Sch lernen die Erzählung kennen. Welches Bild gefällt dir am besten?
- Sch denken sich weitere Bilder aus: z. B. Hände, freundliches Gesicht, ein Buch ... und malen ihr Bild.
- Sch bearbeiten **AB 3.1.6, Arbeitshilfen S. 63** „Hätte Gott ..., dann ..."
- Sch lernen das Lied: „Mein Gott, bist du ein Haus aus dicken Steinen?", **AB 3.1.7, Arbeitshilfen S. 65**.
- Sch schreiben „Bilder" des Liedes, der Katharina-Geschichte und eigene Sch-Bilder auf Kärtchen und legen diese als Bodenbild um ein Gottessymbol (z. B. Sonne).

Franziska, 10 Jahre, malte Gottes Mantel.

Hätte Gott ..., dann ...

Hätte Gott einen Mantel, dann wäre der
_____
_____

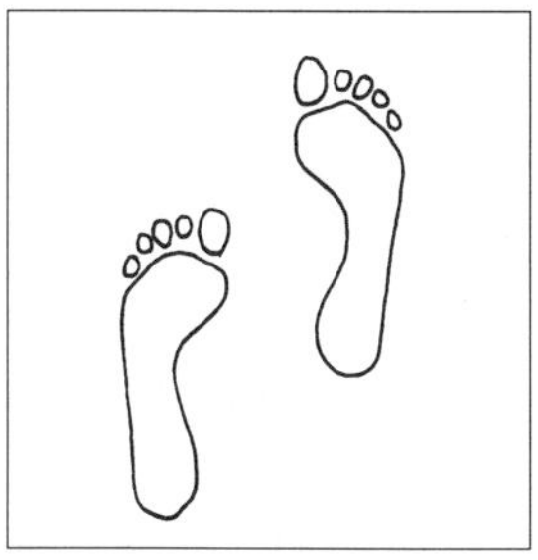

Hätte Gott Füße,
_____
_____

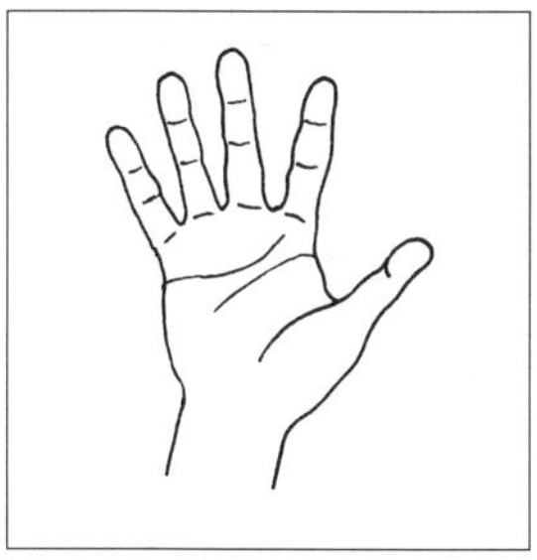

Hätte Gott Hände,
_____
_____

Hätte Gott
_____
_____

Hätte Gott
_____
_____

- Sch ergänzen ihr „Rote-Faden-Mobile" mit einer weiteren Tasche. Eine Frage oder ein Bild der Katharina-Geschichte sind möglich.
- Weiterführung: Sch schreiben einen Brief an Gott und stecken diesen in einen Briefumschlag; evtl. einen Fragekasten anlegen.
- Sch hören die Geschichte „Peter hat eine Frage", **AB 3.1.8, Arbeitshilfen S. 66**.

3. Jahrgangsübergreifende Lerngruppe

Warum lässt Gott das zu?

- L zeichnet die Umrisse eines doppelten Fragezeichens (vgl. **fse 10**) als Blanko-Fragezeichen auf großes Papier.
- Sch arbeiten in GA mitgebrachte Tageszeitungen und Zeitschriften durch. Schicksalhafte Nachrichten und Bilder werden ausgeschnitten und angeordnet. Im „Punkt" des Fragezeichens steht der Impuls „Warum lässt Gott das zu?"
- Im zweiten Schritt wird das beklebte Fragezeichen umgedreht. Im „Punkt" erscheint der Impuls des L „Warum lassen wir Menschen dieses Leid zu?" Sch tragen ihre Lösungsvorschläge in die obere Freifläche. Dadurch wird das Bild Gottes als Leidverursacher durchbrochen.

Über Gott nachdenken
fragen – suchen – entdecken **12/13**

1. Hintergrund

Die Doppelseite **fse 12/13** bietet verschiedene Anlässe, Möglichkeiten, um die „Spur Gottes" in der Natur und in den Erfahrungen von Menschen zu entdecken.

Zunächst werden der Makrokosmos und der Mikrokosmos als zwei Möglichkeiten angeboten, **fse 12**. Sie sind Anlass zum Fragen, wer der „Urgrund" des Geschaffenen ist. Wie das Staunen der Anfang der Philosophie ist, kann es auch der Anfang des Nachdenkens über Gott sein, wie es im Ps 19,2 heißt: „Die Himmel rühmen die Herrlichkeit Gottes, vom Werk seiner Hände kündet das Firmament." Das zweite Bild geht den umgekehrten Weg: Auch im Mikrokosmos gibt es zu staunen, z. B. das kunstvoll gebaute Nest, den Instinkt der Vögel, die unermüdlich Futter für ihre Jungen bringen, sie vor Gefahren schützen und sie das Fliegen lehren. „An den Ufern wohnen die Vögel des Himmels, aus den Zweigen erklingt ihr Gesang" (Ps 104,12).

In eine Geschichte gekleidet sind die Spuren Gottes in der Natur in **fse 13**, die auf einen Schöpfer-Gott schließen lassen. Die alte Frage nach dem Sehen Gottes wird angesprochen und zu beantworten versucht.

Neben der Natur als einem Ort des Staunens und Weiterfragens gibt es die Bemühung des Menschen mithilfe seines Verstandes Gott zu begreifen bzw. die Art seiner Beziehung zu uns Menschen zu klären. Anna gibt dazu eine sicherlich für Sch ungewöhnliche Antwort: Gott küsst von innen, denn Gott ist nicht wie wir. Entscheidend für das Gottesbild der Sch ist wohl die Frage, wie Gott zu uns Menschen steht. Bild und Text von **fse 13** gehen dieser Frage nach: Auch wenn ich nicht „richtig" an ihn glaube, schön ist es, dass er ein behütender Gott ist, dass ich von ihm gewollt bin (Nassim). Die Beziehung Gottes zum Menschen ist symbolisch im Mutter-Kind-Bild ausgedrückt. Die liebende Zugewandtheit der Mutter zum Kind und das Vertrauen des Kindes als Antwort kann ein Bild sein für die Liebe Gottes zum Menschen und das daraus resultierende Vertrauenkönnen des Menschen diesem Gott gegenüber. „Kann denn eine Mutter ihren leiblichen Sohn vergessen? Und selbst wenn sie ihn vergessen würde: Ich vergesse dich nicht" (Jes 49,15).

2. Einsatzmöglichkeiten im RU

Wie wunderbar sind deine Werke, Herr!

- Sch betrachten das Bild „Sternenhimmel". Im UG tauschen sie eigene Erfahrungen aus: Ich habe in der Nacht die Unendlichkeit des Sternenhimmels betrachtet, ich kenne Sternbilder ...
- Sch legen ein „Cluster" an. Der Begriff „Cluster" bedeutet: Vernetzung, Netzwerk, Traube. Über einen „Zentralbegriff" nachdenkend, z. B. „Himmel", schreiben Sch alle Begriffe, die ihnen dazu einfallen, an die Tafel. Durch Verbindungslinien werden „Beziehungen" dargestellt.
- Sch erzählen sich im UG, was sie von Mond, Sonne, Sternen ... wissen, sie informieren sich mit Lexika, im Internet, durch Sachbücher.
- Sch staunen über die Unendlichkeit des Weltalls.

Sternenhimmel gestalten

- Sch schneiden aus einem gelben DIN-A6-Papier einen Stern und beschriften diesen mit „Staunenswertem".
- Sch erzählen einander und legen ihren Stern auf ein großes blaues Tuch am Boden.

Mein Gott ...

T: Reinhard Bäcker
M: Detlev Jöcker
© Menschenkinder Verlag und Vertrieb GmbH, Münster

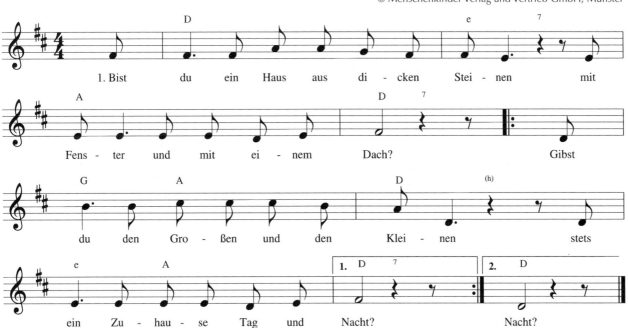

1. Bist du ein Haus aus dicken Steinen mit Fenster und mit einem Dach? Gibst du den Großen und den Kleinen stets ein Zuhause Tag und Nacht?

2. Bist du ein Licht mit bunten Strahlen,
   das meinen dunklen Weg erhellt?
   Kann ich dich wie die Sonne malen,
   die morgens in mein Zimmer fällt?

3. Bist du ein Lied, das alle singen,
   weil seine Melodie so schön,
   bei dem wir lachen, tanzen, springen
   und lauter gute Dinge sehn?

4. Bist du ein Schiff mit starken Masten,
   das auch im größten Sturm nicht sinkt,
   und allen, die in Angst geraten,
   die wunderbare Rettung bringt?

5. Bist du ein Freund, dem ich vertraue
   und dem ich alles sagen kann,
   mit dem ich eine Bude baue
   und über Mauern springen kann?

6. Bist du wie eine Kuscheldecke?
   Ich kuschel mich in sie hinein.
   Und wenn ich in der Decke stecke,
   dann schlaf ich ganz zufrieden ein.

7. Mein Gott! Ich kann dich gar nicht sehen
   und doch sagst du: Ich bin bei dir.
   Mein Gott! Wie soll ich das verstehen?
   Ich bitte dich: Komm, zeig es mir!

Peter hat eine Frage

Im Pfarrsaal ist eine Ausstellung zum Thema „Hunger". An großen Plakatwänden hängen Fotos und Zeichnungen. Auf einem Foto sieht Peter viele Kinder, die auf einer riesigen Müllhalde stehen, und er erfährt, dass es viele Menschen gibt, die hier etwas zu essen suchen. Ein anderes Bild zeigt ein Kind mit einer Hand voll Reis. „Viele Kinder haben nicht mehr als so eine Hand voll Reis zu essen – am Tag", erklärt Peters Mutter. Lange steht Peter vor dem Foto von zwei Kindern, die auf dem Gehsteig neben der Straße liegen und schlafen. Sie sind nur mit einem Stück Zeitungspapier zugedeckt.

Beim Ausgang erhält jeder Besucher eine kleine Pappschachtel. Sie ist ringsum bedruckt mit Fotos von hungernden Menschen. Obenauf ist ein schmaler Schlitz. „Dein Opfer für Menschen, die hungern und Not leiden", steht darunter. „Darin kannst du Geld sammeln", erklärt die Mutter und wirft gleich ein paar Münzen ein. „Das Geld wird dann in die Länder geschickt, in denen viele Menschen in Not sind, zum Beispiel nach Afrika."

Zu Hause leert Peter seine Spardose. Langsam wirft er Münze für Münze in die Schachtel. Eigentlich hatte er angefangen, für ein Computerspiel zu sparen ... Die letzte Münze wirft er in die Spardose zurück, als neuen Start sozusagen.

Den ganzen Nachmittag über muss Peter an die hungernden Kinder denken. Am Abend erzählt er dem Vater von der Ausstellung. „Eines verstehe ich nicht", sagt er. „Wenn Gott doch alles kann und auf uns alle aufpasst, warum lässt er dann zu, dass so viele Menschen verhungern?" „Das ist eine schwierige Frage", sagt der Vater, „auf die es keine schnelle Antwort gibt."

Am nächsten Tag platzt Peter in der Religionsstunde sofort mit seiner Frage heraus. „Warum lässt Gott zu, dass so viele Menschen hungern?", fragt er.

Der Religionslehrer gibt die Frage an die anderen Kinder weiter. „Was meint ihr dazu?" „Weil sie nicht genug beten", sagt Sophie. „Mein Vater sagt, sie sind zu faul zum Arbeiten", ruft Robert. „Vielleicht will Gott sie bestrafen", sagt Georg. „Wir wissen es nicht", sagt der Religionslehrer. „Aber du hast die Möglichkeit, mit deiner Spende etwas Gutes zu tun."

Am Nachmittag besucht Peter die Großmutter im Altersheim. Sie sitzt im Sessel beim offenen Fenster. Peter setzt sich neben sie und erzählt von der Schule. Er weiß, die Oma interessiert sich für alles. Deshalb erzählt er schließlich auch von der Ausstellung.

Die Oma hört aufmerksam zu. Sie lässt sich genau berichten, was die Kinder in seiner Klasse auf seine Frage geantwortet haben. „Weißt du es?", fragt Peter. „Weißt du, warum Gott zulässt, dass Menschen verhungern?"

Eine Weile sitzt die Oma ganz still. „Deine Frage ist falsch gestellt", sagt sie dann. „Nicht Gott lässt es zu, sondern die Menschen."

Jutta Modler

Gott ist wie ...

... wie ein Freund, dem ich alles sagen kann	... wie eine Hand, die mich hält	... wie Musik, durch die das Leben klingt	... wie ein Stern, der am Himmel leuchtet ...
... wie Wasser, das Leben spendet	... wie ein Arzt, der für seine Kranken lebt ...	... wie eine Decke, die wärmt ...	... wie Schwestern und Brüder, die zu mir stehen
... wie Regen nach einer langen Trockenheit ...	... wie Mutter oder Vater, die für ihr Kind sorgen ...	... wie ein Schatten, der mich begleitet ...	... wie eine Burg, die Sicherheit gibt ...
... wie Brot zum Leben ...	... wie ein großes Fragezeichen ...	... wie ein Zuhause, in dem man sich wohlfühlt ...	... wie ein großes Geheimnis ...
... wie ein Bild, das mal klarer, mal verschwommener ist ...	... wie eine liebevolle Mutter, die ihr Kind tröstet ...	... wie ein Vater, der da ist, wenn ich ihn brauche ...	... wie die unendliche Kraft und Wärme der Sonne ...
... wie der weite endlose Himmel ...	... wie eine sichere Burg, in der ich mich in der Nacht geborgen fühle ...	... wie die unbeschreibliche Größe des Weltalls ...	... wie die wärmenden Sonnenstrahlen nach der Nacht ...
... wie eine Hand, die immer da ist und mich beschützt ...	... wie eine Lehrerin, die mich mag ...	... wie das Rauschen des Meeres ...	... wie die Luft, die mich umgibt ...

- Sch philosophieren über die Unendlichkeit des Universums und seines Schöpfers.

Über das Kleine staunen
- Sch entdecken im Bild: Ich staune über den Nestbau, wie ein Vogel aus dem Ei schlüpft, die Vogelfütterung ...
- Sch tragen aus ihrem Umfeld (Pausenhof, Garten ...) Staunenswertes zusammen, z. B. Raupe, Knospen, Blätter, und betrachten diese mit einer Becherlupe oder durch ein Mikroskop.

Mister Gott und die Liebe
Hinweis: Für Anna ist es sehr wichtig, dass Fynn sie über alles lieb hat. Das ist für sie die Basis für das Zusammenleben mit Fynn und für ihre Überlegungen zu „Mister Gott".
Unterbrochene Textbegegnung:
- L liest Geschichte **fse 12** und hält für die Fragen der Anna Textkarten für die Tafel bzw. für den Boden bereit. Bei jeder Frage starten Sch einen eigenen Antwortversuch und steigen in den Dialog ein.
- Sch lesen im Anschluss die ganze Geschichte und entdecken Gemeinsamkeiten oder Unterschiede zu ihren eigenen Gedanken.
- Sch überlegen: Was meint Anna mit: „Gott liebt dich innen drin" und mit „Mister Gott ist nicht wie wir"?

Gott ist wie ...
- Sch beschreiben die Situation der Zeichnung **fse 13**, sie achten auf die Beziehung Mutter – Kind.
- Sch erhalten **AB 3.1.9, Arbeitshilfen 67**, suchen sich in GA ihre Lieblingsmetapher aus und erläutern sie. Anschließend kleben sie die Metaphern zu einem Mosaik zusammen. Es fällt auf, dass einige Bausteine leer bleiben. Sch ergänzen sie durch eigene Vergleiche oder lassen sie bewusst leer.
- Sch hören den Text „Ganz nah ist manchmal Gott": **AB 3.1.10, Arbeitshilfen S. 69**.
- Sch lernen das Lied: „Gott ist mehr, viel mehr", **AB 3.1.11, Arbeitshilfen S. 69**, oder „Mein Gott, bist du ein Haus ...?", **AB 3.1.7, Arbeitshilfen S. 65**.

Die Fußspur Gottes
- L erzählt die Geschichte „Fußspur" **fse 13**.
- Sch spielen in Gruppen die Geschichte nach. Das „Drehbuch" ist der Text **fse 13**, die „Regieanweisung" findet sich auf **AB 3.1.12, Arbeitshilfen S. 71**. Dieses Spiel kann in einen Gottesdienst eingebaut werden, z. B. zum Thema „Schöpfung", „Gottes Spuren in meinem Leben" o. Ä.
- Sch zeichnen ihre Füße auf Papier. Sch suchen im Schulbuch, in ihrer Umgebung (Schulhof, Zuhause), im bisherigen Stundenverlauf nach „Spuren Gottes" und gestalten damit ihre Fußspuren.
- Sch ergänzen ihr „Rote-Faden-Mobile" mit einer weiteren Tasche. Möglich ist ein Papierfuß mit einer Zeichnung oder einem Text aus der Unterrichtssequenz.

3. Jahrgangsübergreifende Lerngruppe

Makrokosmos und Mikrokosmos
Da im 4. Schuljahr der Weltraum als sachunterrichtliches Thema (LP 3.3 Raum und Umwelt) behandelt wird, beschäftigen sich diese Sch als eine Gruppe mit dem Makrokosmos, z. B. Planetennamen finden und aufschreiben, dazu Bilder und Bücher nutzen, im Internet recherchieren, mit den Ergebnissen eine Bilderausstellung aufbauen, Collagen kleben ...
- Die jüngeren Sch der 3. Klassen bilden eine Gruppe, die den Mikrokosmos bearbeitet, z. B. einen Längsschnitt durch die Erde. Impuls: Malt oder schreibt über Tiere unter der Erde ... (Würmer, Käfer, Maulwurf, Insekten ...).
- In der Auswertung erfahren Sch die Unermesslichkeit des Lebens und erahnen somit Spuren Gottes in der komplexen Welt. Sie erkennen, dass ihre Bilder nicht zu Ende gemalt werden können.

Gott erfahren — fragen – suchen – entdecken 14/15

1. Hintergrund

Mit den Doppelseiten **fse 14/15** und **fse 16/17** werden den Sch nach den tastenden Versuchen, über Gott etwas auszusagen, zwei Gotteserfahrungen des Alten Testaments angeboten mit dem Ziel, das Nachdenken über Gott durch neue Erfahrungen weiter in Bewegung zu halten.
fse 14/15 beginnt mit dem Traum Jakobs, der auf der Flucht vor seinem Bruder eine intensive Gotteserfahrung macht. Das Bild **fse 15** zeigt, wie Marc Chagall diesen Traum deutet.

Gen 28,12-19
Im Zentrum der Erzählung steht der Jakobstraum mit der Zusage Gottes: Ich bin mit dir, ich behüte dich, wohin du auch gehst. Diese Zusage gilt, obwohl Jakob in mehrfacher Hinsicht als Betrüger dasteht: Mithilfe seiner Mutter erschleicht er sich das Erstgeburtsrecht von Esau und von seinem alten Vater Isaak den

Ganz nah ist manchmal Gott

Manchmal, Gott, bist du sehr weit
und ich kann dich nicht finden.
Manchmal, Gott, bist du so nah,
dass ich dich anfassen könnte.
Denn dann
halten mich Mutters Hände ganz fest.

Gott ist Vater

T: nach Johannes Paul I.
M: Reinhard Horn
© Kontakte Musikverlag, Lippstadt

Segen des Erstgeborenen. Als Esau ihm nach dem Leben trachtet, flieht er zu seinem Onkel Laban in die Fremde nach Haran (zur Vorgeschichte vgl. Gen 27,1-45).

Gliederung des Textes:
1. Vorbereitung: Jakob legt sich nieder und schläft ein (V11)
2. Der Traum Jakobs (V12-15): die Verheißungen
3. Die Reaktion Jakobs: sein Ausruf (V16/17) und seine Handlung (V18)
4. Benennung des Ortes (V19)

Auslegung des Textes:
Die Erzählung hat zwei Aspekte. Sie begründet die Heiligkeit eines Ortes (Bet El) und sie erzählt ein Erlebnis (genauer einen Traum) auf dem Weg. Sie verbindet damit eine mehrfache Verheißung an den flüchtigen Betrüger Jakob. Nur auf diese Verheißung – genauer auf das Versprechen des Mitseins Gottes auf dem Weg – wird in der Unterrichtseinheit näher eingegangen.

VV 10-12: Jakob übernachtet auf seiner Flucht im Freien. Der Stein dient ihm als Schutz unter seinem Kopf. Der Traum Jakobs ist der erste im AT. Die Treppe (zu denken ist mehr an eine Rampe) reicht von der Erde zum Himmel. Engel Gottes steigen auf und nieder. Sie unterstreichen symbolisch die Verbindung von Himmel und Erde.

VV 13-15: Es folgen die Verheißungen an Jakob, die Landverheißung, die Nachkommensverheißung und eine Verheißung des Mitseins. Am Anfang steht die Selbstvorstellung Jahwes. Das Mitsein Jahwes und sein Beistand sind eine Zusage für die Gefährdungen auf dem Weg.

VV 16-18: Antwort auf die Verheißungen. Die Reaktion Jakobs auf den Traum ist zweifach. Zunächst folgt nach dem Erwachen ein Erschrecken und der Ausruf: Der Herr ist an diesem Ort und ich wusste es nicht. Dann erfolgt eine weitere Reaktion durch eine Handlung: Er salbt den Stein, auf dem er gelegen hat, erklärt den Ort für heilig und benennt ihn.

Den Abschluss *VV 20-22* bildet das Gelübde Jakobs, das im Schulbuch unerwähnt bleibt.

Für Sch wird deutlich, dass Gott, unabhängig vom moralischen Verhalten Jakobs, zu ihm steht – ihm Land und zahlreiche Nachkommenschaft verheißt und mit ihm ist in jeglicher Gefahr. Dieser letzte Aspekt steht – wie bereits angedeutet – im Mittelpunkt des RU.

Literatur

Quadflieg, Josef, Die Bibel für den Unterricht in der Grundschule und in der Orientierungsstufe – AT, Düsseldorf 1996
Scharbert, Josef, Genesis 12-50 (Neue Echter Bibel), Würzburg 1986, S. 198 f.
Rad, Gerhard von, Das erste Buch Mose, Genesis (ATD), Göttingen 1972, S. 227-231

Marc Chagall (1887-1985)

wurde am 7. Juli 1887 in Witebsk (Weißrussland) geboren. Seine jüdische Herkunft und die dörfliche Atmosphäre haben Chagall nachhaltig geprägt. Er wuchs in einer strenggläubigen jüdischen Arbeiterfamilie auf, die religiös dem Chassidismus nahe stand. Chagall begann 1907 in St. Petersburg Malerei zu studieren. 1910 reiste er nach Paris, wo er unter den Einfluss van Goghs und der Fauves geriet, Modigliani und vor allem die Kubisten kennen lernte, mit deren Formproblemen er sich auseinander setzte. Daneben studierte er eifrig die alten Meister. 1914 kehrte er über Berlin, wo er seine erste Einzelausstellung hatte, nach Witebsk zurück. 1922 verließ er Russland endgültig und ließ sich 1923 in Paris nieder. 1930 bekam er den Auftrag, Illustrationen zur Bibel anzufertigen. Er reiste nach Palästina, um sich vom biblischen Land inspirieren zu lassen. Von 1931-35 und wieder von 1952-56 arbeitete er an den Bildern zur Bibel. „Seit meiner frühesten Jugend", so schreibt er einmal, „hat mich die Bibel in ihren Bann gezogen. Die Bibel schien mir – und scheint mir heute noch – die reichste poetische Quelle aller Zeiten zu sein. Seitdem habe ich ihren Widerschein im Leben und auch in der Kunst gesucht" (Ausstellungskatalog, Paris 1973). Als die Kriegsdrohungen und politischen Spannungen zunahmen, änderte sich vorübergehend seine Thematik, wie bei der symbolischen Komposition „Die weiße Kreuzigung" (Chicago Art Institute) von 1938. Die Kriegsjahre und die ersten Jahre danach verbrachte Chagall in New York. Nach einer großen Ausstellung im Museum of Modern Art, 1946, kehrte er 1947 nach Frankreich zurück, wo er seit 1950 seinen ständigen Wohnsitz in Vence hatte. Im Sommer 1973 wurde in Nizza das „Museum für die Botschaft der Bibel" eröffnet. Dieses Museum enthält u. a. einen Zyklus von 17 großformatigen Bildern, deren Themen dem Alten Testament entstammen. Dazu zählt auch Jakobs Traum. Am 28. März 1985 starb Chagall in Saint-Paul-de-Vence bei Nizza im „biblisch" hohen Alter von 97 Jahren.
Literatur: Goldmann, Christian, Wege zu Marc Chagall, Göttingen 1979

Die biblische Gestalt des Jakob

Die biblische Gestalt des Jakob gehört zu den von Marc Chagall am häufigsten gemalten Figuren. Wie für kaum eine zweite Gestalt der Bibel interessierte sich Chagall für diese Figur, er identifizierte sich wohl stellenweise mit dieser Gestalt des AT. Daraus resultiert wohl auch die Vorliebe Chagalls für die Szene „Der Traum Jakobs von der Himmelsleiter". Diese Szene wird zu einer Schlüsselgeschichte für den

Regieanweisung für die Gruppenarbeit

1. Bestimmt in eurer Gruppe eine Spielleiterin oder einen Spielleiter.
2. Lest den Text zweimal sorgfältig durch.
3. Teilt den Text in zwei sinnvolle Spielszenen ein.
4. Jedes Gruppenmitglied erhält eine Rolle oder eine Aufgabe. Denkt daran, dass zur Gestaltung der Szenen außer den Personen auch viele Requisiten (Zelt, Sonne, Landschaft, Fußspuren ...) nötig sind.
5. Verwendet zum Spiel die Materialien, die ihr im Klassenzimmer zur Verfügung habt.
6. Alle Textsprecher/innen sollen unbedingt darauf achten, langsam und deutlich zu sprechen.

Regieanweisung für die Gruppenarbeit

1. Bestimmt in eurer Gruppe eine Spielleiterin oder einen Spielleiter.
2. Lest den Text zweimal sorgfältig durch.
3. Teilt den Text in zwei sinnvolle Spielszenen ein.
4. Jedes Gruppenmitglied erhält eine Rolle oder eine Aufgabe. Denkt daran, dass zur Gestaltung der Szenen außer den Personen auch viele Requisiten (Zelt, Sonne, Landschaft, Fußspuren ...) nötig sind.
5. Verwendet zum Spiel die Materialien, die ihr im Klassenzimmer zur Verfügung habt.
6. Alle Textsprecher/innen sollen unbedingt darauf achten, langsam und deutlich zu sprechen.

Regieanweisung für die Gruppenarbeit

1. Bestimmt in eurer Gruppe eine Spielleiterin oder einen Spielleiter.
2. Lest den Text zweimal sorgfältig durch.
3. Teilt den Text in zwei sinnvolle Spielszenen ein.
4. Jedes Gruppenmitglied erhält eine Rolle oder eine Aufgabe. Denkt daran, dass zur Gestaltung der Szenen außer den Personen auch viele Requisiten (Zelt, Sonne, Landschaft, Fußspuren ...) nötig sind.
5. Verwendet zum Spiel die Materialien, die ihr im Klassenzimmer zur Verfügung habt.
6. Alle Textsprecher/innen sollen unbedingt darauf achten, langsam und deutlich zu sprechen.

Künstler. „Chagall war als Künstler von den einsamen Gestalten der Bibel fasziniert, die stellvertretend für die Menschheit die göttliche Botschaft empfangen. ‚Wenn Menschen nur aufmerksamer die Worte der Propheten lesen wollten, könnten sie dort Schlüssel zum Leben finden', bekannte er 1963" (in: Bibel heute 132/1997: Himmelsleitern).

„Wer die Jakobsbilder von Chagall anschaut, wer in die biblische Gestalt des Jakob hineinschaut, der wird beides entdecken: das Zweifache des Menschen. Es ist nicht das Entzweite, aber das Zweifache: Nacht und Tag, das Träumen und Wachen" (Gerhard Glaser, in: Bibel heute 122/1995, S. 41).

Marc Chagall: „Jakobs Traum", undatiert
Öl auf Leinwand, 195 x 278 cm

Zunächst plante der Künstler dieses Bild für die Kapelle in Vence zu malen, widmete es aber dem Musée National Message Biblique Marc Chagall in Nizza. Dieses Museum wird von Marc Chagall als Zentralwerk seines Lebens bezeichnet.

Im Original besteht das Kunstwerk aus zwei Bildhälften. In **fse 15** ist die linke Bildhälfte dargestellt. Diese ist insgesamt in Blau- und Violetttönen gehalten, die eine nächtliche geheimnisvolle Stimmung hervorrufen. Violett ist für Chagall die Farbe, um die Traumwirklichkeit ausdrücken zu können. Hiervon heben sich lediglich zwei hellgelbe Engelsfiguren und die große rote Figur des Jakob als farbiger Akzent ab. Dieser sitzt auf einem beigebraunen Hügel und neigt seinen Kopf nach links zur Leiter hin, die den Mittelpunkt dieses Werkes bildet. Seine Hände liegen leicht geöffnet auf seinem Schoß, sein Mund ist leicht geöffnet, das linke Auge ist geschlossen, das rechte Auge scheint schmal geöffnet zu sein. Kann dies als Symbol für schlafen und doch nicht schlafen, wach sein und doch nicht wach sein, träumen und doch wahrnehmen, sehen und noch mehr sehen gedeutet werden?

Die Traumleiter ist ein Zeichen für die anhaltende Verbindung zwischen Himmel und Erde. Diese Verbindung ist trotz der Schuld Jakobs nicht unterbrochen. Sein Lebensweg geht unter dem Mitsein Gottes weiter.

Auf dieser Leiter steigen Engel auf und ab, dazu gesellen sich Vögel, die Chagall als Synonyme für Engel benutzt. Zunächst fallen nur die beiden gelben Engel ins Auge, bei intensiverem Betrachten werden im blau-violetten Hintergrund jedoch viele solcher Wesen erkennbar. Der Künstler versteht Engel als Wesen, die zwischen beiden Welten hin- und hergehen können. Diese Welten sind für ihn nicht abgeschlossen, sie sind durchlässig zueinander. Besonders hervorgehoben ist der Engel am Kopfende der Leiter: Sein Gesicht ist nach oben gewandt, er ist in Bewegung, seine Arme sind geöffnet. „Und siehe, der Herr stand oben und sprach ..." (Gen 28,13). (Vgl. Goldmann, Christian, Bildzeichen bei Chagall, Göttingen 1995, S. 148)

> **Erstgeburtsrecht**
>
> „Der Erstgeborene hatte als ‚Durchbrecher des Mutterschoßes' doppelten Anteil am väterlichen Vermögen; er besaß eine quasiväterliche Autorität über seine Brüder und Schwestern und folgte dem Vater bei dessen Tode in der Rolle des Familienoberhauptes nach. Erstgeborener hieß der Sohn auch dann, wenn nach ihm keine weiteren Kinder geboren wurden ... Der Erstgeborene hatte nicht nur die oben genannten Rechte; ‚Erstgeborener' war auch ein Ehrentitel. Das Volk Israel wird mehrere Male in der Bibel ‚erstgeborener Sohn (Gottes)' genannt, z. B. Ex 4,22; Jesus Christus heißt im NT ‚der Erstgeborene der ganzen Schöpfung', Kol 1,15" (in: Quadflieg, Josef, Die Bibel für den Unterricht, Kommentar AT, Düsseldorf 1996, S. 95).

Literatur

Goldmann, Christian, Wege zu Marc Chagall, Göttingen 1979
Ders., Botschaft der Bibel, Freiburg 1979
Lange, Günter, Bilder zum Glauben, München 2002, S. 274ff.: Himmelsleitern

Musik zum Träumen

Dvorak, Antonin, Sinfonie Nr. 9, e-moll: Aus der neuen Welt, 2. Satz, Largo
Schubert, Franz, Sinfonie Nr. 8, h-moll: Die Unvollendete, 2. Satz, Andante

2. Einsatzmöglichkeiten im RU

Auf der Flucht träumt Jakob

- L führt in die Vorgeschichte ein: **AB 3.1.13, Arbeitshilfen S. 73**, und hebt
- den Betrug gegenüber dem Bruder und dem Vater deutlich hervor.
- L erzählt **fse 14** bis ... Jakob legt sich nieder. Es ist Nacht. Viele Gedanken gehen ihm durch den Kopf. Schreibe einen dieser Gedanken in eine Denkblase, z. B. Was habe ich getan?, Wovor habe ich Angst?, Ich wünsche mir ...
- Sch gestalten mit ihren Denkblasen ein Plakat oder eine TA.
- „Da hatte er einen Traum", Sch überlegen in PA: Was könnte Jakob träumen, was erwartet ihn, was geschieht mit ihm?
- L liest oder erzählt Text zu Ende.
- Sch malen zu „Traummusik" den Traum Jakobs und schreiben einen Verheißungssatz dazu.

Jakob erinnert sich

Jakob ist auf der Flucht vor seinem Bruder Esau. Am Abend ruht er sich, völlig erschöpft, aus und legt sich zum Schlafen nieder. Viele Gedanken gehen ihm durch den Kopf. Hinter ihm liegen aufregende Wochen. Was hat er alles erlebt? Da war die Geschichte mit dem Linsengericht. Jakob hatte es zubereitet, als sein Zwillingsbruder Esau müde von der Feldarbeit zurückkam. „Gib mir von deinem Linsengericht", sagte Esau, „Ich sterbe vor Hunger." „Nur wenn du mir dein Erstgeburtsrecht abtrittst", antwortete Jakob. Und weil er so großen Hunger hatte, gab Esau dem Jakob sein Erstgeburtsrecht.

Jakob dachte an die Sache mit dem Segen. Sein Vater, der blind war, wollte am Ende seines Lebens seinen Erstgeborenen segnen. Mithilfe seiner Mutter Rebekka schlich sich Jakob bei seinem Vater ein, verstellte sich und gab vor, Esau zu sein. So erhielt Jakob den Erstgeburtssegen. Esau aber war betrogen. Von nun an hasste Esau seinen Bruder und schwor Rache. Wenn der Vater gestorben sei, werde er Jakob töten.

Das alles geht Jakob durch den Kopf, als er sich in der Fremde niederlegt, um zu schlafen ...

Nach Gen 25 und 27

Meditation: Ganz anders

Gott kam zu Elija, aber ganz anders, als dieser es erwartete.
Gott kam nicht mit Blitz und Donner.
Gott kam nicht mit Macht und Gewalt.
Gott kam zu Elija ganz sanft und leise.
Gott kam auf ganz unerwartete Weise.

Elija verhüllt sein Gesicht, er ist ganz Ohr.
Elija hört in die Stille, er lässt sich auf Gott ein.
Elija öffnet Hand und Herz für Gottes zärtliche Berührung.
Elija ist bereit Gott zu begegnen.
Elija begegnet Gott auf ganz unerwartete Weise.

Vielleicht ist es wichtig die Ohren zu öffnen.
Vielleicht ist es richtig manchmal still und leise zu sein.
Vielleicht kann ich sanfte Berührungen spüren.
Vielleicht öffnet Gott mein Herz für ein Lächeln.
Vielleicht begegne ich Gott auf ganz unerwartete Weise.

- Sch schreiben je einen Verheißungssatz auf einen Folienstreifen und legen damit auf dem OHP eine Leiter. Die Verheißung, die auch für uns wichtig sein kann, wird besonders hervorgehoben.

Jakob erfährt Gott im Traum
- Sch vergleichen in PA: Jakob erwartet ... (vgl. Denkblasen), Jakob erfährt ... Was ist erstaunlich daran? Was hat Jakob über Gott erfahren? Kann das auch für uns wichtig sein? Was tut Jakob, als er erwacht?
- Sch singen Lied „Mir ist ein Licht aufgegangen" **fse 14** unten.
- Sch ergänzen ihr „Rote-Faden-Mobile" mit einer weiteren Tasche. Möglich ist eine Leiter oder ein Verheißungssatz, z. B. „Ich behüte dich", „Ich verlasse dich nicht".

Bildbetrachtung
Das Bild ist als Folie Nr. 2 enthalten in der Schatzkiste 3/4, vgl. Arbeitshilfen S. 21.
(Abdeckschablone **AB 3.1.14, Arbeitshilfen S. 77**)
- geht in fünf Schritten vor:

Jakob: Ich sehe: Haltung (Kopf, Arme), Farben, von Jakob weiß ich ...
Der große goldgelbe Engel (Gott?): Farben, Haltung (Kopf, Beine Arme)
Die Leiter: Anfang und Ende der Leiter, oben und unten: Leiter, die Himmel und Erde verbindet.
Weitere Bildteile: v. a. die linke Seite, Engel/Vögel: Farben, undeutlich/deutlich, zu welchem Bereich gehören sie? (Traumfeld).
Ganzes Bild erschließen: Farben (Traumfarbe violett), Personen, Anordnung der einzelnen Bildteile.
- Sch legen ihre Traumbilder (s. o.) um ein vergrößertes Chagall-Bild. Sie wiederholen die wichtige Erfahrung, die Jakob machte: Gott ist mit mir!

3. Jahrgangsübergreifende Lerngruppe

Sch des vierten Jahrgangs können sich bei allen Aktivitäten mit ihren Fähigkeiten und Kenntnissen einbringen.

Anders als erwartet
fragen – suchen – entdecken **16/17**

1. Hintergrund

Die Doppelseite **fse 16/17** bringt eine weitere Erzählung zu dem Thema, in welche Bilder Menschen des AT ihre Gotteserfahrung kleiden. Sch können mit dieser neuen Erzählung ihre eigenen Gottesvorstellungen offen halten für neue, für sie auch ungewohnte Bilder von Gott.
Der Maler Sieger Köder („Nach dem Feuer kam ein sanftes, leises Säuseln") gestaltet die Erzählung von der Gegenwart Gottes und veranlasst Sch, der Eigenart des „verschwebenden Schweigens" (Martin Buber) nachzugehen.

Der Prophet Elija
Elija (hebräisch Elijàhu „Jahwe ist Gott", griechisch Elias) stammte aus Thisbe im Ostjordanland. Er lebte zur Zeit des Königs Ahab, im 9. Jahrhundert im Nordreich Israels. Elija vertrat konsequent den monotheistischen Glauben an Jahwe. Dieser Glaube wurde im Volk durch die Heirat des Königs Ahab mit der Königstochter Isebel aus Tyros massiv gefährdet. Sie favorisierte den Baalskult im Nordreich, verfolgte die Propheten Jahwes und ließ sie töten. Als es zur Machtprobe zwischen den Baalspriestern und Elija kam, siegte Elija mit Hilfe Jahwes. Trotzdem wurde Elija weiterhin von Isebel verfolgt (vgl. 1 Kön 18).

Aufbau der Erzählung (1 Kön 19,1-13)
Einleitung: Verdeutlichung der Situation (Verfolgung durch Isebel)
Elija auf der Flucht:
- Angst und Resignation, Gang in die Wüste
- Bewahrung durch Himmelsboten – Aufbruch und Wanderung
- Elija am Berg Horeb:
- Rückzug in eine Höhle
- Gott und Elija im Dialog
- Anweisung Gottes
- Theophanie: Sturm, Erdbeben, Feuer, Stille

Auslegung des Textes
VV 3f.: Flucht und Resignation des Elija: Trotz der eindrucksvollen Machtdemonstration am Berge Karmel muss Elija um sein Leben bangen. Er flieht in das Südreich und weiter in die Wüste, einen Ort der Lebensfeindlichkeit. Ihn erwarten sengende Hitze, Kälte, Hunger. Er setzt sich unter einen Ginsterstrauch und wünscht zu sterben. Gott soll das an ihm tun, was Isebel ihm angedroht hat.
VV 5-7: Ein Bote Gottes weckt ihn zweimal aus dem Schlaf und bereitet ihn auf einen langen Marsch vor, indem er ihm Brot (in glühender Asche gebacken) und Wasser bereitstellt. Gott geht nicht auf den Todeswunsch des Elija ein; er setzt vielmehr einen neuen Anfang.
V 8: Die Speise kräftigt Elija, er legt einen langen Weg

von 40 Tagen und Nächten zurück. (Die Zahl 40 wird in der Bibel gebraucht für eine lange Dauer: 40 Tage und Nächte währte die Sintflut; 40 Jahre dauerte die Wüstenzeit Israels; 40 Tage fastete Jesus.) Das Ziel der Wanderung ist der Berg Horeb, der Berg der machtvollen Erscheinung Jahwes, der Ort der Wohnung Gottes. (In der priesterschriftlichen Tradition wird dieser Berg Sinai genannt.) Es ist der Berg der Rettung, des eingreifenden Gottes, der die Not wendet.

V 9: Elija geht in eine Höhle um zu übernachten. Er sucht Schutz und Geborgenheit. „Das Unterkriechen bei Gott entspricht seiner Angst und seiner Resignation" (Crüsemann). Ein Prophet in der Höhle kann aber nicht als Prophet wirken. Gott spricht ihn an: Warum bist du hierher gekommen?

V 10: Die Frage bietet Elija die Gelegenheit, alles, was ihn bedrückt, vor Gott zu klagen. Seiner scheinbar wirkungslosen Verkündigung folgten Todesdrohungen. Israel hat den Bund mit Gott verlassen. Er hat als Prophet versagt.

V 11: Gott antwortet nicht direkt; vielmehr befiehlt er ihm, aus der schützenden Höhle herauszutreten und sich vor Gott hinzustellen. Es folgt die Erscheinung Gottes: Zuerst wütet ein heftiger Sturm. Dieser wird im Detail beschrieben. Dann ein Erdbeben und schließlich

V 12: Feuer. Jedes Mal heißt es: Darin war Gott nicht. Die Erscheinung Gottes wird ähnlich in Ps 29,3-8 in machtvollen Bildern beschrieben. Auch von Baal werden die gleichen Wirkungen ausgesagt. In unserem Text heißt es: Gott war nicht in ihnen. Sie gehen aber wie Diener vor ihm her. Gott ist mehr und anders. Ein sanftes Säuseln des Windes oder, wie Buber es ausdrückt, ein „verschwebendes Schweigen" oder eine „wachsende Stille" (**fse 16**), die unterste Stufe des gerade noch Wahrnehmbaren, ist das Ende der „Erscheinung" Gottes, bevor Elija erneut die Stimme Gottes vernimmt (V 13b). Diese Stille ist die Voraussetzung für das Hören auf Gottes Wort.

V 13: Erst jetzt tritt Elija aus der Höhle. Er verhüllt sein Gesicht und wird bereit, die Stimme Gottes zu hören, seine Aufträge an ihn, die Hilfe und Rettung für die Gottestreuen in Israel bedeuten. Elija wird erneut als Prophet tätig werden.

Literatur

Crüsemann, Franz, Elija – die Entdeckung der Einheit Gottes, Gütersloh 1997, S. 52-70

Schindler, Regine, Wohnt Gott im Wind?, Lahr 1992

Oberthür, Rainer, Erfahrungen mit Gott, in: Niehl, Franz W. (Hg.), Leben lernen mit der Bibel. Der Textkommentar zu Meine Schulbibel, München 2003, bes. S. 395-399: Elija – Gott ist in der Stille zu hören

Werlitz, Jürgen, Die Bücher der Könige (Neuer Stuttgarter Kommentar AT 8), Stuttgart 2002, S. 176-181

Sieger Köder (geb. 1925)

Sieger Köder wurde in Wasseralfingen, am Rande der schwäbischen Alb geboren. Nach Arbeitsdienst, Wehrmacht und Gefangenschaft studierte er Kunst und Englisch in Stuttgart und Tübingen. 1951 ging er in den Schuldienst. Von 1954-1965 wirkte er am Schubart-Gymnasium in Aalen. Im Alter von 40 Jahren begann er das Studium der katholischen Theologie und wurde 1971 zum Priester geweiht. Neben seiner Arbeit als Gemeindepfarrer in Hohenberg und Rosenberg in der Nähe von Ellwangen blieb S. Köder stets der Kunst verbunden. Besonders in seiner Umgebung gestaltete er mit seinen Kunstwerken zahlreiche Kirchen und Kirchenfenster. In einer Bibelausgabe des Katholischen Bibelwerkes finden sich 107 Bilder von Sieger Köder. 1996 gestaltete er das Misereor Hungertuch. In den meisten seiner Werke drückt er mit kräftigen Farben biblische Botschaften aus, die alle Altersgruppen gleichermaßen ansprechen.

Sieger Köder: „Elija am Horeb", undatiert

In der Mitte des Bildes kniet ein Mann, sein Gesicht ist unter einem roten Gewand verborgen und zusätzlich mit der rechten Hand geschützt. Die linke ist geöffnet, bereit etwas zu empfangen. Eines der schwebenden Blätter hat sich in diese Hand gelegt. Die Farben des Gewandes sind zum einen braun, wie die ihn umgebende Natur, zum anderen feuerrot, die Farbe, die im oberen Teil des Bildes wiederkehrt.

Die Figur sitzt vor einer dunklen Höhle. Deren bergende Hülle ist durch die gespaltenen Felsen aufgebrochen. Auffallend breit ist die Spalte, die sich direkt vor der Figur öffnet. Die Felsen wirken grau-grünbräunlich. Am Himmel ziehen Wolken, die sich am rechten Bildrand drohend dunkel verdüstern. Sie lassen einen Wettersturm erahnen. Rechts unten sind zerborstene Bäume zu sehen. Der Blitz hat die Bäume im Feuer verkohlt. Die Figur hat im Gewand die Farben dieser Bäume aufgenommen. Vom linken Bildrand her schweben vereinzelt Blätter, die eine intensiv grüne Farbe annehmen, wenn sie in die Nähe der Figur kommen.

Elija am Berg Horeb. Der Prophet ist geknickt wie die Bäume neben ihm. „Herr, nimm mein Leben" (1 Kön 19,4), so hören wir ihn klagen. Doch der Herr spricht ihn an, seine Nähe lässt ihn weiterleben. Wie kommt er ihm nahe? In den gewohnten Bildern von Sturm, Erdbeben und Feuer ist er nicht zu finden. Erst als Elija diese Bilder hinter sich lässt, ganz passiv hörend und bereit wird zum Empfangen, kann er im sanften leisen Säuseln, ehrfürchtig sein Gesicht verhüllend, die Stimme Gottes vernehmen. Nicht in der eigenen Aktivität, sondern in der passiven Haltung der Erwartung,

in der Mund und Augen verschlossen sind und das Ohr das „verschwebende Schweigen" wahrnimmt, kann Elija Gott erfahren. Dieser ist es, der sich vernehmen lässt, wann und wie er will.
Literatur: Religionspädagogisches Seminar der Diözese Regensburg (Hg.), Bilder zur Bibel von Sieger Köder, Regensburg 1977, Bild Nr. 3, S. 20-25.

2. Einsatzmöglichkeiten im RU

Reizwörter erschließen
- Sch erhalten Wortkarten mit folgenden Begriffen aus dem Text **fse 16**: *Wüste, Weg, Bote, Wasser, Brot, Berg, Höhle, Sturm, Erdbeben, Blitz, Flucht, Schweigen, Nacht, sanfter Wind, wachsende Stille, verhülltes Gesicht* – und sammeln in PA, EA oder GA dazu Gedanken in Stichpunkten, z. B. zu Flucht: Aufbruch aus Not, Zurücklassen, Ungewissheit, Angst, Verzweiflung ...

Elija am Berg Horeb
Das Bild ist als Folie Nr. 3 enthalten in der Schatzkiste 3/4, vgl. Arbeitshilfen S. 21.
- Sch beschreiben das Bild **fse 17**: Ich sehe ...
- Sch ahmen die Körperhaltung des Elija nach. Wann nehme ich solch eine Haltung ein? Wie fühlt sich Elija wohl, wie geht es ihm? Was könnte er erlebt haben? Was erwartet er?

Anders als erwartet
- L gibt eine kurze Einführung, um die Situation, in der der Text spielt, zu klären (vgl. **AB 3.1.13, Arbeitshilfen S. 73**).
- L erzählt die Geschichte in Abschnitten gemäß der Gliederung, Arbeitshilfen S. 72.
- Sch legen ihr Stichwort (s. o.: Reizwörter) bei passender Stelle zur Mitte.
- Nach dem Feuer innehalten: Elija erfährt Gott weder ... noch ...
- Stille: durch den Ton einer Klangschale einleiten.
- Elija tritt vor die Höhle usw.: Elija erfährt ...
- Elija macht eine neue Erfahrung: Bisher glaubte er, Gott zeigt sich wie ein Mächtiger, wie ... Die entsprechenden Wortkarten umdrehen.
  Die Überschrift als Wortkarte zur Mitte legen: „Anders als erwartet".
- Sch überlegen Möglichkeiten, wo sie die Stille finden können.
- Sch singen das Stillelied **fse 6**; finden Gebärden, die zur Stille führen, **fse 6**.
- Sch malen die Stille.

Vergleich Jakob – Elija
- Sch suchen nach Gemeinsamkeiten der konkreten Erlebnisgeschichten von Jakob und Elija.
  Jakob flieht ... Elija flieht ...
  Jakob erwartet ... Elija erwartet ...
  Jakob erfährt ... Elija erfährt ...
  So begegnet Jakob So begegnet Elija
  Gott ... Gott ...
- Sch ergänzen ihr „Rote-Faden-Mobile" mit einer weiteren Tasche. Möglich sind ein Efeublatt oder ein Stilletext.

3. Jahrgangsübergreifende Lerngruppe

Trauern – Still werden – Aufbrechen
- Die Umrisse einer dunklen Elija-Höhle aus schwarzem Tonpapier liegen im Kreis. Sch stellen ihre Fußabdrücke in PA her. Das jüngere Kind schreibt zum Impuls „Als es mir einmal ähnlich erging wie Elija ..." auf eine Seite des Fußes seine persönliche Trauergeschichte.
- Im PA-Gespräch schreiben Sch Lösungen auf die andere Seite.
- In der Auswertung werden die Lösungsseiten sichtbar auf den Höhlenausgang geklebt. Es ist darauf zu achten, dass die Schritte aus der Höhle herausführen.
- Sch benennen und notieren Orte, an denen sie selbst Stille und Ruhe erfahren würden, um vertieft und lange über etwas nachzudenken. Möglicherweise bieten sich Unterrichtsgänge zu Orten der Stille an, z. B. in die Kirche, in die Natur (Wiese, Bäume, Höhle, Tal, Gartenbank, Zelt ...). Hier können meditative Momente erfahren werden: Geräusche wahrnehmen, emotionale Stimmungen erspüren, zur Ruhe kommen.

Meditation
- Sch lassen sich auf einen Meditationstext ein: **AB 3.1.15, Arbeitshilfen S. 73**.
- Sch ergänzen das Löchergedicht „Ganz anders", **AB 3.1.16, Arbeitshilfen S. 79**, mit eigenen Empfindungen und verzieren es mit Blättern.

Eine „Kinderbibelwoche Elija" durchführen
In folgender Arbeitshilfe sind reichhaltige Materialien zum Thema „Elija" zu finden: Lieder, Spielszenen, Bastelanregungen, Erzählvorschläge ...: „Kinderbibelwoche Elija", Amt für Gemeindedienst – Kinderkirche, Sperberstr. 70, 90461 Nürnberg.

Sehhilfe: Jakobs Traum

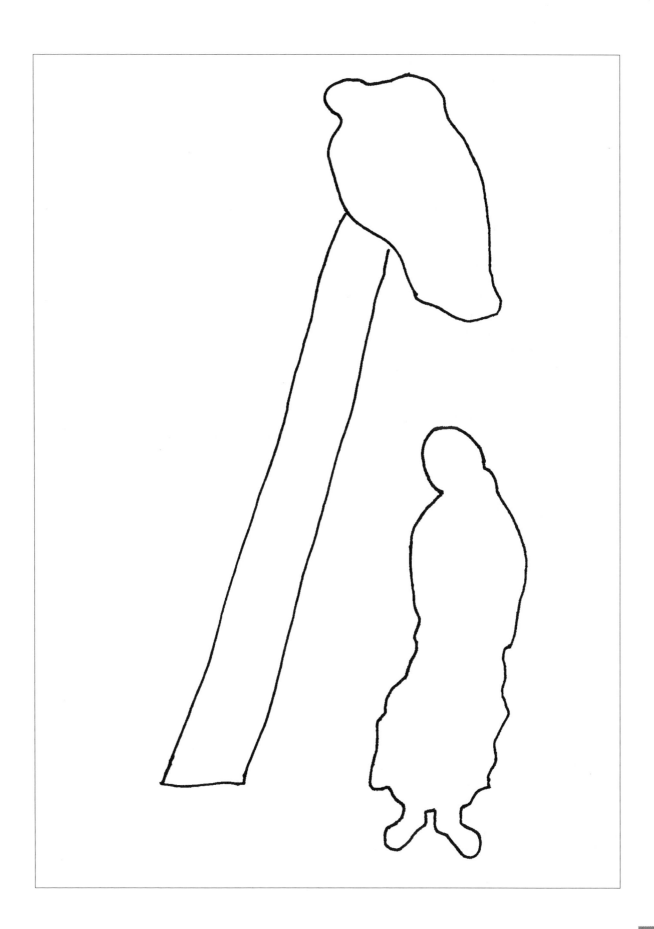

Danken – loben – bitten

fragen – suchen – entdecken **18/19**

1. Hintergrund

Die Seiten **fse 14-17** machten Sch mit zwei unterschiedlichen Gotteserfahrungen aus der Bibel bekannt: Gott, der ein mitgehender Gott ist, unabhängig von der Schuld des Menschen, und Gott, der anders als erwartet sich den Menschen offenbart. Auf den Seiten **fse 18-21** werden Sch eingeladen in unterschiedlichen Situationen mit Gott in Kontakt zu treten. Sie finden eine Geschichte, in der Sch ihre eigenen Erfahrungen mit dem Gebet einbringen können. Sie erfahren, dass es nicht immer einfach ist, Augen und Ohren für die oft kleinen Wunder Gottes zu öffnen, um diese bewusst zu sehen, zu hören und wahrzunehmen. Ausgehend von der Einleitung der Geschichte: „Der Religionslehrer sagt zu den Kindern: Denkt nach, wofür ihr Gott loben wollt. Schreibt es auf oder zeichnet es. Die Kinder denken nach", werden Sch ermutigt, konkrete Möglichkeiten für Lob und Dank in ihrem Leben aufzuspüren und diese in Wort und/oder Bild zu Papier zu bringen. In der Geschichte „Rudi lernt loben" überlegen Sch, wofür sie Gott loben können.

fse 19 zeigt eine Auswahl von Psalmgebeten und erinnert Sch wieder an die Sprache der Psalmen. Die Psalmen sind ein Angebot für Sch, hinter den Worten die Erfahrungen von Menschen zu entdecken, die Anlass und Anstoß zum Gebet sind: Vertrauen, Dank, Lob, Bitte, Zuversicht, Klage: Die Vielfalt menschlichen Lebens wird zur Sprache gebracht und vor Gott getragen.

Literatur

Baldermann, Ingo/Heide, Anke, Deine Hand hält mich fest. Psalmen als Anleitung für den Umgang mit der Angst, München 1991

Baldermann, Ingo, Wer hört mein Weinen? Kinder entdecken sich selbst in den Psalmen, Neukirchen-Vluyn 1990

2. Einsatzmöglichkeiten im RU

Gott loben

- L leitet die Geschichte „Rudi lernt loben" **fse 18** mit den ersten drei Sätzen ein. Sch lassen sich auf diesen Auftrag ein und schreiben oder malen bei meditativer Musik ihre Gedanken auf. Sie verwenden ein DIN-A5-Rahmenblatt.
Sch stellen ihre Arbeiten vor, kleben ein DIN-A5-Transparentpapier mit der gestalteten Aufschrift „Ich lobe Gott" oder „Ich danke Gott" deckungsgleich an der linken Randseite fest.
- Sechs Sch lesen die Geschichte „Rudi lernt loben" mit verteilten Rollen.
- Sch suchen ihr „Lieblingsbild" aus der Geschichte, malen und gestalten damit eine Gemeinschaftsarbeit.

Kreativer Umgang mit Psalmen

- L gestaltet die Mitte mit Kerze und Psalmversen (vgl. **fse 19**), die auf gelbe Textstreifen in Anzahl der Sch kopiert und verdeckt als Strahlen um die Kerze gelegt werden.
- Sch nehmen den Textstreifen, der vor ihnen liegt, lesen den Psalmvers vor und finden sich in gleichen Gruppen zusammen. Jede Gruppe arbeitet mit dem Text.
- Lest euch den Text leise gegenseitig vor.
- Überlegt, was ein Mensch erlebt haben kann, dass er so spricht und schreibt.
- Sucht Bilder zum Text und malt.
- Stellt den Text pantomimisch dar. Jede und jeder bekommt eine Aufgabe.
- Schreibe den Text in unserer heutigen Sprache.
- Gestaltet mit euren Ergebnissen ein Gruppenplakat.
- Sch ergänzen ihr „Rote-Faden-Mobile" mit einer weiteren Tasche. Möglich ist ein schön geschriebenes Psalmwort.

3. Jahrgangsübergreifende Lerngruppe

Danken, loben, bitten

- Sch entwickeln in PA Rollenspiele zum Impuls: Denkt euch ehrliche Geschichten aus, in denen euch Mutter, Vater, Oma oder Opa für etwas Bestimmtes ausdrücklich gelobt haben. Stellt euch gegenseitig die Geschichten vor.
- Ähnliches kann zu Dank- und Bittgeschichten entwickelt werden. Die Grunderfahrung, dass Danken, Loben und Bitten zum Alltag gehören, wird unmittelbar bewusst gemacht oder aufgefangen.
- *Alternativ* werden Lob-, Bitt- und Dankelemente gemalt und ausgeschnitten. Ein (aufblasbarer) Schwimmring wird kreisrund mit den Ergebnissen beklebt. Sch tragen ihn wechselweise um den Hals: Das Bild des bei sich getragenen Lobes, Dankes und der Bitten wirkt im kindlichen Alltag wie ein Rettungsring.

Ganz anders

Gott kam zu Elija, aber ganz anders, als dieser es erwartete.

Gott kam nicht _____

Gott kam nicht _____

Gott kam _____

Gott kam auf ganz unerwartete Weise.

Elija verhüllt sein Gesicht, er ist ganz Ohr.

Elija hört _____

Elija öffnet _____

Elija ist bereit _____

Elija begegnet Gott auf ganz unerwartete Weise.

Vielleicht ist es wichtig die Ohren zu öffnen.

Vielleicht ist es richtig _____

Vielleicht kann ich _____

Vielleicht öffnet Gott _____

Vielleicht begegne ich Gott auf ganz unerwartete Weise.

Sich an Gott wenden

fragen – suchen – entdecken 20/21

1. Hintergrund

fse 20/21 ist eine Weiterführung der beiden vorhergehenden Seiten. Sie stellen in Bildern und Worten dar, dass Sch in allen Situationen ihr Leben mit Gott in Beziehung bringen können. Gott einlassen (M. Buber) ist die Antwort auf den Glauben an ihn. Hier kann das Gottesbild konkret werden.

fse 20: In der Verzweiflung (Hausaufgabe), bei einem schönen Erlebnis (Ausflug), nach einer schmerzlichen Erfahrung (Entlassung aus dem Krankenhaus), in der Furcht (vor einem gefährlichen Tier), bei einem Streit und in der Freude (bei der Geburt eines Geschwisterchens) ... in jeder Situation ist Gott ein Ansprechpartner.

fse 21 geht den umgekehrten Weg. Sch beten zu Gott in verschiedenen Situationen ihres Lebens. Sie vertrauen auf Gott (Katrin und Franziska), danken (Melanie), flehen ihn an in schwierigen Situationen (Elternstreit) und vergessen die Probleme der Menschen nicht (Bitte um Frieden). „Beten verändert nicht die Welt, sondern Beten verändert Menschen und Menschen verändern die Welt" (Albert Schweitzer).

Hinter beiden Doppelseiten stehen die Grundformen des christlichen Betens. Das *Lobgebet* preist Gottes Größe und Barmherzigkeit. Im *Dankgebet* gedenkt der Beter der großen Taten Gottes und dankt für die erfahrene Hilfe. Bittend und flehend wendet er sich an Gott und bringt seine Anliegen, seine Not vor Gott (*Bittgebet*). In der Klage trägt der Beter anklagend und manchmal auch schreiend seine Not vor Gott und fragt nach dem Warum seines Leidens.

2. Einsatzmöglichkeiten im RU

Erlebnisse von Kindern – Gelegenheit zum Beten?
- Sch betrachten und beschreiben die Bilder **fse 20**.
- Jede/r Sch leiht einem Kind die eigene Stimme.

- Sch erhalten **AB 3.1.17** und **3.1.18**, Arbeitshilfen S. **81** und **83**, kleben beide Blätter deckungsgleich am linken Blattrand fest, schneiden **AB 3.1.19** entlang (nur!) der durchgezogenen Linie ein. Sie schreiben auf die geschlossenen Klapprahmen z. B. „Ich bitte ...", „Ich danke ..." und verzieren sie. In die geöffneten Klapprahmen formulieren Sch je einen Gebetssatz.

Kinder wenden sich in verschiedenen Situationen an Gott
- Sch lesen die Gebete **fse 21**. Welches Gebet könnte ich auch beten? Welches Gebet fällt mir ein?
- Sch entdecken die verschiedenen Gebetsanlässe in ihrem Leben (Lob, Dank, Bitte, Klage ...).
- Sch schreiben ein Gebet in ihr „Ich-Buch".
- Sch legen mit den Psalmen **fse 19**, mit den vergrößerten Bildern **fse 20**, mit den Gebeten **fse 21** und ihren eigenen Gebeten ein Bodenbild (Kerze, bunte Tücher, Legematerialien ...).
- L erinnert an **fse 2**, Kap. 1: Miteinander sprechen – mit Gott reden.

3. Jahrgangsübergreifende Lerngruppe

Gebete
- Wo es möglich ist, befragen Sch Familienmitglieder nach Gebetsanlässen und bitten um ein persönliches, aufgeschriebenes Gebet. Die Gebete werden gesammelt.
- Die vorbereitete Mitte mit brennender Kerze dient als stiller Ort für eine Gebetsphase mit entsprechender Haltung.
- Die vorgetragenen Gebete werden um die Kerze gelegt und später zu einem Gebetbuch für alle zusammengestellt (vgl. Gebetshaltungen und Gebärden S. **44, 46, 47 f.**).

Weiterfragen – weiterdenken

fragen – suchen – entdecken 22/23

1. Hintergrund

fse 22/23 führt den Lern- und Denkprozess der Sch weiter und vertieft ihn. Sch werden angeregt, weiter zu fragen, weiter zu denken und problematische Gottesbilder kritisch zu hinterfragen. In der Auseinandersetzung mit den Schülerbeispielen **fse 23** ist ein fruchtbarer Erkenntnis- und Lernprozess möglich. Kinder denken bereits früh über religiöse Sachverhalte nach und entwickeln eigene Vorstellungen (vgl. S. 16). Das Lied **fse 22** nimmt die Wünsche der Sch auf, Gott sehen und hören zu können. Es problematisiert in der ersten Strophe sogar die Praxis der Anfangsseiten des Kapitels, Gott malen zu können. Insgesamt dreht es die Wünsche der Sch um und bietet eine andere Sichtweise an: Gott ist es, der die Schönheit der Welt ver-

Erlebnisse von Kindern

Klebefläche für 3.1.18

bürgt (1. Strophe), der sich um Menschen kümmert (2./3. Strophe), sie so geschaffen hat, dass sie nach Gott fragen und ihm vertrauen können (4. Strophe). Das Lied kann auch als Schöpfungslied angesehen werden. Gott ist es, der in seiner Schöpfung anwesend ist.

fse 23 verdeutlicht in verschiedenen Aussagen von Kindern deren Vorstellungen von Gott. Am Ende der Unterrichtseinheit sollen Sch ihre eigenen Gottesvorstellungen an diesen Aussagen überprüfen können und auch weitergehende Impulse aufnehmen, die ihr Gottesbild in Bewegung halten.

Kathrin: Sie sieht Gott als Lückenbüßer für ihren fehlenden Fleiß an. Frage: Hilft Gott und wenn ja, wie?

Philipp: Gott wird hier nach dem Schema „do ut des" gesehen: Gott ist ein Belohnergott, der die Menschen belohnt bei gutem Tun und Betragen. Frage: Hilft Gott direkt oder wie muss sich Philipp die „Belohnung" denken?

Jonas: Er denkt beim Essen an alle, die, anders als er, hungern müssen. Frage: Wie soll Gott alle Hungernden satt machen? Welche Wege gibt es für die Menschen? (Hinweis auf Hilfswerke)

Lena: Sie klagt den „Beschützergott" ein, der eingreift, wenn Leid und Not drohen. Der Gedanke, dass Gott bestraft, wenn etwas Böses geschieht, ist ein weiterer Aspekt. Frage: Es gibt viel Leid und Tod in unserer Welt (vgl. Kap. 6). Wie ist Gott in diesen Situationen bei den Menschen? Manchmal wissen Menschen auch keine Antwort auf die Frage nach dem Leid von Mensch und Tier.

Julia: Julia sieht in Gott den „Aufpassergott", einen, der bestraft, wenn Menschen sich böse verhalten. Frage: Ist Gott ein Aufpassergott? Welche Möglichkeiten hat Julia, um den Konflikt mit Kerstin aus dem Weg zu schaffen? (z. B. Mediation)

In allen Fällen geht es darum, das vorschnelle Rufen nach Gott dort, wo es Schwierigkeiten und Probleme gibt, in Frage zu stellen und aufmerksam zu werden für die „indirekte" Hilfe Gottes durch Menschen. Gott ist anders, auch anders anwesend, als Menschen es erwarten. In der Auseinandersetzung mit den verschiedenen Angeboten sollen Sch ihr eigenes Gottesbild weiter klären.

2. Einsatzmöglichkeiten im RU

Gott kann man nicht malen – Das Lied fse 22
- Sch erhalten Textstreifen mit jeweils den ersten beiden Textzeilen des Liedes und reimen selbstständig zwei weitere Zeilen dazu: **AB 3.1.19, Arbeitshilfen S. 85.**
- Sch bearbeiten in GA mit vergrößerter Kopie je eine Strophe nach Inhalt und Aussage mit Worten, Bildern oder Bewegungen.
- Sch gestalten eine Collage zu den Strophen (Bilder und Überschriften aus Illustrierten oder Zeitungen mit Wasserfarben ergänzen oder verändern).
- Sch verklanglichen die einzelnen Strophen mit Orff-Instrumenten oder selbst gefertigten Instrumenten (Rasseln, Kastagnetten, Trommeln ...).
- Sch entdecken Bilder in den einzelnen Strophen und stellen diese dar.
- Sch wählen ihre Lieblingsstrophe aus, begründen und schreiben diese in ihr „Ich-Buch".
- Sch ergänzen ihr „Rote-Faden-Mobile" mit einem Bild zum Lied.

Relix überlegt und fragt
- Relix: Ich habe heute fünf Kindern zugehört. Sie haben Gott erzählt, was sie erlebt haben. Irgendwie kenne ich mich nicht mehr aus. Ich verstehe hier einiges nicht. Ich würde Kathrin, Lena, Jonas, Philipp, Julia und auch dir gerne einige Fragen stellen. Bitte hilf du mir dabei!
  - Kathrin, warum hast du ...?
  - Jonas, meinst du nicht, dass ...?
  - Philipp, überlege doch einmal, ob ...?
  - Lena, glaubst du wirklich, dass ...?
  - Julia, findest du es richtig, dass ...?
  - Denkst du, dass ...?
  - Ist es gut, dass ...?
  - Bist du wirklich der Meinung, dass ...?
- Kinderaussagen und Fragen werden auf ein Plakat geschrieben, Sch bearbeiten einzelne Fragen in GA.
- Kinderaussagen und Fragen werden auf ein Plakat geschrieben, an verschiedenen Orten im Klassenzimmer ausgelegt, Sch erhalten zwei Sprechblasen, beschriften sie und legen sie zu den Fragen.

Weiterfragen – weiterdenken
- Sch versetzen sich in die Rolle von Kathrin, Jonas, Philipp, Lena und Julia. In PA lesen sie sich gegenseitig den Text vor und arbeiten im Gespräch positive und negative Aspekte heraus: **AB 3.1.20, Arbeitshilfen S. 86.**
- Sch tauschen sich im UG aus und schreiben einem ausgewählten Kind von **fse 21** einen Brief.

Immer weiterfragen
- Sch formulieren und schreiben ihre Fragen, die sie jetzt noch haben, die im Gespräch über Gott und ihre Gottesvorstellungen zunächst noch unbeantwortet bleiben mussten, auf und sammeln diese in einem Klassenfragekasten.
- Sch vergleichen die Fragen mit dem Fragezeichen von **fse 10**.
- Sch schauen nochmals das Titelbild „Grenzen des Verstandes" **fse 7** und **AB 3.1.1, Arbeitshilfen S. 55**, die „Leiterfragen" an. Kommen neue Fragen hinzu? Welche Fragen können wir jetzt beantworten?

Ich bitte ..., ich danke ..., ich ...

3. Jahrgangsübergreifende Lerngruppe

Gott lädt sich ein
- „Stell dir vor, Gott hat sich bei dir eingeladen. Er will einen ganzen Tag mit dir verbringen. Denkt euch im Zweiergespräch eine Tagesgeschichte aus. Stellt sie später in der Gruppe als eure Gottesbegegnung vor." Dieser Impuls lädt Sch ein, das bisher Erfahrene für eigene Identifikationen zu nutzen, den korrelativen Bezug auch tatsächlich ansatzweise herzustellen und so die Spur Gottes in der eigenen Lebenswelt zu erahnen – Gott als verlässlicher Lebensbegleiter, der sich in kein festes Bild pressen lässt.

Mit Gott leben — fragen – suchen – entdecken 24

1. Hintergrund

fse 24 nimmt die Intention des Lehrplanes auf, Gott für das Schöne und Gute im Leben zu danken (3.2). Anlass kann das Erntedankfest sein, das sowohl in der Gemeinde (Foto) als auch in der Klasse gefeiert werden kann. Der Psalmvers 145,5 weist auf den Geber alles Guten hin, wenn in den Erntegaben für Sch auch zunächst die „Frucht der menschlichen Arbeit" steckt. Schließlich können Sch im Mitvollzug des Segensgebetes als eine Art „Zusammenfassung" der Einheit die Gesamtheit menschlichen Lebens in den Blick nehmen und dabei zugleich ihren eigenen Anteil am Gelingen menschlichen Lebens nicht vergessen.

2. Einsatzmöglichkeiten im RU

Gott auf vielfältige Weise danken
- Sch beschreiben, was sie auf dem Erntealtar sehen; warum bringen Menschen die Früchte des Jahres zur Kirche?
- Sch überlegen: Was braucht es, damit alles wachsen und reifen kann?
- Sch bringen den Psalmvers mit dem Foto in Verbindung. Wer ist hier angeredet?
- Sch gestalten ein Dank-Mandala mit Naturmaterialien (Nüssen, Kastanien, Äpfeln, Blättern, Blumen, Gemüse, ...) und formulieren dazu freie Dankgebete.
- Sch lernen das Taizé-Lied „Laudate omnes gentes", **AB 3.1.21, Arbeitshilfen S. 59**.
- Sch gestalten eine ökumenische Dankfeier mit der ganzen Klasse.

Segensgebet zum Mitmachen
- L liest zu meditativer Musik das Segensgebet **fse 24** vor.
- Sch suchen zu jeder Himmelsrichtung die entsprechende Gebärde bzw. Haltung und führen sie aus.
- Sch gestalten eine Segensgebet-Spirale auf Packpapier (von L vorgemalt).
- Sch schreiben einzelne Sätze, die ihnen wichtig sind, in die Spirale. Ergänzt werden kann die Spirale durch Bilder und Symbole.
- Sch gestalten eine Segensgebet-Spirale in ihrem Heft.
- Sch ergänzen ihr „Rote-Faden-Mobile" mit einer letzten Tasche. Möglich ist hier eine kleine „Dankspirale" oder ein Bild vom Erntedankaltar.

3. Jahrgangsübergreifende Lerngruppe

Essen und danken
- Die mitgebrachten Früchte werden gemeinsam zu einem Obstsalat verarbeitet und in der Dankfeier gegessen.
- Aus dem evtl. hergestellten Gebetbuch tragen Sch im Wechsel die passenden Gebete vor. Zwischen den Gebeten achtet L auf die auszuhaltende Stille oder Sch singen ein Danklied, z. B. Laudate, omnes gentes: **AB 3.1.21, Arbeitshilfen S. 59**.

Literatur und Medien

Freudenberger-Lötz, Petra, Wer bist du Gott? Eine Unterrichtseinheit zur Gottesfrage für die Klassen 3-6, Stuttgart 2001
Dia-Reihe: Gott ist wie ... (Medienzentralen)
Filme: Der liebe Gott im Schrank; Der Gaukler unserer lieben Frau; Martin, der Schuster (nach dem Buch von Masahiro Kasuya, Hamburg 1981; Medienzentralen)

Gott kann man nicht malen

T: Sybille Fritsch

Gott kann man nicht malen,
aber Gott malt die Welt!

_____

_____

Gott kann man nicht sehen,
aber Gott sieht die Welt.

_____

_____

Gott kann man nicht hören,
aber Gott hört dir zu.

_____

_____

Gott kann man vertrauen,
denn Gott vertraut dir!

_____

_____

gedichtet von _____

Weiterfragen – weiterdenken

Gut finde ich _____

_____

_____

Schade, dass du _____

_____

_____

Wenn ich du wäre, dann _____

_____

_____

Besser gefällt mir, wenn _____

_____

_____

2 Was Juden glauben – wie sie leben

1. Religionspädagogische und theologische Hinweise

Jüdisches Leben kann in unserer Gesellschaft nur wenig bewusst wahrgenommen werden. Die systematische Vernichtung des europäischen Judentums während der nationalsozialistischen Gewaltherrschaft beendete eine jahrhundertealte jüdische Tradition in Deutschland. Auch wenn in den letzten Jahren jüdische Gemeinden durch Zuwanderung hierzulande wieder größer geworden sind – aus Angst vor politisch motivierter Gewalt werden ihre Einrichtungen streng bewacht und abgeschirmt. In diesem Kontext leben auch Sch, die wenigsten werden eigene Erfahrungen mit jüdischem Leben und Glauben mitbringen.

Das Judentum ist eine zahlenmäßig kleine Religionsgemeinschaft (ca. 15 Mio. Gläubige). Ungeachtet dessen besitzt es eine religionsgeschichtlich große Bedeutung, da es eine der ältesten bestehenden Religionen der Welt ist, vor allem aber weil es die beiden großen Weltreligionen Islam und Christentum entscheidend geprägt hat.

Das Judentum kennt keinen Stifter (wie Jesus, Muhammad oder Siddharta Gautama Buddha). Der Ursprung geht zurück in die Zeit vor der Landnahme Kanaans. Im 13. Jh. v. Chr. flohen semitische Gruppen des östlichen Nildeltas aus dem Machtbereich des ägyptischen Pharaonenreiches. Während dieses Zuges erfuhren sie auf vielfältige Weise, dass der Gott ihrer Vorfahren sie auf ihrem gefährlichen Weg begleitete, sie beschützte und mit ihnen einen Bund am Sinai schloss. In Palästina ließen sich diese Menschen nieder und vermischten sich mit der dort lebenden Urbevölkerung. Letztere nahm die Gotteserfahrung der Exodusgruppe auf – der Bund Gottes galt auch für sie. Der Glaube an den Retter- und Befreiergott Jahwe gehörte von Anfang an zur jüdischen Volks- und Religionsgemeinschaft. Der gläubige Jude wusste und weiß sich von Gott auserwählt. Das prägte jüdisches Selbstverständnis durch alle Zeiten. Die Bibel als wichtigstes Glaubenszeugnis der Juden berichtet von der Heilsgeschichte Gottes mit den Menschen. Anfangs rief Gott einzelne Menschen, die Urväter Abraham, Isaak, Jakob. Dann erwählte er sich sein Volk, führte es durch die Zeiten. Dieses Volk wird allen Völkern zum Heil werden, da aus seiner Mitte der Erlöser und Retter der Welt hervorgehen wird, der Messias. Dieser wird ein Friedensreich aufrichten. In dieser Spannung zwischen Vergangenheit, Gegenwart und Zukunft bestimmt sich jüdische Existenz. Genau dahinein lässt sich christliches Selbstverständnis stellen:

Die Bibel gehört als grundlegendes Zeugnis zum Fundament des jüdischen Glaubens wie auch des christlichen (als Erstes bzw. Altes Testament bezeichnet). Für die Christen ist mit Jesus der erwartete Messias bereits in die Welt gekommen. Seine Botschaft richtet sich an alle Menschen guten Willens; nicht mehr ein Volk, sondern alle Völker sind Gottes Volk. Christen erwarten wie Juden am Ende der Zeit ein Friedensreich, aufgerichtet vom (wieder)kommenden Messias. Bereits in diesen wenigen Linien jüdischer und christlicher Theologie wird mehr als deutlich, wie eng beide aufeinander verwiesen sind und dass christliches Denken sein Fundament im jüdischen Glauben hat. Über viele Jahrhunderte der Kirchengeschichte sind diese Gemeinsamkeiten verdrängt worden. Aus Abgrenzung wurde Ausgrenzung, der offene oder verdeckte Antisemitismus speiste sich auch aus der gespannten Beziehung der beiden Religionen. Umso wichtiger ist es, die seit dem Zweiten Vatikanischen Konzil (1962-1965) geforderte Neubestimmung des Verhältnisses zum Judentum auch im Religionsunterricht umzusetzen.

Das zweite Kapitel in **fse** zeigt den Sch einige Verbindungslinien zwischen Judentum und Christentum auf. In einem ersten Schritt wird exemplarisch das jüdische Pessachfest dargestellt. Sch werden mit Ritualen des Festes bekannt und entdecken die theologische Bedeutung: Die Erinnerung an den Auszug aus Ägypten (LP 3.3). Sch lernen den Sabbat als jüdischen Feiertag und die Synagoge als Gebetshaus der Juden kennen. So können sie nachvollziehen, wie Juden ihren Glauben leben (LP 3.2). Hier ist auch ein Blick wichtig auf die Person Jesus von Nazaret. Er gehörte zum Volk der Juden und lebte als solcher. Daneben sind auch theologische Gemeinsamkeiten zwischen den beiden Religionen aufzuzeigen: Neben der gemeinsamen, grundlegenden Bibel sind es der Glaube an den einen Schöpfergott und die Hoffnung, dass am Ende der Zeit Gott ein Friedensreich aufbauen wird (LP 3.5). So wird Sch bewusst, wie stark ihr Glaube mit dem jüdischen verbunden ist.

„Was Juden glauben – wie sie leben" ermöglicht ein erstes Herantasten an jüdische Glaubens- und Lebenspraxis. Der jüdische Junge Ben führt Sch durch das Kapitel. Er erzählt von einem zentralen Fest, dem **Pessachfest**, und ermuntert sie, mit ihm an die Anfänge der Geschichte Gottes mit seinem Volk zurückzugehen. So lässt sich der tiefere Gehalt des Festes entdecken. Sch hören von der schlimmen Zeit der Sklaverei in Ägypten, von der Berufung des Mose, einem Mann aus dem eigenen Volk. Er wurde zum Werkzeug eines Gottes, der sich als verborgener Gott dem Mose am brennenden Dornbusch offenbart. In der spannenden Erzählung vom Auszug aus Ägypten entdecken Sch, dass der Name Jahwe, d. h. „Ich bin da", für Zuverlässigkeit und Treue steht. Jahwe ist der Gott, der befreit. Er ergreift Partei für die Unterdrückten, die Machtlosen und stellt sich gegen die, die ihre Macht missbrauchen. Dieses Ereignis macht für die Juden bis auf den heutigen Tag die Grunderfahrung ihres Glaubens deutlich: Jahwe hat uns aus Ägypten befreit und uns zu seinem auserwählten Volk gemacht. Der Junge Ben macht Sch darauf aufmerksam, dass das Pessachfest diese Erfahrung jedes Jahr neu ins Bewusstsein ruft. Von Generation zu Generation wird diese bis heute weitergegeben.

Sch erfahren vom **Sabbat** als einem jüdischen Feiertag, von seiner biblischen Begründung und von der konkreten Feier dieses Tages in unserer Zeit. Mit Lk 4,16ff. entdecken sie einen Hinweis darauf, dass Jesus als gläubiger Jude am Sabbat in die Synagoge ging. Er betete Psalmen und hoffte auf eine gerechte und befreite Welt.

2. Das Thema im Lehrplan

Entsprechend dem Konzept von **fse** weckt das Kapitel immer wieder eine Fragehaltung der Sch. Das Bild von Marc Chagall „Jude mit Torarolle" leitet das Thema ein und weist bereits auf das wichtige jüdische Selbstverständnis hin – auf die besondere Stellung der Tora, zu der gläubige Juden eine enge, fast innige Beziehung haben. Die Tora beinhaltet die fünf Bücher des Mose. In ihr ist der Weg Gottes mit seinem Volk aufgezeichnet, insbesondere auch die Erfahrung von Befreiung und Rettung aus der Hand des Pharao. Diese „Urgeschichten" werden später mit Sch ausführlich behandelt, das Bild weist schon einleitend darauf hin.

In der ersten Begegnung mit dem Jungen Ben auf **fse 26/27** tauchen die vier zentralen Fragen des Pessach auf. Sie schicken Sch auf die Suche nach Antworten. Dazu benötigen sie Kenntnis vom Exodus als der „Urerfahrung Israels" (M. Noth). Folglich werden auf **fse 28-33** die alttestamentlichen Berichte entfaltet: Sch fühlen sich in die Notsituation der unfreien Israeliten ein, erfahren vom Tötungsbefehl des Pharao (**fse 28/29**). Sie suchen mit den Hebräern nach Möglichkeiten, diesem zu entgehen und lernen dabei die wundersame Kindheit des Mose kennen und die Aussage, die dahinter steht: Gott hat dieses Kind gehalten, er hat Großes mit ihm vor. Es folgen die Berufung des Mose und sein Auftrag, das Volk herauszuführen, geleitet von Jahwe, der sich ihm an einem brennenden Dornbusch offenbart (**fse 30/31**). Das Paschamahl als letztes Mahl vor dem Auszug und die Flucht mit der unglaublichen Rettung am Schilfmeer schließen die Auseinandersetzung mit den Texten des Buches Exodus ab (**fse 32/33**). Auf **fse 34** begegnet der Junge Ben den Sch erneut. Sch können jetzt aufgrund ihres Wissens die Eingangsfragen beantworten. Sie erkennen, dass die biblischen Erzählungen vom Auszug für die Juden lebendig werden im Pessachmahl, dessen Speisen Sch als Symbole jetzt selbstständig in Beziehung setzen zu einzelnen Elementen der Auszugsgeschichte.

Mit der Mesusa (**fse 35**) und dem Sabbat (**fse 36/37**) lernen Sch gemäß LP 3.2 Ausdrucksformen jüdischen Glaubens kennen. Für sie wird nachvollziehbar, dass beides Antwort des Gläubigen auf das Befreiungshandeln Gottes sein will. Konkret: Der Blick richtet sich beim Sabbat nicht von der Arbeitsruhe auf den dahinter liegenden Sinn, sondern stellt den Sabbat als Tag der Freiheit vor. Sch suchen nach Ausdrucksformen des Dankes für diese Freiheit und lernen dabei auch die praktizierten Formen im Judentum kennen. Sch lernen mit einem Lukastext (**fse 37**) Jesus erstmals als gläubigen Juden kennen, der ebenfalls den Sabbat feierte. Das AT als gemeinsame Heilige Schrift der Juden und der Christen wird bewusst gemacht und exemplarisch an Ps 136 eine theologische Gemeinsamkeit herausgearbeitet: Juden wie Christen sehen in Gott den Schöpfer allen Lebens und loben ihn dafür mit den gleichen Psalmworten. Das Bild von E. Hicks auf **fse 39** weist auf eine weitere theologische Gemeinsamkeit hin, auf die Hoffnung, dass ein Friedensreich am Ende der Zeit von Gott her aufgerichtet wird. **fse 40** regt Sch abschließend an, in ihrer Umgebung Hinweise auf jüdisches Lebens zu entdecken. Hier sind die jeweiligen Möglichkeiten vor Ort zu erkunden. Exemplarisch werden ein jüdisches Friedenslied und die Andersartigkeit des Hebräischen gezeigt. Die Ausführungen in den Arbeitshilfen helfen, hebräische Wörter und Ausdrücke in unserem Alltagswortschatz zu entdecken, Reste vielhundertjährigen jüdischen Lebens bei uns.

Das Thema „Holocaust" sehen die LP wegen der Komplexität für höhere Jahrgangsstufen vor. Wenn es bereits in dieser Unterrichtseinheit von den Sch zur Sprache gebracht wird, bringen Sch unterschiedliches Vorwissen über die jüngste Vergangenheit des jüdischen Volkes ein. Das Bilderbuch „Die Nummer auf dem Arm meines Großvaters" kann hier für Sch der 3. Klasse einen ersten Zugang vermitteln. Es bietet allerdings keine konkreten Arbeitshinweise und Kopiervorlagen. Sch werden viel Gelegenheit benötigen, im Gespräch, im freien Schreiben und Malen ihren Gefühlen Ausdruck zu verleihen. Dabei ist auf das Bearbeiten von Arbeitsblättern und überprüfbare Lernschritte zu verzichten.

Liederkiste 3/4 enthält ein Lied von Nizza Thobi: „Ejli, Ejli, lomo asavtoni" in hebräischer und jiddischer Sprache, das auch in diesem Zusammenhang gehört werden könnte, vgl. Arbeitshilfen S. **114**.
Weitere Informationen zum Thema „Holocaust" bietet folgende Adresse:
„Holocaust in der Grundschule", Fritz Bauer Institut, Johann Wolfgang Goethe-Universität, Campus Westend, Grüneburgplatz 1, 60323 Frankfurt/Main, e-mail: paed@fritz-bauer-institut.de.

3. Jahrgangsübergreifende Einsatzmöglichkeiten

Sch des vierten Jahrgangs verfügen über Erfahrungen mit vertrauten und fremden Kulturen, Religionen, Bräuchen und Lebensweisen. Sie können Informationsmedien für ihr Lernen, ihre Arbeit und Freizeit nutzen.
Im Folgenden werden zu jeder einzelnen Lernsequenz Aufgaben-Vorschläge für Sch des vierten Jahrgangs gemacht. Diese greifen die vorhandenen Fähigkeiten und Fertigkeiten auf und vertiefen und fördern sie durch weitergehende Anforderungen.
Thematisch lässt sich an folgende Elemente aus den bisherigen Bänden anknüpfen:
fse 1, Kap. 1, S. 8-13 In der Klasse; Das bin ich ... Wer seid ihr?; Wir gehören zusammen
Kap. 1, S. 16-18 staunen – fragen – nachdenken; Was Menschen von Gott erzählen
fse 2, Kap. 1, S. 16-19 Gott ist bei den Menschen; Wie Menschen anderer Religionen beten

4. Verbindungen zu anderen Fächern

Viele Bezüge zu anderen Unterrichtsfächern ermöglichen eine Zusammenarbeit und die Vertiefung des Themas auch außerhalb des katholischen RU:
EVANGELISCHE RELIGIONSLEHRE: – Miteinander leben; – Begegnung mit dem Judentum, abrahamitische Tradition, viele Namen für einen Gott, unterschiedliche Feste und Feiertage, Menschen und Bräuchen aus anderen Religionen begegnen; – Gott begleitet auf dem Lebensweg, Gott rettet und befreit sein Volk – Mose und Mirjam;
DEUTSCH: 1.3 Einstellungen und Haltungen, gegenseitige Wertschätzung; 3.3 Umgang mit Texten und Medien, Informierendes Lesen, Nutzen von Medien;
KUNST: 1.3 Einstellungen und Haltungen, gemeinsame Vorhaben oder Projekte planen und realisieren; 2.1 Das Wahrnehmen weiter entwickeln, Sammeln und Collagieren, Gestalten; 3.1 Gestalten; 3.2 Auseinandersetzung mit Bildern und Objekten, Verschiedene Ausprägungen ästhetischer Gestaltung kennen lernen;
MUSIK: 1.1 Entwicklung der musikalischen Erlebnis- und Ausdrucksfähigkeit; 3.1 Musik machen mit der Stimme; 3.3 Musik umsetzen, sich zur Musik bewegen;
SACHUNTERRICHT: 1.1 Beschaffen, Verarbeiten und Präsentieren von Informationen; 1.3 Einstellungen und Haltungen, Achtung vor der Würde des Menschen und kritische Solidarität in der sozialen Gemeinschaft; Bewusstsein für die Bedeutung von Kultur und Geschichte; 3.3 Raum und Umwelt, Ort und Welt; 3.5 Zeit und Kultur; 3.5 Früher und Heute; 3.5 Umgang mit Medien; 3.5 Ich und andere; 3.5 Viele Kulturen in einer Welt.

5. Lernsequenz

Planungsskizze	Überschriften in fse	Inhalte im Lehrplan
I. Festtage – woher kommen sie?	Ein Fest der Befreiung: Pessach **fse 26/27**	3.2. Religion und Glauben im Leben der Menschen
II. Das Volk Israel erzählt von seiner Befreiung	Fremd und unterdrückt **fse 28/29**	3.2 Symbole, Bilder und Sprechweisen verstehen lernen
	Neue Hoffnung: Gott ist da **fse 30/31**	
	Eine neue Erfahrung: Gott rettet **fse 32/33**	
	Erinnerung an die Befreiung **fse 34/35**	
Wie wirkt sich die Berufung zur Freiheit aus? Jesus war auch Jude	Sabbat – Tag der Freiheit **fse 36/37**	Verschiedene Religionen kennen lernen
	Mit seinem Volk glaubte und hoffte Jesus **fse 38/39**	
III. Jüdisches Leben heute	Jüdisches Leben heute **fse 40**	

6. Lebensbilder 3/4

Folgende Fotos aus der Folienmappe Lebensbilder 3/4, vgl. Arbeitshilfen S. 21, sind für einen situativen Einsatz hilfreich: Nr 17 Jüdisches Grab, Nr. 22 Synagoge.

Was Juden glauben – wie sie leben

1. Hintergrund

Marc Chagall (1887-1985)

Seine jüdische Herkunft und die dörfliche Atmosphäre seines Geburtsortes Liosno bei Witebsk in Weißrussland haben Chagall nachhaltig geprägt. Er begann 1907 in St. Petersburg Malerei zu studieren. 1910 reiste er nach Paris, wo er unter dem Einfluss van Goghs und der Fauves geriet, Modigliani und vor allem die Kubisten kennen lernte, mit deren Formproblemen er sich auseinander setzte. Durch Apollinaire ergab sich der Kontakt zu Herwarth Walden, in dessen Galerie „Der Sturm" er 1914 in Berlin seine erste Einzelausstellung hatte. Über Berlin kehrte er nach Russland zurück, wo ihn der Ausbruch des Ersten Weltkrieges festhielt. In dieser Zeit erarbeitete sich Chagall die bruchlose Verbindung eigener Vorstellungen mit den Möglichkeiten der westlichen Avantgarde. Seine Themen kreisen um seinen Heimatort Witebsk. Als Chagall 1922 nach Frankreich übersiedelte, kamen neue Bildmotive dazu: die Milde der mittelmeerischen Küste, der Eiffelturm, Notre-Dame und Pont-Neuf. Mit Vollards Auftrag Nikolai Gogols „Tote Seelen" zu illustrieren, begann 1923 Chagalls umfangreiche und großartige Tätigkeit als Illustrator. Um 1925 entdeckte er die Zirkuswelt für sich. Sie beflügelte seine Fantasie und ließ das ursprüngliche dunkle Glühen seiner Bilder in eine leuchtende Farbigkeit hinübergleiten. Früher vereinzelt, nun verstärkt erhoben sich Mensch und Kreatur märchenhaft in die Lüfte. Als die Kriegsdrohungen und politischen Spannungen zunahmen, änderte sich vorübergehend seine Thematik wie bei der symbolischen Komposition „Die weiße Kreuzigung" (Chicago Art Institute) von 1938. Die Kriegsjahre und die ersten Jahre danach verbrachte Chagall in New York. Nach einer großen Ausstellung im Museum of Modern Art 1946 kehrte er 1947 nach Frankreich zurück, wo er seit 1950 seinen ständigen Wohnsitz in Saint-Paul-de Vence bei Nizza hatte. Dort starb er 1985 (in: Ingo F. Walther (Hg.), Malerei der Welt – Bd. II, Köln 1995, S. 693).

Marc Chagall: „Jude mit Torarolle", 1941

Das Bild entstand im Frühsommer 1941, kurz bevor Chagall Frankreich verließ, um der Vernichtung durch Hitler zu entgehen. Es zeigt einen gläubigen Juden, der ganz in seinen Tallit, den Gebetsmantel, eingehüllt ist und von diesem geradezu schützend umgeben wird. Der Mann hat die Teffilin, die Gebetsriemen, um seine Stirn und seinen linken Arm gebunden. In seinen Händen hält er liebevoll und behutsam die Torarolle. Auf deren Bedeutung weist die rote Farbe des Toramantels hin. Die einzige Zierde darauf ist der Davidstern. Der Blick des Juden geht in die Ferne, er ist auf dem Weg in eine ungewisse Zukunft. Er verlässt seine vertraute Umgebung, sein Dorf, das am oberen Bildrand zu sehen ist. Obwohl der Hintergrund des Bildes mit hellen Farben gestaltet ist, wirkt er ganz und gar nicht heiter, sondern eher düster und traurig. Einzig die warme, rote Farbe der Torarolle zieht uns beim Betrachten in den Bann, die zentrale Bedeutung des jüdischen Gesetzbuches wird deutlich spürbar. Zahlreiche Psalmen und Weisheiten beschreiben diese Einzigartigkeit mit großer Wertschätzung:

„Wer einmal von der Tora gekostet hat, kann Gott nicht vergessen." (jüdische Weisheit)

„Öffne mir die Augen für das Wunderbare deiner Weisung." (Ps 119,18)

„Alle, die deine Weisung lieben, empfangen Heil in Fülle; es trifft sie kein Unheil." (Ps 119,165)

2. Einsatzmöglichkeiten im RU

Das Bild „Jude mit Torarolle" kennen lernen

Das Bild ist als Folie Nr. 4 in der Schatzkiste 3/4 enthalten.

● Partielle Bildbetrachtung:
Sch verwenden ihre Lupe **AB 3.2.5, Arbeitshilfen S. 99**.
– Beschreibe die Farben des Bildes, arbeite mit der Farbsymbolik!
– Was entdeckst du an dem jüdischen Mann?
– Was möchtest du den Juden auf dem Bild fragen?
– Was möchtest du den Künstler Marc Chagall zu seinem Bild fragen?
– Vergleiche deine Entdeckungen mit deinem Partner, deiner Partnerin.
● Sch stellen ihre Ergebnisse im UG vor.
L weist auf die Gemeinsamkeit von Judentum und Christentum hin (hebräische Bibel entspricht weitgehend unserem AT; Jesus ist das Verbindende beider Religionen).
● Gestaltung eines eigenen Bildes:
– Sch malen einen Mann mit den Attributen des jüdischen Beters.
– Sch rahmen mit dem Wort „Tora" ihr Bild ein.
– Sch zeigen sich ihre Bilder in einer „Bilderausstellung" im Kreis.

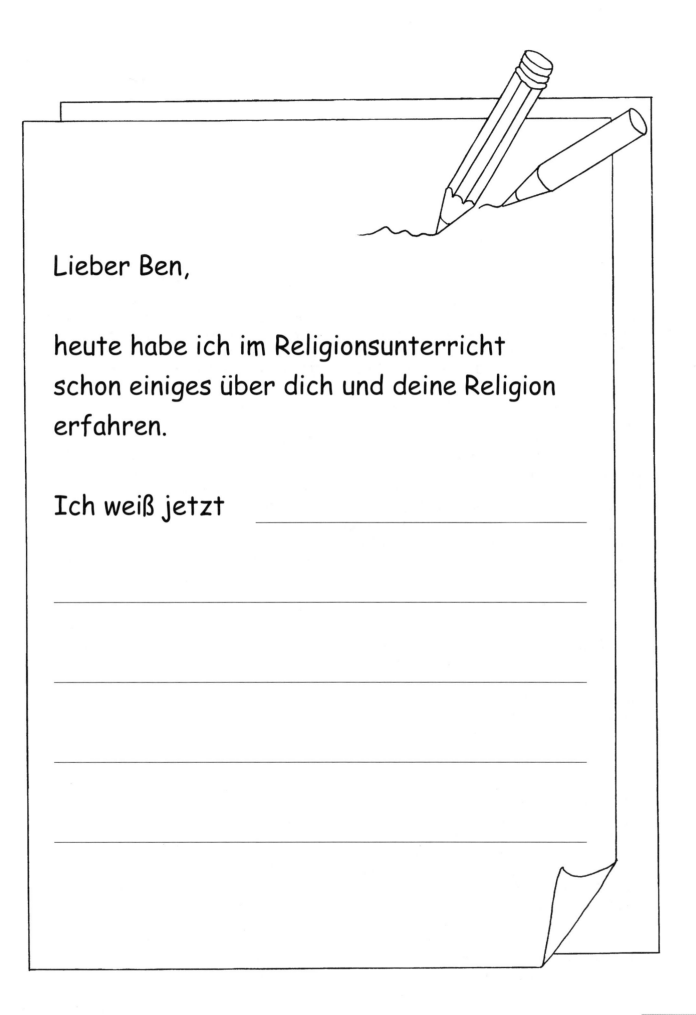

Lieber Ben,

heute habe ich im Religionsunterricht schon einiges über dich und deine Religion erfahren.

Ich weiß jetzt _____

3. Jahrgangsübergreifende Lerngruppe

Weiterarbeit mit dem Bild
- Sch des vierten Jahrgangs bekommen Papierstreifen. Sie schreiben auf, was der Jude bisher in seinem Leben mit Gott erlebt hat. Z. B.: Gott ist bei mir. Gott hat uns befreit.
- Sch rahmen das Bild mit Farben, Pastellkreide, ein. Die Farben sollen die Gefühle des Mannes ausdrücken.
- Sch vermuten und schreiben auf, was die „Tora", der Gebetsriemen (*Teffilin*) und der Gebetsmantel (*Tallit*) für den Juden bedeuten.
- Ihre Ergebnisse stellen sie anschließend allen Sch vor.

Ein Fest der Befreiung: Pessach

fragen – suchen – entdecken **26/27**

1. Hintergrund

Die Doppelseite **fse 26/27** eröffnet die Rahmenerzählung, die in das zentrale jüdische Fest Pessach einführt. Eine kurze Beschreibung des Festablaufes gibt der Junge Ben. Das Foto **fse 26** unten zeigt Juden bei der Feier des Sedermahles zu Beginn des Pessachfestes. Ben beschreibt kurz die typischen Speisen. Dem jüngsten Mitglied der Tischgemeinschaft – im Bild **fse 27** – kommt eine wesentliche Rolle beim Fest zu. Es darf die vier wichtigen Fragen des Sederabends stellen. Die Fragen stehen unter dem Foto.
fse 28-33 entfalten den biblischen Hintergrund des Festes im Buch Exodus. So informiert, begegnen Sch erneut dem Jungen Ben (**fse 34/35**). Die Fragen des Pessach können Sch mithilfe des erworbenen Wissens selbst beantworten.

Das Pessachfest

Das Pessachfest war ursprünglich ein Frühlingsfest, das von den Nomaden und Halbnomaden gefeiert wurde, wenn die Herden auf die Weiden ausgetrieben wurden. Ein Lamm wurde geschlachtet und die Zeltstangen wurden zur Abwehr von Unheil mit dem Blut des Lammes bestrichen.
Durch den Exodus, den Auszug aus Ägypten, erhielt das Fest eine neue Bedeutung. Pessach ist das Freiheitsfest und erinnert an die Befreiung des Volkes Israel aus der Knechtschaft in Ägypten dank dem mächtigen Eingreifen Gottes.
Das Pessachfest wird im Frühjahr gefeiert, im Nissan, dem ersten Monat im jüdischen Kalender. Dieser Monat wird auch der Monat des „Auszugs aus Ägypten" genannt. Pessach (hebräisch) bzw. Pascha (aramäisch) wird auch „Fest der Mazzot", d. h. Fest der ungesäuerten Brote genannt.
Das Buch Exodus (12,5-27) führt aus:
Die Israeliten mussten ein Lamm essen, mit dessen Blut die Türpfosten bestrichen wurden (vgl. oben Frühlingsfest). So schritt das Verderben an ihren gekennzeichneten Häusern vorüber. Sie mussten ihr Mahl, das Pessach, in Eile essen, das Pessachlamm wurde schnell gebraten. Die Israeliten aßen stehend, in ängstlicher Erwartung, bereit zum Aufbruch, den Gürtel angelegt und den Wanderstab in der Hand. Von diesem Mahl durfte nichts übrig bleiben. Außer Mazzot (ungesäuerte Brote) und Maror (bittere Kräuter) gab es keine Beilagen. Die Mazzen wurden aus Wasser und Mehl schnell zu einem Teig geknetet und dann gebacken.
Die Erinnerung an die Befreiung aus der Sklaverei bleibt seither untrennbar mit der Feier des Pessachfestes verbunden. Aus diesem eiligen Mahl des Aufbruchs entwickelte sich im Laufe der Zeit ein festliches Mahl, bei dem aber die Zubereitung und Beilagen die gleichen blieben.

Feier des Pessachfestes im heutigen Judentum

Pessach hat sich gewandelt zu einem Familienfest. Zur Festvorbereitung wird die ganze Wohnung gesäubert, denn es soll nichts „Gesäuertes" (Chametz) mehr vorhanden sein. Es wird ein besonderes Geschirr verwendet, das nur für diesen Anlass hervorgeholt wird. Alle Reste von Chametz (z. B. Sauerteig, Hefe und Brot) werden verbrannt. Sobald sich der Geruch der Reinheit am Tag vor dem Pessachfest in der Wohnung verbreitet, erwarten alle heiter und leicht gespannt den Sederabend. Seder bedeutet Ordnung und weist darauf hin, dass die Feier nach einer bestimmten Ordnung abläuft. Im erweiterten Sinn bedeutet Seder den gesamten häuslichen Ehrendienst der beiden ersten Abende des Pessachfestes, die Sederabend heißen.
Die Hausfrau bereitet eine festliche Mahlzeit für den Sederabend zu. Kommen die Männer aus der Synagoge, beginnt das Fest. Alle Teilnehmer des Mahles tragen ihre beste Kleidung, strahlendes Licht erhellt die Feier. Es ist die heilige Nacht, die unter dem besonderen Schutz Gottes steht. Symbolisch wird der Auszug aus Ägypten gefeiert, dessen historische Bedeutung und deren Folgen werden erklärt und sollen den Anwesenden erneut bewusst werden. Jeder feiert so, als wäre er damals gerettet worden.
Der Sedertisch ist weiß gedeckt, der Hausherr sitzt weiß gekleidet in einem bequemen Stuhl und leitet

Fremd und unterdrückt

Arbeitsauftrag für Gruppe 1

- Welche Personen kommen in der Szene vor? Erzählt!
- Beschreibt ihre Gefühle. Stellt sie ohne Worte dar.
- Lest mit verteilten Rollen den Text eurer Szene.
- Spielt die Szene in eurer Gruppe mit oder ohne Worte. Jedes Gruppenmitglied hat eine Aufgabe.
- Formuliert eine Bitte der Israeliten, die zu eurer Szene passt und schreibt sie auf.

Arbeitsauftrag für Gruppe 2

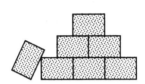

- Welche Personen kommen in der Szene vor? Erzählt!
- Beschreibt ihre Gefühle. Stellt sie ohne Worte dar.
- Lest mit verteilten Rollen den Text eurer Szene.
- Spielt die Szene in eurer Gruppe mit oder ohne Worte. Jedes Gruppenmitglied hat eine Aufgabe.
- Formuliert eine Bitte der Israeliten, die zu eurer Szene passt und schreibt sie auf.

Arbeitsauftrag für Gruppe 3

- Welche Personen kommen in der Szene vor? Erzählt!
- Beschreibt ihre Gefühle. Stellt sie ohne Worte dar.
- Lest mit verteilten Rollen den Text eurer Szene.
- Spielt die Szene in eurer Gruppe mit oder ohne Worte. Jedes Gruppenmitglied hat eine Aufgabe.
- Formuliert eine Bitte der Israeliten, die zu eurer Szene passt und schreibt sie auf.

Arbeitsauftrag für Gruppe 4

- Welche Personen kommen in der Szene vor? Erzählt!
- Beschreibt ihre Gefühle. Stellt sie ohne Worte dar.
- Lest mit verteilten Rollen den Text eurer Szene.
- Spielt die Szene in eurer Gruppe mit oder ohne Worte. Jedes Gruppenmitglied hat eine Aufgabe.
- Formuliert eine Bitte der Israeliten, die zu eurer Szene passt und schreibt sie auf.

die Feier. Im engeren Sinn bedeutet Seder Schüssel, die bei der Feier mit den Mazzot in der Mitte des Tisches steht. Die symbolischen Speisen dienen nicht der Sättigung. Jeder, der an dieser Feier teilnimmt, hat neben seinem Gedeck einen silbernen Weinbecher und eine Haggada. Dies ist ein besonderes, für den Sederabend zusammengestelltes Gebetbuch mit liturgischen Texten, die an den Auszug aus Ägypten erinnern. Es gibt kein jüdisches Buch, das so reich geschmückt und so fantasie- und prachtvoll bemalt und verziert und in so hohen Auflagen gedruckt ist wie die Pessach-Haggada.

In der Mitte der Tafel steht ein großer, besonders schöner Silberbecher für den Propheten Elija, der als Vorläufer des Messias erwartet wird. Die Erzählung vom Auszug aus Ägypten ist das Hauptthema des Sederabends. Sie gründet sich auf Ex 12,26f.: Wenn euch eure Söhne fragen: Was bedeutet diese Feier?, dann sagt: Es ist das Pascha-Opfer zur Ehre des Herrn ...

Bei diesem traditionellen Familienfest wird gemeinsam gesungen und gebetet, wobei sich der Ablauf nach dem Ritus der Pessach-Haggada richtet. Die Türen werden geöffnet, denn diese Nacht steht unter dem besonderen Schutz Gottes. Gäste sind willkommen und zur Mitfeier eingeladen. Kinder haben bei der Sederfeier eine besondere Aufgabe, sie stellen die vier wichtigen Fragen (vgl. **fse** 27) und der Hausherr beantwortet sie mit der Erzählung vom Auszug aus Ägypten.

2. Einsatzmöglichkeiten im RU

Im Dialog mit Ben
- Sch betrachten Foto **fse 26** oben als Folie oder als Vergrößerung an der Tafel oder als Mitte eines Bodenbildes.
- L stellt Ben vor: Ich bin Ben. Ich bin 9 Jahre alt. Ich bin ein jüdischer Junge.
  Ben fragt: Was möchtest du über mich und meine Religion wissen?
- Sch erhalten leere Sprechblasen und stellen Ben kurze Fragen (EA oder PA) und ergänzen Tafelbild oder Bodenbild.
- Sch entdecken im Laufe der Sequenz Antworten auf noch offene Fragen.

Pessach – ein Fest der Befreiung
- Sch informieren sich auf **fse 26/27**.
- Sch entdecken durch Text und Foto **fse 26/27** den Facettenreichtum von Inhalt und Ablauf des Pessachfestes.
- Sch drücken ihren Wissenszuwachs in einem Brief an Ben aus: **AB 3.2.1, Arbeitshilfen S. 91**.
- Sch lesen sich ihre Briefe vor und kleben den eigenen in ihr Heft.

3. Jahrgangsübergreifende Lerngruppe

Pessach heute
- Sch des vierten Jahrgangs bringen Informationen, Fotos, Texte aus Büchereien und dem Internet zum Pessachfest mit. Sie lesen und sortieren das Material und gestalten ein DIN-A2-Plakat zum Thema: „Feier des Pessachfestes im heutigen Judentum".
- Anschließend wird es vorgestellt und fotografiert. Jede/r Sch erhält einen Abzug oder Ausdruck für das eigene Heft oder die Mappe.
- Das Plakat bleibt für die weitere Unterrichtsreihe im Klassenraum sichtbar.

Fremd und unterdrückt　　　　　　　　　　　　　　　　　　fragen – suchen – entdecken **28/29**

1. Hintergrund

Die Doppelseite **fse 28/29** stellt in einem Comic dar, wie Ex 1,6-14.22 (der Tötungsbefehl an die Hebammen VV15-21 wird ausgeklammert) die Situation der Israeliten schildert. Josefs Wohltaten für Ägypten sind längst vergessen (vgl. die Träume des Pharaos und die Deutung durch Josef, LP 3.3). Die Nachkommen Josefs haben sich in Ägypten niedergelassen. Der König fühlt sich durch deren hohe Geburtenrate bedroht. Er unterjocht sie und bürdet ihnen schwere Arbeiten auf. Sie müssen die Felder bestellen und Ziegel brennen. Das Volk der Israeliten (der biblische Text spricht von Hebräern – hier liegt eine alte Erinnerung an die Kerngruppe der israelitischen Religion vor) erstarkt zahlenmäßig indes weiter und so verordnet der König eine radikale Geburtenkontrolle: Alle männlichen hebräischen Nachkommen sollen getötet werden.

Altes Ägypten
Vor ca. 5000 Jahren entstand auf dem Gebiet des heutigen Ägypten eine der ersten großen Hochkulturen der Welt, das altägyptische Reich. Etwa 2500 Jahre lang war Ägypten eines der mächtigsten und reichsten Länder der Erde. Auch damals schon wussten die Bauern den nährstoffreichen Schlamm des Nils, der sich nach heftigen Regenfällen und Über-

_____

„Ich habe das Elend meines Volkes in Ägypten gesehen, ihr Schreien habe ich gehört."

Nach Ex 3,7

schwemmungen über ihre Felder legte, zu nutzen. Er machte den Boden überaus fruchtbar, zweimal im Jahr konnte die Ernte eingefahren werden. Die alten Ägypter glaubten, der Pharao sei göttlicher Herkunft und in seiner Gestalt werde ein Gott sichtbar. Die schönsten ägyptischen Gebäude waren Gräber und Tempel, viele davon sind heute noch erhalten. Tausende von Menschen arbeiteten jahrelang am Bau der riesigen Pyramiden, den Grabdenkmälern der Pharaonen. Die Ägypter glaubten an ein Leben nach dem Tode, sie gaben ihren Toten Nahrungsmittel und tägliche Gebrauchsgegenstände mit. Diebe brachen später in die meisten Grabkammern ein und raubten sie aus. Ein vollkommen unberührtes Grab hat man in unserer Zeit entdeckt: die letzte Ruhestätte des jung gestorbenen Pharaos Tut-ench-amun. Darin fand man noch erhaltene Hieroglyphen, die ägyptische Bilderschrift, die die Wände der Pyramiden zierte und auch auf Papyrus geschrieben wurde (in: Der Kinderbrockhaus in vier Bänden, Bd. 1, Mannheim/Leipzig).

Historischer Hintergrund

Auch wenn sich keine außerbiblischen Zeugnisse für ein Leben der Nachkommen Josefs in Ägypten finden lassen, ist davon auszugehen, dass sich die Erzählung historischer Ereignisse erinnert (vgl. La Sor, S. 146 f.). Der Hinweis in Ex 1,11, dass nämlich die Israeliten den Ausbau der Städte Pitom und Ramses leisten mussten, lässt die Vorgänge im östlichen Nildelta lokalisieren und zeitlich auf das 13. Jahrhundert v. Chr. eingrenzen. Der damalige Herrscher Pharao Ramses II. (1290-1224) baute seine Macht nach außen und innen aus. Er beanspruchte, wie bereits seine Vorgänger, göttlicher Heils- und Lebensmittler zu sein. Seine religiöse Macht stützte er auf die Priesterkasten mit ihren ausgedehnten Tempelanlagen. Sie wurden aufgrund von Begünstigungen und Schenkungen zu mächtigen Institutionen mit großen Besitztümern. Zur Bewirtschaftung der zugehörigen Felder sowie zum Bau von Großprojekten wurden amtlich verordnete Arbeitsdienste eingerichtet, zu denen viele Menschen zwangsverpflichtet wurden. Wenngleich der Dienst in bestimmten gesetzlichen Bahnen verlief und diese Staatssklaven nicht gänzlich rechtlos waren, so arbeiteten sie doch am Rande des finanziellen und sozialen Existenzminimums. Bilder aus ägyptischen Gräbern bezeugen, dass Aufseher bzw. Vorarbeiter mit ihren Leuten nicht gerade zimperlich umgingen (vgl. Zenger, S. 89-94).

Die Bilder auf **fse 28/29** helfen den Sch, sich in den harten, von Unterdrückung und Fremdbestimmung geprägten Alltag der Israeliten hineinzuversetzen. Die Szenen sind aus dem Alltagsleben der Menschen genommen. Sch entdecken in den Bildern und Sprechblasen die Gefühle und Befindlichkeiten der Menschen: Schmerz, Erschöpfung, Verzweiflung, Angst ... Sowohl das Arbeitsleben in seiner Tristesse (**fse 28** oben) als auch die Auswirkungen in die häusliche Situation hinein (**fse 28** unten) sind lebendig dargestellt. **fse 29** oben konfrontiert Sch mit dem Tötungsbefehl des Königs. Das untere Bild auf dieser Seite lässt jedoch den weiteren Verlauf des Geschehens noch offen. Sch suchen selbst nach Möglichkeiten, wie die Israeliten in dieser schier ausweglosen Situation handeln könnten.

Literatur

La Sor, William S., Das Alte Testament: Entstehung – Geschichte – Botschaft, Gießen/Basel ³1992

Staubli, Thomas, Begleiter durch das Erste Testament, Düsseldorf 1997

Zenger, Erich, Der Gott der Bibel, Stuttgart 1979 (S. 89-94: eine gut lesbare Einführung zur bedrückenden Situation der Staatssklaven)

2. Einsatzmöglichkeiten im RU

Ägypten zur Zeit des AT – eine Empathieübung

- L legt großen Stein in die Mitte. Stell dir vor, du müsstest einen solchen Stein tragen! Wer will, kann den Stein heben.
- L liest Satz aus der Bibel: „Ich habe das Elend meines Volkes gesehen" und legt Textstreifen zum Stein. Im AT erfährst du, wie es einem Volk vor langer Zeit in Ägypten erging.
- Erinnerst du dich an Josef und seine Brüder? Sch aktivieren ihr Vorwissen.
- L erzählt: Und so ging es weiter:

Seit langer Zeit schon leben die Israeliten in Ägypten. Josef und seine Brüder sind lange tot, seine Nachfahren aber leben noch immer im Land. Ein neuer Pharao kommt an die Macht, der sich nicht mehr an Josef erinnert und an das Gute, das er für Ägypten getan hat.

Der neue Pharao ist ein mächtiger Herrscher. Er bekommt Angst, als er sieht, dass die Israeliten immer zahlreicher werden und sein Land bevölkern. Er ruft seine Berater zu sich und sagt zu ihnen: „Die Israeliten werden immer zahlreicher, sie können uns gefährlich werden. Denn wenn in unserem Land mehr Israeliten als Ägypter leben, könnte sich einer von ihnen auf meinen Thron setzen und selbst Herrscher über unser Land werden. Ich werde ihnen aber zeigen, dass ich stärker und mächtiger bin als sie."

Er ordnet an, dass die Israeliten als Sklaven für ihn arbeiten müssen. Er zwingt sie, Paläste und Vorratskammern zu bauen. Tag für Tag, von Sonnenauf-

gang bis Sonnenuntergang, müssen sie nun schwere Steine tragen. Sie errichten aus Mauern Häuser und Paläste. Ägyptische Aufseher überwachen die harte Arbeit der Israeliten.

Fremd und unterdrückt – Comic
- Sch lesen in EA den Comic und betrachten die Bilder.
- In arbeitsteiliger GA beschäftigt sich jede Gruppe mit einer Szene, **AB 3.2.2, Arbeitshilfen S. 93**.
- Sch stellen ihre Ergebnisse im Plenum vor und kleben Nummer, Symbol und formulierte Bitte an die Tafel.
- Sch erhalten **AB 3.2.3, Arbeitshilfen S. 95**, zur Ergebnissicherung. Sie notieren zu jedem Bild einen zusammenfassenden Satz. Abschließend finden sie eine geeignete Überschrift oder sie übertragen die Überschrift von **fse 28**.
- Sch suchen aus den Bildern eine Person aus, beschreiben sie und nehmen für ca. 2 Minuten dieselbe Haltung ein.
- Sch reflektieren ihre Wahrnehmungen und Empfindungen im Gespräch oder schreiben sie in einem Schweigegespräch nieder. Satzbrücken können sein:
Ich bin ..., Ich arbeite ..., Ich fühle ..., Ich denke ..., Ich wünsche ...

3. Jahrgangsübergreifende Lerngruppe

Sich über Ägypten informieren
- Sch aus der vierten Jahrgangsstufe bringen Reiseprospekte zum Land Ägypten mit. Daraus erstellen sie ein DIN-A2-Plakat, welches das Land Ägypten mit seinen Besonderheiten vorstellt.
- Anschließend wird es erläutert und fotografiert. Jede/r Sch erhält auch hiervon ein Bild für das Heft oder die Mappe.
- Auch dieses Plakat bleibt für die weitere Unterrichtsreihe im Klassenraum sichtbar.

Bodenbild Ägypten gestalten
Auf eine Styroporplatte das Land Ägypten mit seinem Leben spendenden Mittelpunkt Nil mit Tonpapier, Alufolie oder Plakafarben gestalten: Kamel und Palmen, Flachdachhäuser, Pyramiden und Ziegelsteine, Peitschen (als Zeichen der Unfreiheit und Unterdrückung: an ein 10 cm langes Holzstäbchen Paketschnur knoten).
Alle gebastelten Dinge werden mit Zahnstochern auf der Styroporplatte befestigt.
Dieses Bodenbild begleitet Sch durch die gesamte Sequenz.

Alternative: Auf ein weißes Bettlaken mit Wasser- oder Stoffmalfarben die Landschaft malen; lässt sich klein zusammenfalten und aufbewahren.

Klagepsalm auf „Papyrus"
- Sch weben aus 2 cm breiten Papierstreifen ein neues Papier.
In ein längs eingeschnittenes DIN-A5-Blatt flechten Sch ca. 2 cm breite Streifen.
- Sch beschriften das fertige „Papyrusblatt" mit folgendem Klagepsalm oder übernehmen diesen Psalm in ihr Heft und gestalten ihn:
*Zu Gott will ich rufen,
der Herr wird mir helfen.
Am Abend, am Morgen, am Mittag
seufze ich und stöhne;
er hört mein Klagen.
Er befreit mich, bringt mein Leben in Sicherheit.
Ps 55,17-19*
- Sch lernen den Psalm auswendig und erweitern ihren Gebetsschatz.

Sandalen des Pharao
- Sch betrachten die „Sandalen des Pharao" **AB 3.2.4, Arbeitshilfen S. 99**, ggf. auf Folie, und stellen Vermutungen an.
- L informiert Sch über diesen Fund:
Im Grabschatz des ägyptischen Königs Tutanchamun (um 1330 v. Chr.) entdeckte man unter vielen Kostbarkeiten auch seine Sandalen. Mitten in der reichen ornamentalen Verzierung sind zwei Gestalten dargestellt, die Fesseln tragen: um den Hals oder um Arme und Bauch. Es handelt sich um einen gefangenen Asiaten auf der linken Sandale und um einen gefangenen Nubier auf der rechten Sandale. Die Gefangenen wurden so auf die Sandalen

des Pharao gemalt, dass Tutanchamun buchstäblich den ganzen Tag auf ihnen herumtrampeln, sie „mit Füßen treten" konnte. Drastischer kann man Macht und Siegerwillen kaum darstellen (vgl. Keel).

Ein Blick ins AT zeigt, dass das Bild „mit Füßen treten" dort vorkommt. Die gefangenen Israeliten – so verheißt Sacharja – werden „die Schleuderer unter die Füße treten" (9,15). Und Salomo sagt im Zusammenhang mit seinem Vater David, dass der Herr ihm seine Feinde „unter die Fußsohlen legte" (1 Kön 5,17).

Literatur, Musik und Adressen

Sanders, Nancy, Abraham, Moses & Co. Leben zur Zeit des Alten Testaments, Mülheim 2000

Die Pyramide, Meyers kleine Kinderbibliothek, Mannheim (vergr., Medienstelle!)

Ich entdecke die Welt der Bibel – AT, Ravensburg 1987

Keel, Othmar, Die Bibel mischt sich ein, Zürich 1984

Lernen an Stationen – entdeckt für den Religionsunterricht, pti, Bonn 2000 (enthält Freiarbeitsmaterial zum Thema: Das Leben der Hebräer in Ägypten aus der Sicht der Mirjam), zu bestellen über: www.presseverband.de

Licht an! Das ägyptische Grab, Meyers kleine Kinderbibliothek, Mannheim (vergr., Medienstelle!)

Röhrig, Catherine, Spaß mit Hieroglyphen, Nürnberg [8]1997 (enthält 24 Gummistempel, Hieroglyphenführer und Stempelkissen)

Classical Egyptian Dance CD, ARC Music Int.

Tipp für preiswertes Bildmaterial:
Ägypten-Kalender des laufenden Jahres günstig erwerben

Internet-Adressen:
www.hieroglyphen.de
www.online-club.de/~nofretete
www.aegypten-online.de
www.bbaw.de/forschung/altaegyptwb/index.html
(altägyptisches Lexikon)
http://members.easyspace.com/Brig/Egypt/docs/pyramiden.html

Neue Hoffnung: Gott ist da fragen – suchen – entdecken 30/31

1. Hintergrund

Mose

Der Name Mose ist ägyptisch und bedeutet „gezeugt von ...", „Kind". Das hebräische Verb maschah („ziehen") klingt ähnlich. Das legt ein Wortspiel nahe, wie es Ex 2,10 formuliert: Mose ist der aus dem Wasser Gezogene. Es gelang bisher nicht überzeugend, die historische Gestalt zu greifen. Vielleicht wurden die Glaubenserfahrungen des Volkes in dieser einen Gestalt verdichtet und vorstellbar tradiert. Versuchen wir aus den biblischen Zeugnissen die theologische Aussage der Texte zu eruieren:

Mose wird als Kind einer Hebräerin geboren. Durch die List seiner Mutter und Schwester entrinnt er dem Tod und wächst am Königshof auf. Nachdem der Jüngling Mose einen Ägypter getötet hat (Ex 2,11f.), flieht er. Während Mose Schafe hütet, offenbart sich ihm Gott in einem brennenden Dornbusch. Die Gottesbegegnung ist verbunden mit dem Auftrag, die Israeliten aus Ägypten herauszuführen.

Ex 2,1-10: Die Rettung im Binsenkörbchen

Um der auf **fse 28/29** geschilderten Gefahr zu entgehen, wird das kleine Kind Mose von seiner Mutter in einem Binsenkörbchen im Schilf des Nilufers versteckt und von seiner Schwester Mirjam bewacht. Das Kind wird von den Dienerinnen der in der Nähe badenden Königstochter entdeckt. Mirjam bietet sich an, bei der Suche nach einer Amme behilflich zu sein, und bringt die Mutter herbei.

Im Vorderen Orient sind Geburtslegenden, in denen der spätere Retter durch göttliche Vorsehung gerettet wird, weit verbreitet. Als solche ist auch unsere Erzählung zu verstehen. Die Aussageabsicht des Verfassers ist deutlich erkennbar: Über Mose, den späteren Retter des Volkes, wacht von Geburt an Gottes schützende Hand. Überdies wird symbolisch an seiner Rettung im Voraus vollzogen, was später dem ganzen Volk widerfahren wird – die Rettung am Nilufer ist als Parallele zur Rettung des Volkes beim Durchzug durch das Meer gestaltet.

Ex 2,11-22: Mord an einem Ägypter und Flucht nach Midian

Mose wächst am Königshof auf. Dort erhält er vermutlich eine ihm angemessene Ausbildung in Lesen und Schreiben und in Verwaltungstätigkeiten, so wie es für Prinzen (Mose wird von der Tochter des Pharao als Sohn angenommen) üblich war. Als junger Mann tötet er einen Ägypter, weil dieser einen Hebräer schlug. Mose war sich also seiner nichtägyptischen Abstammung bewusst. Die Stammesbrüder indes wollen seine Unterstützung nicht und so flüchtet Mose aus Angst vor Entdeckung nach Midian. Die Erzählabsicht lässt sich leicht erkennen: Mose handelt als junger Mann auf eigene Faust – und scheitert: Er wird zum Mörder, der um sein Leben bangt und fliehen muss.

Mose flieht in das Stammesgebiet der Midianiter, die zu dieser Zeit als Halbnomaden auf der südlichen und westlichen Sinai-Halbinsel leben. In der Fremde wird er Hirte. Das Weiden von Schafen ist (auch in europäischen Märchen!) „ein Motiv des Wartens und Zu-

Meine Lupe

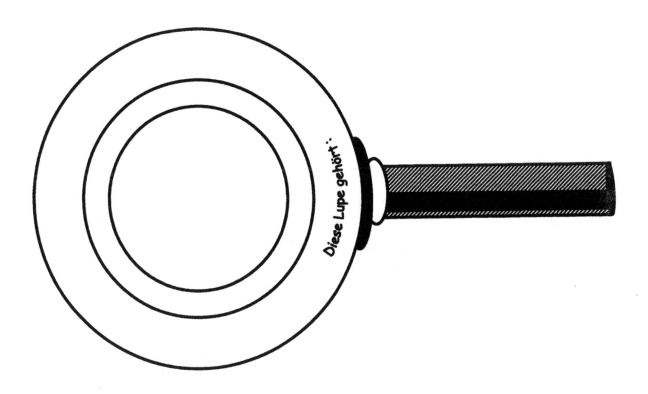

Die Sandalen des Pharao

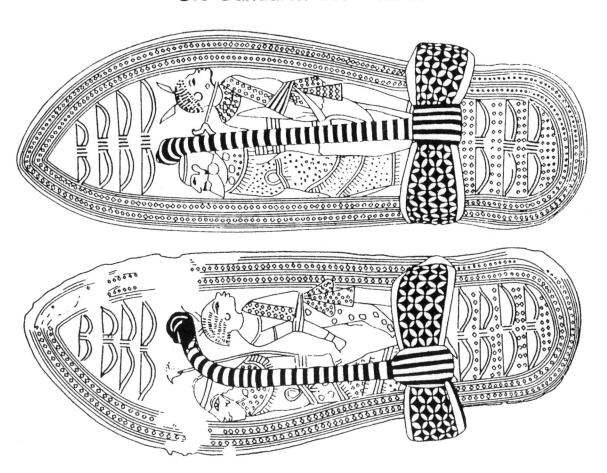

sich-Kommens" (Staubli, S. 169). Er muss erst reif und fähig werden für die Aufgaben, die auf ihn zukommen.

Ex 3,1-5: Der brennende Dornbusch – heiliger Ort

Die Verse bilden die Hinführung zum zentralen folgenden Teil. Mose entdeckt einen heiligen Ort aufgrund eines nicht verbrennenden Dornbusches. Im Hebräischen (Dornbusch: sönä) klingt der Name des Ortes Sinai durch. Es ist deshalb nicht sinnvoll, den Dornstrauch botanisch einzuordnen, sondern als Synonym für den Gottesberg zu deuten. An diesem Ort offenbart sich Gott dem Mose. Mose nimmt vorweg, was das ganze Volk erleben wird: die Erfahrung des rettenden Gottes, der seinen Blick auf sie richtet.

Ex 3,6-16: Berufung des Mose

In diesem Abschnitt gibt sich Gott als der Gott der Vorfahren zu erkennen und beauftragt Mose zum Pharao zu gehen. Der Text ist als stilisierte Erzählung aufgebaut: Mose traut sich die Aufgabe nicht zu. Gott aber verpflichtet ihn, die Botschaft zu überbringen und verspricht ihm Beistand – eine typische Prophetenberufung (vgl. Arbeitshilfen S. 230).

Daraus ergibt sich folgende Aussageabsicht: Mose, der unbedeutende und im Exil lebende Hirte, wird von Gott gerufen. Er darf sich dieser großen Aufgabe nicht entziehen. Gott hat ihn in seinen Heilsplan eingebunden, auch wenn dies nach menschlichem Ermessen (ein Hirte stellt sich dem Pharao entgegen!) unmöglich erscheint.

Mit der Berufung verknüpft ist die Selbstoffenbarung Gottes. Hier handelt es sich um eine grundlegende Überlieferung Israels.

> **Die Offenbarung Gottes und der Name Jahwe**
> Religionsgeschichtlich betrachtet lässt die Szene durchscheinen, dass die in Ägypten lebenden Israeliten (und ebenso Mose) bis zu diesem Zeitpunkt JAHWE nicht kannten. Jahwe wurde von den Midianitern verehrt, vermutlich am Sinai. Mose erkennt in ihm den „Gott der Väter", von dem die Israeliten vom Hörensagen wussten, zu dem sie jedoch keine eigene Beziehung hatten. Dieser Gott stellt sich Mose als Retter vor, der das Volk aus der Knechtschaft herausführen wird.
> Mose will den Namen Gottes erfahren. In Ex 3,14 stellt sich Gott in einem geheimnisvollen Satz vor, welcher wörtlich übersetzt heißt: „Ich werde sein, der ich sein werde." Der Begriff „Sein" meint im Hebräischen nicht wie in unserem Sprachgebrauch das Vorhandensein, sondern ist dynamisch als ein Sich-wirksam-Erweisen und „Da-Sein" für andere zu verstehen. Übersetzen ließe sich der Satz so: „Ich bin tatsächlich der, der für euch da ist, der bereit ist, euch zu helfen und um euretwillen einzugreifen" (La Sor, S. 160).
> Im Alten Orient war der Name mehr als nur die Bezeichnung einer Person; mit der Preisgabe des Namens trat das innerste Wesen, die Persönlichkeit zutage. Damit wurde die Person kontaktfähig, aber auch verfügbar (vgl. Kittel, S. 85). Mit der rätselhaften Aussage indes entzieht sich Gott dieser Verfügbarkeit. Wie er sein Volk begleiten wird, bleibt in seiner Freiheit, den Menschen verborgen. Vor diesem Hintergrund lassen sich aus unserer Erzählung wesentliche Aspekte herausschälen, die Gottes Beziehung zu den Menschen prägen:
> – Jahwe ist ein persönlich begegnender Gott, der die Menschen bei ihrem Namen ruft.
> – Er ist ein befreiender Gott, der zu neuem Leben in Freiheit führt („Ich werde die Menschen aus der Hand der Ägypter befreien ...").
> – Er ist ein verpflichtender Gott, der eine Antwort auf sein Handeln einfordert (Gott lässt die Ausflüchte des Mose nicht gelten, Mose wird als Bote verpflichtet).
> – Und schließlich ist er ein unbegreiflicher und unverfügbarer Gott, der sich nicht in ein Bild (Mose bedeckte sein Gesicht) und nicht in Begriffe (das rätselhafte „Ich bin der Ich-bin-da") fassen lässt (vgl. Kittel, S. 91).
> Im RU werden sich mit Sch nicht sämtliche Aspekte in ihrer Vielschichtigkeit aufschließen lassen. Trotzdem ist darauf zu achten, sich nicht nur auf eine, etwa auf die befreiende oder die personal begegnende, Dimension Gottes zu beschränken. Die biblische Aussageabsicht wäre damit verkürzt, dem Anspruch des Textes würde man nicht gerecht.

Von der Rettung des kleinen Mose erfahren Sch im Comic-Bild (**fse 30** oben), das an **fse 28/29** anschließt. Auf **fse 29** wurde offen gelassen, wie die Israeliten mit der dramatischen Situation umgehen. Sch hatten selbst nach Auswegen aus der Not gesucht, jetzt erfahren sie, wie durch den Einfallsreichtum der Mutter und die Tatkraft der Schwester der kleine Mose dem drohenden Tod entgeht. Zwei Textzeilen fassen zusammen: Mose überlebt und gelangt sogar an den königlichen Hof. Für das Körbchen bzw. Kästchen, in das die Mutter den kleinen Jungen legt, verwendet die Hebräische Bibel das gleiche Wort wie für die Arche Noah. Die Rettung des Mose wird verglichen mit der Rettung der Menschheit!

Das untere Bild regt an nachzuforschen, wie aus dem Prinzen am Königshof ein Hirte in der Wüste (Steppe) werden konnte. Sch werden in der Bibel auf den Mord an einem Ägypter durch Mose stoßen. Daher wird ihnen seine Flucht verständlich.

Mirjam erzählt: Gott rettet

Ich heiße Mirjam, bin ein hebräisches Mädchen und lebe mit meiner Familie in Ägypten. Meine Eltern müssen beide als Sklaven für den Pharao Frondienst leisten.

Die ägyptischen Wachen peitschen jeden aus, der nicht schnell genug arbeitet. Meine Mutter hat vor einigen Tagen ein Baby bekommen. Wir haben uns alle riesig über dieses Ereignis gefreut. Stundenlang habe ich den Kleinen im Arm gewiegt und ihm Lieder vorgesungen. Immer, wenn wir ihn anschauen, können wir alle unsere Sorgen vergessen. Gestern kam mein Vater völlig außer Atem nach Hause. Ich habe sofort gespürt, dass etwas Schreckliches passiert ist. Er berichtet vom neuen Befehl des Pharao. Dieser lautet: „Alle Jungen, die den Hebräern geboren werden, sollen getötet werden." Alle sind so erschrocken, dass wir nicht mehr sprechen können.

Unser einziger Wunsch ist: Das Baby soll leben, es ist ja noch so klein und friedlich! Mir ist schnell klar, wir müssen eine Lösung finden.

Nach verzweifeltem Überlegen haben wir die rettende Idee: Ich flechte einen Korb aus Binsen, der wie ein kleines Nest für meinen Bruder ist. Damit kein Wasser in den Korb dringen kann, bestreichen wir ihn mit Pech. Schweren Herzens nehmen wir Abschied. Ich lege mein Brüderchen vorsichtig in den Korb und bringe ihn ans Nilufer. Mit klopfendem Herzen verstecke ich mich am Ufer und lege das Körbchen in der Nähe des Palastes vorsichtig ins Schilf. Ich weiß, jetzt kann nur noch Gott helfen!*

In einiger Entfernung kann ich mehrere vornehme Damen erkennen, die an den Nil gekommen sind. Die kleine Gruppe kommt näher und ich erkenne die Tochter des Pharao mit ihren Dienerinnen. Plötzlich fängt unser Baby lautstark zu schreien an. Mein Herz klopft bis zum Hals! Was wird jetzt geschehen?

Die Prinzessin entdeckt im Schilf das Körbchen mit dem Kind und ist sehr erstaunt. Sie zieht es aus dem Wasser. Obwohl sie es als Hebräerkind erkennt, beschließt sie, das Baby zu behalten. Sie gibt ihm den Namen MOSE, d. h. „ich habe ihn aus dem Wasser gezogen". Noch während die Frauen überlegen, wer das Kind stillen soll, laufe ich auf sie zu. Bei der Suche nach einer Amme kann ich schnell weiterhelfen! Aufgeregt renne ich zu meiner Mutter und erzähle ihr, was passiert ist. Sie bietet der Tochter des Pharao ihre Hilfe an und so kann der kleine Junge überleben. Ich bin überglücklich und dankbar, dass der kleine Mose gerettet ist. Tief in meinem Herzen spüre ich: Auch in tiefstem Elend und in der größten Gefahr ist Gott bei uns.

Die Tochter des ägyptischen Königs nimmt Mose wie einen Sohn an und so wächst er am Hofe des Pharao auf.

Idee nach Bettina Hondl

Die Seite **fse 31** gibt den Text Ex 3,1-16 wieder. Er ist aufgeteilt in die Erzählung von der Gottesbegegnung am heiligen Ort des Sinai und in einen zweiten Teil mit der Überschrift „Gott offenbart seinen Namen". Hier laufen die beiden Erzählstränge von der Berufung des Mose und von der Selbstoffenbarung Jahwes zusammen. Drei Fragen zur Bedeutung des Gottesnamens führen zu einer Auseinandersetzung der Sch mit dem rätselhaften Ich-bin-da aus Ex 3,14.

Literatur

Kittel, Gisela, Exodus, in: Lachmann, Rainer u.a. (Hg.), Elementare Bibeltexte. Exegetisch – systematisch – didaktisch, Göttingen 2001

La Sor, William Sanford, Das Alte Testament, Entstehung – Geschichte – Botschaft, Gießen/Basel ³1992

Staubli, Thomas, Begleiter durch das Erste Testament, Düsseldorf 1997 (S. 85-87: prägnante Zusammenfassung der biblischen Entwicklung des Gottesglaubens)

2. Einsatzmöglichkeiten im RU

Mose wird gerettet

- Bildbetrachtung im Überblick oder mit „Lupe", **AB 3.2.5, Arbeitshilfen S. 99**: zwei Lupen auf festes Papier DIN A4 kopieren, ausschneiden, evtl. laminieren und als „Glasfläche" Overheadfolie zwischen die beiden Teile kleben. Der Einsatz der „Lupe" eignet sich immer wieder für vielfältige Beobachtungsaufgaben, um den Sch gezieltes Fokussieren zu ermöglichen und zu erleichtern.
- Schau dir den Nil, die Schwester des Mose und die Tochter des Pharao an.
- L erzählt aus der Perspektive der Mirjam die Ereignisse am Nil bis *: **AB 3.2.6, Arbeitshilfen S. 101**.

Mose auf dem Nil – eine Empathieübung

- Nach der L-Erzählung bis * formulieren Sch Bitten und gute Wünsche, die Mose auf dem Nil begleiten könnten, und schreiben diese auf blaue Tonpapierwellen.
- Sch gestalten Boden- oder Tafelbild. Sie legen mit blauen Tüchern den Nil, L stellt Körbchen dazu: **AB 3.2.7, Arbeitshilfen S. 103**.
- Sch legen ihre Papierwelle mit der Bitte und ein Teelicht in den Nil. So spüren Sch, dass eine unheilvolle Situation aufgehellt werden kann, und erkennen: Beten ist „Not-wendig".
- L erzählt Geschichte **AB 3.2.6** zu Ende.
- Sch verbalisieren den Dank über die Rettung in dem Kehrvers des Liedes: „Er rettet dich, er rettet mich ...", **AB 3.2.7**.
- Sch gestalten Hefteintrag mit Nil aus beschrifteten und unbeschrifteten Tonpapierwellen, Mirjam, Körbchen, Baby ...

Mose als Hirte

- Sch betrachten die Illustration **fse 30** unten, erzählen und erinnern sich an die vielfältigen Aufgaben eines Hirten (vgl. **fse 1** S. 30/31: Jesus erzählt von Gott, vgl. Arbeitshilfen 1, S. 98-103).
- Sch vermuten, wie es dazu kam, dass Mose in einem anderen Land als Hirte lebt.
  L schließt die Wissenslücke mithilfe des Erzähltextes „Warum Mose nach Midian floh" **AB 3.2.8, Arbeitshilfen S. 105**, und bindet Sch aktiv in die Erzählung ein.
- *Alternative*: L erzählt nach Werner Laubi, Mose: Geburt und Errettung, in: Geschichten zur Bibel. Ein Erzählbuch, Düsseldorf 1994, S. 60-62.

Ich bin da – Bedeutung für Mose und für mich

- L trägt meditatives Element zur Vertiefung vor:
  Schließe deine Augen, lege deinen Kopf auf die Bank.
  Wir haben Mose durch viele Stationen seines Lebens begleitet.
  Mose erinnert sich und deutet seine Erfahrungen:
  Der ICH-BIN-DA war bei mir, als ich in dem Körbchen im Schilf am Nilufer geschwommen bin. Nichts Böses ist mir geschehen.
  Der ICH-BIN-DA war bei mir, als mich die Tochter des Pharao fand. Sie schenkte mir ein zweites Mal das Leben.
  Der ICH-BIN-DA war bei mir, als ich aus Wut über das Unrecht, das den Hebräern widerfuhr, einen Ägypter tötete. Es gelang mir die Flucht vor dem Zorn des Pharao.
  Der ICH-BIN-DA war bei mir, als ich den weiten Weg ins Land Midian fand.
  Der ICH-BIN-DA war bei mir, als ich Menschen begegnete, die mich liebevoll aufnahmen.
  Der ICH-BIN-DA wird mich auch weiterhin begleiten.
- Male mit zwei Wachsmalkreiden in dein Heft ein Bild aus deiner Lebensgeschichte, in der du dich beschützt und behütet gefühlt hast. (L spielt leise meditative Musik ein.) Schreibe einen Satz zu deinem Bild: Der ICH-BIN-DA war bei mir, als ...
- Sch lernen das Lied: „Du bist immer da" **AB 3.2.9, Arbeitshilfen S. 107**, und erfinden Bewegungen dazu.

Mose am brennenden Dornbusch

- Sch lesen Text **fse 30** mit verteilten Rollen.
- Sch äußern Eindrücke und Gefühle spontan in einem Satz (dabei gilt alles als richtig!).
- Sch suchen in drei Gruppen je eine Szene aus und stellen sie in einem Standbild (*Alternative*: als Pantomime) dar, z. B.:
- Mose weidete die Schafe und Ziegen seines Schwiegervaters.

Er rettet Mose, er rettet dich

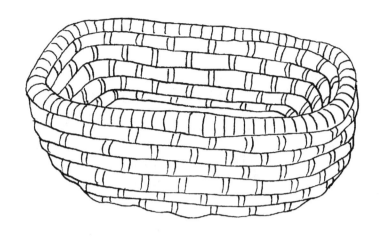

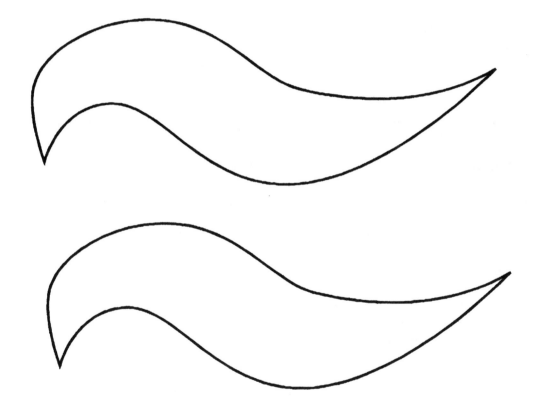

Quelle nicht zu ermitteln

Er ret - tet dich, er ret - tet mich,

er lässt uns nie - mals ver - lo - ren gehn.

– Da sah er einen Dornbusch, der in Flammen stand.
– „Zieh deine Schuhe aus, denn dieser Ort ist heiliger Boden!"

Kreatives Gestalten
Sch gestalten Bild des unsichtbar-sichtbaren Gottes in einer der folgenden Techniken
– Schwarzweiß-Technik
– Wachsmalkreiden
– Mosaikreißen aus buntem Papier
– Korkstempel-Bild
– Schreibbild: Bild mit Wörtern gestalten
– Sch gestalten eine Briefmarke

Gott offenbart seinen Namen
– Sch gestalten Ägypten als Bodenbild und bringen dabei ihr Vorwissen ein.
– L legt als Impuls Dornenzweig und großes Fragezeichen dazu: Wie geht die Geschichte des Mose weiter?

– L liest **fse 31** unten bis „... denn du sollst mein Volk aus Ägypten herausführen" und legt dabei Feuerzungen in Gelb, Orange, Rot zum Dornenzweig. Diese sind mit den Worten Gottes aus dem Text beschriftet.

3. Jahrgangsübergreifende Lerngruppe

Eine Reizwortgeschichte schreiben
Sch erzählen sich/schreiben in PA oder GA eine Reizwortgeschichte mit folgenden Wörtern: *Angst, mutlos, erleichtert, Vertrauen, froh, Ich Bin Da*.

Kreative Heftarbeit
Auf eine Doppelseite im Heft kleben Sch auf die linke Seite den kopierten Text **fse 31**, auf die rechte Seite malen sie einen Dornbusch. Zwischen beide Seiten wird eine Overheadfolie oder Pergamentpapier geklebt. Auf diese malen Sch mit Folienstiften oder Windowcolor farbige Flammen. Sch schreiben zwischen die Flammen JAHWE – ICH BIN DER ICH-BIN-DA.

Eine neue Erfahrung: Gott rettet
fragen – suchen – entdecken **32/33**

1. Hintergrund

Die Doppelseite **fse 32/33** setzt das Kapitelthema „Was Juden glauben – wie sie leben" fort. In einem zusammenfassenden Bericht, in einem Textabschnitt aus Exodus und mit einer Illustration aus alter Zeit werden die Ereignisse am Schilfmeer (Ex 13,17-15,21) thematisiert.
Der Durchzug durch das Meer ist für Israel die bedeutendste Rettungstat, die Gott seinem Volk erwiesen hat. Im biblischen Text sind **mehrere alte Überlieferungen** miteinander verwoben. Einmal wird Jahwe als der nahe Gott vorgestellt, der sein Volk rettet, indem er die Feinde selbst in die Flucht schlägt (Pharao: „Ich muss vor Israel fliehen. Denn Jahwe kämpft auf ihrer Seite ..."). Die Israeliten brauchen nur stillzuhalten und zu vertrauen. Dann wiederum tritt er als majestätischer und ferner Gott auf. Er gibt Mose einen Befehl („Strecke deine Hand aus ..."), sodass die Wasser zurückfluten und die Feinde ertrinken. Hinter den beiden Erzählsträngen stehen unterschiedliche Jahwe-Erfahrungen. Beiden gemeinsam ist die Gewissheit: Gott rettet. Aus der Geschichte historische Einzelheiten herauslesen zu wollen, wäre verfehlt. Der Text will verstanden werden als Zeugnis, das in gewaltigen Bildern die Macht Jahwes über den Gottkönig Pharao sichtbar macht. Unter dem Schutz ihres mächtigen Gottes kann das Volk den Weg in die Freiheit gehen.

Jahwe – ein grausamer Gott?
Mit dem Handeln Gottes haben viele Erwachsene Probleme, vermutlich auch Kinder. Gott wird als ein gewalttätiger erfahren, der Gleiches mit Gleichem heimzahlt. Müssen hier nicht auch „unschuldige" einfache ägyptische Soldaten elend zugrunde gehen? Die Erzählung spiegelt die Erfahrung wider, dass zu allen Zeiten die Untertanen „ausbaden" mussten, was Herrscher in ihrem Machtwahn ihrem Volk zumuteten. Darüber hinaus steht die alttestamentliche Vorstellung dahinter, dass das böse Tun auf den Täter selbst zurückfällt. Konkret: Gott hat für Israel einen Weg durch das Meer eröffnet in die Freiheit. Der Pharao aber stellt sich Gottes Heilsplan in den Weg und will Israel vernichten. Darum geht er selbst auf dem gleichen Weg zugrunde, zusammen mit seiner ganzen Macht (Armee). Das klingt für uns grausam und darf auch im Unterricht nicht heruntergespielt werden. Gott erweist sich hier als der Unbegreifliche (vgl. Dohmen-Funke; Kittel, S. 95 f.).

Historischer Hintergrund
Wie bereits beschrieben, war das Leben halbnomadischer Gruppen, die an den Ostgrenzen Ägyptens siedelten, im 13. Jahrhundert verstärkt geprägt von Unterdrückung. Der staatlich verordnete Arbeitsdienst

Warum Mose nach Midian floh

Mose wurde am Hof des Pharao erzogen, er wurde ein junger Mann. Eines Tages beobachtete er die hebräischen Sklaven bei ihrer schweren Arbeit. Er sah, wie ein Ägypter einen Israeliten erschlug. Mose wurde zornig in seinem Herzen. Er wollte es nicht zulassen, dass ein Mann aus seinem Volk Israel geschlagen wurde. Mose schaute sich vorsichtig um, er konnte niemanden sehen. Da erschlug er den Ägypter und vergrub ihn im Sand. Der Pharao hörte davon und wollte Mose töten.

Mose ist in einer verzweifelten Lage. Er weiß nicht mehr weiter. Was soll er tun?
Finde mit deinem Partner/deiner Partnerin verschiedene Lösungsmöglichkeiten!
Vergleicht die unterschiedlichen Ratschläge miteinander!

So geht die Geschichte weiter:
Mose gelang die Flucht in das ferne Land Midian. Dort fand er beim Priester Jitro eine neue Heimat. Mose wurde Hirte und heiratete Jitros Tochter Zippora.

passte nicht zum Selbstverständnis der freien Halbnomaden. Die Initiative zur Flucht geht in der Bibel auf Mose zurück. Vorstellbar wäre er als Anführer (Scheich) eines Sinai-Nomadenstammes, der über Ortskenntnisse auf dem späteren Fluchtweg und über verwandtschaftliche Beziehungen auf der Sinai-Halbinsel verfügte. Damit war er gut geeignet für das riskante Unternehmen. Ihm schlossen sich Menschen verschiedener halbnomadischer Stämme an, die ihre miserable Lage nicht länger ertragen wollten. Eine günstige Situation könnte die politische Schwäche Ägyptens unter den Nachfolgern Ramses II. im ausgehenden 13. Jh. v. Chr. gewesen sein.

Das Buch Exodus lässt eindeutige Ortsangaben in den Bericht vom Auszug einfließen. Den geografischen Verlauf der Flucht gibt es indes nicht richtig wieder. Damit sind Interpretationen, das genannte **Schilfmeer** sei das Mittelmeer oder das Rote Meer, nicht haltbar. Historisch denkbar ist hingegen ein Weg vom östlichen Nildelta direkt nach Osten, zwischen ägyptischen Grenzposten im Norden und der Wüste im Süden hindurch, auf nur Einheimischen bekannten Schleichpfaden. Dabei führte die Route zwischen den Ballah-Seen (Schilfmeer?) hindurch. Mit der Überwindung dieses tückischen Nadelöhrs entzogen sich die Flüchtenden dem Zugriff der Ägypter (vgl. Zenger, S. 97-106).

fse 32 links beginnt mit einer knappen, frei formulierten Zusammenfassung der Ereignisse seit der Berufung des Mose. Sie bildet die Brücke zur vorangegangenen Doppelseite.

Der zweite Text „Gott führt sein Volk durch das Meer" schließt direkt an den ersten Text an, beschreibt das Zusammentreffen und die vernichtende Niederlage der Ägypter. Dabei lehnt sich die Geschichte eng an den biblischen Text an (Ex 14,10-31). Ergänzt wird die Doppelseite durch ein Bild aus dem Stuttgarter Psalter. Die Darstellung gibt die Vorstellung des Künstlers wieder, sie ist kein „Dokument". Wie dieses Bild als Vorstellung des Künstlers wertvoll ist, so sind es auch die Imaginationen, die den Sch beim Hören der Erzählung in den Sinn kommen. Diese Bilder (des Künstlers wie der Sch) stehen für die Aussage: Gott ist mächtig; Gott rettet die Seinen und er führt sie in die Freiheit.

> **Stuttgarter Psalter**
>
> Der Stuttgarter Psalter entstand um die Jahre 820 bis 830, zur Zeit Karls des Großen. Ein unbekannter Mönch schrieb im Kloster Saint Germain des Prés, in der Nähe von Paris, die biblischen Texte von Hand in lateinischer Sprache und malte einzigartige Bilder zwischen die Texte. Das so entstandene Buch dieses Mönches, sein persönliches Glaubenszeugnis, ist glücklicherweise bis heute erhalten. Seit 200 Jahren liegt es in der Württembergischen Landesbibliothek in Stuttgart und erhielt deshalb den Namen „Stuttgarter Psalter" (Cod. bibl. fol 23).
>
> *„Redemisti in brachio tuo populum tuum, filios Jacob et Joseph ..."* ist über dem Originalbild zu lesen: „Du hast mit starkem Arm dein Volk erlöst, die Kinder Jakobs und Josefs ..." (Ps 77,16).

Stuttgarter Psalter, „Durchzug durch das Meer", um 820/30

Bild Nr. 19 aus „Stuttgarter Psalter, Durchzug durch das Meer" aus dem Band 15 der DiaBücherei Christliche Kunst, Verlag am Eschbach, 1985.

„Der Hintergrund dieses Bildes, das am und im Meer spielt, ist blau. Die Menschen sind gleichsam vom Meer eingeschlossen. Aber sie sind klar in eine bestimmte Richtung gewendet. Dicht gedrängt ziehen die Männer und Frauen von links nach rechts in die Freiheit. Sie tragen Stangen, an denen Tücher hängen. In den Tüchern tragen sie den ungesäuerten Brotteig, den sie süß backen mussten, weil sie keine Zeit hatten, die Säuerung abzuwarten. Mitten in der Nacht waren sie aufgebrochen, einer Meeresbucht zu, durch die sie zu waten hofften. Hinter sich wussten sie die verfolgenden Ägypter mit Reitern und Streitwagen, vor sich das Meer. Getrennt von den Erwachsenen erscheint eine Gruppe von Kindern, seitlich des wandernden Zuges im Meer unterwegs, besonders wehrlos. Aber gerade diese Gruppe wandert unmittelbar unter der großen Hand, die aus dem farbigen Himmelsrand herabgreift, weisend und führend: Zeichen der Gegenwart Gottes und seiner Macht.

Auf diese Hand blickt der vorausziehende Mose, der mit der Linken das Buch an sich drückt, das Zeichen des Gotteswortes, an dem er sich festhält, der Verheißung: Ich will euch retten aus eurer Knechtschaft. Vor ihm aber, am rechten Bildrand, steht, in Feuer gehüllt, der Engel, der dem wandernden Volk vorangeht. Seinen rechten Arm streckt der Engel Mose entgegen, als sagte er: Komm! Du gehst nicht unter. Und den linken reckt er in die Höhe, als wollte er sagen: Verlass dich auf den, der über mir ist und in dessen Hand auch der Abgrund, auch die Tiefe des Meeres ist. Und so zieht der Engel gleichsam die wandernde Menge zu sich herüber über die Zone der Gefahr" (Jörg Zink).

Literatur

Dohmen-Funke, Christoph, „Das kann doch nicht richtig sein!". Ethisches Lernen mit Texten der Bibel, in: Niehl, Franz W. (Hg.), Leben lernen mit der Bibel, München 2003, S. 401-410

Goecke-Seischab, Margarete Luise, Biblische Kunstwerkstatt, Lahr 2002

Harz, Frieder (Hg.), Biblische Erzählwerkstatt, Lahr 2001

Du bist immer da

T: Helga Storkenmaier, nach Ps 139
M: Detlev Jöcker
© Menschenkinder Verlag und Vertrieb GmbH, Münster

2. Wo ich sitze, bist du da.
   Wo ich liege, bist du da.

3. Wenn's mir gut geht, bist du da.
   Wenn's mir schlecht geht, bist du da.

4. In der Schule bist du da.
   Auch zu Hause bist du da.

5. Wenn ich spiele, bist du da.
   Bei der Arbeit bist du da.

Kittel, Gisela, Exodus, in: Lachmann, Rainer u.a. (Hg.), Elementare Bibeltexte. Exegetisch – systematisch – didaktisch, Göttingen 2001
Tschirch, Reinmar, Biblische Geschichten erzählen, Stuttgart 1997
Zenger, Erich, Der Gott der Bibel, Stuttgart 1979, S. 97-106
Zink, Jörg, Durchzug durch das Rote Meer, in: DiaBücherei Christliche Kunst, Bd. 15, Eschbach 1985

2. Einsatzmöglichkeiten im RU

Die Israeliten verlassen Ägypten

- Sch singen das Lied: „Als Israel in Ägypten war", je nach Sprachunterricht auch die englische Fassung „When Israel was in Egypt's land".
- L bringt die aufgebaute Ägyptenlandschaft der vorhergehenden Stunde wieder ein und stellt die Brücke her zwischen **fse 31** (Gott offenbart seinen Namen) und **fse 32** (Gott rettet).
- Sch hören den Dialog „Lisa fragt Ben" oder lesen diesen mit verteilten Rollen **AB 3.2.10, Arbeitshilfen S. 109**.
- L liest **fse 32** oben (bis „... unterwegs sein") und Sch entdecken, dass Jahwe die Israeliten begleitet.
- Die Israeliten sind unterwegs und es gehen ihnen viele Gedanken durch den Kopf. Sch schreiben auf Papier-Fußspuren, was die Israeliten bewegt, z. B.: Endlich frei, Gott hat uns geholfen, Wird alles gut gehen?, Bin ich froh ...., und legen diese zum Bodenbild.
- L legt Bild vom Pharao (**fse 3**, S. 29 oben) zu den Fußspuren und Sch erahnen die Gefahr, die immer noch vom Pharao ausgeht.
- L liest Text weiter (bis „... voll Vertrauen weiter"), Sch verklanglichen die sich nähernde Gefahr (Pferdegetrampel mit ihren Beinen, Händen oder evtl. Orff-Instrumenten).
- L liest Text weiter (bis „... warum hast du uns aus Ägypten herausgeführt?").
Die Gedanken der Israeliten drehen sich im Kreis, Angst und Panik machen sich breit. Sch schreiben ihre Gedanken auf Wortkarten, z. B.: Jetzt müssen wir sterben, Wären wir doch in Ägypten geblieben!, Was soll aus uns werden?

Jahwe rettet

- L: „Mose aber bleibt ruhig, er sagt: Fürchtet euch nicht. Bleibt stehen und seht selbst, wie der Herr euch heute rettet."
- Bildbetrachtung **fse 33**. So hat sich ein Maler die Flucht der Israeliten vorgestellt und die Hilfe Gottes gedeutet (vgl. Arbeitshilfen S. 56).
- Sch formulieren Dankessätze.
- L legt große Papierhände (oder Filz, ist dauerhafter!) vergrößert von **AB 3.2.11, Arbeitshilfen S. 111**, in die Mitte zum Bodenbild.
- Sch lesen freiwillig ihre Sätze vor und legen sie zu den großen Händen.
- Heftarbeit: Jeder Sch erhält verkleinerte Hände und gestaltet sie. Ergänzt wird die Überschrift aus **fse 32**: „Eine neue Erfahrung: Gott rettet."
- Körperbezogene Einfühlungsübung: Sch kommen in den Kreis, jeder (oder paarweise) stellt sich zu den offenen Händen: Auch ich bin in Gottes Hand.
- Alle singen nochmal: „Du bist immer da": **AB 3.2.9, Arbeitshilfen S. 107**.

3. Jahrgangsübergreifende Lerngruppe

Gute Hände

- Sch des vierten Jahrgangs erhalten **AB 3.2.11, Arbeitshilfen S. 111 unten**, mit nur einer Hand. Sie schreiben einen Text entweder unter der Überschrift: „Ich habe geholfen" oder „Ich bekam Hilfe".
- Diese Geschichten werden vorgetragen und in der Klasse veröffentlicht.

Lisa fragt Ben

Lisa stellt dem jüdischen Jungen Ben, den du schon kennen gelernt hast, viele Fragen. Sie versteht nicht, warum der grausame Pharao die Israeliten plötzlich aus dem Frondienst in die Freiheit entließ.

Lisa: Hallo Ben, kann ich dich etwas fragen? Mir ist bei der Geschichte in meinem Religionsbuch einiges unklar. Kannst du mir weiterhelfen?

Ben: Ich helfe dir gern, frag ruhig!

Lisa: Die Geschichte vom brennenden Dornbusch fand ich sehr spannend. Irgendwie habe ich mir Gott immer anders vorgestellt, und dass der Name für Gott „Jahwe" ist und „Ich bin da" bedeutet, war mir neu. Das ist aber ein schöner Name, und dass Gott auch für mich da ist, finde ich echt beruhigend.
Jetzt hat Mose aber doch von Gott einen Auftrag bekommen?

Ben: Ja, er sollte das Volk Israel aus der Sklaverei in Ägypten befreien.

Lisa: Schon, aber in meinem Buch lese ich jetzt, dass der Pharao das Volk ziehen ließ. Ging das denn so einfach und problemlos?

Ben: Ach, ganz im Gegenteil. Der Pharao wollte sie natürlich erst gar nicht gehen lassen. Er fürchtete, dass ihm dann viele Arbeitskräfte fehlen könnten.

Lisa: Das kann ich mir gut vorstellen, aber wie ging es dann weiter?

Ben: Mose sagte dann dem Pharao, dass Unglück über Ägypten hereinbrechen wird, wenn er die Israeliten nicht gehen lassen würde.

Lisa: Was für ein Unglück denn, Ben?

Ben: Sein Land wurde von zehn schrecklichen Plagen heimgesucht.

Lisa: Was meinst du mit Plagen? Hat das etwas zu tun mit einem Plagegeist, der lästig ist?

Ben: Ja klar, es kamen Frösche und Stechfliegen, Ungeziefer und unzählige Heuschrecken über das ganze Land. Die Menschen bekamen Hautausschläge ...

Lisa: Das hört sich ja schlimm an. Was hat denn der Pharao gesagt?

Ben: Das Herz des Pharao war hart und kalt wie ein Stein. Er ließ das Volk nicht ziehen.

Lisa: Und warum erlaubte er es dann schließlich doch?

Ben: Ja, weil die letzte Plage die allerschrecklichste war!

Lisa: Was geschah?

Ben: Viele ägyptische Jungen mussten sterben, auch der Sohn des Pharao.

Lisa: Und dann?

Ben: Erst jetzt gab der mächtige ägyptische Herrscher der Bitte des Mose nach und die Israeliten konnten endlich das Land verlassen.

Lisa: Jetzt wird es aber richtig spannend!

Ben: Wenn du wissen möchtest, wie die Geschichte weiterging, lies doch in deinem Religionsbuch nach!

3.2.10

Erinnerung an die Befreiung

fragen – suchen – entdecken **34/35**

1. Hintergrund

fse 34 greift die Doppelseite **fse 26/27** auf. Das Foto von Ben und die vier Fragen zum Pessachfest sind übernommen. Sch entdecken den Zusammenhang zwischen alter biblischer Heilsgeschichte und jüdischen Festritualen. Sie finden Antworten vor dem Hintergrund der Exodusgeschichte, die sie auf den letzten Seiten kennen gelernt haben. Bei der Feier des Pessach erinnern sich Juden an die bittere Zeit ihrer Vorfahren in Ägypten, insbesondere an die Nacht vor dem Aufbruch in die Freiheit. Der abgebildete Sederteller zeigt alle wichtigen Speisen des Mahles.

Die vier Fragen beim Mahl

Diese Nacht ist anders als alle anderen Nächte, da es die Nacht in Erwartung des nahen Aufbruchs war bzw. des Erinnerns daran ist.

Die beiden folgenden Fragen zum Brot und zum Salzwasser beantworten sich bei der Klärung des Symbolgehaltes der Speisen, s. u.

Die Mahlteilnehmer sitzen in dieser Nacht angelehnt, weil sie das Mahl hastig essen und immerzu bereitstehen für den Aufbruch.

Die symbolischen Speisen beim Pessachmahl

Mazza (Mehrzahl: *Mazzen*) ist das ungesäuerte Brot und steht für schnellen Aufbruch. Man hatte in der Eile der letzten Nacht in Ägypten keine Zeit den Teig gären oder aufgehen zu lassen. Pessach wird auch „Fest der Mazzot", Fest der ungesäuerten Brote, genannt.

Weiterer Bestandteil des Pessach sind bittere Kräuter: *Maror*. Ihr Dasein als abhängige unterdrückte Sklaven in Ägypten erlebten die Israeliten als bittere Zeit.

Das *Salzwasser* symbolisiert die Tränen der Israeliten, vergossen in der Fremde, in der Abhängigkeit.

Das lehmfarbige *Mus*, das aus Äpfeln oder anderen Früchten mit Rotwein angerichtet wird, lässt an die Tonerde denken, aus der die Israeliten in Ägypten Ziegel herstellten.

Der *Wein* – es sind vier Becher, die während der Feier von allen Teilnehmer/innen nacheinander getrunken werden – erinnert an die vier Worte, mit denen Gott seinem Volk die Befreiung ankündigte. Ein fünfter Becher Wein steht am Tisch und wird nicht angerührt. Er ist für den Propheten Elija bestimmt. Gläubige Juden erwarten seine Wiederkunft als Vorläufer des Messias, des Retters.

fse 35 gibt den Sch erste Eindrücke von einem zentralen Gebetstext und wichtigen Kultgegenständen des jüdischen Glaubens. Das Foto zeigt eine *Mesusa*. Die schön verzierte Kapsel wird am rechten Türpfosten jedes jüdischen Hauseingangs angebracht. Sie enthält eine Pergamentrolle mit dem Text Dtn 6,4-9; 11,13-21. Dies geht auf eine Vorschrift im Talmud (dem zentralen jüdischen Gesetzeswerk mit Kommentaren zur Bibel) zurück. Verlässt ein gläubiger Jude die Wohnung, berührt er mit den Fingerspitzen die Mesusa, küsst die Figur und spricht: „Gott schütze mich bei meinem Fortgehen und bei meinem Ankommen, jetzt und in Ewigkeit." Neben dem Foto ist der Text in hebräischer und deutscher Sprache zu lesen. **fse 35** unten zeigt einen weiteren Kultgegenstand, die Gebetsriemen *Teffilin*. Die *Teffilin* sind kleine lederne Gehäuse (Kapseln), die mithilfe von schmalen Lederriemen am linken Arm, der Seite des Herzens, und an der Stirn befestigt werden. In den Gehäusen befinden sich kleine Pergamentrollen, auf die verschiedene Abschnitte der Tora geschrieben sind. Dies geht zurück auf Ex 13,9: „Es sei dir zum Zeichen an deiner Hand und zum Erinnerungsband zwischen deinen Augen, damit die Lehre des Ewigen in deinem Munde sei."

2. Einsatzmöglichkeiten im RU

Wie Juden Pessach feiern

- L erzählt den Sch die Geschichte und den Ablauf des Pessachfestes.
- Ben schreibt einen Antwortbrief an Sch (vgl. **fse 26/27**) und Sch lösen Bens Rätselaufgaben: **AB 3.2.12, Arbeitshilfen S. 112**.
- Sch vertiefen ihr Wissen mithilfe des Puzzle **AB 3.2.13, Arbeitshilfen S. 113**. Sie zerschneiden es, mischen, ordnen zu. Das Puzzle wird im Briefumschlag im Heft aufbewahrt. (*Alternative*: L vergrößert und laminiert es für die Freiarbeit.)
- *Hinweis*: Aus Ehrfurcht vor dem jüdischen Glauben sollte das Pessachfest nicht „nachgefeiert" werden.
- L bringt *Mazzen* mit. Sch kosten das Brot.

Das jüdische Glaubensbekenntnis

- L liest das jüdische Glaubensbekenntnis **fse 35** und arbeitet im UG mit den Sch Inhalt und Aussage heraus (vgl. Liederkiste 3/4, Nr. 45 und 46).
- Sch entdecken Gemeinsamkeiten zwischen jüdischem und christlichem Glaubensbekenntnis.
- Das Glaubensbekenntnis ist für die Juden so wichtig und wertvoll, dass sie die Anweisung der Tora (Dtn 6,6-9) bis heute befolgen. Sch erlernen das Sh´ma Israel, **AB 3.2.14, Arbeitshilfen S. 115**.

Gute Hände

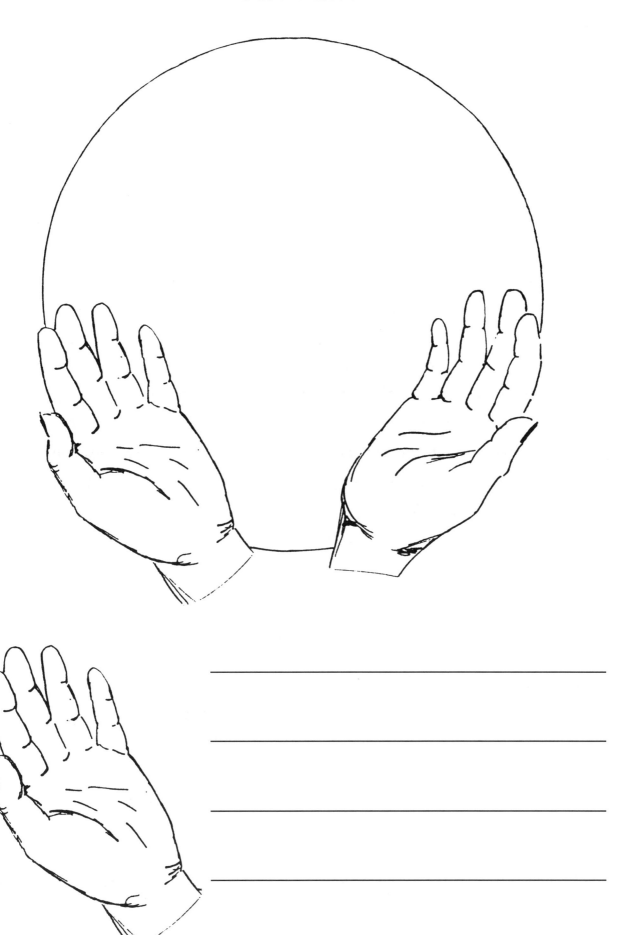

Bens Rätselbrief

Liebe Schülerinnen und Schüler,
danke für die vielen Briefe, die ihr mir geschrieben habt. Eine ganze Weile habt ihr von mir nichts gehört. Ich habe mir für euch einige Rätsel ausgedacht. Wenn ihr alle beantworten könnt, wisst ihr schon viel über meine Religion und habt in den letzten Religionsstunden gut aufgepasst.

Wir feiern das _____, um uns an den Auszug aus _____ zu erinnern. Mein Volk musste in diesem Land als _____ arbeiten und konnte nicht in Freiheit leben. Aber unser Gott Jahwe, d. h. _____, hat einen Mann berufen, um die geplagten und unterdrückten Israeliten zu befreien. Dieser Mann hieß _____. Seinen Auftrag erhielt er an einem brennenden _____. Zuerst wollte der _____ mein Volk nicht ziehen lassen. Gott schickte viele _____ nach Ägypten. Endlich konnten die israelitischen Familien voll Freude das Land _____. Sie waren in so großer Eile, dass sie nur noch _____ backen konnten, so nennen wir heute noch die Brote ohne Sauerteig. Unterwegs war das Volk in großer Gefahr: Vor ihnen lag das _____, hinter ihnen wurden sie von den Streitwagen des _____ verfolgt. Jahwe, der _____, hielt uns in seinen _____ geborgen und wir wurden _____. Aus Dankbarkeit und Freude feiern wir Juden jedes Jahr wieder das Fest unserer _____.

Alle Speisen, die wir bei diesem Fest essen, haben eine besondere Bedeutung. Kannst du den Speisen die richtige Bedeutung zuordnen? Verbinde jeweils das zusammengehörende Paar mit einer Farbe.

Bitterkräuter	Tränen der Sklaven
Zimt-Mandel-Mus	Schneller Aufbruch
Mazzot	Lehmziegel-Herstellung in Ägypten
Salzwasser	Freude über die Rettung
Wein	Bittere Leiden in Ägypten

Du darfst ruhig jemanden fragen, wenn du nicht weiterweißt.
Ich hoffe, mein Rätsel war nicht zu schwierig!
Auf den nächsten Seiten in deinem Religionsbuch wirst du noch einiges über die jüdische Religion erfahren. Ich wünsche dir dabei viel Freude!

Dein Ben

Die Speisen beim Pessachmahl

Zeichen	Name	Bedeutung			
	bittere Kräuter	schwere, bittere Zeit als Sklaven in Ägypten		Mazzot / ungesäuerte Brote	schneller, eiliger Aufbruch
	braunes Mus	Herstellung von Ziegeln aus Lehm		Salzwasser	Schweiß und Tränen in der Sklaverei
	Wein	Freude über die Befreiung		Pessachfest	Erinnerung an die Befreiung aus der Knechtschaft
	Haggada	legt den Ablauf des Sedermahls fest			

Mesusa

- Sch erhalten **AB 3.2.15, Arbeitshilfen S. 117**, verzieren die Mesusa besonders schön und kostbar und schreiben das jüdische Glaubensbekenntnis auf einem 4 cm breiten und 15 cm langen Papierstreifen. Sie schneiden die Öffnung der Mesusa vorsichtig auf und schieben das gefaltete Blatt hinein.
- *Alternative*: Mesusa mit Prägefolie oder dickerer Alufolie gestalten. Dann die Folie auf weiche Unterlage legen, mit spitzem Bleistift oder Zahnstocher Muster eindrücken.
- L erzählt: Die Kostbarkeit der Mesusa für die Juden belegt folgendes jüdische Märchen:

Der Edelstein und die Mesusa

Der König Artabon schickte einst dem Rabbi Jehuda ein Geschenk – einen kostbaren Edelstein –, und er bat ihn, er möge sich dafür revanchieren und ihm auch ein Geschenk senden, das der Rabbi für teuer hielt.

Da schickte ihm der Rabbi eine Mesusa. Das ist eine auf Pergament geschriebene heilige Inschrift, die in einen Behälter gerollt auf dem Türpfosten befestigt wird.

Der König wunderte sich darüber sehr und fragte ihn: „Wie ist das möglich? Ich habe dir doch einen teuren Edelstein geschickt, desgleichen man nirgends finden kann. Du aber hast mir etwas geschickt, das nichts wert ist." Da antwortete ihm der Rabbi: „Mein Geschenk und dein Geschenk lassen sich nicht vergleichen. Du hast mir ein Geschenk geschickt, das ich gut behüten muss, dagegen habe ich dir ein Geschenk geschickt, das dich behüten wird (in: Kanner, Israel Zwi (Hg.), Jüdische Märchen, Frankfurt/M. 1984, S. 173f.).

Die Teffilin kennen lernen

- Sch betrachten das Bild **fse 35** unten und vermuten (Rückgriff auf **fse 25**: Chagalls „Jude mit Torarolle"). Sie ergänzen ihre Vermutungen nach einem Blick auf Text und Foto im Lexikon, S. 131.
- Sch hören in einem Brief, den Ben an die Klasse schreibt, wie Juden heute beten:

„Liebe Klasse ..."

Um das Bild in deinem Religionsbuch zu verstehen, muss ich dir einiges erklären. Erinnerst du dich an das Bild zu Beginn des Kapitels? Es zeigt einen betenden Juden, der eine Torarolle in seinen Händen hält. Über unsere Tora hast du schon vieles erfahren. Am besten erkläre ich dir jetzt, wie wir zu Hause und in unserem Gebetshaus, der Synagoge, beten.

Zuerst lege ich meinen Gebetsschal um. Er wird Tallit genannt und erinnert uns daran, dass wir bei Gott geborgen sind. Auf meinem Kopf trage ich ein Käppchen, die Kippa. Die Lederriemen mit dem Kästchen heißen Teffilin. Diese enthalten Pergamentstreifen, auf denen unser Glaubensbekenntnis geschrieben ist. Einen Gebetsriemen wickle ich um den linken Arm, den anderen um den Kopf. Kannst du dir vorstellen, warum wir das tun ...? Die Botschaft Gottes soll in unseren Gedanken und in unserem Herzen sein und unsere enge Verbundenheit mit Gott zeigen.

- Sch benennen die wichtigsten Gegenstände. L zeigt sie als Bild- und Wortkarten an der Tafel.
- Sch wiederholen und fixieren das Ergebnis ihres Lernprozesses auf „Fromme Juden beten", **AB 3.2.16, Arbeitshilfen S. 119**.

3. Jahrgangsübergreifende Lerngruppe

Ein Memory- oder Domino-Spiel gestalten

- Bildmaterial z. B. aus: „Einkaufen wie in Israel", Katalog von Doronia GmbH, Postfach 101133, 70010 Stuttgart, oder vom Staatlichen Israelischen Verkehrsbüro, Bettinastr. 62, 60325 Frankfurt/M.
- *Information*: www.israelinfo.de oder: www.infotour.co.il

Ein jiddisches Lied hören

Im Lied „Ejli, Ejli, lomo asavtoni" wird von der Bedeutung der Tora und der Rettung durch Gott aus Gefahr gesungen. Das Stück stammt aus dem Theaterstück „Eine Nacht lang jiddischer König in Polen" (Uraufführung 1896, New York) und bezieht sich auf Pogrome gegen osteuropäische Juden in Polen und Russland. In unserem Zusammenhang zeigt es die Bedeutung der Tora und des Vertrauens in Gott, seit den Zeiten Ägyptens. Eine Fassung von Nizza Thobi enthält Liederkiste 3/4, Lied Nr. 4.

Ejli, Ejli, lomo asavtoni

Ejli, Ejli, lomo asavtoni
In fajer un flam hot men uns gebrent
Iberal hot men uns gemacht zu schand zu schpot
Doch opzwendn hot uns kejner gekent
Fun dir majn Got
Un fun dajn hejliker tojre, fun dajn gebot
Ejli, Ejli, lomo asavtoni
Tog un nacht nor ich tracht fun dir majn Got
Ich hit mit mojre op dajn tojre un dajn gebot
Rete mich, oj rete mich fun gefar
Wi a mol di ojwes fun bejsn gsar
Her majn gebet und majn gewejn
Helfn kenstu, nor du alejn
Schma Isroel adonoj elohejnu adonoj echod

Sh'ma Israel

T: Dtn 6,4-5/M: aus Israel

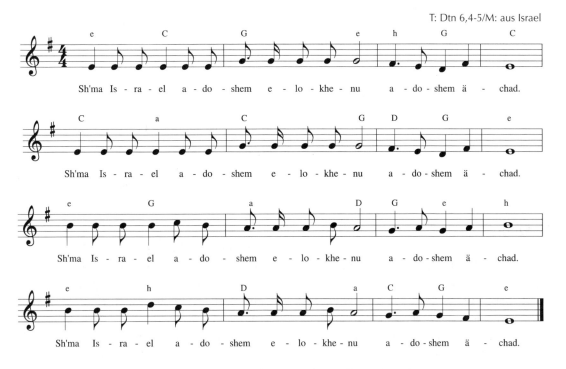

Sh'ma Is - ra - el a - do - shem e - lo - khe - nu a - do - shem ä - chad.

Höre, Israel! Jahwe, unser Gott, Jahwe ist einzig. Darum sollst du den Herrn, deinen Gott, lieben mit ganzem Herzen, mit ganzer Seele und mit ganzer Kraft.

Höre, Israel

T: nach Dtn 6,4-9/Lev 19,13/M: Quelle unbekannt

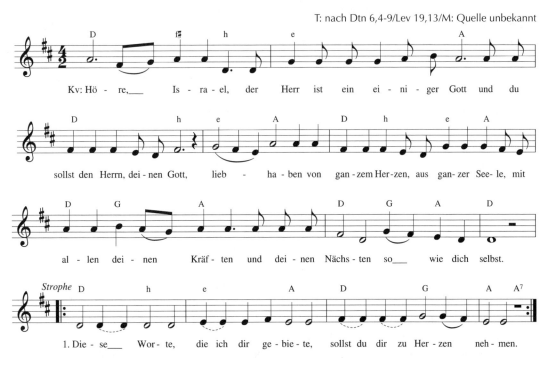

Kv: Hö - re, Is - ra - el, der Herr ist ein ei - ni - ger Gott und du sollst den Herrn, dei - nen Gott, lieb - ha - ben von gan - zem Her - zen, aus gan - zer See - le, mit al - len dei - nen Kräf - ten und dei - nen Nächs - ten so wie dich selbst.

1. Die - se Wor - te, die ich dir ge - bie - te, sollst du dir zu Her - zen neh - men.

2. Wenn du im Haus sitzt oder auf dem Weg gehst, sollst du davon reden.
Wenn du dich hinlegst oder wenn du aufstehst, sollst du davon reden.

3. Bind sie zum Zeichen an deine Hände, dass sie dir vor Augen stehen.
Schreib sie an deine Pfosten des Hauses, dass sie dir vor Augen stehen.

4. Trag sie zum Schmucke an deiner Stirne, dass es alle Leute sehen.
Leb sie im Alltag vor deinen Brüdern, dass es alle Leute sehen.

Mein Gott, warum hast Du mich verlassen
Mein Gott! Warum hast Du mich verlassen
In Feuer und Flamme hat man uns verbrannt
Überall hat man uns zu Schande und Spott gemacht
Doch keiner konnte uns zwingen
Uns von Dir, mein Gott, abzuwenden
Und von Deiner heiligen Thora, von deinem Gebot
Mein Gott! Mein Gott! Warum hast Du mich verlassen

Tag und Nacht denke ich nur an Dich, mein Gott
Ich hüte mit Ehrfurcht Deine Thora und Deine Gebote
Rette mich! Oh rette mich vor Gefahr
Wie einstmals die Ahnen vor feindlichem Gesetz
Höre mein Gebet und mein Weinen
Nur Du allein kannst uns helfen
Höre, o Israel, unser Gott, einziger Gott

Sabbat – Tag der Freiheit

fragen – suchen – entdecken 36/37

1. Hintergrund

Die Doppelseite **fse 36/37** steht in einem engen Zusammenhang mit **fse 34/35**. Sch erfuhren dort Wichtiges über die Glaubenspraxis der Juden, von einem Fest (*Pessach*) und von einem Kultgegenstand (*Mesusa*). Ergänzend wird ihnen auf **fse 36/37** der jüdische Sabbat als wöchentlicher Feiertag vorgestellt.
Sch lernen zentrale Aussagen der Tora zum Sabbat kennen. Der abgedruckte Text ist ein Teil der Zehn Weisungen (Zehn Gebote), die Maßstab für das Handeln der Juden sind. Begründet wird das Gebot so: Gott hat dich aus dem Sklaventum in die Freiheit geholt. Nun sollst du ebenso jedem Menschen einen Tag in der Woche Freiheit schenken (Dtn 5,12-15). Neben dieser Begründung wird immer wieder auch auf den Schöpfungsbericht verwiesen: Gott schuf Himmel und Erde in sechs Tagen, aber am siebten Tag ruhte er (Gen 1,1-2,4a).
Auf dem Foto **fse 36** sind Juden beim Gebet in der Synagoge zu sehen. **fse 37** oben schildert den Verlauf des Sabbat in einer jüdischen Familie. Der Text **fse 37** unten verdeutlicht den Sch, dass Jesus als gläubiger Jude auch den Sabbat feierte. Dies wird belegt durch die Stelle Lk, 4,16-17.20-21a.
Sch werden in einer Frage aufgefordert, ihre Assoziationen zu Freiheit zu formulieren. Diese werden vermutlich in Beziehung stehen zu den in den letzten Stunden erworbenen Kenntnissen von Freiheit beim Volk Israel.

Der Sabbat
Der Sabbat (d. h. ablassen, ruhen) ist für die Juden der Höhepunkt der Woche. Er bestimmt den Lebensrhythmus der einzelnen Jüdinnen und Juden viel mehr als der Sonntag den der Christen. „Mehr als Israel den Sabbat gehalten hat, hat der Sabbat Israel gehalten" (Achad Ha-Am, jüd. Denker). Hier kommt zum Ausdruck, wie lebenswichtig der Sabbat für das jüdische Volk ist: Der Talmud beschreibt ihn als eine wertvolle göttliche Gabe, als den Vorgeschmack einer künftigen Welt.

Er beginnt am Freitagabend bei Sonnenuntergang, vorher müssen alle Vorbereitungen abgeschlossen sein, denn am Sabbat ist jegliche (etwas Neues schaffende) Arbeit verboten. Dahinter steht das Bewusstsein, dass Gott der alleinige Schöpfer ist. Wenn aber ein Menschenleben in Gefahr ist, treten diese Sabbatgesetze außer Kraft.
Die Hausfrau eröffnet die Sabbatfeier zu Hause. Noch vor Sonnenuntergang entzündet sie die zwei „Sabbatkerzen" und spricht den Segen über die Lichter: „Gepriesen seist du, unser Gott, König der Welt, der du uns geheiligt hast durch deine Gebote und uns befohlen hast, das Licht des Sabbat zu entzünden." Vor Eintritt der Nacht versammelt sich die Gemeinde in der Synagoge zum feierlichen Gebet. Nach der letzten Strophe des Sabbatliedes wendet sie sich zur Tür, um die eintretende „Königin Sabbat" selbst zu empfangen. „Sabbat Schalom" lautet der Sabbatgruß, den man sich zuruft, ehe man nach Hause geht. Die Familie versammelt sich um den gedeckten Tisch, auf dem mit einer Decke verhüllt zwei geflochtene Sabbatbrote (*Challot*) liegen. Der Segen über Brot und Wein wird gesprochen (*Kiddusch*): „Gelobt seist du, Herr, unser Gott, König der Welt, der du die Frucht des Weinstocks erschaffst. In deiner Liebe hast du uns deinen heiligen Sabbat zum Erbe gegeben, zum Gedenken an das Werk des Anfangs. Denn dies ist der Tag, an dem du begonnen hast, deine Gemeinde zusammenzurufen, eine Erinnerung an den Auszug aus Ägypten." Nachdem alle aus dem Kidduschbecher getrunken haben, segnet der Vater die Sabbatbrote. Er schneidet für jeden Tischgast ein Stück ab, bestreut es mit Salz und reicht es herum. Das Tischgebet wird gesprochen und die festliche Mahlzeit kann beginnen. Am Sabbat sollen Geist und Körper Ruhe finden und gestärkt werden.
Wenn die ersten drei Sterne am Himmel des Samstagabend zu sehen sind, ist der Sabbat vollendet.

Mein Name in Hebräisch

Selbst-, Um- und Doppellaute	
a, o =	א
au =	אוּ
e, ä =	ע
ei, ai, ay =	ײ
eu, oi =	ײ
eu =	׳ oder ״
i, j, ü =	י
ö =	עֶ
u =	וּ

Mein Name:

▲ Deutsch

▼ Hebräisch

Die Mesusa

*Schneide die Mesusa am Rand entlang aus.
Schneide die Mesusa an der gestrichelten Linie ein.
Klebe das Blatt mit der Zeichnung nur am Rand entlang in dein Heft.
Beschrifte einen Papierstreifen (15 cm lang, 4 cm breit) mit dem jüdischen Glaubensbekenntnis.
Falte den Streifen zusammen.
Schiebe diesen Streifen in die Öffnung deiner Mesusa.*

Meist sehen Nichtjuden nur die Einschränkungen, die der Sabbat für die Juden mit sich bringt; oft wird dabei der tiefere Sinn nicht erkannt: Der Mensch überlässt sich und die Schöpfung dem Schöpfer. „Wie weit sich die jüdischen Familien nach diesen Vorschriften richten, hängt damit zusammen, wo sie wohnen, welcher jüdischen Richtung sie zuneigen, wie tief sie in der Religiosität ihres Volkes beheimatet sind. Die Mehrheit der nichtreligiösen Juden verbringt den Sabbat ähnlich wie der Durchschnittschrist seinen Sonntag" (Rink, Marion, Was habt ihr da für einen Brauch? Jüdische Riten und Feste, Schönberger Hefte, Sonderband 8, 1995).

Als wöchentlich wiederkehrender Feiertag findet der Sabbat eine Parallele im christlichen **Sonntag**. Dieser leitet sich chronologisch, nicht jedoch theologisch vom Sabbat ab: Der Evangelist Lukas beginnt seine Auferstehungserzählung mit der Zeitangabe „Am ersten Tag der Woche ..." (Lk 24,1). An diesem Tag ist Christus von den Toten erweckt worden. Dieses für die Christen zentrale Ereignis ihres Glaubens wurde entsprechend am ersten Tag der Woche, das ist der Tag *nach* Sabbat, gefeiert.

Die Synagoge

Das Wort „Synagoge" kommt aus dem Griechischen und bedeutet: Versammlungsraum. Synagogen waren zunächst in der „Fremde" entstanden, weil es den Juden in der Zeit der Verbannung nicht möglich war, am Tempeldienst in Jerusalem teilzunehmen. Weil Opfer allein im Tempel erlaubt waren, wurden sie nicht in den Synagogen dargebracht. Daher war die Synagoge ein Gebets- und Versammlungshaus, in dem die Juden die heiligen Schriften lasen, aber auch Schule und Lehrhaus.

Da der Ort des Gottesdienstes für Frauen das Haus ist, *müssen* sie nicht am Synagogengottesdienst teilnehmen. In vielen Synagogen beten noch heute Männer und Frauen voneinander getrennt, die Frauen meist auf einer Galerie. Die Männer tragen eine Kopfbedeckung, die *Kippa*, als Zeichen der „Freien"; denn den Sklaven war es früher nicht erlaubt, eine Kopfbedeckung zu tragen. Ein Gottesdienst kann stattfinden, wenn wenigstens zehn erwachsene Männer anwesend sind. Der Gottesdienst besteht vor allem aus Gebeten und der Lesung aus der Tora. Die Torarollen, die bedeutendsten Kultgegenstände der jüdischen Synagoge, werden in einem Toraschrein aufbewahrt und während des Gottesdienstes in einer Prozession zum Lesepult (*Almemor*) getragen. Der Toraschrein steht im Osten, nach Jerusalem ausgerichtet, demzufolge ist die Gebetsrichtung einer Synagoge nach Osten orientiert. Neben dem Toraschrein befindet sich heute in einer Synagoge der achtarmige „Chanukka-Leuchter" und das „Ewige Licht" (*Ner Tamid*). (Vor der Zerstörung des Tempels wurde die Menora, der siebenarmige Leuchter, im Tempel aufgestellt. Nach der Zerstörung des zweiten Tempels wurde sie mit dem Tempelschatz nach Rom verschleppt und ist bis heute verschwunden. Der siebenarmige Leuchter ist heute das Symbol des Staates Israel.)

Literatur und Adressen

Weitere Informationen, Materialien zum Thema Judentum, Synagoge usw. (und sehr lohnend für einen Unterrichtsgang) beim Jüdischen Kulturmuseum Augsburg, Halderstr. 6-8, 86150 Augsburg. Hier findet sich die ständige Ausstellung „Judaica", Kultgegenstände des 20. Jahrhunderts.

2. Einsatzmöglichkeiten im RU

„Tag der Freiheit"

- Menschen träumen oft von einem Tag ohne Pflichten und Arbeit. Stell dir vor, du planst für dich einen solchen „Tag der Freiheit". Wie könnte er aussehen? Sicher fallen dir viele Möglichkeiten für deinen „Tag der Freiheit" ein!
- Sch bringen ihre Gedanken in einem Bild zum Ausdruck (A4, farbiges Papier anbieten).
- Sch stellen ihren „Tag der Freiheit" in einer Bilderausstellung im Kreis vor und erzählen sich gegenseitig ihre Wünsche und Ideen für den „Tag der Freiheit."

Sabbat – Tag der Freiheit

- Sch erhalten Info über Ursprung und Sinn des Sabbat: Erinnerung an die Schöpfung, den Auszug aus Ägypten.
- Das erzählt die Tora (AT) über den Sabbat: **fse 36** oben (Dtn 5, 12-15): „Echo-Lesen": Ein Sch liest laut und sehr langsam den Text vor. Ein zweiter Sch liest gleichzeitig Wörter aus dem Text, die ihm wichtig sind, sehr betont mit. Dies geschieht in mehreren Durchgängen.
- Sch fassen den Text in Stichpunkten zusammen auf **AB 3.2.17, Arbeitshilfen S. 121**, 1. Teil (z. B. Halte ihn heilig, Ruhetag, der siebte Tag, alle sollen sich ausruhen, Erinnerung an die Befreiung ...).
- Sch beschreiben das Foto **fse 36** unten, bringen ihr Vorwissen, „wie Juden beten", ein (vgl. **fse 34/35**).

Juden heute und der Sabbat

- L liest den Text **fse 37** oben einmal vor.

Fromme Juden beten

Für die Juden ist das Bekenntnis zu dem einen Gott wesentlich. Jeder Jude spricht es mehrmals am Tag (morgens und abends), wenn er das „Sh'ma Jisrael", das „Höre Israel" betet. Es beginnt mit den Worten: „Sh'ma Jisrael, Adonai elohenu, Adonai echod".

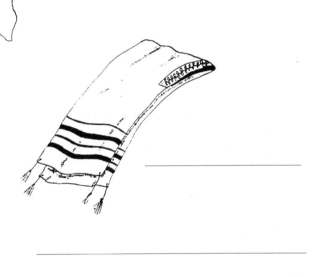

שְׁמַע יִשְׂרָאֵל יְהוָה אֱלֹהֵינוּ יְהוָה ׀ אֶחָד׃

וְאָהַבְתָּ אֵת יְהוָה אֱלֹהֶיךָ בְּכָל־לְבָבְךָ וּבְכָל־נַפְשְׁךָ וּבְכָל־מְאֹדֶךָ׃ וְהָיוּ הַדְּבָרִים הָאֵלֶּה אֲשֶׁר אָנֹכִי מְצַוְּךָ הַיּוֹם עַל־לְבָבֶךָ׃ וְשִׁנַּנְתָּם לְבָנֶיךָ וְדִבַּרְתָּ בָּם בְּשִׁבְתְּךָ בְּבֵיתֶךָ וּבְלֶכְתְּךָ בַדֶּרֶךְ וּבְשָׁכְבְּךָ וּבְקוּמֶךָ׃ וּקְשַׁרְתָּם לְאוֹת עַל־יָדֶךָ וְהָיוּ לְטֹטָפֹת בֵּין עֵינֶיךָ׃ וּכְתַבְתָּם עַל־מְזוּזוֹת בֵּיתֶךָ וּבִשְׁעָרֶיךָ׃

Höre Israel, der Herr, unser Gott, der Herr ist einzig. Darum sollst du den Herrn, deinen Gott, lieben mit ganzem Herzen, mit ganzer Seele und mit ganzer Kraft. Diese Worte, auf die ich dich heute verpflichte, sollen auf deinem Herzen geschrieben stehen. Du sollst sie deinen Söhnen wiederholen. Du sollst von ihnen reden, wenn du zu Haus sitzt und wenn du auf der Straße gehst, wenn du dich schlafen legst und wenn du aufstehst. Du sollst sie als Zeichen um das Handgelenk binden. Sie sollen zum Schmuck auf deiner Stirn werden. Du sollst sie auf die Türpfosten deines Hauses und in die Stadttore schreiben.

Dtn 6, 4-9

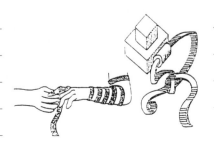

- Sch erarbeiten in PA die besonderen Merkmale des Sabbat, besprechen und formulieren ihre Fragen zu diesem besonderen „Tag der Freiheit". Sch gestalten (malen oder schreiben) auf vorbereitete Papierkreise (ca. 15 cm) die Ergebnisse der PA.
– Boden- oder Tafelbild dazu gestalten, dabei suchen Sch im gemeinsamen Gespräch Antworten auf offene Fragen.
– Sch bearbeiten **AB 3.2.17, 2. Teil**: Juden heute und der Sabbat: Sch malen oder schreiben in die Kreise des **AB** die erarbeiteten Inhalte des UG. Nicht erlaubte Tätigkeiten werden gemalt und durchgestrichen, erwünschtes Verhalten wird gemalt oder beschrieben und grün eingerahmt.
- Gibt es Gemeinsamkeiten zwischen deinem „Tag der Freiheit" und dem Sabbat der Juden? Sch erzählen sich und vergleichen mithilfe ihrer gemalten Bilder.
- *Weiterführung*: Zur ausführlichen Schilderung der Feier des Sabbat eignet sich ein Auszug aus dem Buch: Bella Chagall, Brennende Lichter, Reinbek bei Hamburg 1966, S. 42ff.
Eindrücklich wird die Bedeutung des Sabbat für Juden heute in dem Kinderbuch „Mona und der alte Mann" geschildert: Noemi Staszewski, Mona und der alte Mann, Düsseldorf 1997, S. 9ff.
- Das Sabbatgebet und Kol Nidrej (das heiligste jüdische Gebet) findet sich auf der CD Liederkiste 3/4.
– Instrumentalstück zum Segen über die Sabbatkerzen: „Blessing over the candles" auf der CD Fiora Feidman, The Art of Klezmer, HATAKLIT LTD, 2000

Jesus, der Jude
Den Sch ist die Person Jesus von Nazaret bereits in den beiden vergangenen Schuljahren vorgestellt worden. Seine Zugehörigkeit zum Judentum eröffnet ihnen einen neuen Blickwinkel.
- L-Impuls: Auch Jesus war ein gläubiger Jude. Schau dir das Bild **fse 25** noch einmal an.
– Sch erschließen, dass, wie dieser fromme Jude, auch Jesus eine Kippa, einen Gebetsmantel und die Gebetsriemen trug.
– Sch lesen Text **fse 37** unten.
– L ergänzt evtl. Lk 4,18-19.21b und klärt den Begriff „Synagoge".
- Sch schreiben in schöner Schrift den Text aus **fse 37** auf ihr **AB 3.2.17, 3. Teil**, und markieren farbig die für sie wichtigen Stellen der Perikope.
- *Weiterführung*: Sch hören das *Shofar*, das Widderhorn, das an den heiligsten jüdischen Festtagen geblasen wird, u. a. am Jom Kippur, dem Versöhnungstag, dem zehnten Tag nach Neujahr gemäß dem jüdischen Kalender. Einen kurzen Eindruck verschafft Liederkiste 3/4, Nr. 21.

Das Sabbat-Gebet kennen lernen
Liederkiste 3/4 bietet eine englische Fassung des Sabbat-Gebets, und zwar aus dem Musical „The Fiddler on the Roof" (Nr. 19). Der Text kann auch den Sch, die noch keinen Englischunterricht haben, nahe gebracht werden:

May the Lord protect and defend you.
May He always shield you from shame.
May you come to be
In Israel a shining name.

May you be like Ruth and like Esther.
May you be deserving of praise.
Strengthen them, Oh Lord,
And keep them from the strangers' ways.

May God bless you and grant you long lives.
(May the Lord fulfill our Sabbath prayer for you.)
May God make you good mothers and wives.
(May He send you husbands who will care for you.)

May the Lord protect and defend you.
May the Lord preserve you from pain.
Favor them, Oh Lord, with happiness and peace.
Oh, hear our Sabbath prayer. Amen.

3. Jahrgangsübergreifende Lerngruppe

Einen Davidstern gestalten
Der Davidstern, „Magen Davids", oder „Schild David" wurde im 19. Jh. zum Symbol des Judentums. Heute ziert er die Flagge des Staates Israel. Er besteht aus zwei gleichseitigen Dreiecken, wobei das eine mit der Spitze nach oben zeigt, ein Zeichen für die Erde, und das andere mit der Spitze nach unten zeigt, ein Zeichen für den Himmel. Treffen sich Himmel und Erde, entsteht der Davidstern. Ist er „richtig" gezeichnet (alle sechs Zacken gleich groß), lässt sich in der Mitte ein Kreis einzeichnen. Das bedeutet: Wenn Gott und sein Volk „richtig" miteinander verbunden sind, dann sind die Welt und das Leben heil.
Eine andere Deutung sagt, dass jede Sternspitze als Symbol für einen Wochentag steht und diese sechs Tage sich um die Mitte, den Sabbat als Tag der Freiheit, gruppieren. Vom Sabbat geht die Woche aus, zum Sabbat geht sie wieder hin.
- Sch gestalten das Davidstern-Mandala **AB 3.2.18, Arbeitshilfen S. 123**, zu fröhlicher (Klezmer-) Musik, z. B. zum Dankpsalm oder zum Sabbat-Lied von Liederkiste 3/4.
- Oder sie gestalten den kostbaren Mantel einer Torarolle mit Davidstern, **AB 3.2.19, Arbeitshilfen S. 123**.

Sabbat – Tag der Freiheit

Die Tora und der Sabbat

„Achte auf den Sabbat" _____

_____

_____

Juden heute und der Sabbat

(⊗ Arbeit) ○ ○ ○ ○
○ ○ ○ ○ ○ ○

Ist ein Mensch in Gefahr, _____ !

Jesus und der Sabbat

So kam er auch _____

_____

_____

_____

Eine Einladungskarte gestalten
- Sch falten mit **AB 3.2.20, Arbeitshilfen S. 125**, eine „Tag der Freiheit"-Einladungskarte; das Innere wird als Einladung gestaltet (für ein Fest, einen Musiknachmittag ...).

Eine Synagoge basteln
In: Möckmühler Arbeitsbögen Nr. 50, Aue-Verlag, 74215 Möckmühl, oder Teile laminieren und als dauerhaftes Anschauungsmaterial den Sch im Rahmen der Freiarbeit zur Verfügung stellen.

Traditionelle jüdische Speisen kochen und backen
Rezepte z. B. in: Heuberger, Rachel/ Schneider, Regina, Koscher kochen. 26 Klassiker der jüdischen Küche und ihre Varianten, Frankfurt/M. ²2001

Mit seinem Volk glaubte und hoffte Jesus   fragen – suchen – entdecken 38/39

1. Hintergrund

fse 38 zeigt einen Lobpsalm, der Jesus als gläubigem Juden vertraut war und den er häufig gebetet hat. Da Psalmen zum gemeinsamen Gebetsschatz von Juden und Christen gehören und somit ein wichtiges Bindeglied beider Religionen sind, ist es für Sch hilfreich, sich mit diesem Lobpsalm auseinander zu setzen. Der **Psalm 136** dankt Gott für die Schöpfung, lobt ihn für die Befreiung aus der Sklaverei und preist seine ewig währende Huld und Güte, mit der er sich um seine Schöpfung sorgt.

Im NT lesen wir von Jesus, dem Juden, der „geboren von einer Frau und dem Gesetz unterstellt" war (Gal 4,4). Er wuchs als jüdischer Junge in Nazaret in einer sicherlich frommen jüdischen Familie auf, in der das Beten der Psalmen einen wichtigen Stellenwert hatte. Durch die Beschneidung wurde Jesus in die jüdische Volks- und Glaubensgemeinschaft aufgenommen. Er unterlag der Pflicht mit und unter der Tora Israels zu leben, sie zu halten und den in ihr offenbarten Willen Gottes zu erfüllen (Mt 5, 17). Die biblischen Überlieferungen waren ihm vertraut. Wie alle jüdischen Jungen wurde Jesus in der Lehre des jüdischen Glaubens in der Synagoge unterwiesen. Die Evangelisten erzählen, wie Jesus in der Tora las und die Schrift auslegte (vgl. **fse 37**), vom Segnen, aber auch von Sabbatheilungen. Aus Letzterem lässt sich die Überzeugung Jesu herauslesen, dass im Zweifelsfall das Wohl eines Menschen über der wörtlichen Auslegung von Gesetzen steht. Programmatisch formuliert es Jesus in dem Satz: „Der Sabbat ist für den Menschen da und nicht der Mensch für den Sabbat" (Mk 2,27). In seinem ganzen Leben wird diese Einstellung sichtbar. Jesus stellte sich damit durchaus auch gegen religiöse Überzeugungen wichtiger Gruppen seiner Zeit. Zwangsläufig wurde diese Haltung von seiner Umwelt als Provokation empfunden.

> **Edward Hicks (1780-1849)**
> Der Quäker Edward Hicks aus der Gegend im heutigen US-Bundesstaat Pennsylvania hinterließ mit seinem Gemäldezyklus „Eschatologischer Tierfriede" beinahe 100 gemalte Versionen zur Vision des Jesaja. Er predigte damit nicht nur mit Worten, sondern drückte sich als einer der wenigen seiner Gemeinschaft malerisch aus. Sein frühestes bekanntes Gemälde zu diesem Thema stammt aus der Zeit um 1820.

Edward Hicks: „Das Königreich des Friedens" (Jes 11,6-9)

Bildbeschreibung: Wir schauen auf eine von strahlendem, warmen, von links einfallenden Licht beschienene Landschaft. Im Mittelpunkt und Zentrum des Bildes sehen wir ein pausbäckiges, barfüßiges Mädchen in weißem Kleid mit rotem Umhang und einer blauen Schärpe. Das Kind scheint aus dem Dickicht unter einem stämmigen, üppig belaubten, braungefärbten Baum auf die vor ihm liegende Lichtung getreten zu sein. In der rechten Hand hält das Kind einen belaubten Rebzweig mit zwei prallen dunkelblauen Weintrauben, dessen anderes Ende sich sanft um Schulter und Nacken des Mädchens legt. Den linken Arm hat das kleine Mädchen um die Mähne eines neben ihr stehenden Löwen gelegt, was sich das Raubtier friedlich gefallen lässt. Weitere Tiere befinden sich in der

Ein Davidstern-Mandala

Eine Tora-Rolle

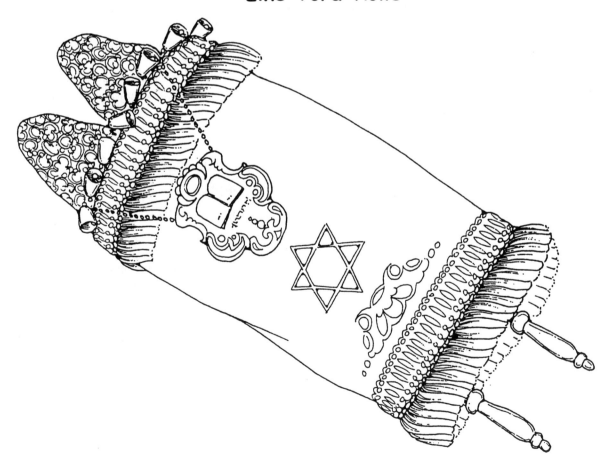

Gesellschaft der beiden: Über die Rückenlinie des Löwen reckt ein Ochse seinen weiß-braunen Kopf hervor und blickt angstfrei aus dem Bild. Bis in den Vordergrund hineinreichend liegt ein gefleckter Leopard am rechten Bildrand; sein Kopf liegt auf den ausgestreckten Vorderpfoten; die Augen sind geöffnet, die Ohren wach aufgerichtet. An seine Seite geschmiegt liegt ein Schafbock mit weißem Fell. Er wendet uns seine Rückenansicht zu und blickt zurück in die Richtung des Löwen und des jungen Ochsen. Links zu Füßen des Mädchens liegt ein Wolf. Auch er legt seinen Kopf friedlich auf die Pfoten und schaut das Kind an. In unmittelbarer Nähe seines Kopfes liegt ein Lämmchen. Die Lichtung senkt sich zum linken Bildrand in einem sanften Hang abwärts. Der stämmige Baum gibt unter seinem belaubten Zweig den Blick auf eine Meeresbucht frei, in der ein Segelschiff mit gerafften Segeln vor Anker liegt. Das Schiff spiegelt sich im ruhigen Wasser.

Deutung: Hicks bezieht sich direkt auf die Friedensvision des Jesaja und setzt sie in naiver Malerei um. Er zeigt die Szene in einer idealisierten, allegorischen Landschaft. Das Meer spiegelt die Ruhe und den inneren Frieden der Seele wider. Das Licht versinnbildlicht das Licht Jesu Christi (vgl. Joh 1,9; 8,12) mit seiner strahlenden Reinheit. Auch die üppige Vegetation symbolisiert die Fülle des Gottesreiches. Die Weintrauben deuten sowohl auf Jesus als den fruchtbaren Weinstock als auch auf die Gläubigen hin, die reiche Frucht bringen (Joh 15,1-8). Das göttliche Kind steht für den reinen, unschuldigen Menschen. Es ist dem Licht Gottes ausgesetzt und schreitet darauf zu. Die Tiere können auch für die verschiedenen Temperamente der Menschen stehen. Sie alle sind jetzt gezähmt und stellen keine Gefahr mehr dar. Das ganze Bild kann gelesen werden als Ausdruck der himmlischen Harmonie innerhalb der Schöpfung (vgl. Gen 1), in der sich der Kreis zwischen Anfang und Ende schließt. So zeigt das Gemälde ein Ideal des messianischen Reiches: äußerlich im friedlichen Zusammenleben von Jägern und Beute, übertragen als Friede der Seele mit ihren unterschiedlichen Seiten.

2. Einsatzmöglichkeiten im RU

Loben und Danken in Psalmen
- Sch hören in Ruhe, evtl. mit meditativer Musik, Psalm 136, **fse 38**.
- L hat Textstreifen mit einzelnen Psalmzeilen vorbereitet. Sch wählen einen Textstreifen und gestalten diesen Psalmvers.
- Sch ordnen die einzelnen Psalmzeilen nach ihren Vorstellungen.
- Sch setzen die Reihe des Psalms mit eigenen Formulierungen fort.
- Sch schreiben Psalm schön gestaltet in ihr „Ich-Buch".
- Sch lernen Psalm schrittweise auswendig und erweitern so ihren Gebetsschatz.

Was Jesus glaubte und hoffte
- Sch erarbeiten in PA, wofür Jesus in Psalm 136 gedankt hat und worauf er hoffte.
- Sch gestalten mit Plattenwachs eine Klassenkerze mit den Bildern aus Psalm 136.
- Sch erzählen sich Rettungsgeschichten aus der Bibel.

Das Königreich des Friedens erkunden
Das Bild ist als Farbfolie Nr. 5 in der Folienmappe Schatzkiste 3/4 enthalten.
- Sch beschreiben das Bild „Königreich des Friedens": Farben, Tiere und ihre „Gruppierung", Person, Landschaft ...
- Sch entdecken mit zwei gekreuzten Bleistiften den Mittelpunkt des Bildes.
- Sch erkennen das außergewöhnliche Zusammenleben der Tiere untereinander und von Mensch und Tier auf diesem Bild.

3. Jahrgangsübergreifende Lerngruppe

Ein Friedensbild gestalten
- Ein/e Sch des vierten Jahrgangs liest den Jesaja-Text 11,6-9 vor.
- Danach erhalten Sch eine Kopie des Bildes und verwenden diese nach ihren Vorstellungen für eine eigene dargestellte Vision des Friedens als Hoffnungsbild, z. B. Collage, Ausschnitte neu anordnen, neuen Hintergrund gestalten, weitere Tiere zufügen, Jesaja-Text als Rahmen um das Bild schreiben ...

Einladungskarte

- L fertigt Kartonschablone an
- Auf farbiges Tonpapier übertragen
- Mittelpunkt mit Nadel markieren
- Faltpunkte (× / △ / ○) mit Bleistift einzeichnen
- × auf × falten
  ○ auf ○ falten } jeweils wieder öffnen
  △ auf △ falten
- Alle Spitzen zum Mittelpunkt falten und wieder öffnen

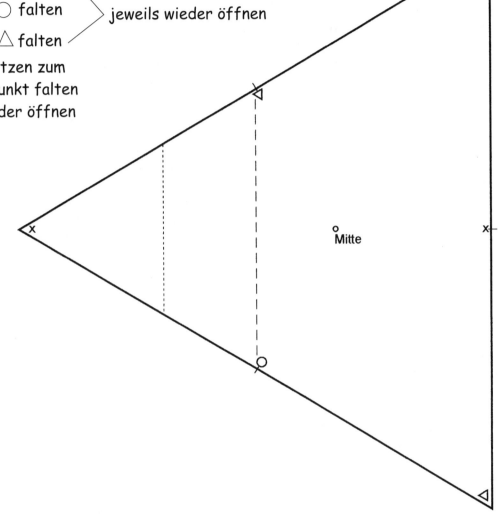

– – – – – – Faltlinie 1
· · · · · · · · · Faltlinie 2

- Nacheinander jede Spitze an der Faltlinie 1 zur Mitte klappen und die Spitze an der Faltlinie 2 nach unten klappen.
- Gefaltete Dreiecke im Uhrzeigersinn untereinander stecken.

Jüdisches Leben heute

fragen – suchen – entdecken **40**

1. Hintergrund

fse 40 sucht nach Hinweisen, die Jahrhunderte jüdischen Lebens in Deutschland hinterlassen haben. Exemplarisch sollen Erkundungsaufgaben, die hebräische Schrift und jüdische Musik die Neugier der Kinder wecken.

fse 40 oben lädt Sch zum Singen und Tanzen des jüdischen Friedensliedes ein.

Das hebräische Alphabet

Hebräisch ist die Sprache der jüdischen heiligen Schrift und eine der ältesten Sprachen der Welt. Heute wird sie beim Gottesdienst in der Synagoge benutzt. Die Tora wird auf Hebräisch geschrieben und gelesen. Hebräisch wird von rechts nach links geschrieben, es hat nicht für jeden Laut einen eigenen Buchstaben. Juden im 20. Jh. gingen in Deutschland dazu über, auch die (Doppel-)Vokale ihrer Namen zu schreiben.

Information zum Judentum

www.blindekuh.de
www.hagalil.com/Kinder/index.htm
Jüdisches Leben. Landesgeschichtliche Beispiele, Materialien, Unterrichtshilfen, hg. v. Akademie für Lehrerfortbildung und Personalführung, Dillingen 1998, AK-Bericht Nr. 316.

2. Einsatzmöglichkeiten im RU

Vom Frieden singen und tanzen

- Sch singen das Lied „Schalom chaverim". Es ist als Lied Nr. 20 auf der CD Liederkiste 3/4 enthalten.
- Sch bilden zum Tanz einen Doppelkreis und stehen sich gegenüber. Sie tanzen nach der Anleitung **AB 3.2.21, Arbeitshilfen S. 127**.

Jüdische Musik hören

CD „Israel", Hänssler Verlag, 71087 Holzgerlingen 1999
CD „Kol Simcha", Traditional Jewish Music, Josef Bollag, General Guisan Str. 44, CH- 4054 Basel
CD „Majn Schtejtele Bels", Shabbatgesänge und jiddische Lieder, Marcel Langs, Kantando
CD „54 erste Lieder für Kinder", hebräische Kinderlieder, Dorania Versand

Hebräisch schreiben

- Sch schreiben ihre Namen in Hebräisch und benutzen dazu die Tabelle **fse 40** und **AB 3.2.22, Arbeitshilfen S. 117**.
- Nach einiger Übung schreiben sie ihren Namen in eine Schriftrolle.

3. Jahrgangsübergreifende Lerngruppe

Interkultureller Fest-Kalender

Ab Oktober eines jeden Jahres für das Folgejahr zu bestellen bei: Ausländerbeauftragte des Senats von Berlin, Potsdamer Str. 65, 10785 Berlin.

Detektive sein – die Umgebung erkunden

- Sch forschen nach Hinweisen auf jüdische Geschichte an ihrem Ort: Straßenschilder (Judengasse, Gerhard-Herzberg-Straße …), Jüdische Kultusgemeinde, Mahnmale und Gedenksteine, in größeren Städten Geschäfte mit koscheren Lebensmitteln …
- Sch bereiten eine Stadtführung zum Thema „Juden in unserer Stadt" vor.

Besuch einer Synagoge

Jedes Jahr im März wird vom Deutschen Koordinierungsrat, der Gesellschaft für Christlich-jüdische Zusammenarbeit die „Woche der Brüderlichkeit" begangen. Über das breite Spektrum zahlreicher Aktionen und festlicher Veranstaltungen informiert:
www.oekumene-ideenboerse.de und www.deutscher-koodinierungsrat.de/bruederlichkeit.htm

Einen Friedhof besuchen

Ein Besuch eines jüdischen Friedhofes, als Zeugnis jüdischen Lebens, sollte immer mit der zuständigen Jüdischen Kultusgemeinde abgesprochen werden.

„Schalom chaverim" als Friedenstanz

„Schalom chaverim lehitraot" ist ein Friedenswunsch für die Menschen, denen wir, gerade hier in diesem Paartanz, begegnen: „Friede, Gefährten, bis zum Wiedersehen".
Frieden meint eine Zeit ohne Krieg, Hass oder Zerstörung, aber auch glücklich und gesund sein. Besonders aber ist der innere Friede gemeint, den der Mensch im Einklang mit seinem Gott findet. Dieser Tanz ist ein Begegnungs- und Segenstanz, bei dem die Tanzpartner aufeinander zugehen, sich treffen und segnen.

1. *shalom chaverim*
Paare gehen auf dem Kreisrand aufeinander zu. Entweder ruht die rechte Hand auf der linken eigenen Schulter, oder beide Hände ruhen auf den eigenen Schultern. = Wir tragen Frieden und Segen mit uns.

2. *shalom chaverim*
Beide Partner lösen die Hände, strecken sie nach oben zum Himmel und berühren sich gegenseitig mit den Handflächen.

3. *shalom, shalom*
Hände bleiben berührt und bewegen sich langsam von oben über die Seite nach unten (Halbkreis). = Wir stülpen eine Art Glocke jeweils über den anderen, einen Raum des Friedens und der Bewahrung.

4. *lehitraot*
Wir beugen uns tief, berühren die Erde und schöpfen Kostbares. Jeder zuerst mit der rechten Hand.

5. *lehitraot*
Schöpfen wie bei (4), aber jetzt mit der linken Hand. (Es ist auch möglich, dass die Partner beide gemeinsam erst außen, dann innen schöpfen.)

6. *shalom, shalom*
Wir schenken uns gegenseitig die Kostbarkeit, indem wir sie symbolisch über uns ausgießen und uns gegenseitig vom Kopf her über die Schulter und Arme streichen.
= Den anderen segnen. Jede/r bewahrt diesen Segen und hält ihn auf der eigenen Schulter fest, Haltung wie (1), und bringt ihn zum neuen Partner, wobei wir rechtsschultrig aneinander vorbei auf dem Kreisrand zum nächsten gehen.

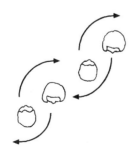

Dann beginnt der Tanz mit seinen Segensgebeten von vorn. Er kann so häufig wiederholt werden, bis man wieder beim ersten Partner angelangt ist.

3 Vergebung erfahren – sich versöhnen

1. Religionspädagogische und theologische Hinweise

Das Thema „Vergebung erfahren – sich versöhnen" spricht das ethische Verhalten der Menschen an. Der Katholische Religionsunterricht „soll zu verantwortlichem Denken und Verhalten im Hinblick auf Religion und Glaube befähigen" (Der Religionsunterricht in der Schule. Beschluss der gemeinsamen Synode der Bistümer in der Bundesrepublik Deutschland). Daher hat er die Aufgabe, auf der Grundlage des christlichen Glaubens zu verantwortlichem Leben und Handeln zu motivieren. Damit schafft der RU die Voraussetzungen dafür, dass Sch in religiöser und weltanschaulicher Hinsicht urteils- und entscheidungsfähig werden (vgl. Grundgesetz Artikel 4 und LP S. 151,1 Aufgaben des Faches Katholische Religionslehre).

In Auseinandersetzung mit den Anregungen aus **fse** sollen Sch – im Horizont biblisch-christlicher Überlieferung – moralische Probleme zu lösen versuchen und ihre Entscheidungen begründen lernen.

L wird im Unterricht die entwicklungspsychologischen Erkenntnisse berücksichtigen, wie sie vor allem L. Kohlberg in empirischen Versuchen gewonnen hat (vgl. Konzept S. **18 f.**). Der **Weg moralischer Entwicklung** geht danach von der heteronomen zur autonomen Moral. Auf der präkonventionellen Stufe stehen die konkreten Folgen des Handelns im Vordergrund. Für Sch im Alter von vier bis neun Jahren kommt das vorherrschende Prinzip zur Anwendung: „Jedem das Seine", „Wie du mir, so ich dir" (Kuld S. 85). Die nächste Entwicklungsstufe, die angebahnt werden kann, ist der Übergang zur konventionellen Ebene des moralischen Urteils, in der das Verhalten mehr und mehr von den Normen der Gruppe bestimmt wird, zusammengefasst in der goldenen Regel: „Alles, was ihr von anderen erwartet, das tut auch ihnen!" (z. B. Mt 7,12).

L werden Sch in ihrer Argumentation zu verstehen suchen und sie nicht mit moralischen Erwartungen überfordern. L wird Angebote machen, um den Sch weiter gehende Impulse für ihre Argumentation zu geben.

Bereits im ersten Kapitel wurde den Sch in der Jakobserzählung ein Gott gezeigt, der sich den Menschen bedingungslos zuwendet. Jakob erhält den Segen Gottes, obwohl er schuldig geworden ist. Im Neuen Testament zeigt vor allem Lukas die bedingungslose Zuwendung Jesu zu den Menschen, die ein Realsymbol für die Zuwendung Gottes zum Menschen ist.

Jesus verhält sich nicht erwartungsgemäß, sondern stößt die Umstehenden vor den Kopf, erregt Ärger und Unverständnis. Das bedeutet eine Herausforderung auch für die Drittklässler. Das Ärgerliche und Herausfordernde soll verdeutlicht, die Spannung nicht vorschnell aufgelöst werden. Das Entscheidende ist die **Zuwendung Gottes**. Der Blick wird nicht auf die Sünde gelenkt, sondern darauf, dass durch die Wiederaufnahme des Sünders in die Gemeinschaft mit Gott (und mit den Menschen) diesem neue Lebensperspektiven eröffnet werden. Jesus ist der Freund, der eben denen zum Freund wird, die keine Freunde haben.

Noch weiter vertieft und verdichtet wird Gottes bedingungslose Zuwendung im Gleichnis vom barmherzigen Vater. Ohne ein Wort des Vorwurfs nimmt der Vater den zurückgekehrten Sohn auf und feiert mit ihm ein Fest. Das Verhalten des älteren Sohnes im Gleichnis zeigt deutlich, wie unerwartet und unerhört das Handeln des Vaters ist.

Jesus bringt den Menschen Gottes Verzeihung und Versöhnung und beauftragt seine Jünger, diese weiterzugeben. In diesem Kapitel sollen Sch erkennen, dass Gott jeden Menschen bedingungslos annimmt und einen Neuanfang ermöglicht. Sie sollen unterschiedliche Formen der Versöhnung kennen lernen, eingeschlossen das Sakrament der Versöhnung.

Literatur

Bucher, Anton A./Oser, Fritz, Kind und Moral, in: Schweitzer, Friedrich/Faust-Siehl, Gabriele, Religion in der Grundschule, Frankfurt ⁴2000, S. 78-86

Kuld, Lothar/Schmid, Bruno, Lernen aus Widersprüchen, Donauwörth 2001, bes. S. 81-89

2. Das Thema im Lehrplan und in fragen – suchen – entdecken

LP 3.1 Mitarbeit an der Gemeinschaft
LP 3.5 Ursachen und Merkmale von Versagen und Schuld, Möglichkeiten des Verzeihens und Versöhnens

fse 42-49 greifen den ersten Inhalt des Themenbereichs auf. Zunächst geht es um Situationen aus dem Umfeld der Sch, die zeigen, dass durch Fehlverhalten von Menschen das Miteinander gestört und belastet wird. Die Geschichten und Zeichnungen konfrontieren mit gestörten, belasteten Beziehungen und fordern Sch auf, sich mit den unterschiedlichen Fragen und Meinungen auseinander zu setzen und nach Wegen aus dem Dilemma zu suchen. Sch sollen ihre Lösungen begründen und „gute" Lösungen den „Scheinlösungen" vorziehen.

fse 44/45 macht deutlich, dass auch vordergründig Nicht-Schuldige Anteil an belastenden Zuständen haben.

Richtiges Verhalten kann verhindert werden durch gängige „Sprüche", die ein Handeln zur rechten Zeit verhindern, wie das Beispiel von der kranken Häsin zeigt (**fse 46**). Mit einem Sack verschiedener Verhaltensweisen und Redensarten sollen Sch in **fse 47** umgehen und dabei ihr Urteilsvermögen schärfen, indem sie Begründungen für positive und negative Verhaltensanweisungen finden.

In der Geschichte von Lutz (**fse 48**) sollen Sch entdecken, dass kein Mensch sich immer korrekt verhält; dass bei allen Menschen gute und weniger gute Seiten nahe beieinander liegen. Auch hier geht es neben der Beurteilung der Sachlage um Möglichkeiten, mit dem Fehlverhalten umzugehen (**fse 49**).

LP 3.5 Jesu Botschaft von Gottes Vergebungsbereitschaft, Die Botschaft Jesu: Einladung zu Umkehr und Neuanfang, Vergebung, Aufruf zur Versöhnung

Anknüpfend an den Themenbereich der Vergebungsbereitschaft Gottes aus Klasse 1/2 wird noch einmal erarbeitet, wie sich Menschen in der Begegnung mit Jesus verändern können.

Auf **fse 50** wird die Begegnung von Jesus und Zachäus nur so weit erzählt, dass Jesu Verhalten offen bleibt. So wird das Unerhörte, Unerwartete an Jesu Handeln deutlich: Jesu Gerechtigkeit ist eine andere. **fse 51** zeigt, wie es mit Zachäus weitergeht, wie ihn die Begegnung mit Jesus verändert.

Im Gleichnis vom barmherzigen Vater kommt die Botschaft Jesu von der bedingungslosen Annahme des Menschen durch Gott besonders anschaulich zur Sprache. Diese Annahme ist wahrhaftig ein Grund zum Feiern.

Die Versöhnung ist auch unter den Menschen lebensnotwendig. So enthält die Doppelseite **fse 54/55** zum einen eine Geschichte, wie Sch Versöhnung praktizieren, zum anderen Versöhnungsrituale von Menschen aus verschiedenen Kulturkreisen. Sie zeigen die Angewiesenheit der Menschen auf Symbole, dass Zeichen und Worte wichtig sind, um Vergebung auszudrücken.

LP 3.4 Buße – Erneuerung der Gemeinschaft mit Gott und den Menschen

fse 56/57 berichtet vom Auftrag Jesu, die Versöhnung Gottes weiterzugeben (Joh 20,19-23). Der gemeinschaftliche Bußgottesdienst und die sakramentale Feier der Versöhnung für Einzelne sind liturgische Formen der Versöhnung im Raum der christlichen Gemeinde.

Das Lied **fse 58** „Weil du Ja zu mir sagst" gibt die Antwort eines Menschen auf Gottes Entgegenkommen. Die anschließenden konkreten Vorschläge können zu einem achtsameren, versöhnteren Umgang im schulischen Alltag beitragen. Es ist gut, wenn sie nicht mit Abschluss des Versöhnungskapitels in Vergessenheit geraten, sondern im Laufe des Schuljahres immer wieder aufgegriffen werden.

3. Jahrgangsübergreifende Einsatzmöglichkeiten

Das Thema „Vergebung erfahren – sich versöhnen" bietet über den themengebundenen Unterricht hinaus im Schulalltag immer wieder konkrete Anlässe für Gespräche zwischen Sch der Lerngruppe, die nach Lösungswegen aus ihren Streitigkeiten suchen. L ist in seiner/ihrer Verantwortung gefordert, die Sch dabei zu begleiten, ihnen Entscheidungshilfen anzubieten und so zu verantwortlichem Handeln auf der Grundlage christlicher Maßstäbe zu motivieren.

Weitere Anknüpfungspunkte aus Klasse 1 und 2 sind:
fse 1, Kap. 4, S. 58/59 Dafür sind wir nicht zu klein
fse 2, Kap. 1, S. 14/15 Sich versöhnen – Miteinander sprechen, mit Gott reden
Kap. 2, S. 22 Miteinander – gegeneinander
S. 34 Gott lässt mich nicht allein
- Das Lied „Halte zu mir, guter Gott" kann Sch während der gesamten Schulzeit begleiten.

4. Verbindungen zu anderen Fächern

EVANGELISCHE RELIGIONSLEHRE: Gemeinschaft leben: Gott vergibt – Wir können vergeben
DEUTSCH: 3.1 Mündliches Sprachhandeln, verstehendes Zuhören, gezielt zuhören und nachfragen, Erlebnisse und Geschichten erzählen, mit anderen sprechen, Gefühle benennen, wahrnehmen und reagieren, szenische Umsetzung, Entwicklung einer Gesprächskultur; 3.2 Schriftliches Sprachhandeln, Sachverhalte in verständlicher Form aufschreiben; 3.3 Informierendes Lesen, einem Text Informationen entnehmen, verstehen
KUNST: 3.2 Auseinandersetzung mit Bildern, eigene Wahrnehmungen äußern
MUSIK: 3.1.1 Musik machen mit der Stimme, Lieder kennen lernen; 3.1.2 Musik machen mit Instrumenten; 3.2 Musik hören
SACHUNTERRICHT: 3.4 Mensch und Gemeinschaft, Regeln des Zusammenlebens, Konflikte erkennen, Konfliktlösungen proben

5. Lernsequenz

Planungsskizze	Überschriften in fse	Inhalte im Lehrplan
I. Erfahrung von Zuwendung Störung der Zuwendung Suchen von Lösungswegen Was geht (gut)?	So kann ein Fest enden **fse 42/43** Zusammenleben ist nicht immer einfach **fse 44/45** Damit das Zusammenleben gelingt **fse 46/47** Immer ehrlich? **fse 48/49**	3.1 Über das Zusammenleben nachdenken 3.1 Mitarbeit an der Gemeinschaft 3.5 Ursachen und Merkmale von Versagen und Schuld
II. Jesusgeschichten als Vorgabe: Zachäus: Zuwendung bewirkt Veränderung Barmherziger Vater: Schuld wird nicht aufgerechnet	Wie Begegnung verändern kann **fse 50/51** Ein Vater kommt entgegen **fse 52/53**	3.1 Ermutigungen und Aufforderungen der Bibel das Miteinander zu gestalten 3.3 Das NT – Das Heilshandeln Jesu kennen lernen und deuten 3.3 Von Jesu Leben in Worten und Taten: Begegnungsgeschichten
III. Versöhnung Jesu weiterführen Versöhnung ausdrücken	Zeichen der Versöhnung **fse 54/55** Die Versöhnung Gottes weitergeben **fse 56/57** Weil du Ja zu mir sagst **fse 58**	3.5 Möglichkeiten des Verzeihens und Versöhnens, Die Botschaft Jesu: Einladung zu Umkehr und Neuanfang, Aufruf zur Versöhnung 3.4 Buße – Erneuerung der Gemeinschaft mit Gott und den Menschen

6. Lebensbilder 3/4

Folgende Fotos aus der Folienmappe Lebensbilder 3/4, vgl. Arbeitshilfen S. 21, sind für einen situativen Einsatz hilfreich: Nr. 4 Zwei Freunde, Nr. 5 Zwei Freundinnen: Sich verstehen, Nr. 10 Gemeinsamkeiten entdecken, Nr. 12 Trost finden, Nr. 26 Beichtgespräch, Nr. 27 Beten – Beichten.

Vergebung erfahren – sich versöhnen

1. Hintergrund

Friedensreich Hundertwasser (1928-2000)
Friedrich Stowasser (Friedensreich Hundertwasser) wurde am 15. Dezember 1928 in Wien als Sohn einer jüdischen Mutter und eines nichtjüdischen Vaters geboren. Sein Vater starb kurz nach Friedrichs erstem Geburtstag. Obwohl 1938 getauft, war Friedrich nach dem „Anschluss" Österreichs an das Dritte Reich in Gefahr. Um ihn und seine Familie zu schützen, ließ ihn seine Mutter der Hitlerjugend beitreten. 1943 begann Hundertwasser mit Buntstiften nach der Natur zu malen. Seine Jugendarbeiten zeigen nichts von den schrecklichen Umständen der Kriegsjahre, die er mit seiner Mutter zuletzt im Keller ihres Hauses überlebte.
Nach Kriegsende arbeitete Hundertwasser einige Monate auf einem Bauernhof. In dieser Zeit reifte sein Entschluss Maler zu werden. Nachdem er das Abitur nachgeholt hatte, besuchte er drei Monate lang die Wiener Akademie der Bildenden Künste bei Robin Christian Andersen. Tiefe Eindrücke hinterließen die Bilder von Egon Schiele. Seit 1949 unternahm er immer wieder ausgedehnte Reisen und war zeitlebens in allen Erdteilen unterwegs. Er malte, gestaltete Fassaden von Häusern und trat immer wieder durch spektakuläre Aktionen in Erscheinung. Mehr und mehr engagierte er sich für natur- und menschengerechte Architektur, Umweltschutz und Frieden zwischen den Völkern. Hundertwasser schuf eine Unmenge an Werken, die seine unverwechselbare Handschrift tragen.
Er starb am 19. Februar 2000 an Bord der Queen Elizabeth II. und wurde in Neuseeland im „Garten der glücklichen Toten" begraben.

Im Sog der Spirale – und der Ausweg?

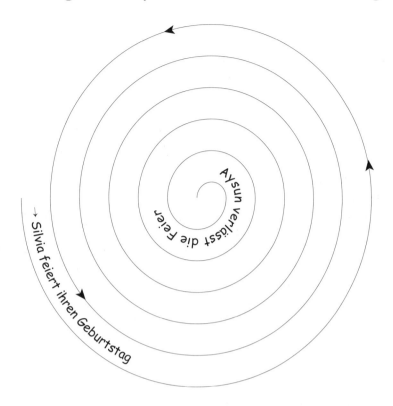

Schreib in die Spirale, wie es zum traurigen Ende der Geburtstagsfeier kommt.

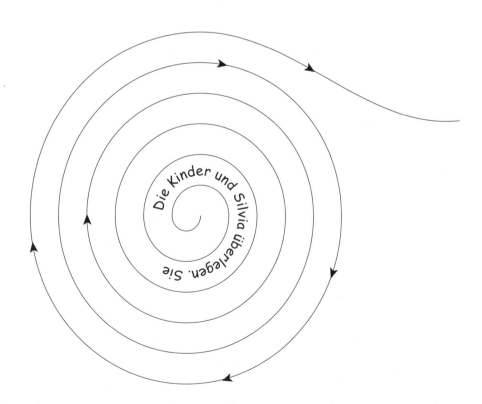

Schreib weiter, wie die Kinder, Silvia und Aysun wieder miteinander reden können.

3.3.1

Friedensreich Hundertwasser, „Ein Regentropfen, der in eine Stadt fällt", 1955

Das Bild zeigt die Aufsicht auf einen Regentropfen, der vom Himmel fällt. Der Regentropfen ist eines von Hundertwassers Lieblingselementen. In der Horizontalen ist der Himmel angedeutet. Der Regentropfen fällt auf die regelmäßig angelegten Häuser einer Stadt, die in quadratischen, trapezförmigen und rechteckigen Flächen angedeutet ist. Mit blauen und roten Linien werden die Häuser wie Zellen gegeneinander abgegrenzt. In diese sind wie Zellkerne weitere quadratische Farbfelder in Blau, Grün und Gelb in unterschiedlichen Größen eingefügt.

Typisch für Hundertwasser sind runde, organische Formen. Der Tropfen, der über der Stadt liegt, durchbricht die konstruierte Anordnung der Stadt und ist durch feine Linien aufgelockert; an vier Seiten öffnet er sich durch eine schmale Linie, unten dringen die Farben seiner Ausläufer in die dunkle Fläche ein. Die dunklen Ringe umschließen einen hellen Kern, der die warmen Rottöne aufgreift und im Innersten wiederum eine blaue Fläche enthält. Zum Rand hin verflüssigt sich der Regentropfen, löst sich auf, versprüht sich gleichsam und verteilt sein Wasser über den Häusern.

Das sich Verbreitende und unkontrollierbar Um-sich-Greifende des Regentropfens steht im Kontrast zu den geometrisch angelegten Strukturen der Stadt. Winkel und Ecken sind dort zwar meist abgerundet, die freie Entfaltung des Organischen bzw. des Lebens wird dennoch durch das Raster von Abgrenzungslinien behindert und eingeengt.

Das Bild lässt vielerlei Deutungen und Interpretationen zu. Hier wurde es für den Anfang des Kapitels „Sich versöhnen – Vergebung erfahren" ausgesucht. Es liegt nahe, an Hell und Dunkel im Leben zu denken. Leben ist nicht einfach strukturiert und schwarz-weiß, sondern vielgestaltig und vielfarbig.

In diesen Häusern könnten Menschen leben in einer Atmosphäre des Misstrauens, des Streits. Die überwiegend roten Farbtöne der Häuser-Landschaft lassen die Hitze, die Gereiztheit, die Unruhe spürbar werden, die in dieser Stadt herrschen. Die Menschen sehnen Abkühlung, Versöhnung, Entspannung herbei. Der Regentropfen, der durch eher kühle Farben bestimmt wird (blasses Blau, Grün, das in konzentrischen Kreisen bis in Schwarz übergeht), verbreitet sein Wasser Segen spendend über der Stadt und kann den Menschen diese Sehnsucht erfüllen. Das Blau des Regens steht für die reinigende Kraft des Wassers. Andere Wassertropfen sind schon vorher in die Stadt gefallen, erkennbar an den vielen blauen Flächen. In manchen Häusern hat sich ihre wohltuende Wirkung schon ausgebreitet, in anderen ist diese Kraft noch klein. Der Regentropfen, der vom Himmel fällt, kann Sinnbild sein für die Sehnsucht nach dem Guten, nach Frieden, Versöhnung und nach Gott, die in jedem Menschen wohnt. Das Dunkle schließt sich um die leuchtende Mitte als Sinnbild für die stete Bedrohung des Menschen durch das Böse, durch Streit, Misstrauen und Unfriede.

Das Bild lässt sich sowohl zu Beginn als auch gegen Ende der Unterrichtssequenz einsetzen. Wenn es als Einstieg gewählt wird, kann es zu einem späteren Zeitpunkt immer wieder zur Interpretation herangezogen werden. So können Sch entdecken, dass ein Bild zu verschiedenen Zeitpunkten etwas ganz Neues „sagen" kann.

2. Einsatzmöglichkeiten im RU

Das Bild mit den Augen „erwandern"

Das Bild ist als Folie Nr. 6 in der Schatzkiste 3/4 enthalten.
- Sch „tasten" das Bild mit ihren Augen ab. Leise Musik im Hintergrund.
- Nach einiger Zeit wird die Folie abgedeckt. Sch äußern, was sie gesehen haben.
- Sie zeichnen die Aufteilung des Bildes (Form) auf ein Blatt.

Das Bild analysieren
- Die Folie wird wieder auf den OHP gelegt; Sch vergleichen das Bild mit dem, was sie erinnert hat.
- Sie analysieren das Bild nach Formen und Farben (vgl. Spalte links).
- Sie erfassen die Farben des Bildes: Schwarz, Grün, Rot, Ocker, Blau, Braun, Gelb; die Farben des inneren Kreises wiederholen sich in anderen Bereichen des Bildes. Sch finden Assoziationen zu den Farben des Bildes.
- Sie erkennen die Formen des Bildes: den großen Ring mit zwei ineinander gehenden Kreisen, feine Linien durchkreuzen die schwarze Mitte, unregelmäßige Wege laufen um den großen Ring; der untere Teil des Bildes enthält viele kleine Rechtecke, die nochmals ein kleineres Rechteck (meist in blau) umschließen; der Ring wird von unten her aufgebrochen; der obere Teil des Bildes ist durch weitere Felder geteilt.
- Das Zueinander der drei Bereiche beschreiben: die große Mitte, die den oberen und den unteren Teil beherrscht.
- L stellt den Künstler vor und nennt den Titel des Bildes.
- Sch deuten die einzelnen Farben und Formen: die dunkle Wolke, die den Leben spendenden Regen schickt.
- Sch erzählen Erlebnisse mit Regen, Gewitter, Sturm: Wir ärgern uns über den Regen. Die Pflanzen und Bäume brauchen ihn, um wachsen zu können, zu blühen, Früchte zu tragen.

Das kleine Wort

T/M: Martin Gotthard Schneider

1. Es ist oft nur ein kleines Wort, das tut entsetzlich weh, (...) ein Wort, das lässt dich nicht allein, das fällt dir immer wieder ein: (...)
(Str. 5:) Sprich's aus, fang damit an.

Hinweis: An den markierten Stellen (...) kann das eine oder andere „kleine Wort" von den Kindern dazwischengesprochen werden; bei Strophe 5 entsprechend!

2. Das kleine Wort ist scharf und spitz,
es frisst sich in dich rein.
(...)
Wie sehr man doch einander kränkt,
wenn man kein bisschen weiterdenkt.
(...)

3. Man wischt das kleine Wort nicht aus
so einfach eins-zwei-drei.
(...)
Da bleibt doch noch ein dummer Rest,
der sitzt in deinem Herzen fest:
(...)

4. Am liebsten hätt'st du dich gewehrt
und wütend losgeschrien:
(...)
Wie kam das alles nur? Warum?
Doch du bleibst still und leidest stumm.
(...)

5. Vielleicht gibt es ein andres Wort,
ein Wort, das helfen kann:
(...)
ein Wort, das nicht verletzt und trennt,
ein Wort, das heilt, das Rücksicht kennt:
(...)
Sprich's aus, fang damit an.

– Wie hat der Künstler den „Leben spendenden" Regen in seinem Bild dargestellt?

Stellung nehmen zum Bild
– Welche Teile des Bildes sehe ich gerne an?
– Wo würde ich mich hinstellen, wo nicht? Warum?
– Was würde ich verändern?
– Gibt es Regen ohne dunkle Wolken?
– Warum wiederholt der Künstler die Farben des inneren Kreises in den Feldern?

Eine Partnerübung
● Ein Sch stellt die Umklammerung durch den schwarzen Ring mit dem Körper nach. Er/sie ist zusammengekauert. Ein/e zweite/r Sch versucht behutsam den Körper zu lockern, bis Sch frei atmen kann. Partnerwechsel.

Regen-Musik spielen
– L spielt aus Vivaldi, Die vier Jahreszeiten, das Presto des Sommers vor (ein Gewitter). Sch vergleichen: Wie hat Hundertwasser einen Regentag, einen Regentropfen ins Bild gesetzt, wie hat Vivaldi ein Gewitter in Töne umgesetzt?
– Sch stellen mit Orff-Instrumenten die einzelnen Teile des Bildes dar mit „dunklen" und „hellen" Tönen.

Das Bild als Symbol für menschliche Erfahrungen verwenden
– L-Impuls: Manchmal ist es in mir so dunkel wie in dem schwarzen Tropfen: Wenn ich traurig bin; wenn ich meine Freundin/meinen Freund verloren habe; wenn ich krank bin und nicht mit anderen spielen kann; wenn ...
Manchmal freue ich mich, es geht mir gut, ich strahle, wenn ... Dann passt die rote Farbe.

– Sch schreiben mit der entsprechenden Farbe auf einen Papierstreifen eine Situation, in der sie traurig waren, in der sie sich freuten, und legen sie zum Bild.
– Sch überlegen, welche Wege es gibt, um aus der Traurigkeit herauszukommen. Im Bild: Wege, die in den schwarzen Rand des Tropfens hinein- oder herausführen. Wer kann helfen?

Das Bild und das Kapitel-Thema verknüpfen
L Impuls: Wo könnte das Thema „Vergebung erfahren – sich versöhnen" im Bild angesiedelt werden? Wo finden sich Farben für „Schuld haben, etwas anstellen"? Wo finden sich Farben für „sich versöhnen, Vergebung erfahren"? Welche Teile des Bildes passen dazu?

Das Bild als Symbol verwenden
Das Bild wird in Beziehung gesetzt zu weiteren Inhalten des Kapitels.
– **fse 42/43**: Welcher Teil des Bildes passt zum Ende der Geschichte? Welche Aussprüche **fse 43** können Wege zur Versöhnung werden? Wo können sie im Bild angesiedelt werden?
– **fse 47**: aus dem „Verhaltenssack" die „hellen" und „dunklen" Sätze heraussuchen und auf das Bild/die Folie legen.
– **fse 48/49**: Die zwei Handlungsweisen des Lutz: Wo im Bild ist der Geldbeutel anzusiedeln, wo das Schwarzfahren, wo die Lösung der Geschichte?
– **fse 51**: Zachäus vor der Begegnung/nach der Begegnung: Wo könnte seine jeweilige Situation im Bild gefunden werden?
– **fse 57**: Im Beichtgespräch sich mit Gott versöhnen: Manchmal bin ich ... und manchmal bin ich ... Wo könntest du das auf dem Bild wiederfinden? Wo könnte die Vergebung durch Gott im Bild dargestellt sein?

So kann ein Fest enden fragen – suchen – entdecken 42/43

1. Hintergrund

Auf **fse 42** illustriert eine Zeichnung das Ende der Geschichte „Der Armreif": Sch, die kurz vorher noch fröhlich miteinander gefeiert haben, stehen im Garten und blicken Aysun nach, die mit hängenden Schultern und traurigen Augen das Fest verlässt. Es ist, als hinge der Verdacht „Vielleicht hat Aysun den Armreif genommen" greifbar in der Luft. **fse 43** oben zeigt, wie Sch, die bei der Geburtstagsfeier dabei waren, im Pausenhof zusammenstehen und diskutieren. Sprechblasen enthalten Satzanfänge zu den Überlegungen und Gedanken der Kinder. **fse 43** unten steht Aysun allein.

Auch sie macht sich viele Gedanken und hat es schwer, mit der Situation umzugehen.
Im Mittelpunkt der Erzählung „Der Armreif" steht das Ineinander einer geglückten Feier und der Störung durch einen (unbegründeten) Verdacht. Sch sollen in einem ersten Versuch Wege aus der verfahrenen Situation finden und ihre Vorschläge begründen. Die Geschichte **fse 42** zeigt, wie schnell – durch einen in den Raum gestellten Verdacht – ein gutes Miteinander gestört und belastet wird. Die Äußerungen **fse 43** wollen erste Hilfestellungen geben, wie man mit der Situation umgehen kann, und Sch auf die Spur bringen, „gute", für beide Seiten verträgliche Lösungen zu finden.

Damit das Zusammenleben gelingt

2. Einsatzmöglichkeiten im RU

Die Geschichte kennen lernen
- Der Text wird abgedeckt. Sch deuten die Illustration **fse 42** unten.
- Sch erzählen dazu Geschichten: Auf dem Schulhof; Am Nachmittag beim Spielen: Was könnte passiert sein?
- Sch stellen das Bild nach und sprechen dazu.
- Die Illustration mit der Überschrift verbinden. Sch stellen Vermutungen an.
- L erzählt die Geschichte bis „... verlässt das Mädchen mit Tränen in den Augen das Fest."
- Gründe suchen, weshalb der Verdacht auf Aysun fällt.
- Nachempfinden, wie es Aysun geht.
- Sch lesen die Auflösung des Falles. Sie bearbeiten **AB 3.3.1, Arbeitshilfen S. 131**: So endet das Geburtstagsfest.
- Sch bedenken die Folgen des Verdachts.
- Silvia hat schlecht geschlafen. Sie erzählt den Kindern, wie sie den Armreif gefunden hat. Sch überlegen, was durch den Verdacht alles „zerbrochen" ist (das Fest, die Gemeinschaft in der Klasse, Aysun wird beschuldigt, Eltern, Klassenkameraden usw. erfahren davon).
- Sch singen das Lied: „Das kleine Wort", **AB 3.3.2, Arbeitshilfen S. 133**.
- Sch ergänzen die Gedankenblasen von Aysun: „Ich habe Angst, dass ..."; „Ob ich jetzt allein bleibe?" und fühlen sich in ihre Situation ein: „Ich bin Aysun. Besonders schlimm ist für mich ..."

Weiter überlegen
- Sch überlegen: Wäre es eine gute Lösung, wenn Silvia den Fund des Armreifs einfach verschweigen würde?
- Sch bedenken die Folgen für Silvia, die Klasse und Aysun und begründen ihre Entscheidung.

Wie der Schaden wieder gutgemacht werden kann
- Silvia und die Kindergruppe überlegen:
- Sch bekommen Sprechblasen mit den verschiedenen Satzanfängen **fse 43 oben** und ergänzen sie. Ferner erhalten sie (eine) leere Sprechblase(n), in die sie weitere Ideen schreiben können.
- Eine Gruppe ergänzt die Satzanfänge von Aysun **fse 43 unten**: „Das war das letzte Mal ..." „Ich werde ..." Sie erhalten ebenfalls leere Gedankenblasen.
- Sch sortieren ihre Ergebnisse nach: hilfreich/nicht hilfreich und begründen ihre Entscheidung (z. B. die Schuld auf andere schieben: „Warum hat sie ...?" „Aber sie hat ..." Auch: „Das kann jedem einmal passieren"; sich in die Beschuldigte einfühlen: „Ob Aysun ...?"; Einsicht gewinnen: „Ich lerne daraus ..."; zur Versöhnung bereit sein: „Ich habe eine tolle Idee: Ich werde ... wir werden ...").

Auch Aysun muss zur Versöhnung bereit sein
- Sch überlegen: Warum genügen die guten Vorschläge nicht?
- Die „Aysun-Gruppe" überlegt, welche ihrer Satzergänzungen für eine Versöhnung hilfreich sind.
- Sch überlegen: Aysun braucht Zeit, um verzeihen zu können. Wenn sie heute nicht bereit ist?

Formen der Versöhnung spielen
- Sch spielen in verschiedenen KG, wie eine Versöhnung aussehen könnte.
- Sie überlegen sich, welche Versöhnungsrituale sie einsetzen können.
- Im anschließenden Gespräch besprechen sie die gefundenen Möglichkeiten und bewerten sie.
- Sch bearbeiten **AB 3.3.3, Arbeitshilfen S. 135**: Aus der verfahrenen Situation herauskommen.

Einen Tagebucheintrag schreiben
- Sch schreiben aus der Sicht von Silvia oder Aysun.

Kontakt aufnehmen
- Silvia schreibt einen Brief an Aysun.
- Silvia telefoniert mit Aysun, bevor sie der Gruppe vom gefundenen Armreif erzählt.

3. Jahrgangsübergreifende Lerngruppe

Aufmerksam werden für die Sprache
- Sch des vierten Jahrgangs bringen sich besonders bei dem Lied „Das kleine Wort" (**AB 3.3.2**) ein, indem sie das eine oder andere „kleine Wort" im Chor oder einzeln dazwischensprechen.
- Hier sei auf die begleitende, gemeinsame Aufarbeitung schulischer Konflikte durch verletzende Worte hingewiesen. Die Schimpfwörter werden auf giftgrüne Zettel geschrieben und über einen längeren Zeitraum gesammelt. In einer gemeinsamen Aktion verbrennen Sch die Zettel.
- Es wird eine „Hitliste" der besonderen Klassenregeln aufgestellt und als Plakat gestaltet. Alle Sch unterschreiben die Abmachungen (vgl. **fse 3**, S. 46).

Vom Gerücht singen
Sch erlernen das Lied „Das Gerücht", in: M. G. Schneider/Klaus Deßecker, Sieben Leben möchte ich haben, Freiburg 1976, Nr. 53, S. 79.

Wie das Vorurteil die Wahrnehmung prägt
Der Axtdieb, in: Hubertus Halbfas, Das Menschenhaus, Düsseldorf 1972, S. 109.

Die Häsin ist krank

	Sie sagen	Das bedeutet
Igel	Kommt Zeit, kommt Rat.	
Eule	Gut Ding will Weile haben.	
Feldmaus	Kopf hoch, Frau Nachbarin!	
Reh	Es wird nichts so heiß gegessen, wie es gekocht wird.	
Katze	Es wird schon werden.	
Maulwurf	Keine Sorge! Ende gut, alles gut!	
Elster	Geduld, Geduld!	
?		

Für die Häsin waren die Sätze leere Worte, weil _____

Über die Bedeutung der Zunge
Von der besten und der schlechtesten Sache der Welt,
in: Dietrich Steinwede/Sabine Ruprecht (Hg.), Vorlesebuch Religion 1, Lahr 1971, S. 246 f.

Zusammenleben ist nicht immer einfach

fragen – suchen – entdecken **44/45**

1. Hintergrund

Während in der „Armreif-Erzählung" der Verdacht die Ursache der Störung eines Festes ist, geht es in dieser Fallgeschichte um das Zusammenleben in einer Gruppe. Dies erfordert von allen ein bestimmtes Verhaltensrepertoire, alle in der Gruppe sind für ein gedeihliches Zusammenleben verantwortlich. Sch sollen erkennen, dass man in der Regel keinen „Sündenbock" ausmachen kann, wenn das Zusammenleben gestört ist.

Die Geschichte erzählt eine Situation, die sich so oder ähnlich an jeder Schule ereignen kann. In beinahe jeder Klasse gibt es Schüler, die durch ihr Verhalten auffallen, um dadurch Aufmerksamkeit und Interesse in der Klasse auf sich zu ziehen. So kann eine Spirale entstehen, die sich immer höher schraubt. Es ist nur allzu nahe liegend und verführerisch, einen Sündenbock zu suchen. Während im ersten Teil der Geschichte (**fse 44**) erzählt wird, wie es zu der Eskalation kam (Sven hat den OHP umgeworfen), bahnt die zweite Seite (**fse 45**) durch ihre Aufteilung eine differenzierte Sicht des Konfliktes an. Wenn nach Gründen gesucht wird, warum Sven in der Klasse bleiben soll, beinhaltet das zum einen ein Suchen nach Svens Vorzügen und Eigenschaften, die der Klasse gut tun könnten. Zum anderen regt es zum Nachdenken an, was von Seiten der Klasse Svens Verhalten gestützt und angestachelt hat. Wenn die Klasse gemeinsam überlegt, was sie ändern will, damit Sven die Probezeit besteht, ist auch die Lehrerin gefragt. Alle Beteiligten sind verantwortlich und müssen Verantwortung übernehmen.

2. Einsatzmöglichkeiten im RU

Ein ärgerliches Verhalten

- L liest die Geschichte bis: „vom Unterricht ausgeschlossen."
- Sch diskutieren in GA: Hat der Schulleiter richtig gehandelt? Warum? Warum nicht?
  Welche Alternativen hätte er gehabt?

Eine Entscheidung treffen

- Sch überlegen in GA: Soll Sven in eine andere Klasse versetzt werden? Was spricht dafür (1. Gruppe), was dagegen (2. Gruppe)? Am Ende zu einer Entscheidung kommen (mit Begründung).
- L-Impuls: Warum hat Frau Mattern die Klasse nach ihrer Meinung gefragt?

Gemeinsam zu einer guten Lösung kommen

- Sch lesen das Ende der Erzählung: **fse 45**.
- Sch überlegen: Warum wundert sich Relix über die rechte Tafelseite?
- Sch und L nehmen den Impuls auf: Jetzt müssen wir uns alle Gedanken machen ...
- In der Klasse werden sechs Gruppen gebildet. Je zwei arbeiten themengleich. *Aufgabe 1:* Ich bin Sven. Ich möchte in der Klasse bleiben, weil ... Ich werde ... Ich bitte Frau Mattern, dass ... Ich kann ... *Aufgabe 2:* Wir sind Sch der 3a. Wir möchten, dass Sven in der Klasse bleibt, weil ... Wir können ... Wir werden ... *Aufgabe 3:* Ich bin Frau Mattern. Ich möchte, dass Sven in der Klasse bleibt, weil ... Ich werde ... Ich helfe Sven, wenn ... Ich ...
- Die themengleichen Gruppen tauschen ihre Ergebnisse aus und entscheiden: Was ist besonders wichtig für die Klassengemeinschaft, was ist realistisch? Den Satz unterstreichen.
- Sch überlegen: Welche Abmachungen gelten in unserer Klasse? Wollen wir sie so beibehalten oder verbessern?

Über die Einhaltung der Vorsätze nachdenken

- Sch überlegen, wie in der Klasse Absprachen überprüft werden können.
- Ein möglicher Weg ist die „Wochenschau" am Ende der Woche: Was war gut, gelungen, schön? (auf einem Plakat jeweils mit roten Punkten versehen)
  Was war ärgerlich, nicht gut, was haben wir nicht fertig gebracht? (durch schwarze Punkte kennzeichnen)
- Sch kommentieren das Verhältnis von schwarzen und roten Punkten und entwickeln evtl. gemeinsam einen Vorschlag für die kommende Woche. Dabei können Sch entdecken, dass das Zusammenleben oft von positiven und negativen Erfahrungen bestimmt ist.

Damit das Zusammenleben gelingt

fragen – suchen – entdecken 46/47

1. Hintergrund

In den Erzählungen vom „Armreif" und dem „Sven-Konflikt" wurden zwei Möglichkeiten des Schuldigwerdens angesprochen und bearbeitet. In **fse 46/47** geht es um die Entdeckung hilfreicher Verhaltensweisen für das Zusammenleben.

Durch gemeinsames Überlegen kann es zu einer für beide Seiten verträglichen Lösung kommen. Dies wird durch die Bildergeschichte veranschaulicht. Zwei aneinander gebundene **Esel** stehen zwischen zwei Heuhaufen. Jeder ist hungrig und will zu dem Heuhaufen, der ihm am nächsten liegt. So ziehen sie in verschiedene Richtungen – und keiner kommt zum Fressen. Fazit: Eine Übereinkunft ist nötig, um zum Ziel zu gelangen. Die beiden Esel hören auf zu ziehen, wenden sich einander zu und überlegen.

Manchmal kommt es darauf an, genau hinzuschauen und zu entdecken, was in der jeweiligen Situation notwendig ist. Dafür steht die **Fabel von der kranken Häsin**. Die Häsin bekommt viel Besuch, der ihr neben frischen Kleeblättern viele gute Wünsche mitbringt. Alle diese Sprüche sind gut gemeint – und doch das Gegenteil von gut. Kein einziger ist wirklich Trost und Hilfe in ihrer Lage, sondern lässt die kranke Häsin enttäuscht zurück. Nur die Ameisen tun, was notwendig ist. Sie haben nicht schön geredet, sondern gefragt, was die Häsin braucht. Sie haben nicht nur mit den Augen, sondern „mit dem Herzen gesehen", worauf es ankommt.

Wichtig ist ferner, gängige Verhaltensmuster zu befragen. Das Schema **„wie du mir, so ich dir"** ist bei den Sch oft anzutreffen und entspricht den entwicklungspsychologischen Voraussetzungen (s. S. **16-18**). Die Zeichnung **fse 47** zeigt: Jeder der beiden am Konflikt Beteiligten ist Täter und Opfer zugleich. Die Zeichnung ist ein Anstoß, dieses Verhaltensmuster zu befragen und Alternativen zu entwickeln. Hier kann auch die goldene Regel eingeführt werden: „Alles, was ihr von anderen erwartet, das tut auch ihnen!" (Mt 7,12).

Schließlich wird den Sch eine Anzahl möglicher **Redensarten und Verhaltensweisen** vorgestellt, die Sch in hilfreich und weniger hilfreich für das Zusammenleben von Menschen einteilen. Für ihre jeweilige Entscheidung sollen sie Begründungen finden bzw. die Folgen abschätzen.

2. Einsatzmöglichkeiten im RU

Die Bildgeschichte zu Ende denken

- Sch erzählen anhand der vier Bilder die Geschichte: Zwei zusammengebundene Esel wollen an ihr Futter – sie zerren in die jeweilige Richtung, bis sie sich strangulieren, ohne ihrem Ziel näher zu kommen – im gemeinsamen Nachdenken suchen sie nach einer Lösung.
- Sch zeichnen eine Lösung. Die einfachste Lösung ist das Durchtrennen der Schnur (durch den Bauern), die vom Karikaturisten gefundene Lösung ist das gemeinsame Fressen nacheinander an beiden Heuhaufen: **AB 3.3.3, Arbeitshilfen S. 135**.
- Sch schreiben unter ihre Lösung, warum sie gut ist.
- Ein „Eselsgedicht" schreiben, z. B. ein Schneeballgedicht. Das erste Wort wird vorgegeben, z. B. Esel. *Hinweis:* Bei einem Schneeballgedicht kommt in jeder Zeile ein Wort dazu (1, 2, 3, 4), dann folgt die Umkehrung (4, 3, 2, 1). Das Gedicht erhält seinen Namen vom Aufrollen und Abschmelzen eines Schneeballs. *Beispiel:*

> *Esel*
> *Zwei Futterhaufen*
> *Esel wollen fressen*
> *Sie hängen am Strick*
> *Zwei Esel denken*
> *Wie geht´s*
> *Miteinander*

Die Häsin ist krank – was hilft?

Die Bildgeschichte wird auf menschliche Verhaltensweisen übertragen.

- UG: Wenn ich krank bin, wünsche ich mir, dass ... Wenn ich krank bin, brauche ich ... Wenn ich krank bin, freue ich mich, wenn ...
- L liest Fabel bis: „... Ende gut alles gut." UG: Viele Besucher – alle haben einen guten Rat für die Häsin.
- **AB 3.3.4, Arbeitshilfen S. 137**: Sch schreiben die Bedeutung der einzelnen Redensarten auf. Sch entscheiden sich für den „besten Rat" bzw. fügen einen Rat aus ihrer eigenen Erfahrung hinzu.
- L liest die Fabel bis „... gut gemeinter Unsinn ... bzw. leere Worte, die keinen Trost bringen."
- Sch in PA: Warum die Häsin mit den guten Ratschlägen nichts anfangen kann.
- Diskussion: „leere Worte": was meint die Häsin damit? – Evtl. auf **AB 3.3.5, Arbeitshilfen S. 140**, vorgreifen.
- Was braucht die Häsin? Sch sammeln Vorschläge.

Die kranke Häsin und die Ameisen

- L liest die Geschichte zu Ende. Sch listen die verschiedenen Tätigkeiten der Ameisen auf: Blumenschmuck hinstellen, die Umgebung wohnlich gestalten, Sch versorgen, dabei das Ruhebedürfnis der Kranken berücksichtigen, nicht aufdringlich sein.

Wortkarten: Hilfreiche Verhaltensweisen ...

„Ich bin doch nicht dumm!"	über das eigene Verhalten nachdenken
„Lasst uns darüber reden."	„Dem werd ich's noch zeigen!"
„Da müssen wir uns etwas einfallen lassen!"	„Soll erst einmal der andere ..."
dem anderen etwas Gutes wünschen	„Wie du mir, so ich dir."

... und Redensarten?

kleine Schritte machen	einen Fehler zugeben
„Der hat mich auch nicht mitspielen lassen!"	„Was du nicht willst, dass man dir tu, das füg auch keinem anderen zu."
„Die gehört nicht zu uns!"	sich in die Situation des anderen hineinversetzen
„Lass uns wieder gut sein!"	einen Streitschlichter, eine Streitschlichterin anfordern

- Sch stellen gegenüber: die Worte der Besucher, die „Taten" der Ameisen.

Was uns die Ameisen lehren können
Im UG klären: Woher wissen die Ameisen, was die kranke Häsin braucht? Was sind Voraussetzungen für eine wirkliche Hilfe? Teilweise Beantwortung des zweiten Arbeitsauftrags **fse 46** (aufmerksam werden, merken, was der/die andere braucht, Fantasie entwickeln, nachfragen, handeln).

Die Zeichnung zur Redensart „Wie du mir, so ich dir" erklären
- L-Impuls: Man sagt „Die sind wie Hund und Katze". Sch finden Beispiele.
- Sch beschreiben die Zeichnung und entdecken, was passiert (jeder fügt dem anderen Schmerz zu, zugleich wird ihm Schmerz zugefügt).

Verhaltensweisen und Redensarten einschätzen
- Die einzelnen Aussprüche werden ungeordnet als Wortkarten an die Tafel gehängt (**AB 3.3.5, Arbeitshilfen S. 140 f.**).
  Am konkreten Beispiel **fse 44** ordnen Sch die Wortkarten nach: nicht hilfreich – verständlich – hilfreich. Sie begründen ihre Wahl.
- Sch suchen sich eine Redensart/Verhaltensweise aus und schreiben dazu eine Geschichte.
- Sch ziehen eine Fallgeschichte **AB 3.3.6, Arbeitshilfen S. 143**. Sch mit gleichem Text arbeiten in GA mit folgenden Fragestellungen: Welche Redensart/Verhaltensweise passt zu dem Fall? (Es sind mehrere Antworten möglich.) Welcher Satz aus dem „Sack" könnte weiterhelfen?

- Den Fall zu einem guten Ende weiterführen/weiterspielen. Die Gruppen stellen ihre Ergebnisse vor, die Klasse schätzt die Vorschläge ein.

3. Jahrgangsübergreifende Lerngruppe

Schreiben und spielen
- Die jüngeren Sch suchen sich eine Redensart aus. Diese dient den älteren Sch als Schreibanlass für eine Streitgeschichte.
- Die Redensart wird in ein Rollenspiel umgesetzt; anschließend wird in der Gruppe nach Konfliktlösungen gesucht.

Eine/n Streitschlichter/in anfordern
Es gibt Schulen, an denen Sch zu StreitschlichterInnen ausgebildet werden. Ziel des Streitschlichtungskonzeptes ist, dass die Kontrahenten unter Anleitung des Schlichters/der Schlichterin selbstständig eine Lösung finden. Die Streithähne wenden sich nicht an L, sondern an Sch. Am Ende des Schlichtungsgespräches soll keine/r als Gewinner/in bzw. Verlierer/in dastehen. Sch lernen, Konflikte fair auszutragen und zu lösen.
An Schulen, die StreitschlichterInnen ausgebildet haben, werden diese in die Klasse eingeladen und von Sch interviewt.

Literatur

Jefferys-Duden, K., Das Streitschlichterprogramm, Weinheim 1999 (Fallbeispiele)
Walker, J., Gewaltfreier Umgang mit Konflikten in der Grundschule. Grundlagen und didaktisches Konzept. Spiele und Übungen für die Klassen 1-4, Berlin ^{4}2001

Immer ehrlich? fragen – suchen – entdecken 48/49

1. Hintergrund

Auf **fse 48/49** wird am Beispiel von Lutz deutlich, dass Menschen nicht immer nur gut handeln, dass vielmehr beide Verhaltensweisen, die guten und die nicht zu akzeptierenden, in ein und demselben Menschen vorhanden sind. Keiner ist ganz und immer gut. Die Palette der Verhaltensweisen eines Menschen ist eher bunt als schwarz-weiß. Für Sch heißt das, dass ihre Vorstellung vom stets richtigen Verhalten, das sie für sich und andere einfordern, in Frage gestellt wird. Sch sollen durch die Lutz-Geschichte zum Nach- und Weiterdenken geführt werden, wenn sie im Schwarz-Weiß-Denken verhaftet sind. Zugleich ist es für Sch eine tröstliche Botschaft, dass alle Menschen gute und weniger gute Seiten haben, eine Erfahrung, die sie selbst vielfach gemacht haben und die sie für sich auch gelten lassen dürfen.

fse 48 erzählt von Lutz, der im Bus eine Börse mit viel Geld findet. Er ringt eine ganze Weile mit sich, ob er den Fund behalten soll. Schließlich entschließt er sich, den Fund abzugeben. Der Busfahrer staunt und lobt ihn wegen seiner Ehrlichkeit. Lutz wird zu diesem Zeitpunkt das Gefühl haben, richtig gehandelt zu haben und gut dazustehen. Die Lage ändert sich, als ihn der Busfahrer nach seiner Monatskarte fragt, um die Personalien abzuschreiben. Jetzt wird offenkundig, dass Lutz schwarzgefahren ist.

fse 49 zeigt drei Zeichnungen: Lutz mit dem Busfahrer, Lutz mit seinen Eltern, Lutz beim Ordnungsamt. Sch werden aufgefordert, die verschiedenen Szenen zu spielen, um nachzuempfinden, dass es verschie-

Welche Verhaltensweise/Redensart passt zu welchem Fall?

Fallbeispiele:

Uli hat sich über die neue Brille von Evi lustig gemacht.
Evi, die sehr gut rechnen kann, hat Uli daraufhin vor der ganzen Klasse ausgelacht, als er eine schlechte Note bekam.

Jede Woche gibt es zwischen Manuel und Julia Streit, wenn sie ihre kleine Schwester Anna aus dem Kindergarten abholen sollen.
Heute war Julia an der Reihe. Sie ist aber einfach bei ihrer Freundin geblieben.
Anna kam allein nach Haus.

Seit zwei Wochen reden Anja und Sonja nicht mehr miteinander.
Sonja hat nämlich Anja an dem Nachmittag, als sie verabredet waren, einfach versetzt, weil sie mit Petra einen spannenden Film im Kino anschauen wollte.

Gestern haben die Kinder aus der Weinstraße den Kindern aus der Gartenstraße die Luft aus ihren Fahrrädern gelassen, als diese Fußball spielten.
Sie haben heimlich zugeschaut, wie die Fußballspieler lange Gesichter machten, schimpften und versuchten ihre Fahrräder wieder aufzupumpen.

Die Hausordnung in der Teichstraße 14 ist ständig Anlass zum Streit. Immer wieder „vergisst" Familie Meinung, dass sie mit der Treppenreinigung an der Reihe ist.
Auch mit dem Schneeschippen nimmt sie es nicht so genau.

Ich

Ich: träumerisch, träge, schlafmützig, faul.

Und ich: ruhelos, neugierig, hellwach, betriebsam.

Und ich: kleingläubig, feige, zweiflerisch, hasenherzig.

Und **ich**: unverblümt, frech, tapfer, gar mutig.

Und ich: mitfühlend, zärtlich, hilfsbereit, beschützend.

Und **ich**: launisch, gleichgültig, einsilbig, eigenbrötlerisch. –

Erst wir alle zusammen sind ich.

Hans Manz

dene Betrachtungsweisen desselben Verhaltens und unterschiedliche Folgerungen daraus gibt.

Dazu ist es unerlässlich, sich in die Lage von Lutz zu versetzen. Welche Fragen und Gefühle bewegen und bedrängen ihn? Es wird deutlich, wie nahe „gut" und „weniger gut" beieinander liegen. Ausgerechnet durch seine „gute Tat" kommt ans Licht, dass ein Mensch auch Schattenseiten hat.

2. Einsatzmöglichkeiten im RU

Soll Lutz den Fund abgeben?

- L erzählt die Geschichte bis: „... der Bus stoppt".
- Sch fühlen sich ein in die Situation, in der Lutz sich befindet.
  Sie stimmen ab: abgeben – nicht abgeben. Vorsicht: Im RU geben zunächst alle Sch den Geldbeutel ab! L führt daher weitere Überlegungen (Bremsen) ein: Der Verlierer/die Verliererin war sicher sehr reich, sonst hätte er/sie nicht so viel Geld im Geldbeutel gehabt. Lutz braucht dringend einen DVD-Spieler, dem ihn seine Eltern nicht kaufen wollen. Er hat deshalb schon seinen besten Freund verloren. Er könnte einen Teil des Geldes für einen guten Zweck (z. B. UNICEF) einsetzen, was der Besitzer/die Besitzerin sicher nicht tut. Lutz kann einen Teil behalten und den anderen abgeben.
- Sch bilden drei KG und diskutieren: Lutz gibt das Geld ab/nicht ab/einen Teil ab. Für alle drei Entscheidungen Gründe angeben.
- Sch tauschen ihre Ergebnisse aus. Das stärkste Argument wird durch Abstimmung festgestellt und begründet.

Gelobt und dennoch bestraft

- L liest die Geschichte vor bis zur Aussage des Busfahrers: „... Es ist gut, dass es noch ehrliche Finder gibt" – und nach einer Pause den Schluss der Geschichte.
- Sch versetzen sich in Lutz' Lage, formulieren seine Gedanken und halten sie in Gedankenblasen auf **AB 3.3.7, Arbeitshilfen S. 145**, fest.

Rollen spielen

- Erste Szene: im Bus; zweite Szene: zu Hause; dritte Szene: auf dem Ordnungs- oder Fundamt.
- L bereitet halb offene Rollenspiele vor. Die Klasse wird in 3 (bzw. 6) KG eingeteilt. Jede KG sammelt zunächst Handlungsmöglichkeiten der einzelnen Personen in der jeweiligen Szene. L bereitet Namenskarten vor, damit Sch sich leichter in die entsprechende Person hineinversetzen können.
- Zur ersten Szene überlegen Sch z. B.: Der Busfahrer ist gehalten, ein Ordnungsgeld zu verlangen, er kann die Entschuldigung von Lutz (z. B. er brauche das Fahrgeld für einen DVD-Spieler) oder seine Ausreden nicht gelten lassen, auch wenn er es möchte; der Fahrgast kann auf der Seite von Lutz oder auf der Seite des Busfahrers stehen. Lutz kann vielleicht sagen, dass das Geld für das Schwarzfahren aus dem gefundenen Geld bezahlt werden kann. Die Eltern erfahren dann nichts davon.
- Zur zweiten Szene überlegen Sch ein mögliches Gespräch mit entsprechendem Ausgang: strenge Eltern, nachsichtige Eltern, einfühlsame Eltern usw. Lutz verteidigt sein Handeln oder sieht seinen Fehler ein ...
- Zur dritten Szene z. B.: Vater bittet um Nachsicht oder er ist für die strenge Bestrafung (Bußgeld aus dem Taschengeld), oder ...; die Besitzerin lobt Lutz, gibt den Finderlohn und bezahlt noch das Bußgeld, oder ...?
- *Alternative:* L charakterisiert auf Karten die entsprechenden Personen näher, sodass für Sch die Rollen festgelegt sind und der Ausgang des jeweiligen Gesprächs leichter zu finden ist, z. B. strenger Vater, beschuldigende Mutter, oder ...?
- Nach der genaueren Charakterisierung der Personen durch Sch und den Überlegungen zu ihrem möglichen Verhalten werden die drei Szenen gespielt (bei 6 KG je zweimal).
- Sch bewerten abschließend das Verhalten von Lutz in der jeweiligen Szene. Diskussion des letzten Satzes **fse 49**. Einerseits ist Lutz ..., andererseits ist Lutz ... Gibt es einen gerechten Ausgang des Falles?

Und ich?

Die folgenden Angebote zum Nachdenken können auch für das Ich-Buch und die Freiarbeit genutzt werden.

- Sch suchen in der eigenen Biografie nach ähnlichen Verhaltensweisen.

L-Impuls: Wie dem Lutz, so geht es vielen Sch/Menschen/uns: Manchmal handeln sie/wir gut, manchmal nicht so gut.

- L liest das Gedicht „Ich" von **AB 3.3.8, Arbeitshilfen S. 143**.
- Sch verfassen dazu selbst ein Gedicht: Ich ... Und ich ... Und ich ... mit dem Schlusssatz: „Erst wir alle zusammen sind ich."
- Sch schreiben eine Geschichte: Da war ich gut ... Da war ich weniger gut. Dazu können Eigenschaften des Gedichts zur Anregung dienen.
- Auf einem DIN-A4-Plakat zeichnen Sch den Umriss des eigenen Körpers mit zwei Gesichtshälften, die linke lachend, die rechte traurig. Die linke Seite der Figur wird mit guten Eigenschaften beschrieben: Ich kann gut ... Ich ...; die rechte Seite mit weniger guten: Ich kann nicht gut ... Manchmal ... Unter die Figur links schreiben Sch ein Gebet: Ich danke dir Gott für ..., rechts: Ich bitte dich Gott,

Was Lutz wohl denkt?

Das nächste Mal werde ich _____

Warum habe ich nur

Ich bin doppelt bestraft,

Ich bin dumm gewesen,

dass ...; oder: Du kennst meine guten Seiten, du kennst meine schwachen Seiten, du liebst mich so, wie ich bin.

3. Jahrgangsübergreifende Lerngruppe

Alternativ bietet es sich an, in PA die Körperumrisse der Sch auf Packpapier zu zeichnen, die Vorderseite als „Lichtseite" und die Rückseite als „Schattenseite" zu bemalen, zu bekleben oder zu beschriften. Die „Lichtseiten" werden von vorne sichtbar als Bildergalerie an einer Leine aufgehängt. Den Sch wird durch diese Arbeit bewusst, dass in jedem Menschen eine Licht- und Schattenseite vorhanden ist.

Wie Begegnung verändern kann   fragen – suchen – entdecken 50/51

1. Hintergrund

Die Suche und die Bewertung von „richtigem" und „falschem" Verhalten stand im Mittelpunkt der Fallbeispiele **fse 42-49**.
Mit den beiden biblischen Erzählungen: Jesus im Haus des Zöllners Zachäus (Lk 19,1-10) und dem Gleichnis vom barmherzigen Vater (Lk 15,11-32) werden Sch mit einer neuen Sichtweise im Umgang mit schuldhaftem Verhalten konfrontiert. Zunächst stehen die neutestamentlichen Erzählungen dem **Gerechtigkeitsempfinden der Sch** diesen Alters entgegen. Diese urteilen nach der Maßgabe von do ut des. Das Unrecht muss bestraft, das gute Tun belohnt werden (s. S. **18**).
Die beiden Erzählungen gehen jedoch über diese Beurteilung hinaus. Die zuvorkommende Liebe Gottes (im Verhalten Jesu konkretisiert), ohne Aufrechnung der Schuld, ermöglicht die Verhaltensänderung der Menschen und gewährt ihnen neue Lebensperspektiven (Heil). L wird auf die beiden unterschiedlichen Maßstäbe achten, die hier aufeinander treffen und behutsam das Urteilsvermögen der Sch aufbrechen. Nach der Intention von **fse** sollen Sch zu einer ihnen möglichen eigenständigen Bewertung finden, auch in Kenntnis der anderen Gerechtigkeit Gottes, die sie vielleicht (noch) nicht in ihre ethische Beurteilung und in ihr Gottesbild integrieren können.

Die Erzählung **Jesus im Haus des Zöllners Zachäus** (Lk 19,1-10) spielt an drei Orten:
Auf der Straße: VV1-4 Der reiche Zöllner Zachäus will Jesus sehen, kann es aber nicht wegen der Menschenmenge. Er klettert auf einen Baum;
Am Baum: VV4-7 Die Begegnung Jesus – Zachäus, der auf dem Baum sitzt. Zachäus wird von Jesus gesehen, aufgefordert vom Baum zu steigen. Jesus lädt sich zu ihm ein;
Im Haus: VV7-10 Zachäus bekundet Jesus gegenüber seine Umkehr. Jesus spricht ihm das Heil von Gott her zu. Das Urteil der „Leute" wird außer Kraft gesetzt.
VV1-4: Zachäus ist Oberzöllner, sehr reich, dabei klein von Gestalt – und er will Jesus sehen. Sowohl sein Beruf als auch sein (unrechtmäßig?) erworbener Reichtum lassen in ihm einen Ausgegrenzten vermuten, der in der Gesellschaft keinen Platz hat (zum Beruf des Zöllners s. S. 144). Sein Verlangen, Jesus zu sehen, ist nicht allein von Neugierde geprägt, es zeigt auch – so ist zu vermuten – ein anfängliches Verlangen, diesem Jesus vielleicht zu begegnen.
VV4-6a: Jesus sieht ihn, d. h. er zeigt Interesse an ihm, dem Ausgegrenzten und Betrüger. Er spricht ihn an, mehr noch: Er lädt sich zu Zachäus ein und mutet ihm die Gastgeberrolle zu.
VV6b-10: Zachäus nimmt Jesus freudig bei sich auf. Der Widerstand gegen dieses Verhalten artikuliert sich in der Empörung der Leute: Bei einem Sünder und Betrüger ist er eingekehrt. Erst *nach* erfolgter Umkehr könnte diesem nach der Vorstellung der Frommen eine Tischgemeinschaft gewährt werden. Den „Gegnern" wird Jesus in V 10 eine Antwort geben, mit der er sein Handeln rechtfertigt: Er sieht seine Aufgabe darin, den Verlorenen nachzugehen und sie zu retten, sie in die Gemeinschaft der „Kinder Abrahams" zurückzuführen.
Dazwischen liegt die „verändernde Begegnung" des Zöllners mit Jesus. Ohne ein Wort der Umkehrforderung durch Jesus beginnt Zachäus seine Wandlung mit einer Reihe von konkreten Versprechungen kundzutun. Die Größe der inneren Umkehr zeigt sich in den übergroßen Summen, mit denen er sein Unrecht wieder gutmachen will. Während die Pharisäer ein Fünftel ihres Vermögens den Armen zu geben pflegten, wird er die Hälfte seines Vermögens hergeben. Während nach dem Gesetz (Lev 5,24) 120 % des Schadens zu begleichen sind, wird er das Vierfache (400 %) zurückzahlen.
Das Erstaunliche dieser Erzählung liegt in der entschiedenen Kehrtwendung der Lebensweise des Zachäus, die ohne jegliche Anfrage oder gar Ermahnung durch Jesus erfolgt. Die Umkehr des Zachäus geschieht in der „Zumutung" Jesu, dass sich Zachäus als Gastgeber erweisen kann, der die hohe Tugend der Gastfreundschaft übt. Sie realisiert nicht nur Gemeinschaft untereinander, sondern auch Gemeinschaft vor

Ach, Zachäus!

T: Rolf Krenzer/M: Paul G. Walter
© Strube Verlag, München – Berlin

1. Der Zachäus möchte gerne reicher als die andern sein. Er nimmt ihnen zu viel Geld ab und steckt heimlich alles ein, er steckt heimlich alles ein.

Refrain: Ach, Zachäus, ach, Zachäus, ach, was hast du nur getan! Ach, Zachäus, ach, Zachäus! Seht euch den Zachäus an!

2. Als dann Jesus in die Stadt kommt,
   freun sich alle Leute sehr.
   Und so läuft auch der Zachäus
   ||:eilig hinter Jesus her.:||
   Doch die andern sind viel schneller.
   Wenn sie dann um Jesus stehn,
   kann Zachäus, weil er klein ist,
   ||:Jesus leider gar nicht sehn.:||

3. Der Zachäus sieht voll Freude
   einen Baum gleich vor sich stehn.
   Und so klettert er nach oben
   ||:und schon kann er Jesus sehn.:||
   Jesus hat ihn längst gesehen.
   „Komm", sagt er, „jetzt gleich zu mir!
   Denn ich möchte dich besuchen!
   ||:Komm und führe mich zu dir!":||

4. Und schon klettert der Zachäus
   schnell herab von Ast zu Ast.
   Und er schreit vor Glück und Freude:
   ||:„Komm, Herr Jesus, sei mein Gast!":||
   Der Zachäus stellt für Jesus
   nur das Beste auf den Tisch.
   Doch die andern Leute schimpfen,
   ||:denn ein jeder ärgert sich.:||

5. Warum muss denn Jesus heute
   grad zu dem Zachäus gehen?
   Drohend ballen sie die Fäuste
   ||:und sie können's nicht verstehn.:||
   Jesus weiß, warum sie schimpfen,
   und er blickt Zachäus an.
   Oh, wie schämt sich da Zachäus.
   ||:Ach, was hab ich nur getan!:||

6. „Alles, was ich euch genommen,
   geb ich euch zurück, noch heut!"
   Er teilt aus mit vollen Händen
   ||:und sagt leis: „Vergebt! Verzeiht!":||
   Weil die anderen ihm vergeben,
   freut sich der Zachäus so.
   Alle reichen ihm die Hände
   ||:und da ist auch Jesus froh.:||

und mit Gott. Darin besteht zum einen das Skandalöse des Verhaltens Jesu, zum anderen die Möglichkeit, in der Zusage der Gemeinschaft mit Gott sein Leben zu ändern.

> **Der Beruf des Zöllners**
>
> Die Römer als Besatzungsmacht verpachteten das Recht Gebühren zu erheben (das so genannte Markt- und Wegegeld) gegen Vorauskasse der geschätzten Einnahmen an Privatleute. Diese waren wie Unternehmer tätig, um die alljährlichen Steuern und Abgaben einzutreiben. Zöllner waren aus zwei Gründen verachtet und ausgegrenzt: Sie arbeiteten erstens als Steuereintreiber mit den Römern zusammen, den Besatzern des Landes. Sie erhoben zweitens oft mehr Zoll, als es statthaft war, verlangten hohe Abgaben und schmälerten so das ohnehin geringe Einkommen der meisten Bewohner des Landes weiter.
>
> Zöllner wurden von den gesetzestreuen Juden gemieden und als notorische Sünder angesehen, weil man sie der Betrügerei verdächtigte.
>
> *Hinweis:* Bei der Erwähnung des Zöllners ist darauf zu achten, dass die heutigen Zollbeamten an den europäischen und außereuropäischen Landesgrenzen nicht mit den Zöllnern des Evangeliums gleichgesetzt werden!

fse 50/51 bietet die Erzählung nicht als fertigen Erzähltext an. Die in VV1-3 gegebene Situationsbeschreibung stellt die Akteure und die Situation vor: Jesus, die Menschenmenge, einen unbeliebten Zöllner namens Zachäus, den versperrten Blick. Das Bild **fse 50** illustriert diesen Text und regt Sch an, sich die Begegnung Jesu mit Zachäus auszumalen. Zwei unterschiedliche Möglichkeiten sind in kurzen Sätzen angedeutet.

Das Bild **fse 51** verdeutlicht den Fortgang der Geschichte: Jesus hält Mahl im Haus des Zachäus. In Verbindung zu den vorher erarbeiteten „realistischen" Verhaltensvarianten wird das Überraschende, das Provozierende, die Grenzüberschreitung in Jesu Handeln deutlich. Der abgedruckte Bibelabschnitt VV7-8 gibt die Reaktion der Beteiligten auf Jesu anstößiges Tun wieder und die Bekundung der veränderten Lebensweise des Zachäus. Den Schluss der Erzählung sollen Sch zunächst selbst zu formulieren versuchen, bevor sie ihn mit der Antwort Jesu vergleichen und eigenständig in der Bibel danach suchen, wie Jesus selbst sein unkonventionelles Tun begründet.

Die Fragen unter **„Weißt du schon"** wollen den Sch helfen, im Handeln Jesu eine auch aktuell gültige Weise menschlichen Umgangs zu entdecken, die Menschen verwandeln kann. Offenheit und Zuwendung bewirken Erstaunliches auch in unserer Zeit, auch in den Beziehungen, die Sch haben zu Eltern, zu Mitschülern und zu Freunden.

2. Einsatzmöglichkeiten im RU

Die Zachäus-Erzählung kennen lernen

– Sch beschreiben die Zeichnung **fse 50**: die verschiedenen Personen und ihre Beziehung zueinander: ihre Unterhaltung, ihre neugierige Erwartung. Ein Mann sitzt auf dem Baum: mögliche Gründe vermuten.
– L gibt Informationen zu Zachäus, seinem Beruf, seiner Stellung in der Gesellschaft (s. links), auch, wie er zu seinem Reichtum kommt.
– Sch hören/singen die erste Strophe des Zachäusliedes: **AB 3.3.9, Arbeitshilfen S. 147**.

Jesus begegnet dem Zachäus

Sch spielen die verschiedenen Möglichkeiten der Begegnung durch (vgl. **fse 50**, Arbeitsauftrag):
– Jesus übersieht Zachäus, tut so, als ob er ihn nicht bemerkte.
– Jesus weiß, dass Zachäus ein Betrüger ist. Er sagt zu ihm: ... Du weißt, dass es nach dem Gesetz ...; Denk an deine Landsleute ... usw.
– Jesus fragt die Umstehenden, warum ein kleiner Mann auf dem Baum sitzt. Der Mann/die Frau sagt: Stell dir vor ... Wir werden ihm nicht auch noch Platz machen. Sch stellen das Verhältnis: Leute – Zachäus auch in einem Standbild dar.

Jesus ist zu Gast bei Zachäus

• Sch betrachten das Bild **fse 51** und überlegen: Wie kommt es zu dieser Tischgemeinschaft?
– L erzählt, wie sich Jesus tatsächlich verhalten hat und wie Zachäus auf die Aufforderung Jesu reagiert hat (Lk 19,5 f.): Jesus hat sich eingeladen, ausgerechnet bei Zachäus, bei keinem anderen in der Stadt.
– Sch lesen die ersten beiden Zeilen und erklären, warum Zachäus ein Sünder ist, weshalb die Leute empört sind.
– Sch hören und singen weitere Strophen des Zachäusliedes **AB 3.3.9**.

Das Gespräch zwischen Zachäus und Jesus

• L-Erzählung: Jesus hält mit Zachäus Mahl. Zachäus ist der Gastgeber und Jesus lässt sich von ihm bedienen. Damit zeigt er, dass Menschen wie Zachäus bei Gott etwas gelten und von ihm nicht ausgestoßen werden, wie es bei den Menschen der Fall ist.
– Und Jesus hört etwas Erstaunliches: Zachäus: „Herr, ich gebe ... " (Lk 19,8). – Jesus sagt zu ihm: Sch stellen Vermutungen an, **fse 51**.

Weißt du schon?

Der Text fse 51 „Weißt du schon, dass die Nähe eines Menschen gut ... machen kann?" kann durch eine Fantasiereise vorbereitet und vertieft werden.

Vorbereitung: Setze dich bequem hin, dein Atem geht ruhig, du kannst Arme und Kopf auf der Bank ablegen und die Augen schließen.
L lässt leise Musik spielen; spricht in kurzen Sätzen mit langen Zwischenpausen.

Du bist zu Hause in deinem Zimmer. Stell dir vor:
Du hast etwas Trauriges erlebt
oder: du fühlst dich einsam
oder: deine Freundin/dein Freund hat dich im Stich gelassen
oder: du hast etwas angestellt ...
Was war das?

Du wünschst dir, dass jemand kommt, dich anhört, dich versteht, dich tröstet.
Wer soll kommen?

Die Tür geht auf und die Person kommt herein. Wer ist es?
Schau die Person genau an.
Sie sagt nichts. Du spürst, dass sie dir ganz nah ist. Du spürst: In ihrer Nähe fühlst du dich wohl. Es geht dir schon etwas besser.
Die Person geht auf dich zu, legt den Arm um dich.

Du erzählst, was du erlebt hast, weshalb du traurig/einsam/verlassen bist.
Sie hört dir zu. Sie sagt zu dir ... Hörst du, was sie zu dir sagt?

Du spürst, wie die Traurigkeit abfällt. Du bist nicht mehr einsam.
Du weißt jetzt auch, was du tun wirst ...
Wie durch ein Wunder bist du getröstet und kannst aufatmen.
Dein Besuch verlässt dich wieder.

Du kommst langsam in das Klassenzimmer zurück, streckst dich, atmest tief durch, öffnest die Augen.

▶ Jetzt kannst du in dein Ich-Buch schreiben oder malen, was du erlebt hast.
  Oder du schreibst den wichtigsten Satz auf, den du gehört hast.
  Du kannst auch einen Satz aus fse 51 verwenden, z. B.: Die Nähe von ...

- L ergänzt: „Heute ist für Zachäus ein Freudentag angebrochen. Auch er gehört zu denen, die bei Gott angesehen sind, so wie ich ihn angesehen habe und mit ihm Mahl halte."
- Sch hören und singen die weiteren Strophen des Zachäusliedes **AB 3.3.9**.

Zachäus' Änderung erkunden

- UG: Wie kommt Zachäus dazu, sein Leben und sein Verhalten zu ändern? Welche Rolle spielt Jesus bei der Umkehr des Zachäus? Sch gehen in verschiedener Weise mit der Zachäusgeschichte um.

1. Möglichkeit: Am nächsten Tag an der Zollstätte
Ein Pharisäer, der weiß, dass Zachäus ein Betrüger ist, staunt. Er befragt einen Mann, der seine Ware verzollt hat, wie es dazu kommt, dass ...
- Zwei Zöllner unterhalten sich: Hast du schon bemerkt, dass ... ?

2. Möglichkeit: Sch führen ein Interview
- Zachäus wird befragt: von den Nachbarn; von einem Berufskollegen; von einem Pharisäer: Was war gestern los? Wie kommst du dazu, dass ... ?

3. Möglichkeit: Szenisches Spiel
- Sch spielen die Geschichte in einzelnen Szenen auf verschiedene Weise:
- als Skulptur (Standbild): Ein/e Sch ist Künstler/in, die oder der die Gruppe wie eine Skulptur aufstellt;
- als Pantomime: Sch zeigen nonverbal, was sich in der entsprechenden Szene abspielt;
- als Sprechszene (wie in einem Tonfilm);
- wie in Zeitlupe (langsam);
- wie in einem Zeitraffer (schnell);
- Die einzelnen Szenen: Jede Szene wird mit den oben angegebenen Darstellungsmöglichkeiten von jeweils einer KG gespielt.
a) Der reiche/kleine Zachäus will Jesus sehen. Die Menschen versperren ihm den Blick.
b) Zachäus klettert auf einen Baum, um Jesus sehen zu können.
c) Jesus schaut Zachäus an und spricht mit ihm. Zachäus kommt vom Baum herab.
d) Jesus geht mit Zachäus nach Hause. Die Leute schimpfen darüber.
e) Jesus hält mit Zachäus Mahl. Zachäus verspricht das zu viel genommene Geld zurückzugeben.
- Jede KG spielt ihre Szene vor. SpielerInnen und ZuschauerInnen äußern sich dazu.

4. Möglichkeit: Gegenstände sprechen lassen
Sch versetzen sich in verschiedene Gegenstände, die in der Erzählung vorkommen. Diese werden auf Plakate gemalt, die Sch sich umhängen. Diese Gegenstände erzählen: Ich bin der Tisch an der Zollstätte ... Ich bin der Geldbeutel ... Ich bin der Maulbeerfeigenbaum ... Ich bin das Haus des Zachäus ...

5. Möglichkeit: Ein Erzähllied spielen
(vgl. Literatur S. 160)

Weißt du schon?

Sch erschließen den Text **fse 51** mit Hilfe einer Fantasiereise: **AB 3.3.10, Arbeitshilfen S. 140**.

3. Jahrgangsübergreifende Lerngruppe

Tischgemeinschaft bei uns

Eine gemeinsam vorbereitete Tischgemeinschaft (Frühstück ...) regt Sch dazu an, die Zachäus-Geschichte nachzuempfinden. Impuls: „Suche dir einen Tischnachbarn, mit dem du noch nie etwas zusammen gemacht hast. Teile mit ihm Essen und Zeit!" L entscheidet, ob und in welcher Form dies in seiner Lerngruppe möglich ist. Vgl. Hinweis zur gestalteten Mitte, *Arbeitshilfen S. **190***.

Ein Vater kommt entgegen

fragen – suchen – entdecken **52/53**

1. Hintergrund

Die Parabel vom barmherzigen Vater (Lk 15,11-32) ist das zweite Angebot an Sch, ihr Gerechtigkeitsempfinden anfragen zu lassen (vgl. S. 16). Die Erzählung lädt ein, die Barmherzigkeit Gottes und seine Gerechtigkeit wahrzunehmen, die für Menschen Leben und Heil bedeutet jenseits ihrer vielfach schuldhaften Vergangenheit. In der UE wird das Verhalten des Vaters hervorgehoben: Neues Leben ist möglich, wenn Gott dem Schuldigen entgegenkommt. **fse 52/53** bietet das Gleichnis in Text und Bild. Spannung entsteht, weil der Vater dem Sohn nicht entgegenkommt und das Bild den Ausgang der Szene nicht festlegt.

Das Gleichnis vom barmherzigen Vater

Das Gleichnis vom barmherzigen Vater ist die Perle unter den Gleichnissen Jesu, ein Evangelium im Evangelium, das Herz des dritten Evangeliums. Es antwortet auf die Vorwürfe, die Jesus im Zusammenhang mit seinem Verhalten gegenüber Zöllnern und Sündern gemacht werden (Lk 15,1f). Für Pharisäer und Schriftgelehrte sind diese soziale Randfiguren, mit denen weder ein Umgang gepflegt noch Tischgemeinschaft gewährt werden darf (vgl. die Erzählung Lk 19,1-10). Jesus rechtfertigt sein Verhalten mit den drei Gleichnissen vom Verlorenen.

Zur Auslegung des Gleichnisses

Lk 15,11-13: Die Ausgangslage: Der jüngere Sohn eines Gutsbesitzers verlangt sein Erbe. Dieses steht ihm zu, aber in der Regel erst nach dem Tod des Vaters, der von den Gütern, die er besitzt, seinen Lebensunterhalt bestreiten muss. Der Vater ist großzügig, gewährt das Erbe, es wird von keinem Konflikt erzählt. Der Sohn emanzipiert sich, wird selbstständig, verlässt die Familie und geht in die Fremde.

Lk 15, 14-16: Der Abstieg: Der Sohn baut sich mit dem Erbe keine eigene Existenz auf, er verschleudert sein Vermögen und steht am Ende mittellos da. Die Not, in der er sich befindet, wird noch dadurch verstärkt, dass eine Hungersnot über das Land hereinbricht. So muss er sich als Schweinehirt verdingen, eine doppelte Erniedrigung. Zum einen ist er nicht mehr frei, sondern ein Knecht und abhängig von der Willkür des Besitzers, zum anderen verrät er durch diese Art von Tätigkeit die Religion seines Volkes. Nicht nur der Verzehr von Schweinefleisch, sondern auch das Hüten der Schweine machte unrein und hatte den Ausschluss aus der Religion seiner Väter zur Folge. Die Not war so groß, dass er sogar Schweinefutter gegessen hätte, wenn es ihm gegeben worden wäre.

Lk 15,17-19: Der Entschluss zur Umkehr: In dieser Situation entschließt er sich, zu seinem Vater zurückzukehren. Er führt ein Selbstgespräch, in dem er sich seine Schuld eingesteht. Er wird seinen Vater bitten, bei ihm als Tagelöhner arbeiten zu dürfen, nachdem er sein Recht, als Sohn auf dem Hof zu arbeiten, verwirkt hat.

Lk 15,20-21: Die Heimkehr: Dem Vorsatz folgt der Aufbruch. Und der Sohn erlebt Erstaunliches: Er kann seine Worte, die zu sagen er sich vorgenommen hat, nicht zu Ende führen, sein Vater kommt ihm entgegen (er lief ihm entgegen: für einen Orientalen ein unschickliches Verhalten), fällt ihm um den Hals und küsst ihn. Der Sohn wird nicht hinausgeworfen oder gedemütigt, Fehlverhalten wird nicht angerechnet. Vielmehr zeigt der Kuss des Vaters die Vergebung an, bevor der Sohn sein Schuldbekenntnis zu Ende führen kann.

Lk 15,22-24: Das Fest: Zunächst wird die Vergebung durch weitere Anordnungen des Vaters vollzogen: Das Festgewand ist Zeichen für den Ehrengast; mit dem Anstecken des Siegelringes erfolgt die Übertragung der Sohnes-Vollmacht; die Schuhe kennzeichnen ihn als freien Mann, sie sind Luxus, der einem Tagelöhner nicht zusteht. Schließlich folgen die Vorbereitungen für ein fröhliches Fest. Mit ihm wird die Aufnahme in die Tischgemeinschaft gewährt.

Lk 15,25-28: Die Rückkehr des älteren Sohnes: Der ältere Sohn, der vom Feld zurückkehrt, ist voll Zorn, als er den Anlass des Festes vernimmt, und weigert sich mitzufeiern. Gemäß seiner Vorstellung ist die gerechte Ordnung auf den Kopf gestellt.

Lk 15,28-32: Gespräch Vater – älterer Sohn: Wieder macht der Vater den Anfang der Versöhnung. Der Sohn ist aber noch voll Zorn und macht dem Vater schwere Vorwürfe wegen seines Verhaltens ihm gegenüber und der Bevorzugung seines Bruders. Sie gipfeln in der distanzierten Nennung seines Bruders: Er ist „der da, dein Sohn". Der Vater verweist auf das gemeinsame Leben, in dem der ältere Sohn alle Sohnesrechte besitzt, und schließt mit dem Angebot: zu feiern, weil „dein Bruder tot war und wieder lebt". Das Gleichnis endet mit einem offenen Schluss. Ob der ältere Sohn mitfeiert oder nicht, wird nicht mehr erzählt.

Im Gleichnis finden sich zwei Wortpaare, die die Zielrichtung des Gleichnisses angeben. Es geht um Verlorengehen und Wiederfinden und um Totsein und wieder leben. Die Art des Umgangs mit den Söhnen zeigt die „Praxis" Gottes an, verwirklicht in der Praxis Jesu: Es geht um die Annahme der Menschen ohne Vorbedingung. Diese Annahme ermöglicht ein neues Leben, das dem jüngeren Sohn geschenkt wird, das der ältere Sohn auf seine Weise ergreifen kann, indem er mitfeiert.

Max Slevogt (1868-1932)

Max Slevogt wurde am 8.10.1868 in Landshut als Sohn eines bayerischen Offiziers geboren. Der Vater starb zwei Jahre nach seiner Geburt. 1884 zog er mit seiner Mutter nach Würzburg. Ein Jahr später begann er ein Studium an der Kunstakademie in München und später in Paris. Er ist einer der bekanntesten Vertreter des Impressionismus. Diese versuchten die Flüchtigkeit der Natur, Gegenstände und Figuren festzuhalten, die Konturen aufzulösen und eine helle Farbpalette zu verwenden. In München arbeitete Slevogt für die Zeitschriften „Jugend" und „Simplicissimus". Der bayerische Prinzregent Luitpold beauftragte ihn, Landschaften, Portraits und auch Kriegsbilder zu malen. Nach Aufenthalten u. a. in Italien, Holland, Ägypten und Berlin lebte er in der Pfalz, wo er 1932 starb.

Max Slevogt, Der verlorene Sohn, 1898/99

Öl/Lw., Triptychon, 110,5 x 98 cm, Staatsgalerie Stuttgart

Bei einer Rembrandt-Ausstellung in Amsterdam hatte Slevogt besonders das Bild „Heimkehr des verlorenen Sohnes" begeistert. Unter diesem Eindruck entstand das dreiteilige Werk mit der Signatur „im ersten Jahr meiner Ehe gemalt", das ein großer Erfolg wurde. Die linke Tafel des Triptychons zeigt den Sohn im Freudenhaus, die rechte den Sohn am Boden gekauert, nur mit einem Lendentuch bekleidet.

Die mittlere Tafel (**fse 53**) wirkt wie aus zwei Bildern

zusammengesetzt. Auf der linken Seite der Sohn, heruntergekommen, das zerfetzte Gewand um die Lenden gewickelt. Sein bleicher, abgemagerter Oberkörper hebt sich vom dunklen Hintergrund ab. Er öffnet die Tür, die linke Hand bleibt auf der Klinke, die rechte hält er hoch. Will er damit die zu erwartenden Vorhaltungen abwehren oder sucht er vorsichtig eine Kontaktaufnahme? Die Augen sind scharf beobachtend, abwartend. Sein Blick, sein Gesicht, ja, seine ganze Gestalt ist eine einzige Frage: Was wird der Vater sagen? Wird er mich ins Haus lassen? Wird der Vater mich aufnehmen? Die Tür ist wie ein Schild, das er vor sich herträgt, wie eine trennende Wand zwischen den zwei Lebensformen. Der Lichtstreifen hinter ihm wirkt wie ein Hoffnungsschimmer in seinem Rücken, wie ein Leuchtstab in der Dunkelheit, die ihn umgibt.

Auf der rechten Seite sitzt der Vater in einem Hausmantel aus Brokat am Tisch und hat die Arme erhoben. Aufgeschreckt durch den plötzlichen Besuch wendet er sich der Tür zu. Seine Arme reißt er hoch. Hebt er die Arme zur Abwehr? Ist es eine Geste des Erschreckens: „Mein Gott, wie siehst du denn aus?" Wird er die Arme ausbreiten um seinen Sohn in Empfang zu nehmen? Wie in einer Fotografie ist der dramatische Augenblick des Wiedersehens festgehalten. Der Ausgang bleibt offen.

Hinter dem Vater steht der ältere Sohn mit dem Rücken zur Wand, unbewegt. Sein Mund ist geschlossen. Wie ein Beobachter steht er da. Sein Blick ist auf den Eintretenden gerichtet. Der jüngere Bruder scheint auf ihn wie ein Eindringling zu wirken. Über den Köpfen der beiden hängen Waffen an der Wand, Symbole für eine mögliche Abwehr des Eindringlings? Im Gegensatz zur Bibelstelle, in der der Vater den Sohn von weitem kommen sieht, ihm entgegenläuft, ihm um den Hals fällt und ihn küsst, bleibt beim Betrachten des Bildes die Frage: Was wird geschehen?

2. Einsatzmöglichkeiten im RU

Das Bild erschließen
Das Bild ist als Folie Nr. 7 in der Schatzkiste 3/4 enthalten.
Das Bild kann ebenso gut nach der Behandlung des Bibeltextes eingesetzt werden.
- Nach einer stillen Bildbetrachtung, s. S. 56: Was geschieht auf dem Bild? Welche Personen sind auf dem Bild zu sehen? Ihre Kleidung? Wie stehen sie zueinander?
- Die Farben des Bildes (grau/grün, schwarz, rot, orange, braun).
- Der Kontrast im Bild: dunkel – hell.
- Die Bedeutung der Tür.
- Die Bewegung im Bild: der junge Mann rechts starr, unbeweglich; der sitzende Mann im Begriff aufzuspringen, die Hände erhoben; der Mann links halbnackt, verwahrlost, die rechte Hand abwehrend. Die Augen sagen ...
- Mögliches Thema: Ein Eindringling, Bettler kommt in ein vornehmes Haus. Die Hand des Eindringlings sagt: ... (z. B. Erschrick nicht; weis mich nicht ab).

Verzögerte Bildbetrachtung
- L deckt den rechten Teil der Folie ab, Sch beschreiben die linke Seite: ein junger Mann mit roten Ohren, halbnackt, barfüßig usw.
- Sch ahmen die Gestik nach: Was hat der Mann erlebt, warum kommt er in das vornehme Haus? Was könnte er sagen? (Sprechblasen verwenden)
- Die linke Seite wird abgedeckt: Sch beschreiben die beiden Männer: Gestik, Kleidung, Gesichtsausdruck, Umgebung.
- Der ältere Mann ist dabei aufzuspringen: Was könnte er sagen? (Sprechblasen verwenden)
- Sch stellen beide Männer in ihrer Haltung nach.
- Das Bild als Ganzes betrachten: Sch stellen die Farbkontraste fest und die verschiedene Haltung der Männer, besonders die „Sprache" der Hände.
- Die beiden Männer beginnen miteinander zu sprechen. Wer beginnt? Was sagen sie zueinander?
- Sch überlegen: Wo könnte ich in dem Bild stehen? Wo möchte ich stehen?
- Was könnte diesem Bild vorausgehen, was könnte ihm folgen? Sch malen eine Bildfolge.
- *Weiterführung:* Das ganze Triptychon betrachten (J. Zink, Dia-Bücherei christliche Kunst, Bd. 21, dort auch Detailansichten).

Die Erzählung vom barmherzigen Vater kennen lernen
- Dazu werden an den gekennzeichneten Stellen die entsprechenden Strophen des Liedes vom barmherzigen Vater gesungen: **AB 3.3.11, Arbeitshilfen S. 153**.
- L erzählt das Gleichnis in einzelnen Akten (siehe Hintergrund, Arbeitshilfen S. 151). L lässt ein Bodenbild erstehen (mit entsprechenden Requisiten und dem Weg des Sohnes) oder benutzt den OHP: **AB 3.3.12, Arbeitshilfen S. 155**.

1. Akt: Der Sohn bekommt das Erbe. L-Information zum Erbe. Er verlässt die Familie – Lied **AB 3.3.11**, Strophen 1 und 2; Bodenbild/OHP: **AB 3.3.12**.

2. Akt: Der Sohn verprasst sein Vermögen. L-Information; Lied **AB 3.3.11**, Strophe 3.

3. Akt: Der Vater sieht den Sohn von weitem kommen. Sch überlegen in PA: Wie reagiert der Vater? Verschiedene Möglichkeiten: Er jagt ihn fort ... Er lässt ihn ins Haus und macht ihm Vorwürfe ... Er fragt nach dem Vermögen ... Was ist richtig? Was ist gerecht? Was ist gut für den Sohn?

Der barmherzige Vater

T/M: Hermann Weigold

Variante: verschiedene Reaktionsmöglichkeiten des Vaters vorgeben: 1. Er schließt die Tür und lässt den Sohn nicht herein; 2. Er sieht den Sohn kommen und sagt: „Das ist doch mein Sohn, ich laufe ihm schnell entgegen!"; 3. Er sagt: „Du darfst bei mir wohnen, wenn du versprichst, ab sofort fleißig und ordentlich zu sein!"; 4. Er fragt seinen Sohn: „Warum siehst du so zerlumpt und mager aus? Leider kann ich dir nichts mehr geben, du hast alles bekommen, was dir gehört!"; 5. Der Vater nimmt seinen Sohn in die Arme und sagt: „Mein Sohn, da bist du ja, ich werde dafür sorgen, dass es dir bald wieder gut geht!"

- Sch bestimmen das Verhalten des Vaters, das für sie das richtige (gerechte) ist. Diskussion.
- An dieser Stelle kann das Bild **fse 53** eingesetzt werden, wenn es noch nicht eingeführt wurde.

4. Akt: Die Reaktion des Vaters. Sch überlegen, ob der Vater richtig gehandelt hat, und begründen die jeweilige Entscheidung. Der Vater veranstaltet ein Fest: Lied **AB 3.3.11**, Strophe 4.

5. Akt: Der ältere Sohn und das Fest. L-Erzählung: Die Haltung des Vaters gegenüber dem älteren Sohn herausstellen. Die Vorwürfe des Sohnes und die Antwort des Vaters gegenüberstellen.

- Sch lesen den Text **fse 52** ab: „Der ältere Sohn ..."
- Sch identifizieren sich mit dem älteren Sohn:
  a) Du gehst zum Fest. Ist es für dich leicht oder schwer? Ist damit alles in Ordnung? Du begegnest deinem jüngeren Bruder. Suche dir dazu eine/n Spielpartner/in und spiele den Dialog.
  b) Du gehst nicht zum Fest. Wo verbringst du den Abend? Du führst mit dir ein Selbstgespräch. – Suche dir eine/n Partner/in, der oder die dir zuhört. Geht es dir gut damit?

Ein Elfchen schreiben
- Erstes Wort: „reich" oder „arm" oder „daheim".
- Du schreibst als älterer Sohn in dein Tagebuch: Mein Vater ...; du schreibst als jüngerer Sohn in dein Tagebuch: Mein Bruder ...

Den ersten Satz des Gleichnisses aufschließen: Jesus erzählt
- L gibt Information über die Zuhörer, Lk 15,1-2: Die Pharisäer und Schriftgelehrten empörten sich über das Verhalten Jesu (**fse 51**). Da erzählte ihnen Jesus dieses Gleichnis.
- Am Ende der Erzählung überlegen die Zuhörer (Sch): Was hat Jesus uns damit sagen wollen? (Der Vater nimmt den verlorenen Sohn an: Will er uns damit etwas über Gott sagen? Oder will er uns damit etwas über sein Verhalten den Zöllnern und Sündern gegenüber sagen?)
- Sch beziehen die Überschrift ein: Was passiert, wenn ein Vater entgegenkommt? (dieser Vater im Gleichnis: Wie geht es dem jüngeren Sohn damit, wie dem älteren?) Was heißt es für uns, dass Gott uns entgegenkommt?

3. Jahrgangsübergreifende Lerngruppe

Dem guten Vater begegnen
Das Gleichnis „Vom guten Vater" wird als Weg- und Begegnungsgeschichte im Kreis Schritt für Schritt aufgebaut (vgl. Gestaltete Mitte, Arbeitshilfen S. **190**). Als Material werden bunte Tücher, Naturmaterialien, Figuren, Tiere ... benutzt.
- Sch entwickeln analog zur Geschichte eigene Darstellungs- und Interpretationsweisen.
- Sie denken darüber nach, in welchen Alltagssituationen sie selbst einen „guten Vater" oder eine „gute Mutter" erlebt haben.
- Falls Platz vorhanden ist, kann die Landschaft einige Zeit im Klassenraum präsent bleiben, um später Spielvarianten mit vertauschten Rollen zu finden: Der ältere Bruder beklagt sich beim jüngeren Bruder, beim Vater ...

Das Gleichnis als Bildgeschichte legen
Diese und die folgenden Anregungen können für Freiarbeit eingesetzt werden. Das Gleichnis eignet sich auch für eine Projektarbeit bzw. für Fächer übergreifenden Unterricht (ev. RU, Deutsch, Kunst, Musik).
- Sch erhalten **AB 3.3.13, Arbeitshilfen S. 157**, in zerschnittener Form, legen die Bilder in die richtige Reihenfolge und erzählen einander das Gleichnis in PA.

Das Gleichnis im Spiel nachvollziehen
Sch spielen die einzelnen Szenen nach den verschiedenen Möglichkeiten (S. 146).
1. Der jüngere Sohn bittet um sein Erbe. Der Vater gibt es ihm.
2. Der jüngere Sohn zieht in die Ferne und gibt sein Geld für Wein, Essen und Vergnügungen aus.
3. Er muss Schweine hüten und hat großen Hunger.
4. Er kehrt nach Hause zurück, um bei seinem Vater als Tagelöhner zu arbeiten. Der Vater nimmt ihn als Sohn auf und lässt ein Fest feiern.
5. Der ältere Sohn kommt vom Feld und fragt die Knechte, weshalb ein Fest gefeiert wird.
6. Der ältere Sohn ist zornig. Der Vater erklärt ihm, weshalb ein Fest stattfindet.

Geschwister im Streit
L hat Rollenkarten vorbereitet: *Du bist der ältere Sohn. Du kommst von der Arbeit und erfährst den Grund des Festes. Für dich steht fest: Das ist ungerecht. Was tust du jetzt?*

Ein Vater kommt entgegen

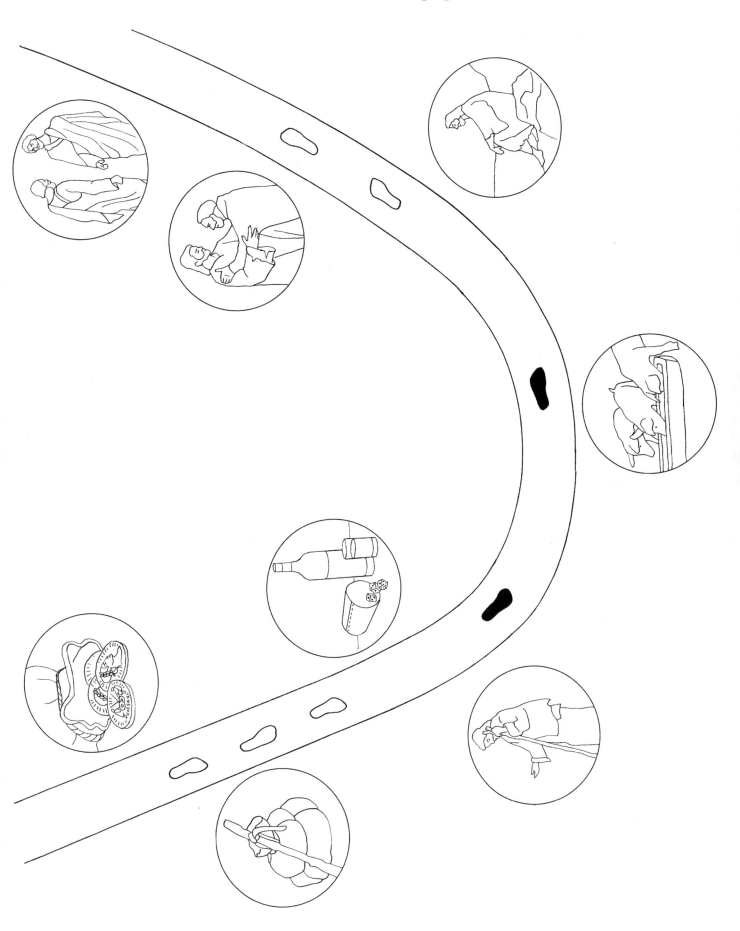

Du bist der jüngere Sohn. Der Vater bittet dich: Sprich mit deinem Bruder! Was erzählst du ihm?
Sch bereiten das Rollenspiel in zwei Gruppen vor und bestimmen die Spieler.

Bilder ausstellen und vergleichen
Sch gestalten eine Bilderausstellung zum Thema: Ein Vater kommt entgegen.
Z. B. Max Slevogt, Der verlorene Sohn (1888/99); Hieronymus Bosch, Der verlorene Sohn (um 1510); Albrecht Dürer, Der verlorene Sohn bei den Schweinen (1496); Rembrandt, Die Heimkehr des verlorenen Sohnes (um 1668), alle in: J. Zink, Dia-Bücherei christliche Kunst, Bd. 21, Eschbach 1980-83; **fse 53**.
Sieger Köder, Der verlorene Sohn, in: Von allen Seiten umgibst du mich, Stuttgart 1992, Bild 98.
A. Boratynski, Der verlorene Sohn, in: R. Veit, Das Neue Testament im Unterricht (Reihe Werkbuch Religion 1-6), Lahr 2000, Folie 6a und 6.
Weitere Anregungen in: M. L. Goecke-Seischab, Die Heimkehr des verlorenen Sohnes, in: dies., Biblische Kunstwerkstatt, Lahr 2002, S. 72-80.

Musizieren
- Sch erschließen das Gleichnis mithilfe des Orff-Instrumentariums (Vorlage in: A. Krautter/E. Schmidt-Lange, Arbeitshilfe Religion Grundschule 3, Stuttgart 1997, S. 122 f.)
- oder gestalten das Gleichnis mit Liedern (s. Literatur) aus Arbeitshilfen 2, S. 101: Manchmal bin ich ganz unten; S. 105: (Ich) hunger ...

Texte vergleichen
Sch vergleichen das Geständnis von Mahatma Gandhi mit der Aussage des Gleichnisses. (Text in: W. Hoffsümmer, Kurzgeschichten 1, Mainz 1984)

Materialien
Krautter, Adelheid/Schmidt-Lange, Elke, Arbeitshilfe Religion Grundschule 3, Stuttgart 1997, S. 177 und 179 (Erzählbeispiele)

Lied:
Lied vom verlorenen Sohn, in: Watkinson, 9 x 11 Kinderlieder, Lahr 1973, Nr. 37, S. 52

Bilder:
Zink, Jörg, Dia-Bücherei christliche Kunst, Eschbach, Band 21 (Medienzentralen)

Zeichen der Versöhnung

fragen – suchen – entdecken **54/55**

1. Hintergrund

In den beiden biblischen Erzählungen **fse 50-53** konnten Sch erfahren, dass Schuld, die nicht aufgerechnet wird, dass Annahme durch Menschen verändertes Verhalten und neue Lebensmöglichkeiten eröffnet. Im Gleichnis und im Handeln Jesu wird zugleich etwas von der Menschenfreundlichkeit Gottes erfahrbar: So steht Gott zum Menschen. Auf den folgenden Seiten **fse 54-57** wird die Praxis versöhnten Lebens weitergeführt. Versöhnung – geschenkte und gewährte – gehört unabdingbar zu einem gelingenden Leben.
Zunächst wird in der Geschichte „Eine Tüte voller Liebe" erzählt, wie Kinder solidarisch sind mit einem, der von der Nikolausfeier ausgeschlossen ist, und ihn in die Gemeinschaft zurückholen. Sie sind selbst Beschenkte und können davon abgeben (materiell und ideell). Erfahrene Güte entlässt aus sich die Möglichkeit, selbst versöhnt zu handeln, ein Gedanke, der in **fse 56** aufgegriffen wird: Erfahrene Versöhnung wird in der Gemeinschaft der an Christus Glaubenden weitergeschenkt.
fse 55 führt die individuelle Erfahrung weiter zur Beobachtung, dass Versöhnung auch in anderen Kulturen und in religiösen Ritualen eine Rolle spielt.
In Nordamerika wird die Friedenspfeife geraucht. Diese Symbolhandlung ist den meisten Sch bekannt: Die Friedenspfeife wird von den Indianern „Heilige Pfeife" oder Calumet genannt. Der Pfeifenkopf besteht aus rotem Tonschiefer, der in Pipestone (Minnesota) gewonnen wird. Der „heilige Pfeifensteinbruch" wird vom großen Geist bewacht. Aus Ehrfurcht vor ihm begraben die Indianer ihre Waffen im Boden, bevor sie sich dem Ort nähern.
Bei der Calumet-Szene hebt der Teilnehmer die Pfeife in die Höhe, dann senkt er sie zu Boden. Anschließend setzt er sie an den Mund und bläst den Rauch in alle vier Himmelsrichtungen. Die anderen Teilnehmer verfahren ebenso, bis sich der Kreis schließt. Geraucht wird die Pfeife bei Friedensabschlüssen und um die Freundschaft zu festigen (www.wilder-westen-web.de/adi002.htm).
In Südamerika wird zum Zeichen des Friedens und der Versöhnung das Nationalgetränk, Matetee, getrunken. Die neu gefestigte Gemeinschaft hat auch etwas mit dem Frieden im Volk zu tun und ist nicht nur eine individuelle Zeremonie. Die Kürbistasse, aus der gemeinsam getrunken wird, ist ein weiteres Zeichen für den gewonnenen Frieden und die Versöhnung.
Auch in Indonesien ist die Versöhnung zwischen zwei verfeindeten Gruppen eine öffentliche Angelegenheit. Der Dorfälteste bringt einen geflochtenen Ring, den er für eine Versöhnungsfeier aufbewahrt. Innerhalb

Ein Vater kommt entgegen

des Rings befindet sich das Grundnahrungsmittel Reis (im Bild: Brot). Die verfeindeten Personen sprechen wieder miteinander und zum Zeichen der Versöhnung essen sie gemeinsam, was sich innerhalb des Ringes befindet.

Christen im Gottesdienst: Aus der Versöhnung mit Gott und im Glauben, dass Jesus Christus uns das Geschenk des Friedens hinterlassen hat, können die Christen sich den Frieden zusprechen und versöhnt miteinander leben.

Das Gemeinsame der verschiedenen Versöhnungsrituale (fse 55, zweiter Impuls)

Ziel ist das versöhnte Zusammenleben zwischen Menschen, Gruppen, Völkern.
- Deutlich wird, dass Versöhnung nicht erzwungen werden kann, sondern im Letzten geschenkt wird.
- Versöhnung braucht Zeit: Die einzelnen Rituale werden mit viel Zeit vorbereitet und zelebriert. In der Regel ist auch viel Zeit vergangen, bis es zur Versöhnungszeremonie kommt.
- Versöhnungsrituale benötigen Zeichen (Pfeife, Tasse, Ring), die in der Gemeinschaft einen hohen Stellenwert besitzen.
- Die Gegenstände werden in einer Versöhnungshandlung zum Einsatz gebracht: rauchen, trinken, essen, sich die Hand geben. Diese Handlung beschließt die Versöhnung.

In der Entdeckung dieser Gemeinsamkeiten können Sch zu eigenen Versöhnungsritualen kommen (zweiter Impuls).

2. Einsatzmöglichkeiten im RU

Die Erzählung: „Eine Tüte voller Liebe" erschließen

- Sch tauschen ihre Erinnerungen aus, die sie an den Nikolaustag haben (zu Hause, im Kindergarten, in der Schule). Was war schön, aufregend, wovor hatte ich Angst, worauf war ich neugierig? Als ich entdeckte, wer der „Nikolaus" in Wirklichkeit war. Was ich vom heiligen Nikolaus weiß. Warum der Nikolaus den Kindern Geschenke bringt.
- L erzählt die Geschichte **fse 54** (ohne Überschrift) bis: „... er fühlt sich von allen verlassen" (*Zusatzinformation*: Sebastian lebt im Heim, weil seine Eltern bei einem Autounfall ums Leben gekommen sind: vgl. Quelle).
- Sch spielen auf Orff-Instrumenten, wie „verlassen sein" klingt.
- Fünf-Sinne-Gedicht zum Wort: verlassen (oder: einsam/allein). Sch schreiben ein Gedicht, in dem alle fünf Sinne vorkommen. Das Gedicht hat fünf Zeilen. Jede Zeile beginnt mit dem Wort, das du ausgewählt hast. *Beispiel*:
  verlassen sein sieht aus wie Nacht.
  verlassen sein riecht wie ein modriger Keller.
  verlassen sein klingt wie ein Trauerlied.
  verlassen sein schmeckt bitter.
  verlassen sein fühlt sich kalt an.
- Sch suchen aus Psalmversen **AB 3.3.14, Arbeitshilfen S. 159**, einen Satz heraus und schreiben ihn weiter: So könnte Sebastian beten/klagen.
- Sch überlegen in PA: Was mache ich, wenn ich mich einsam und verlassen fühle? Wer hilft mir?
- L erzählt/Sch lesen die Geschichte zu Ende.
- Sch stellen mit Orff-Instrumenten nochmals die Traurigkeit von Sebastian dar – dann die Freude, die Erleichterung, das Erstaunen.
- Sie stellen Sebastians Traurigkeit, seine Freude mit verschiedenen Farben dar.
- Sch deuten mit Hilfe des Hundertwasser-Bildes Sebastians Stimmung und das Verhalten der Kindergruppe.
- UG: L-Impuls: Ingo und die anderen Kinder haben von der Nikolausgeschichte etwas verstanden.
- Sch überlegen: Woher kommt die prall gefüllte Tüte?
- Zur Überschrift: Gibt es eine Tüte voller Liebe?
- Sebastian betet am Ende des Tages: Sch wählen einen Psalmvers von **AB 3.3.14, Arbeitshilfen S. 159**, und schreiben ihn weiter.

Versöhnung gestalten

- Sch planen ein Rollenspiel: Herr Schreiner kommt ins Zimmer und spricht mit Ingo, den Kindern und Sebastian. Sch klären in KG die verschiedenen Rollen und spielen sie im Plenum vor.
- Sch vergleichen die Situation des Zachäus und des jüngeren Sohnes im Gleichnis mit Sebastians Erfahrung. Was ist ähnlich?
- Ein Akrostichon schreiben: Die einzelnen Buchstaben des Wortes „Versöhnung" untereinander schreiben und zu jedem Buchstaben ein Wort oder einen Satz schreiben, der zu Versöhnung passt.

Zeichen der Versöhnung in verschiedenen Kulturen entdecken

- Sch betrachten die verschiedenen Versöhnungsrituale (vgl. Hintergrund S. **156**) und untersuchen sie nach folgenden Gesichtspunkten:
- Wer sucht Versöhnung? (in der Regel zwei Personen/Gruppen). Beide Seiten müssen zur Versöhnung bereit sein.
- Was brauchen die einzelnen Gruppen? (Gegenstände, die für die Gruppe einen hohen Symbolwert haben, z. B. Matetee als Nationalgetränk; den Ring, der im Dorf als Zeichen der Versöhnung vom Dorfältesten aufbewahrt wird.)

So könnte Sebastian beten ...

... wenn er traurig ist

Neige dein Ohr zu mir, erlöse mich bald.
Ps 31,3

Wenn ich rufe, erhöre mich.
Ps 4,2

Du hörst mein lautes Weinen.
Ps 6,9

Ich überschwemme mein Lager mit Tränen.
Ps 6,7

Warum hast du mich verlassen?
Ps 22,2

Wende dich mir zu und sei mir gnädig; denn ich bin einsam und gebeugt.
Ps 25,16

Sieh meine Not an!
Ps 25,18

Tränen waren mein Brot bei Tag und bei Nacht.
Ps 42,4

Erhöre mein Flehen, achte auf mein Beten.
Ps 61,2

... wenn er sich freut

Singen will ich dem Herrn, weil er mir Gutes getan hat.
Ps 13,6

Ich will jubeln und über deine Huld mich freuen.
Ps 31,8

Der Herr ist barmherzig und gnädig.
Ps 103,8

Du hast mein Klagen in Tanzen verwandelt.
Ps 30,12

Du erhörst mich in Treue.
Ps 65,6

Du bist bei mir.
Ps 23,4

_____

_____

_____

_____

- Wie wird der Ablauf der Versöhnungsfeier gestaltet? (Rituale)
- Wie wird der Friedensgruß im Gottesdienst vollzogen? Gibt es Alternativen? (z. B. im Kreis die Hand geben)

Versöhnungsgesten darstellen
- Zu ruhiger Musik gehen Sch durch das Klassenzimmer. Wenn die Musik gestoppt wird, stellen Sch nach Anweisung die einzelnen Gesten dar, z. B.: auf den Boden schauen; mit den Händen Abwehr signalisieren; einander anschauen; anlachen; langsam aufeinander zugehen; sich die Hände schütteln; in der Vorstellung eine Blume überreichen usw.
- Sch entwerfen für die Klasse ein Versöhnungsritual (Symbolhandlung, Zeichen, Worte der Versöhnung). Sie greifen auf einzelne Verse aus dem Gebet „Herr, mach mich zum Werkzeug deines Friedens" zurück (GL 29,6).
- Sch schreiben ins Ich-Buch: Ich habe etwas angestellt ... Ich habe mich versöhnt (etwas wieder gutgemacht).

Lieder zum Friedensgruß singen
- Herr, gib uns deinen Frieden.
- Schalom (**fse 40**).

3. Jahrgangsübergreifende Lerngruppe

Friedenstee trinken
- Sch bringen verschiedene Teesorten und eine Tasse mit. In der Mitte steht ein Globus. Die älteren Sch benennen die Erdteile und gemeinsam werden die Teesorten zugeordnet.
- Anschließend wird der Friedenstee gekocht und in der Gemeinschaft als nachempfundenes Ritual getrunken.

Streit und Versöhnung im Film
Wenn du draußen bist. 10 Min. Über Streit und Versöhnung zwischen zwei Mädchen (Medienzentralen!)

Weitere Texte und Anregungen
- M. Bolliger, Das böse Wort, in: D. Steinwede (Hg.), Vorlesebuch 1, Lahr 1979, S. 248
- Arbeitshilfen 2 zu **fse 2**, S. 74-76
- U. Wölfel, Ostern (ein Weg zur Versöhnung), in: D. Steinwede (Hg.), Vorlesebuch 3, Lahr [8]1992, S. 206.

Die Versöhnung Gottes weitergeben

fragen – suchen – entdecken 56/57

1. Hintergrund

Auf den vorhergehenden Seiten ist deutlich geworden, dass das Zusammenleben von Menschen durch Fehlverhalten von Einzelnen und Gruppen erschwert und gestört werden kann. Oft stecken wir in einem Dilemma und Konflikte lassen sich nicht in Schwarz-Weiß-Malerei darstellen. Lösungen zu finden erfordert Zeit, Mühe, Fantasie und das Wohlwollen und die Bereitschaft aller Beteiligten. Dennoch können wir das Miteinander-Auskommen nicht einfach „machen". Wenn wir jemanden verletzt haben, an jemandem schuldig geworden sind, ist Vergebung ein Geschenk, das wir uns wünschen, aber nicht einfordern können. In jeder zwischenmenschlichen Versöhnung geschieht nicht nur etwas zwischen den Menschen. „Es ist Gott, der Menschen zu Versöhnung bewegt und befähigt" (Die deutschen Bischöfe, Umkehr und Versöhnung im Leben der Kirche, Orientierungen zur Bußpastoral, 1997).
In der Begegnung mit Zachäus und im Gleichnis vom barmherzigen Vater zeigt Jesus, dass die Zuwendung und Vergebung Gottes gänzlich unverdient und bedingungslos ist. Das Versöhnungshandeln Jesu ist seine durchgängige Praxis, dafür stehen exemplarisch die beiden biblischen Erzählungen.
Dieses Versöhnungshandeln Jesu wird nach seiner Auferstehung den Jüngern übertragen. **Joh 20,19-23** ist dafür der entscheidende Text. Er ist für Sch zunächst ein eher schwer zugänglicher Text. Einzelne Elemente daraus können aber mit Hilfe der folgenden Auslegung verständlich gemacht werden.
Der Text weist eine zweifache Gliederungsstruktur auf:

Joh 20,19-20: Die Offenbarungsszene
Sie wird eröffnet mit der Furcht der Jünger und den verschlossenen Türen. Jesus tritt in die Mitte der Jünger und bringt als Erstes den Friedenswunsch. Seine Identität wird durch das Zeigen der Wunden bekräftigt. Die Reaktion der Jünger ist Freude über das Sehen des Herrn.

Joh 20,21-23: Der Sendungsauftrag
Zunächst wiederholt Jesus den Friedenswunsch, der alles umfasst, was zu einem heilvollen, geglückten Leben gehört. Es folgt die Sendung der Jünger. Zu dieser Sendung wird den Jüngern der Geist Jesu durch Anhauchen (vgl. Gen 2,7) übertragen. Es ist der Heilige Geist. Dann folgt der Inhalt der Sendung: das Versöh-

nungswerk, das mit Jesus begonnen wurde, fortzuführen. Der Dienst der Jünger an den Menschen ist zeichenhaft vorgegeben in der Fußwaschung Jesu. Das Ziel ist, dass Menschen das Leben in Fülle haben (Joh 10,10).

Das Erste und Entscheidende ist die Gabe der Vergebung, die für alle, die sie annehmen, ein neues, auf Zukunft gerichtetes Leben bedeutet, schalom von Gott her im umfassenden Sinn. Als Versöhnte werden die Jünger gesandt, so wie Jesus von Gott gesandt wurde, die Versöhnung weiterzugeben. Die Verweigerung der Vergebung ist das Ergebnis der Verschlossenheit gegenüber dem Angebot der Versöhnung. Mit dieser Haltung stellt sich der Mensch selbst außerhalb der Jesusgemeinde (vgl. R. Schnackenburg, Johannesevangelium Bd. 3, Freiburg 1975, S. 380-390).

fse 56/57 zeigt zwei Formen der Vergebungspraxis, wie sie Sch im Raum der Gemeinde erfahren. Die Begründung für diese Praxis liegt im Auftrag des auferstandenen Herrn (Joh 20,19-23 s. o.). Sch betrachten zuerst das Foto des Bußgottesdienstes und erarbeiten anschließend die Elemente eines Bußgottesdienstes. Der Bericht einer Versöhnungsfeier mit Beichtgespräch (**fse 57**) soll Sch dazu animieren, eigene Erfahrungen zu artikulieren und in einem weiteren Schritt Elemente eines Beichtgespräches herauszufinden. L erklärt einzelne Elemente der Lossprechungsformel.

2. Einsatzmöglichkeiten im RU

Elemente des Bußgottesdienstes erarbeiten
- Sch beschreiben, was sie auf dem Foto **fse 57** sehen: Kinder, einen Priester, den Kirchenraum, die Haltung der Kinder, Gebet ... Sie entdecken die Schale mit den Zetteln. Was wohl darauf geschrieben steht?
- Sch überlegen, was vorher war: Sch haben die Zettel beschriftet ...
- L ergänzt: Sch sind zu einem Bußgottesdienst zusammengekommen; kann man das auf dem Bild erkennen? (Zettel). Sie wollen vor Gott und miteinander über ihr Leben nachdenken und Gott um Vergebung bitten.
- Sch sortieren die Elemente eines Bußgottesdienstes. L legt dazu die einzelnen Streifen des **AB 3.3.15, Arbeitshilfen S. 163**, ungeordnet auf den OHP.

Einen Bußgottesdienst vorbereiten
- Sch überlegen zusammen mit L und entscheiden sich, ob sie einen Bußgottesdienst zusammen feiern wollen. Wenn ja, werden für die Vorbereitung die im RU erarbeiteten Elemente verwendet.
- Besinnung: Sch bekommen Kärtchen aus zweierlei farbigem Papier: für das Gute/Geglückte und das weniger Gute/Schlechte/Böse. Sie schreiben in EA darauf, was ihnen dazu einfällt.
- Hilfestellung (an der Tafel): Orte (zu Hause; eigenes Zimmer; Küche; Schule; Bus; Straße; Umwelt ...); Personen (Eltern, Geschwister, Oma/Opa; KlassenkameradInnen; LehrerIn, FreundIn, NachbarIn).
- Die beiden Zettelgruppen werden auf verschiedene Schalen verteilt.
- Sch überlegen: Was soll mit den beiden Schalen im Gottesdienst passieren? (z. B. zur linken Schale eine Kerze stellen; die Zettel in der rechten Schale zerreißen, verbrennen).
- Mit Gebärden die beiden Schalen im Gottesdienst interpretieren (**fse 1-3**, S. 6 und Arbeitshilfen S. 42 f.).
- Zu den Gebeten: Eine Gruppe überlegt, welches Gebet zu welchem Teil des Gottesdienstes passt.
- Eine Gruppe überlegt, welches Lied gesungen werden kann. Vorschlag: Lobet und preiset ihr Kinder den Herrn, freuet euch seiner und dienet ihm gern. *Tanzschritte*: Sch im Kreis, zur Mitte gewandt, fassen sich an den Händen:
  Lobet und preiset ...: 4 Schritte nach außen gehen;
  freuet euch seiner ...: mit 4 Schritten um sich selbst drehen, um die rechte Schulter, Austeilgeste mit der rechten Hand;
  all ihr Kinder ...: 4 Schritte zur Mitte gehen, Arme in Orantehaltung.
- Zum Bibeltext: Eine Gruppe sucht in **fse 3**, welcher Text zum Gottesdienst passt.
- Evtl. einen Priester um die Durchführung des Gottesdienstes bitten.
- Schlussüberlegung: Woher wissen wir, dass Gott unsere Schuld verzeiht? – Vermutungen der Sch – Evtl. Beantwortung offen lassen bis zur Bearbeitung des Textes Joh 20,19-23.

Im Beichtgespräch sich mit Gott versöhnen
- Sch erzählen von ihrer Kommuniongruppe in der Gemeinde, von ihrer Vorbereitung zur Bußfeier.
- Sch lesen den Bericht einer Versöhnungsfeier mit einem Beichtgespräch **fse 57**.
- Sie finden die Elemente, die sie vom Bußgottesdienst her kennen, und stellen den Unterschied fest.
- Sie finden die Aufgabe von Pfarrer Wittek heraus (Hilfe bei der Besinnung, Lossprechungsformel, die er über jede/n Einzelne/n spricht).

Das „Merkblatt" fse 57 anwenden
- Gruppe 1: Nachdenken über das Verhalten. Sch suchen auf den Seiten **fse 43, 45, 47, 49**, wo Kinder und Erwachsene nachdenken über das, was sie getan haben.
- Gruppe 2: Manches bereuen und besser machen wollen. Sch überlegen, was Silvia und den anderen

Kindern (**fse 43**), was Lutz (**fse 49**), was Herrn Schreiner (**fse 54**) Leid tut, was sie sich vornehmen könnten.
- Gruppe 3: Sich versöhnen. Sch suchen im Kapitel „Vergebung erfahren – sich versöhnen", wo Vergebung und Versöhnung geschieht (**fse 54/55**).
- Gruppe 4: Sich von der Schuld lossprechen lassen. Sch suchen auf **fse 51** und **fse 53**, wie Zachäus und der jüngere Sohn im Gleichnis von ihrer Schuld losgesprochen wurden.
- Gruppe 5: Versöhnung gestalten. Sch nehmen das Hundertwasser-Bild zu Hilfe, um Schuld und Versöhnung anschaulich zu machen, sie finden Formen und Farben dazu.
- Schlussüberlegung wie oben: Woher wissen wir, dass Gott uns unsere Schuld verzeiht?

Den Auferstehungstext Joh 20,19-23 erschließen
- L nimmt die Frage auf: Woher wissen wir, dass Gott unsere Schuld verzeiht? In der Bibel finden wir darauf eine Antwort.
  L schreibt die drei Sätze auf den OHP: Jesus kam in ihre Mitte – Er zeigte ihnen seine Hände und seine Seite – Die Jünger freuen sich, als sie den Herrn sahen.
- L erinnert an **fse 2, 58 ff** (Auferstehung) oder zeigt ein Auferstehungsbild: R. Delauny, Runde Formen/Sonne, Folie 20 in: Schatzkiste 1/2.
- Sch überlegen, was es bedeutet: Jesus zeigt seine Hände und Seite (Erinnerung an Kreuzigung; Wiedererkennen Jesu). – Trauer über den Tod Jesu – Freude über seine Auferstehung.
- L-Erzählung: Wir hören, was Jesus zu den Jüngern sagt: Friede sei mit euch, ihr braucht keine Furcht mehr zu haben und keine Trauer ... Dann gibt er ihnen einen Auftrag: Ihr sollt das, was ich für die Menschen getan habe, weiterführen. OHP (mit anderer Farbe): Wie mich der Vater gesandt hat, so sende ich euch. L-Impuls: Was könnte das heißen?

Woran erinnert Jesus die Jünger? (z. B. an den Umgang mit Kindern, an Wunder, Zachäus)
- L: Damit sie ebenso handeln wie Jesus, schenkt er ihnen etwas von seiner Kraft: Er haucht sie an und gibt ihnen seinen Geist. OHP: Er haucht sie an und sagt: Empfangt Heiligen Geist. – Wie Jesus Menschen einen neuen Anfang geschenkt hat, so sollen das auch seine Jünger tun. Deshalb sagt er zu ihnen: OHP: Wem ihr die Sünden vergebt, dem sind sie vergeben. – Diese Menschen sind von Gott angenommen, ihre Schuld wird ihnen nicht angerechnet. Sie können neu anfangen, wie ...
- Sch beantworten die Frage, woher wir wissen, dass Gott ein verzeihender Gott ist.
  (Wenn Sch nach der Bedeutung der Verweigerung fragen: vgl. Hintergrund S. 160 f.)

Texte vergleichen
Sch vergleichen die Lossprechungsformel **fse 57** mit dem Text Joh 20,19-23. Sie finden gleiche Elemente in beiden Texten. Im Heft stellen sie die Texte gegenüber und heben die Gemeinsamkeiten durch Unterstreichen hervor.

Singend antworten
Sch singen Strophe 1 des Liedes **fse 58** als Antwort auf Gottes Versöhnungsangebot.

3. Jahrgangsübergreifende Lerngruppe

Sich versöhnen
- Sch des vierten Jahrgangs verfügen bereits über Erfahrungen mit Beichtgesprächen. Sie können ihre Eindrücke und die konkreten Abläufe den jüngeren Sch mitteilen.
- Weil Gott Versöhnung schenkt, gestalten jüngere und ältere Sch kleine Versöhnungsgebete und ergänzen das evtl. begonnene Klassen- oder Familiengebetbuch. Die Texte finden bei der Vorbereitung der Bußgottesdienste ihren Platz.

Weil du Ja zu mir sagst

1. Hintergrund

Wir sind meist schnell dabei, auf Fehlverhalten, Störendes und unangenehm Auffallendes zu achten und es zu verurteilen. Umso wichtiger ist es, die Aufmerksamkeit für das Positive zu entwickeln und zu schärfen. Bei Zachäus wird deutlich, wie Angesehen-Werden und achtungsvolle, liebevolle Zuwendung einen Menschen verändern können. Auch das Zusammenleben in einer Klasse wird sich verändern, wenn Sch lernen, Schönes, Positives, Wertvolles, Interessantes ... an den anderen zu entdecken. Die Anregungen auf dieser Seite wollen dazu eine Hilfe sein. Sie sind nicht nur als einmalige Aktion gedacht, sondern können im Laufe der Zeit immer wieder aufgegriffen werden. Sie sind eine den Sch angemessene Antwort auf die Erfahrung von Vergebung und Versöhnung.
Der Schwerpunkt des Liedes liegt auf dem Immer-wie-

Elemente eines Bußgottesdienstes

--✂

In der Kirche zusammenkommen.

--✂

Über das eigene Leben nachdenken.

--✂

Das Schlechte (Böse) im Leben entdecken.

--✂

Das Gute im Leben entdecken.

--✂

Erzählungen aus der Bibel hören.

--✂

Gott um Vergebung bitten.

--✂

Gott loben und danken.

--✂

der-Anfangen, eine Erfahrung, die Sch tagtäglich machen. Sie können es, weil jemand da ist, der Ja zu ihnen sagt, auf sie Acht hat (Strophe 3). Wenn es auch oft schwer ist (Strophe 2) die Situation, in der Sch sich befinden, zu akzeptieren, so lässt sie die Begleitung durch Gott nicht im Stich (Strophe 4).

2. Einsatzmöglichkeiten im RU

Weil du Ja zu mir sagst

- Sch überlegen, wer zu ihnen Ja sagt, was ihnen schwer fällt, wogegen sie sich auflehnen.
- Ins Ich-Buch schreiben: Der/die steht zu mir. Wenn mir etwas schwer fällt, dann ...
  Ein Gebet schreiben: Gott, ich danke dir, dass du ...
- *Hinweis:* Das Lied „Weil du Ja zu mir sagst" kann bereits früher gelernt werden, z. B. nach der Zachäusgeschichte **fse 50/51** oder im Anschluss an **fse 56/57**.

Ich schätze an dir, dass du ...

- Die Übung, die mit Bild und Wort erklärt ist, lässt sich bereits zu Beginn des Schuljahres einführen und immer wieder aufgreifen; zu Beginn einer neuen Woche, nach den Ferien oder wenn es häufiger Unstimmigkeiten gibt. Bei größeren Klassen empfiehlt es sich, für das Auf-den-Rücken-Schreiben zwei oder drei Kreise zu bilden.
- Am Anfang können zur Erleichterung einige Beispiele als TA/am OHP vorgegeben werden: ... ein fröhliches Gesicht machst; ... den anderen bei den Aufgaben hilfst; ... gut erzählen kannst; ... viele Spiele weißt; ... gut über Dinosaurier Bescheid weißt; ... du lustig bist.
- Die von den Sch gefundenen Gesten zu Ablehnung, Versöhnung, Aufeinander-Zugehen werden fotografiert, beschriftet und im Klassenzimmer aufgehängt.

3. Jahrgangsübergreifende Lerngruppe

Ich mag dich

- Die Namen der Sch werden auf Kärtchen geschrieben. Jede/r Sch zieht einen verdeckten Namen. Der Impuls: „Schreibe ein Ich-mag-dich-Akrostichon über deinen gezogenen Partner!" motiviert, das „Ja" Gottes auf das „Ja" zu den Mit-Sch zu übertragen. Beispiel:
  Prima, dass du mich zu deinem Geburtstag eingeladen hast!
  Einmal hast du mich getröstet.
  Toll, dass du in unserer Klasse bist.
  Es macht Spaß mit dir Fußball zu spielen.
  Ruf mich doch mal an!
- Das Akrostichon wird auf farbige Zettel aufgeschrieben; die/der Belobigte klebt den Zettel in das Ich-Buch ein.
  Alternativ werden die Zettel in der Klasse ausgehängt.

Literatur

Zur Auslegung

Feldmeier, R., Gleichnisse, in: Lachmann R. u. a. (Hg.), Elementare Bibeltexte, exegetisch-systematisch-didaktisch, Göttingen 2001, S. 324-329
Kremer, J., Lukasevangelium (Neue Echter Bibel), Würzburg ²1992
Müller, P., Die synoptischen Evangelien – Jesus und die Menschen um ihn, in: Lachmann, R. u. a. (Hg.), Elementare Bibeltexte, Göttingen 2001, S. 238-241

Lieder zur Zachäusgeschichte

finden sich in den bekannten Liederbüchern zur Bibel, z. B. in:

Watkinson, G., 9 x 11 neue Kinderlieder zur Bibel, Lahr 1973, Nr. 30 und 31
Ders., 111 Kinderlieder zur Bibel, Lahr 1968, Nr. 55 und 56
Krenzer, R., Das große Liederbuch, Limburg 1988, Nr. 64 und 65
Ders., 100 einfache Lieder Religion, Lahr 1978, Nr. 90
Ders., Regenbogen bunt und schön, Lahr 1981, Nr. 63 (Spiellied)
Bücken, E., Bibelhits, Lippstadt 2003, S. 123 und 124-125 (mit CD)

Bußgottesdienste zu verschiedenen Themen

Hoffsümmer, W., Umkehr. 25 Bußfeiern mit Gegenständen aus dem Alltag, Mainz 1996, S. 11-54
Magunski, J., Weil einer sagt, ich mag dich, du, Aachen 2002

4 Mit Jesus Mahl feiern

1. Religionspädagogische und theologische Hinweise

Der Mensch ist ein Gemeinschaftswesen. Erst in der Beziehung zu anderen kann er sich entfalten. Das gilt im Besonderen für das Kind. Es braucht die Gemeinschaft der Familie, die Eltern und Geschwister.
Die Familie ist die erste und ursprüngliche Form, in der das Kind Gemeinschaft erfährt. Das Kind spürt, dass es angenommen ist, es erlebt Zuwendung und Geborgenheit. Dazu muss es keine Vorleistung erbringen. Es weiß sich geliebt, weil es Sohn oder Tochter ist.
Die Freundschaft ist eine andere Form der Beziehung von Menschen untereinander: Nicht aufgrund verwandtschaftlicher Verbindungen, sondern allein aus der Erfahrung von Verständnis und Sympathie füreinander, finden sich Kinder zusammen, spielen miteinander und erleben Akzeptanz, Angenommensein, Gemeinschaft. Die Ausprägung von Freundschaften verändert sich im Laufe der Grundschulzeit stark. Zunächst herrscht mit sechs oder sieben Jahren noch ein kindlicher Egozentrismus vor, der im anderen in erster Linie einen Spielpartner sieht, den zu wechseln ebenso schnell und selbstverständlich vonstatten geht, wie man sich mit ihm streitet und wieder versöhnt. Etwa ab Mitte der Grundschulzeit bilden sich engere Beziehungen heraus. Das Kind merkt, mit wem es sich gut versteht, welche Mitschüler oder Mitschülerinnen oder Nachbarkinder zu ihm passen. Freundschaften entstehen, die wie selbstverständlich auch Rücksichtnahme und Verzicht mit sich bringen, dafür aber ganz neue Erfahrungen von Beziehungen ermöglichen, die dem Kind helfen, seine eigene Identität weiterzuentwickeln.
Ziel des einführenden Teiles in diesem Kapitel ist es, Sch die Bedeutung von Gemeinschaft bewusst zu machen: In ihr erwerben sie Identität und finden Freunde und Verbündete.
Menschen suchen nach Ausdrucksformen der gelebten Gemeinschaft und Freundschaft. In Festen verdichtet sich die Erfahrung von Zusammengehörigkeit in besonderer Weise: In einem außergewöhnlichen Rahmen treffen sich Menschen mit denen, die ihnen lieb und wichtig sind. Damit ein Fest auch ein außergewöhnliches Ereignis wird, gestalten die Feiernden es in besonderer Weise: Dazu gehören eine gründliche Vorbereitung, Schmuck, festliche Kleidung, feierliche Riten und nicht zuletzt das gemeinsame Festmahl. Ob bei einem Familienfest wie Taufe oder Hochzeit, bei einem religiösen Fest wie Weihnachten oder Ostern – das gemeinsame Mahl gehört bestimmend dazu. Dabei spielt die Sättigung nur eine untergeordnete Rolle. Vielmehr drückt sich im gemeinsamen Festmahl in besonderer Weise die gegenseitige Verbundenheit der Feiernden aus.
Die beiden dargestellten Aspekte, die Bedeutung von Gemeinschaft für gelingendes menschliches Leben im Allgemeinen und das Mahl als Ausdrucksform von Gemeinschaft im Besonderen, bilden den Hintergrund für den Blick in das Neue Testament.
Das Zöllnermahl mit Levi (Mk 2,13-17) zeigt exemplarisch, wie Jesus auf die Ausgegrenzten und Verachteten zugeht und ihnen so neue Lebensmöglichkeiten schenkt. Er weiß sich von seinem Vater gesandt, die Verlorenen zu suchen. Denn: „Nicht die Gesunden brauchen den Arzt, sondern die Kranken." Hier liegt der Kern der Botschaft Jesu: In seiner Zuwendung zu den Ausgegrenzten verweist er auf die nachgehende Liebe Gottes zu allen Menschen. Die Aufgerichteten spüren: Da beginnt das Reich Gottes, von dem Jesus spricht. Im Mahl wird diese Erfahrung greifbar. Die Wundergeschichte von der Speisung der Fünftausend (Mk 6,30-44) ist eine weitere Verdeutlichung dieses Gedankens. Die Aussageabsicht ist auch hier: Jesus will, dass die Menschen leben können, dass es ihnen nicht am Notwendigen mangelt. Dazu gehört auch, dass sie genug zu essen haben und satt werden. Sowohl bei Levi als auch bei der Speisung der Menge ist das Gastmahl bzw. Sättigungsmahl die Form, die Jesus wählt, um den Menschen seine Verbundenheit mit ihnen zu zeigen. Im Mahl schenkt er ihnen Gemeinschaft (LP 3.4).
Eine besondere Mahlgemeinschaft mit Jesus erleben seine Jünger im Letzten Abendmahl. Jesus gibt dem Brot und dem Wein – der Speise und dem Getränk beim Pessachfest – eine neue, symbolhafte Bedeutung: Sie werden zum Zeichen für Gottes Zuwendung und Nähe (LP 3.4). In der Feier des Mahles stiftet Jesus eine Gemeinschaft mit seinen Jüngern, die über seinen Tod hinausgeht. Neben der Gemeinschaft mit Jesus ist es auch eine Gemeinschaft der Feiernden untereinander, der sich die Jünger bewusst sind.
Die Gemeinschaft mit Jesus endet nicht mit seinem Tod am Kreuz. Das ist die Botschaft, wie sie uns das Osterevangelium (Lk 24,13-35: Begegnung auf dem Weg nach Emmaus) nahe bringt: Jesus lebt. Er begegnet seinen Jüngern im Wort und im Mahl (LP 3.4.2):

Sie erkennen ihn, wie er ihnen die Schrift erklärt und mit ihnen das Brot bricht.

Diese Erfahrung setzt sich fort in den ersten christlichen Gemeinden. Sie erinnern sich in der Feier des Herrenmahles (Paulus) bzw. des Brotbrechens (Lukas) an das Letzte Abendmahl. Die Feier ist von Anfang an Mittelpunkt der jungen Kirche. Wie die Jünger damals, so erfahren auch die Christen eine Gemeinschaft mit ihrem Herrn und eine Verbundenheit untereinander. Sie bedenken die Botschaft und den Auftrag Jesu und schöpfen in der Feier Kraft, den Auftrag Jesu in ihrem Alltag umzusetzen, damit das Reich Gottes weiter wächst. So haben es Generationen von Christen erfahren, bis heute: In der Begegnung mit Jesus Christus erfahren sie Mut seinem Beispiel zu folgen.

2. Das Thema im Lehrplan und in fragen – suchen – entdecken

Das LP-Kapitel 3.4 lenkt die Aufmerksamkeit der Sch auf die Bedeutung von Leben und Glauben in Gemeinde und Kirche und die Sakramentenspendung. Das Mahl ist für Jesus mehr als gemeinsame Nahrungsaufnahme. Im Mahl schenkt Jesus den Mitfeiernden seine Zuwendung.

Entsprechend der didaktischen Konzeption der Unterrichtsreihe beginnt fse 3.4 das Thema mit dem Blick auf die Bedeutung menschlicher Gemeinschaft im kindlichen Erfahrungsbereich. Sch entdecken an Fallbeispielen, wie wertvoll die Gemeinschaft mit anderen ist, die Beziehung zu anderen zum Kindsein/Menschsein existenziell gehört. Es ist wichtig, nicht allein, sondern mit anderen zu leben. In schwierigen Lebenssituationen – exemplarisch an einer durch Krankheit der Mutter belasteten Familiensituation dargestellt – wird noch deutlicher, wie sehr wir andere Menschen brauchen: Gemeinsam lassen sich auch schwierige Anforderungen anpacken und meistern. Menschliche Beziehungen können sich in diesen Herausforderungen festigen (**fse 60-63**).

In einem zweiten Schritt nehmen Sch verschiedene Aspekte des gemeinsamen Essens und Trinkens wahr. Sie entdecken, dass wesentlicher Bestandteil eines Festessens der Gemeinschaftscharakter ist, das Mahl zum Ausdruck von Zusammengehörigkeit wird. Folglich gehört zu allen wichtigen Lebensstationen des Menschen das gemeinsame Festmahl als wesentliches Element der Feier dazu (**fse 64/65**).

Die beiden Blickrichtungen führen zur Praxis Jesu, wie er Menschen Gemeinschaft schenkt, wie er mit ihnen Mahl hält (LP 3.4). Die Zöllner erleben die Zuwendung Jesu. Sie drückt sich im gemeinschaftlichen Mahl aus. Jesus stellt damit die gesellschaftliche Ausgrenzung der Zöllner in Frage und bricht sie auf. In der Speisung der Fünftausend erfahren Sch, dass sich Jesus ganz konkret um den Hunger der Menschen kümmert. Er weiß, was sie brauchen, und er gibt ihnen das zum Leben Notwendige. **fse 67** führt Sch zu der Entdeckung, dass dieses Verhalten Jesu auch heute Vorbild und Ansporn sein muss, den Hunger in der Welt zu lindern.

Vor dem Hintergrund der Bedeutsamkeit von Mahlgemeinschaft im Leben Jesu lernen Sch den Bericht vom Letzten Abendmahl kennen. Sie entdecken in den Gaben Brot und Wein Zeichen seiner Liebe und Hingabe zu den Menschen. Bilder von Getreide und Trauben regen an, mit meditativen Unterrichtselementen der zeichenhaften Bedeutung von Brot und Wein nachzuspüren.

Die Jünger von Emmaus begegnen dem Auferstandenen. Sie erkennen ihn am Lobpreis und am Brechen des Brotes. Diese Ostergeschichte verdeutlicht, dass Jesus Christus seinen Jüngern im Mahl nahe ist, auch wenn er nicht mehr unter ihnen weilt (LP 3.3). Die neutestamentlichen Zeugnisse bei Lukas (Apg) und Paulus (1 Kor) bekräftigen: In der Feier des Herrenmahls bzw. beim Brotbrechen erinnern sich die jungen christlichen Gemeinden an die Mahlpraxis ihres Herrn, insbesondere aber an das Letzte Abendmahl. Im Herrenmahl finden sie Ansporn und Kraft, die Botschaft Jesu selbst zu leben und weiterzutragen.

fse 73 lässt die Glaubenspraxis urchristlicher Gemeinden einmünden in einen Blick auf Grunddienste christlichen Handelns heute: auf die Feier der Mahlgemeinschaft, auf die Weitergabe christlichen Glaubens z. B. im Religionsunterricht und auf die sozial-caritative Haltung von Christen. Sch erkennen darin die Aktualität der urchristlichen Erfahrung, dass aus der Gemeinschaft der Christen untereinander und mit Christus heraus Handeln im Geiste und in der Nachfolge Jesu Christi erwächst.

In der Anleitung zu einer Frühschicht werden Sch ermutigt, im gemeinsamen Gebet und Gesang, im Essen und Trinken eigene Mahl- und Gemeinschaftserfahrungen mit ihrer Lerngruppe zu machen (**fse 74**).

3. Jahrgangsübergreifende Einsatzmöglichkeiten

Sch des vierten Jahrgangs sind in der Regel nach einer Vorbereitungszeit bei Katechetinnen zur Heiligen Kommunion gegangen. Einige kennen daher gottesdienstliche Feiern und haben die Eucharistie als Gemeinschaft mit Jesus Christus und der Gemeinde erlebt. Ihre Eindrücke und Erfahrungen können diese Sch vielfältig in den Unterricht einbringen. Dabei vertiefen und festigen sie ihre Erfahrungen mit Kirche und Gemeinde.

Im Folgenden werden zu jeder einzelnen Lernsequenz Aufgaben-Vorschläge für Sch des vierten Jahrgangs ge-

macht. Diese greifen die vorhandenen Fähigkeiten und Fertigkeiten auf und vertiefen und fördern sie durch weitergehende Anforderungen.
An folgende Themen aus den vorausgehenden Jahrgangsbänden lässt sich anknüpfen:
fse 1, Kap. 5, S. 61-74 Ostern feiern
fse 2, Kap. 1, S. 12-13 Brot zum Leben haben
Kap. 5, S. 72-74 Kleid und Kerze – Zeichen für ...; Zur Gemeinde gehören

4. Verbindungen zu anderen Fächern

Viele Bezüge zu anderen Unterrichtsfächern ermöglichen eine Zusammenarbeit und die Vertiefung des Themas auch außerhalb des katholischen RU:
EVANGELISCHE RELIGIONSLEHRE: - Miteinander leben; – Jesus Christus begegnen, aus dem Tod wächst neues Leben; – Gott sucht den Menschen, Menschen suchen Gott;
DEUTSCH: 3.1 Mündliches Sprachhandeln; Erzählendes, sachbezogenes und appellierendes Sprechen, szenisches Spielen; 3.3 Umgang mit Texten und Medien, Informierendes Lesen, Nutzen von Medien;
KUNST: 3.1 Farbiges und Szenisches Gestalten; 3.2 Auseinandersetzung mit Bildern und Objekten; Gestaltungen auf ihre Wirkungen hin untersuchen; Verschiedene Ausprägungen ästhetischer Gestaltung kennen lernen;
MUSIK: 1.1 Entwicklung der musikalischen Erlebnis- und Ausdrucksfähigkeit; 3.1 Musik machen mit der Stimme; 3.2 Musik hören; 3.3 Musik umsetzen, sich zur Musik bewegen;
SACHUNTERRICHT: 3.1 Natur und Leben; 3.4 Mensch und Gemeinschaft; 3.5 Zeit und Kultur.

5. Lernsequenz

Planungsskizze	Überschriften in fse	Inhalte im Lehrplan
I. Gemeinschaftserfahrungen von Kindern	Lieber allein sein? **fse 60/61** Gut, dass wir einander haben **fse 62/63** Miteinander essen – miteinander feiern **fse 64/65**	3.1 Ich, die anderen, die Welt und Gott
II. Jesus lebt Gemeinschaft mit anderen Menschen; Abschiedsmahl; die Jünger erhalten einen Auftrag; Emmaus; Feier des Brotbrechens; Christen führen den Auftrag Jesu weiter	Mit Jesus Gemeinschaft erleben **fse 66/67** Abschied feiern – in Verbindung bleiben **fse 68/69** Mahl feiern – Jesu Gegenwart erfahren **fse 70/71** Sich an Jesus erinnern – seinem Beispiel folgen **fse 72/73**	3.3 Das Wort Gottes und das Heilshandeln Jesu 3.4 Leben und Glauben in Gemeinde und Kirche
III. In der Klasse eine „Gedenkfeier" durchführen	Bet- und Breakfast – eine Frühschicht gestalten **fse 74**	

6. Lebensbilder 3/4

Folgende Fotos aus der Folienmappe Lebensbilder 3/4, vgl. Arbeitshilfen S. 21, sind für einen situativen Einsatz hilfreich: Nr. 25 Katholische Kirche, Nr. 28 Kommunion, ggf. Nr. 26 Beichtgespräch, Nr. 27 Beten – Beichten.

Mit Jesus Mahl halten

1. Hintergrund

Duccio di Buoninsegna (um 1255-um 1319)
Duccio di Buoninsegna begann seine künstlerische Laufbahn mit Arbeiten im kunstgewerblichen Bereich. Er bemalte Buchdeckel und Cassoni (Möbelstücke).
Zu seinem bedeutendsten Kunstwerk wird die Maestà (Altar zu Ehren der Herrlichkeit Marias) (**fse 59**) gezählt. Sie umfasst 93 Tafeln, die meisten sind heute im Dommuseum von Siena zu sehen. Das Hauptwerk des Künstlers, welches um 1311 entstanden sein dürfte, ist Teil eines mehrteiligen Hochaltarbildes gewesen, welches der Maler für den Dom zu Siena anfertigte. Bereits zur Einweihung feierten die Sieneser begeistert das Bild in einer großen Prozession. Die besondere Bedeutung des großen Altarwerkes liegt in der Bewältigung des Formats, es ist über vier Meter breit und zwei Meter hoch, Vorder- und Rückseite sind bemalt. Duccio verlässt die Frontaldarstellung, die Personen werden teilweise leicht zur Seite gewendet gezeigt. Ebenso wie sein Malerkollege Giotto löst sich Duccio deutlich von den Regeln der byzantinischen Malerei.
Im 18. Jahrhundert sägte man das Gesamtkunstwerk auseinander und verteilte die einzelnen Sequenzen. 1878 kamen die Hauptteile ins Dommuseum. Das vielteilige Gesamtwerk besteht u. a. im Hauptbild aus 26 Tafeln, die den Lebensweg Jesu bis zum Abendmahl, zur Kreuzigung und zum Gang nach Emmaus darstellen.

Duccio di Buoninsegna: „Abendmahl", um 1311
Duccio stellt das letzte Pessachmahl Jesu mit seinen engsten Freunden im Stil der damaligen Zeit gemäß der Maniera bizantina in sienesischer Interpretation der Schule Giottos dar. Charakteristisch hierfür ist die typische Grünuntermalung, der Faltenstil, die Farbreihe und die ikonografische Bildform.
Die Mahlszene ist gekennzeichnet durch eine große Tafel. Auf weißem Tuch sind die Speisen Brot, Lamm und Wein gedeckt. Ringsum sitzen 13 Männer, wobei nur die in der oberen Reihe Sitzenden mit einem Heiligenschein versehen sind. Von den Aposteln blicken elf in Richtung Jesu. Sein Gewand ist als einziges mit einem Goldstreifen gestaltet. Die rote Farbe seines Gewandes ist Zeichen der Liebe Gottes zur Erde, der blaue Mantel symbolisiert die Herrschaft des Himmels. Einer der zwölf Freunde Jesu neigt vertraut und fast zärtlich sein Haupt mit geschlossenen Augen zu Jesus. In der Mitte der unteren Sitzreihe ist eine Lücke, die Offenheit in die scheinbar geschlossene Gesellschaft hineinbringt. Sie wirkt wie eine Einladung an den Betrachter auch am Mahl teilzunehmen. Im Hintergrund hängt ein weißes Leinentuch um einen Holzbalken gewickelt. Es weckt Assoziationen an Bilder von der Leichenabnahme vom Kreuz – die Passion steht unmittelbar bevor. Eine andere Deutung des Leinentuches bezieht sich auf die vorausgegangene Fußwaschung.

2. Einsatzmöglichkeiten im RU

Duccios „Abendmahl" erschließen
Das Bild ist als Folie Nr. 8 in der Schatzkiste 3/4 enthalten.
Hinweis: Das Bild wird sinnvollerweise zum Text **fse 68** (Abschiedsmahl Jesu) eingesetzt.

- Sch erschließen sich das Bild (vgl. Arbeitshilfen S. **178**).
– Sch gehen mit den Augen im Bild „spazieren". Sie äußern sich, was sie sehen, was ihnen auffällt (ungeordnet, ohne Wertung. Hilfsimpulse: Ich sehe ... Mir fällt auf ...).
– Sch ordnen ihre Eindrücke: der Raum (wie er ausgestattet ist) – das Tuch im Hintergrund – der Tisch, der den ganzen Raum einnimmt.
Der Tisch: Schüsseln, Teller mit dem Lamm, Besteck, Becher, Brot (Erinnerung an Pessach, **fse 34**); die Personen (Anzahl, Heiligenschein, die Beziehung der Personen zueinander und zur Hauptperson, ihre Gestik), die Hauptperson (Gestik, Farbe der Kleidung, Gesichtsausdruck).
– Sch deuten das Bild, z. B. die Gesichtszüge der Jünger: Überraschung, Skepsis, Zuneigung, ungläubiges Staunen, Verehrung. Vorwissen aus der Abendmahlsszene kann hier einfließen. L liest den Abendmahlstext **fse 68**: Welche Situation hat der Maler in seinem Bild festgehalten? Sch entdecken die Spannung zwischen der Freude über das gemeinsame Mahl und der ängstigenden Vorausahnung über den bevorstehenden Tod Jesu. Sch geben dem Bild einen Titel.
- Das Bild erzählt seine Entstehungsgeschichte: L informiert (siehe oben). Evtl. weitere Bilder vorher und nachher betrachten (Quelle: J. Zink, Dia-Bücherei Christliche Kunst, Passion I, Bd. 2, Eschbach 1981, Dia 8, in den Medienzentralen erhältlich).
- Sch lassen in einem fiktiven Gespräch einzelne Personen zu Wort kommen. Sie interviewen die Hauptperson, den Jünger an seiner Seite, den Jünger (Petrus) mit der abweisenden Gebärde; sie „lauschen" dem Gespräch der beiden Jünger vorne im

Niklas will lieber allein sein

Niklas sieht so unglücklich aus

Bild, dem Gespräch, das Jesus mit seinen Jüngern führt.
- Sch ergänzen das Bild: Wer könnte noch im Bild sein? Wo könntest du im Bild sein? Welche Person möchte ich (nicht) auf dem Bild sein?

Sich zu einem Standbild aufstellen
Hinweis: Auf eine ernsthafte Grundhaltung ist zu achten, damit der Vorschlag sinnvoll umgesetzt werden kann.
- Zwei Schülertische werden in die Mitte gestellt, Stühle dazugruppiert.
- Die Rollen werden verteilt, dabei werden die Stimmungen in den Gesichtern der Jünger nochmals bewusst gemacht. Auf ein akustisches Zeichen (z. B. Zimbel) hin nehmen alle beteiligten Sch still ihre Position ein. Allein „Jesus" spricht laut etwa folgenden Satz (vorher an den Sch mündlich oder auf Zettel übergeben): „Ich freue mich, mit euch noch einmal ein gemeinsames Festmahl zu feiern. Es wird mein letztes mit euch sein. Denn ich werde bald sterben müssen. Feiert dieses Mahl immer wieder in Erinnerung an mich." Sch lassen die Worte auf sich wirken.
- Die übrigen Sch betrachten das Standbild. Auf ein erneutes Zeichen tauschen Sch die Rollen nach vorheriger Vereinbarung – dabei auf Ruhe achten. So kann jeder Sch die Rolle des Handelnden und des Beobachtenden einnehmen.
- Auf ein abschließendes Zeichen hin wird das Standbild aufgelöst und Sch gehen an ihre eigenen Plätze. Im gemeinsamen Gespräch werden Eindrücke ausgetauscht: Wie sah die Runde aus? Wie fühlten sich die Handelnden? Welche Gefühle wurden durch den gesprochenen Satz ausgelöst?

3. Jahrgangsübergreifende Lerngruppe

Abendmahlszenen vergleichen
In Zusammenarbeit mit dem Fach Kunst erhalten Sch Abendmahlszenen verschiedener Künstler und vergleichen sie. Sie stellen in kleinen Gruppen den anderen Sch die Bilder vor.

Lieber allein sein? fragen – suchen – entdecken **60/61**

1. Hintergrund

Auf der Doppelseite **fse 60/61** sind zwei Bilder zu erkennen, die wesentliche Szenen der Geschichte illustrieren.
Das erste Bild (**fse 60**) zeigt im Hintergrund ein Zelt, das die Kinder zu Ferienbeginn im Garten von Simon aufbauen. Sie sind gerade dabei, ein Lagerfeuer zu entfachen und es sich vor dem Zelt gemütlich zu machen. Ein Junge, Niklas, nimmt seinen Schlafsack und seinen Waschbeutel und entfernt sich mit ernster Miene von den anderen Kindern.
Auf dem zweiten Bild (**fse 61**) ist derselbe Junge in seinem Bett zu sehen. Er sitzt aufrecht, trinkt heiße Schokolade und hört Musik aus dem Walkman. Seine Körperhaltung und Gesichtszüge weisen darauf hin, dass er noch nicht schlafen kann und nachdenkt.
Die Geschichte schildert ein Erlebnis aus dem Erfahrungsbereich der Sch. Ein Junge will mit anderen Kindern Freude und Spaß haben, er kann sich jedoch nur schwer auf die damit verbundenen Einschränkungen einlassen. Er zieht die Alternative vor, den Abend alleine und ohne Freunde, doch in vertrauter und angenehmer Umgebung zu Hause zu verbringen.
In der Dilemmageschichte stehen zwei Möglichkeiten zur Disposition: Allein zu sein und das tun zu können, was einem selbst Spaß macht, oder in der Gruppe zu sein, mit anderen Schönes zu erleben, dabei jedoch auch Einschränkungen hinzunehmen. Das eine ist ohne das andere nicht zu haben. Der Unterrichtsvorschlag nähert sich bewusst unbefangen beiden Perspektiven und stellt Sch vor die – nicht rhetorische! – Frage: „Lieber allein sein – oder mit anderen zusammen sein?" (**fse 61** unten).

2. Einsatzmöglichkeiten im RU

Für sich sein, in Gemeinschaft sein
- Sch betrachten das Bild (auf OH-Folie kopieren!) **fse 60** und äußern sich spontan.
- L trägt die Geschichte vor, bis zu „... ,Schade, dass er geht!', bedauern sie" (**fse 61**).
Sch identifizieren sich mit Niklas: Geht es ihm gut – geht es ihm schlecht?
TA 1: Niklas will lieber allein sein. Sch äußern mögliche Gründe. Daraus und mit einer vergrößerten Kopie von Niklas aus **fse 60** entsteht ein TA (wie **AB 3.4.1, Arbeitshilfen S. 169** oben).
Sch überlegen sich Gründe, warum Niklas lieber allein ist.
- L trägt das Ende der Geschichte vor.
Niklas sitzt im Bett und grübelt. Sch überlegen, was

Wenn du singst, sing nicht allein!

T/M: Heinz-Georg Surmund

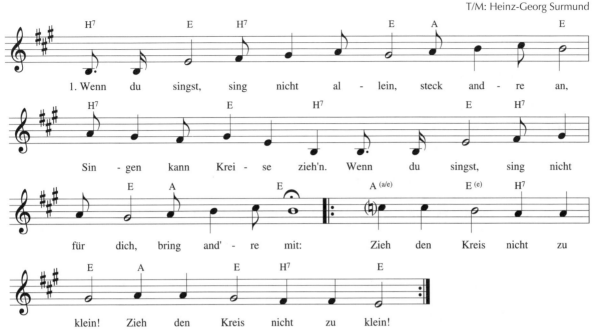

1. Wenn du singst, sing nicht allein, steck andre an, Singen kann Kreise zieh'n. Wenn du singst, sing nicht für dich, bring and're mit: Zieh den Kreis nicht zu klein! Zieh den Kreis nicht zu klein!

2. Wenn du sprichst, sprich nicht allein,
   steck andre an, Sprechen kann Kreise ziehn.
   Wenn du sprichst, sprich nicht für dich,
   sprich andre an: Zieh den Kreis nicht zu klein …

3. Wenn du hörst, hör nicht allein,
   steck andre an, Hören kann Kreise ziehn.
   Wenn du hörst, hör nicht für dich,
   hör für mich mit: Zieh den Kreis nicht zu klein …

4. Wenn du lachst, lach nicht allein,
   steck andre an, Lachen kann Kreise ziehn.
   Wenn du lachst, lach nicht für dich,
   lach andern zu: Zieh den Kreis nicht zu klein …

5. Wenn du weinst, wein nicht allein,
   steck andre an, Weinen soll Kreise ziehn.
   Wenn du weinst, wein nicht für dich,
   schließ dich nicht ein: Zieh den Kreis nicht zu klein …

6. Wenn du lebst, leb nicht allein,
   steck andre an, Leben soll Kreise ziehn.
   Wenn du lebst, leb nicht für dich,
   lebe mit Gott: Zieh den Kreis nicht zu klein!

Tanzanleitung

Liedtext	Bewegung
	Sch stehen im Kreis, Gesicht zur Mitte
Wenn du singst	Geste eines Singenden nachmachen; dabei Arme weit ausstrecken
sing nicht allein	rechten Zeigefinger mahnend heben und verneinend hin- und herbewegen und dabei den Kopf schütteln
steck andre an, Singen kann Kreise ziehn	Arme ausbreiten und mit dem rechten ausgestreckten Arm einen großen Kreis vor dem Körper beschreiben
wenn du singst,	wie oben
bring andre mit	alle im Kreis geben sich die Hand

Refrain:
||:*Zieh den Kreis nicht zu klein*:|| alle laufen oder hüpfen im Kreis rechtsherum
||:*Zieh den Kreis nicht zu klein*:|| Richtung ändern: alle laufen oder hüpfen im Kreis linksherum

Entsprechend dem Text bei den weiteren Strophen verfahren:

Strophe 2	Geste des Mundbewegens
Strophe 3	Geste eines Schwerhörigen: Hand hinter das Ohr legen
Strophe 4	Kinder machen ein frohes Gesicht und lächeln sich gegenseitig zu
Strophe 5	Geste eines Traurigen: Gesicht in den Händen verstecken
Strophe 6	Mit den Händen winken, anderen zulachen

Niklas durch den Kopf geht, und notieren seine Gedanken auf Karten in Form von Denkblasen.
TA 2: Niklas sieht so unglücklich aus. Um eine vergrößerte Bildkopie von Niklas im Bett (**fse 61**) werden die Denkblasen geheftet.
- Die Geschichte kann auch mit **AB 3.4.1, Arbeitshilfen S. 169**, erarbeitet werden.

Über das Schöne und die Einschränkungen in Gruppen nachdenken

- Mehrere Wortkarten in zwei unterschiedlichen Farben liegen in der Mitte. L nennt einzelne Gruppen (Freunde, Freundinnen, Familie, Klasse, Sport-, Musik-, Theater-Gruppe, Ferienlager usw.). Sch nimmt eine Karte und erzählt, was in der jeweiligen Gruppe schön, angenehm, kurzweilig, spannend ... ist (zusammen spielen, Streiche ausdenken, jemanden haben, wenn man traurig ist, usw.) und legt die Karte ab. Ein anderer Sch nimmt die andersfarbige Karte und sagt, was man dafür tun muss, damit es so schön usw. ist (z. B. pünktlich sein, Rücksicht nehmen, Aufgaben übernehmen, sich nicht drücken ...). Er legt die Karte ebenfalls ab. Sch formulieren das Ergebnis.
- Klassendiskussion: Kann ich allein leben, wenn ich alles habe, was ich brauche? Wozu brauche ich andere Menschen? (Weiterführung: Andere brauchen mich?)

„Wenn du singst, ..." singen und tanzen lernen

Sch singen und tanzen: „Wenn du singst, sing nicht allein": **AB 3.4.2, Arbeitshilfen S. 171**.
Sch denken sich weitere Strophen und Bewegungen aus.

3. Jahrgangsübergreifende Lerngruppe

Gruppen, mit denen ich lebe

- Sch des vierten Jahrgangs wählen eine Gruppe, in der sie leben, aus. Verschiedene Möglichkeiten wurden oben genannt. Dazu schreiben sie auf, was ihnen in der Gruppe gefällt und was ihnen nicht gefällt.
- Nach Fertigstellung dieser Übersicht tauschen sie mit einem oder einer anderen Sch. Diese/r notiert dann auf der Rückseite eigene Ideen, wie das, was nicht so schön ist, verändert werden könnte. Sie beginnen so: „Versuche doch einmal ..."

Gut, dass wir einander haben! fragen – suchen – entdecken **62/63**

1. Hintergrund

Während die Geschichte mit Niklas auf der vorangegangenen Doppelseite die Situation in einer Kindergruppe zum Thema hatte, weiten die Bilder von **fse 62** den Blick auf weitere Situationen menschlichen Zusammenseins.
Vier Bilder (**fse 62**) illustrieren Alltagssituationen, die Sch vertraut sind. Bilder 1 (Foul beim Fußballspiel) und 4 (Streit in einer Kindergruppe) verdeutlichen, dass menschliches Miteinander auch zu Konflikten führen kann: Das Fußballspiel endet in einem ruppigen Foul. In der Schule bilden sich Cliquen, die sich gegenseitig beschimpfen.
Auf den Bildern 2 (Opa geht mit seinen Enkelkindern spazieren) und 3 (gemeinsames Musizieren) wird ein geglücktes Zusammensein vorgestellt. Wichtig ist, dass beide Pole zur Sprache kommen, um ein unrealistisches „Heileweltbild" zu vermeiden.
Die Geschichte von Tobias und seiner Familie (**fse 63**) lenkt den Blick auf eine familiäre Notsituation, die allen widerfahren kann. Sie fordert heraus und soll dafür sensibilisieren, wie jede/r Einzelne in der Familie Verantwortung übernehmen kann. So lassen sich auch scheinbar schwierige Situationen in den Griff bekommen.

Die Provokation liegt in der Überschrift: Obwohl es Streit und Ausgrenzung gibt, obwohl sich Tobias über seine kleine Schwester ärgert, gilt, dass es gut, richtig und notwendig ist, miteinander in unterschiedlichen Gruppen zu leben.

2. Einsatzmöglichkeiten im RU

Alltagserfahrungen in den Bildelementen entdecken

und mit eigenen Erlebnissen anreichern
- Sch beschreiben die einzelnen Situationen. In PA überlegen sie zu einem gemeinsam ausgewählten Bild: Was geschah vorher, wie könnte es weitergehen? Die Sch stellen ihre Geschichten vor. Sch bringen eigene Erfahrungen ein (Kindergruppe, Klasse, Freundschaft, Familie).
- Sch lesen die Überschrift im Buch und setzen sie in Beziehung zu den einzelnen Bildszenen. Sie diskutieren, ob die Überschrift zu allen Bildern passt. Wann sagen wir in der Klasse: Gut, dass wir einander haben? Gibt es eine Gruppe/Gemeinschaft/Familie/Klasse ohne Konflikte?

Ein Gemeinschaftsteller entsteht

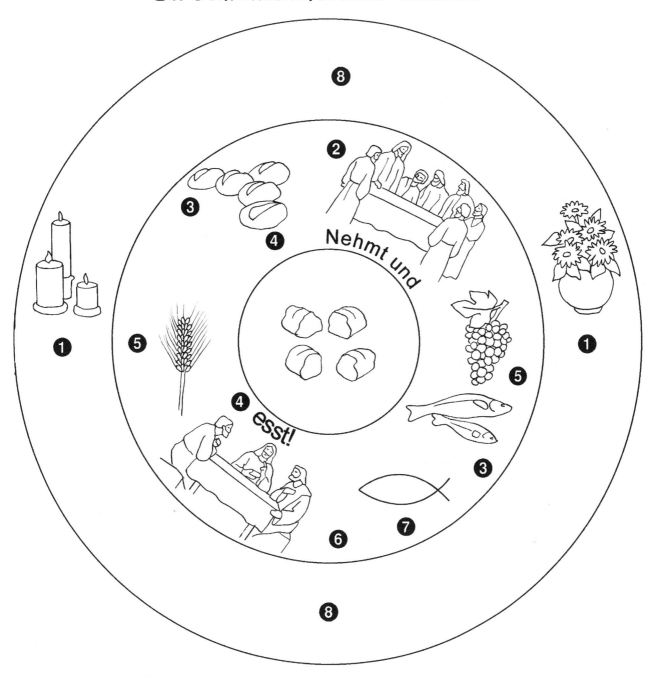

Gestaltung des Gemeinschaftstellers – Überblick

1. Tischschmuck aufzeichnen (zu fse 64/65)
2. Levi und andere Zöllner zeichnen (zu fse 66)
3. Fünf Brote und zwei Fische zeichnen (zu fse 67)
4. Jesu Abendmahlsworte „Nehmt und esst!" schreiben (zu fse 68)
5. Getreideähre und Weintrauben zeichnen (zu fse 69)
6. Jünger von Emmaus zeichnen (zu fse 70)
7. Fisch als urchristliches Symbol zeichnen (zu fse 71)
8. Namen aller Bet- und Breakfast-Teilnehmer eintragen (zu fse 72)

Einen „Miteinander-Tag" erleben
- *Weiterführung*: L und Sch bereiten einen „Miteinander-Tag" vor. Sie entwerfen gemeinsam ein Programm mit Spielen, Tänzen, Geschichten-Erzählen und -Spielen, Musik-Machen, Miteinander-Essen ...
- Am Ende des Tages reflektieren L/Sch: Was war gelungen, wo gab es Schwierigkeiten, gibt es Regeln, die beachtet werden sollten? Stimmt für den Tag die Überschrift von **fse 62**?

In einer familiären Notsituation zusammenstehen
- L trägt die Geschichte **fse 63** vor bis „Jetzt müssen wir eine Woche ohne Mutter zurechtkommen". Durch Erzählen eigener Erfahrungen identifizieren sich Sch mit der Notsituation. Sch vermuten den Fortgang der Geschichte. L achtet auf realistische Vorschläge. Das ist wichtig für die Effektivität der folgenden Gruppenarbeit.
- L liest den Schluss der Erzählung vor: Vater und Kinder beschließen, die Aufgaben zu verteilen. Jeder hilft mit. AA **fse 63**: In Vierergruppen führen die Kinder eine Familienkonferenz durch. Sie überlegen sich die zu erledigenden Aufgaben, notieren sie auf Kärtchen und verteilen sie an „Vater", „Mutter", „Tobias" und „Anja". Wie kann Tobias helfen?
- Immer zwei Vierergruppen vergleichen und diskutieren ihre Ergebnisse.

3. Jahrgangsübergreifende Lerngruppe

Familienkonferenz üben

Sch des vierten Jahrgangs sammeln in GA Regeln für eine gute Familienkonferenz. Sie stellen diese auf einem Plakat zusammen. Dann begleiten sie als Moderatoren die jeweiligen Vierergruppen.

Miteinander essen – miteinander feiern
fragen – suchen – entdecken **64/65**

1. Hintergrund

Gut, dass wir einander haben – das gilt auch, wenn wir feiern und dabei Mahl halten. In unserem Kulturkreis gibt es unterschiedliche Anlässe und Formen zu essen und zu feiern. Die Doppelseite **fse 64/65** soll zum Nachdenken und Gespräch darüber einladen, inwiefern „miteinander essen" mehr ist als nur „satt werden". Die Fotos (**fse 64**) zeigen drei unterschiedliche Situationen des Essens (im Schnellimbiss-Restaurant, beim Picknick und anlässlich einer Kommunionfeier) und schärfen den Blick der Sch dafür, wie verschieden die Qualität der einzelnen „Mahlszenen" sein kann.

Die vier Bilder (**fse 65**) verweisen Sch auf wichtige mögliche Stationen menschlichen Lebens: Taufe, Erstkommunion, Schulabschluss und Hochzeit. Sie regen zu einem Gedankenaustausch an, weshalb zu diesen (und anderen von Sch genannten) Anlässen ein feierliches Mahl gehört, dass es dabei nicht nur darum geht, gut zu essen und zu trinken, festlich gekleidet zu sein und Geschenke zu bekommen. Im Gespräch ist auszuloten, was zu diesen „Äußerlichkeiten" dazukommt, wenn wir gemeinsam essen.

2. Einsatzmöglichkeiten im RU

Verschiedene Essensformen und -anlässe entdecken
- Sch betrachten die drei Fotos (**fse 64**). Ein/e Sch tritt vor die Klasse und erzählt zu dem ausgewählten Bild eine Geschichte. Sch erklärt, warum Menschen auf dem gewählten Bild so essen.
- Sch geben den einzelnen Bildern eine Überschrift (z. B. Picknick), vergleichen die einzelnen Beispiele miteinander und bewerten sie.

Anlässe zum gemeinsamen Essen und Feiern finden
- Sch nennen in einem Brainstorming Feste, die sie kennen, und notieren diese jeweils auf kleinen Kärtchen. Sie sortieren diese nach einmaligen Festen/wiederkehrenden Festen.
- Warum gehört zu den Festen auch das gemeinsame Essen?
- Allein feiern – geht das?
- Sch ergänzen AA **fse 65**: Freunde, Verwandte treffen, sich miteinander freuen, sich unterhalten, spielen, tanzen, singen ... Zeit haben.

3. Jahrgangsübergreifende Lerngruppe

„Gemeinschaftsteller" vorbereiten

Sch des 4. Jahrgangs bereiten die Pappteller als „Gemeinschaftsteller" mit den Kreisen für alle Kinder vor.

Drei verschiedene „Mahlorte" sehen und werten

Dieser Vorschlag kann auch am Beginn der Unterrichtseinheit, vor dem Einsatz des Buches, umgesetzt werden.

Der Zöllner Levi verlässt seine Arbeitsstelle

Spontane Schüleräußerungen zum Verhalten Jesu

Spontane Schüleräußerungen zum Verhalten Jesu

Äußerungen der Zuschauer nach fse 66 (ausgeschnittene Textstreifen)

Äußerungen der Zuschauer nach fse 66 (ausgeschnittene Textstreifen)

Äußerungen der Zuschauer nach fse 66 (ausgeschnittene Textstreifen)

Deutung des Jesuswortes hier eintragen

Nicht die Gesunden brauchen den Arzt, sondern die Kranken.

Äußerungen der Zuschauer nach fse 66 (ausgeschnittene Textstreifen)

Spontane Schüleräußerungen zum Verhalten Jesu

Äußerungen der Zuschauer nach fse 66 (ausgeschnittene Textstreifen)

Spontane Schüleräußerungen zum Verhalten Jesu

Spontane Schüleräußerungen zum Verhalten Jesu

Äußerungen der Zuschauer nach fse 66 (ausgeschnittene Textstreifen)

- L bereitet auf einem großen farbigen Tuch in der Mitte des Klassenzimmers Folgendes vor:
  Schnellimbiss-Restaurant: Tablett mit Trinkbecher, Verpackungen von Speisen (z. B. Hamburger, Salat, Pommes), Trinkhalm, weiße Serviette etc.
  Picknick: auf einer Decke stehen Picknickkorb mit Besteck, Geschirr, Trinkbecher, Thermoskanne, Speisen und Getränke.
  Kommunion: auf einer weißen Tischdecke befinden sich festliches Geschirr und Besteck, Kerzen und Servietten, Blumen.
- Sch legen an die „Mahlorte" Zuordnungskärtchen (Geburtstag, Taufe, Ferien, Einkaufsbummel, Schultag, Sonntag, Ostern, Weihnachten) und überlegen, bei welcher Gelegenheit wie gegessen wird.
- Sch begründen ihre Zuordnungen und werten die einzelnen „Mahlorte".
- Impuls **fse 65**, wenn dieser Abschnitt am Anfang steht.

„Gemeinschaftsteller" bemalen und beschriften
(nach Neuhold, H. u. a., Dem Jesus-Geheimnis auf der Spur, München 2002, S. 129)
fse 64-74 betrachtet verschiedene Aspekte der Mahlgemeinschaft Jesu, der Urchristen und von Mahlsituationen heute. Begleitend zum Buch wird ein weißer großer Teller mit wasserfesten Folienstiften bemalt und beschriftet (**AB 3.4.3 Arbeitshilfen S. 173**). L bereitet Teller/AB vor (entweder einen für die Klasse oder einen Pappteller für jede/n Sch oder AB mit den drei Kreisen). Dazu malt er zwei gebrochene Brote in die Mitte (also vier Teile, die Zwischenräume ergeben eine Kreuzform; Erklärung der Kreuzform im Anschluss an **fse 68**).
Erstes Gestaltungselement zur Doppelseite **fse 64/65** sind Gegenstände, die aus einem gewöhnlichen Essen ein Festmahl werden lassen: Kerzen, Tischschmuck, gefaltete Servietten, Blumen ... Sch malen diese Elemente in den äußeren Kreis.
Weitere Gestaltung des Tellers – Überblick:
1. **fse 64/65**: Tischschmuck einzeichnen
2. **fse 66**: Levi und andere Zöllner zeichnen
3. **fse 67**: Fünf Brote und zwei Fische zeichnen
4. **fse 68**: Jesu Abendmahlsworte: „Nehmt und esst!" schreiben
5. **fse 69**: eine Getreideähre und Weintraube zeichnen
6. **fse 70/71**: Jünger von Emmaus zeichnen
7. **fse 72**: Fisch als urchristliches Symbol zeichnen
8. **fse 74**: Namen aller Bet- und Breakfest-Teilnehmer eintragen.

Mit Jesus Gemeinschaft erleben — fragen – suchen – entdecken 66/67

1. Hintergrund

Mit der Doppelseite **fse 66/67** lernen Sch vor dem Hintergrund zweier biblischer Erzählungen Jesus kennen, wie er sich Menschen zuwendet und Gemeinschaft schenkt, indem er mit ihnen Mahl hält und ihren Hunger stillt. Die Seiten setzen einen zweifachen Schwerpunkt: Zum einen verweist das Streitgespräch nach Mk 2,13-17 (**fse 66**) auf das Mahl Jesu mit dem Zöllner Levi, zum anderen begegnet die „Speisung der Fünftausend" (Mk 6,30-44) in einer mittelalterlichen Buchmalerei. Diese wird zusätzlich anhand eines Fotos aktualisiert. Es zeigt eine Essensausgabe in einem Entwicklungsland (**fse 67**).
Die **fse 66** zugrunde liegende biblische Erzählung ist Sch aus der ersten Jahrgangsstufe bekannt (**fse 1, 28/29**). Sie wird hier aufgegriffen. Das anschließende fiktive Interview des Reporters mit den möglichen Beteiligten des Geschehens macht deutlich, dass sich die „Geister" am Handeln Jesu scheiden. Da gibt es zum einen die Pharisäer, die sich als treue Gesetzeshüter ihres Glaubens begreifen, zum anderen die Zöllner, die auf das Auftreten Jesu mit Zustimmung und Freude reagieren. Ebenso zeigen einige Nachbarn, die engsten Freunde Jesu und selbst die Frau des Levi Unverständnis, weil das Handeln Jesu aus dem Rahmen ihrer Denkmöglichkeiten fällt. Levi selbst macht eine einschneidende Erfahrung, die ihn in seinem Innersten in Bewegung bringt. Jesus kommt als Letzter in dem Interview zu Wort. Seine Aussage ist der biblischen Vorlage entnommen und greift eine bekannte Volksweisheit auf. Die Arbeitsanweisungen regen Sch an, nach der tieferen Bedeutung des Jesuswortes zu suchen.

Die Berufung des Levi und das Mahl mit den Zöllnern (Mk 2,13-17)

Es handelt sich um ein Streitgespräch, das nach literarisch festgelegtem Muster aufgebaut ist. Am Beginn steht ein Konflikt, ausgelöst durch Jesu anstößiges Verhalten, Mahlgemeinschaft mit den Zöllnern und Sündern zu pflegen. Ihm folgt ein Vorwurf der Gegner Jesu (in Mk sind es die pharisäischen Schriftgelehrten – in **fse 66** kommen weitere, nicht biblische, doch gut nachvollziehbare Vorwürfe dazu). Am Ende und als Höhepunkt gipfelt das Streitgespräch in einem klärenden Jesuswort: „Nicht die Gesunden brauchen den Arzt, sondern die Kranken. Ich bin gekommen, um die Sünder zu rufen, nicht die Gerechten." In diesem Jesuswort liegt auch der historische Ursprung, um den

Die Speisung der Fünftausend (nach Mk 6,30-44)

Jesus lagert mit seinen Freunden, den Jüngerinnen und Jüngern, am Ufer des Sees Gennesaret. Doch sie sind nicht allein. Scharen von Menschen kommen und gehen. Sie wollen Jesus sehen und hören. Jesus und seine Freunde finden nicht einmal Zeit zum Essen. Die Jünger sind erschöpft und müde. Da sagt Jesus zu ihnen: „Wir suchen einen einsamen Ort, wo wir allein sind. Dort könnt ihr euch ausruhen."

Sie steigen in ein Boot und fahren über den See, hinüber ans andere Ufer. Doch die Leute sehen sie abfahren und laufen zu Fuß um den See herum. Unterwegs schließen sich ihnen immer mehr Menschen an. Sie gelangen noch vor dem Boot am anderen Ufer an. Endlich kommen auch Jesus und seine Freunde. Jesus steigt aus dem Boot und sieht die vielen Menschen, die auf ihn warten.

Da hat er Mitleid mit ihnen. Er erinnert sich, was bei einem Propheten (Ezechiel) zu lesen ist: Die Menschen sind wie Schafe, die keine guten Hirten haben, die nicht für sie sorgen, nicht für die Kranken, nicht für die, die sich verirren.

Und Jesus kümmert sich um die Menschen. Er spricht zu ihnen. Sie hören ihm gespannt zu, denn er erzählt ihnen von Gott, seinem Vater, der sie liebt und ihre Not wenden will. So merken sie gar nicht, wie die Zeit vergeht und es Abend wird.

Bald wird es dunkel sein. Die Jünger sagen deshalb zu Jesus: „Der Ort ist abgelegen und es ist schon spät. Schick die Menschen weg, damit sie sich in den Dörfern ringsum noch etwas zu essen kaufen können." Jesus aber will nicht, dass sie auseinander laufen wie Schafe ohne den Hirten.

Deshalb antwortet er ihnen: „Gebt ihr ihnen zu essen!"

Ratlos blicken sie ihn an und fragen: „Sollen wir für viel Geld Brot kaufen und es ihnen zu essen geben?"

Jesus fragt zurück: „Wie viele Brote habt ihr? Seht nach!"

Die Jünger erkundigen sich, wer etwas zu essen dabei hat, und berichten dann Jesus: „Es sind nur fünf Brote und zwei Fische da."

Jesus sagt zu seinen Jüngern: „Lasst die Menschen sich in Gruppen zu hundert und zu fünfzig ins Gras setzen." Dann nimmt er die fünf Brote und die zwei Fische, blickt auf zum Himmel und spricht ein Dankgebet. Er bricht die Brote und gibt sie den Jüngern. Die Jünger teilen die Brote aus, auch die zwei Fische.

Die Menschen essen und alle werden satt.

Zuletzt ist immer noch etwas übrig. Als die Jünger die Reste einsammeln, werden zwölf Körbe voll.

Fünftausend Männer, dazu Frauen und Kinder haben von den Broten gegessen.

So erzählt es Markus in seinem Evangelium.

Fünf Brote und zwei Fische

T: Rudolf Otto Wiemer/M: Ludger Edelkötter
© KiMu Kinder Musik Verlag GmbH, Essen

1. Fünf Brote und zwei Fische, Fünftausend werden satt.
   Wenn Jesus lädt zu Tische den, der da Hunger hat.

2. Er lässt, der Not zu wehren,
   der Not in aller Welt,
   die Brote sich vermehren,
   die er in Händen hält.

3. Er sagt: Ihr sollt den steilen
   Weg gehen bis ans Ziel,
   sollt mit den andern teilen,
   aus wenig machen viel.

4. Er sagt: Geh, sei mein Bote,
   teil aus an meiner statt,
   zwei Fische und fünf Brote
   und alle werden satt.

herum der Evangelist die Geschichte kunstvoll aufgebaut hat.

Jesus rief durch seine Mahlgemeinschaft mit den von der Gesellschaft ausgeschlossenen Menschen Unverständnis und Ablehnung hervor (zur Randstellung der Zöllner s. Arbeitshilfen 1, S. 94). Die Gegner Jesu werden als Schriftgelehrte aus der Gruppe der Pharisäer bezeichnet. Sie bildeten einen eigenen, religiös wie gesellschaftlich sehr einflussreichen Stand. Sie konnten die Zuwendung Jesu zu den Menschen, die in ihren Augen gegen den Willen Gottes lebten, nicht verstehen. Die Hinwendung zu Levi ist für Jesus Ausdruck seiner Suche nach dem Verlorenen, in der er auf Gottes nachgehende Liebe verweist. Die Mahlgemeinschaft wird für ihn zum Sinnbild des Angebotes Gottes, dem umkehrbereiten Sünder durch Vergebung einen neuen Anfang zu schenken.

Echternacher Evangeliar: „Die Speisung der Fünftausend", um 1040

Die biblische Erzählung von der Speisung der Fünftausend wird in einer bildlichen Interpretation aus dem Echternacher Evangeliar (Germanisches Nationalmuseum Nürnberg) dargestellt. Beim Betrachten des Bildes fällt sofort die dominierende Gestalt mit dem weiß-roten Gewand in der Mitte auf, welche an eine Symmetrieachse erinnert. Der starr blickende Jesus, der sich vor einem grünen Hintergrund abzeichnet, nimmt den Betrachter ins Auge. Er teilt in gleichförmiger Weise mit beiden Händen Brot aus, das über zwei Mittler (= Jünger) mit weißhellroten Gewändern an die hungernden Menschen weitergereicht wird. Die beiden Jünger sind die verlängerten Arme Jesu, die in seinem Namen wirken und somit durch und mit Jesus eine Mahlgemeinschaft mit allen Anwesenden stiften. Die sitzenden Männer (wobei beidseitig jeweils einer mit kräftig rotem Gewand zu erkennen ist) nehmen erwartungsvoll und zu den Jüngern blickend das ihnen gereichte Brot an. Jesus reicht mit seinem Nimbus bis an den imaginären Himmel. Er ist das Verbindungsglied zwischen Himmel und Erde. Der Text über dem Bild lautet: PANIBUS (mit Broten) HIC (dieser) QUINQUE (fünf) SACIAVIT (hat gesättigt) MILIA QUINQUE (5000): Mit fünf Broten hat dieser Fünftausend gesättigt.

Die Speisung der Fünftausend (Mk 6,30-44)

Die Speisung der Fünftausend gehört zur Untergattung der Geschenkwunder. Diese zeichnen sich dadurch aus, dass sie materielle Güter überraschend bereitstellen. Merkmale sind die Spontaneität des wunderbaren Handelns, die Unauffälligkeit des Wunders und die Betonung des Demonstrationsschlusses.

1. VV32-34 Jesus geht mit seinen Jüngern an einen einsamen Ort. Die Leute folgen ihm. Jesus lehrt sie (er gibt ihnen das Brot des Wortes).
2. VV35f. Schilderung der Notlage: die späte Stunde, der abgelegene Ort; die Leute sollen sich etwas zu essen holen.
3. VV37-40 Vorbereitung des Wunders: Die Jünger sollen ihnen zu essen geben. Die geringe Zahl der vorhandenen Brote und der Fische dient der Vorbereitung des Vermehrungswunders. Jesus gebietet den Leuten sich zu setzen.
4. V41 Der unauffällige Vollzug des Wunders. Es folgen der Lobpreis, das Brechen des Brotes und die Austeilung von Brot und Fisch durch die Jünger. Brotbrechen und Austeilen gehören zum Mahlritus, der das gemeinschaftliche Mahl eröffnet.
5. V42 Die Konstatierung des Wunders: Alle aßen und wurden satt.
6. VV43f. Die Demonstration: Das Bild vom Überfluss beschließt die Wundererzählung.

Markus macht mit seiner Erzählung eine christologische Aussage: Jesus überbietet die alttestamentlichen Propheten (hier: Elischa, der nach 2 Kön 4,42-44 hundert Menschen mit 20 Gerstenbroten gespeist hat). Er ist der neue, wahre Hirte Israels.

Der Evangelist berichtet nicht von einem historischen Ereignis, vielmehr ist das Wunder aus einem nachösterlichen Blickwinkel heraus geschrieben. Es hält die Erinnerung daran wach, dass Jesus mit Menschen Mahl gehalten und ihnen dadurch in besonderer Weise seine Gemeinschaft geschenkt hat. Er ist der Christus, der (an Leib und Seele) hungrige Menschen satt werden lässt.

Die Fotografie einer Speisung von Hungernden **fse 67** in einem Entwicklungsland will dazu beitragen, ein Gespür für die notwendige Aktualisierung von „Brotvermehrung" zu entwickeln.

Literatur

Ritter, W. H., Wundergeschichten, in: Lachmann, R. u. a. (Hg.), Elementare Bibeltexte, exegetisch – systematisch – didaktisch, Göttingen 2001, S. 299 ff.

2. Einsatzmöglichkeiten im RU

Der Zöllner Levi verlässt seine Arbeitsstelle

Hinweis: Parallel zu dieser Einheit entsteht ein Plakat. Eine Gestaltungshilfe bietet **AB 3.4.4, Arbeitshilfen S. 175**.

- L notiert den Begriff „Zöllner" auf Tonpapierstreifen. Sch wiederholen Bekanntes zur gesellschaftlichen Stellung der Zöllner zur Zeit Jesu (nach **fse 50/51** – Zöllner Zachäus; Zöllner Levi aus der 1. Jgst.): Zöllner nehmen unrechtmäßig viel Zoll; ar-

Jesus sättigt die Menschen

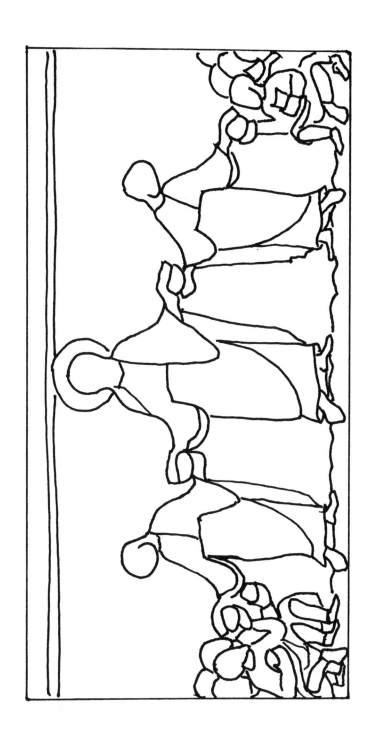

3.4.7

beiten mit der römischen Besatzung zusammen; sie sind nicht geachtet und werden von den Frommen gemieden. L ergänzt auf Tonpapierstreifen den Satz: Der Zöllner Levi verlässt seine Arbeitsstelle.
- Sch vermuten mögliche Gründe.
- Sch treffen sich im Sitzkreis. In der Mitte liegt Plakat, der Tonpapierstreifen wird aufgeklebt.
• L trägt die Erzählung Mk 2,13-16 vor. Spontane Sch-Äußerungen werden auf dem Plakat außen herum notiert.
- L: Auch andere Zuschauer bilden sich eine Meinung (**fse 66**). Aussagen als Satzstreifen kopieren, ein Sch fragt als Reporter, die unterschiedlichen Personen antworten (mit den jeweiligen Satzstreifen), anschließend Satzstreifen kommentieren und auf das Plakat zu den Sch-Äußerungen kleben.
- Mk 2,17: Jesus antwortet dem Reporter. L legt das Jesuswort (aus **fse 66**) als große farbige Sprechblase aus Tonpapier in die Mitte des gestalteten Plakates. Sch suchen nach Bedeutung des rätselhaften Wortes. Impuls dazu: Wer ist Arzt, wer ist krank? Sch finden die „Medizin", die der „Arzt" dem Kranken gibt – die Gemeinschaft im Mahl lässt die „kranken" Sünder wieder gesunden.
- Deutung des Jesuswortes in leere Sprechblase gleicher Farbe schreiben, etwa: „Ich wende mich den Ausgestoßenen und Sündern zu. Sie sollen durch mich erfahren, dass Gott sie nicht verachtet (wie die Menschen)." Oder: „Sie brauchen die Nähe Gottes; sie sind bei Gott angesehen. Das macht sie gesund."
• Sch spielen die Szene in acht verteilten Rollen, wobei die Dialoge spontan erweitert werden können. „Reporter" versucht bei den nicht mitspielenden Sch eine Antwort auf seine Frage zu dem letzten Satz zu bekommen.
• Sch gestalten das Bild in der Mitte. Die einzelnen Personen (auch Jesus, Tisch, Speisen) werden gemalt, ausgeschnitten und auf das Plakat geklebt. In der Mitte ist Jesus mit Speisen auf dem Tisch zu sehen. Über die Collage die beiden farbigen Sprechblasen mit dem Jesuswort und der Deutung kleben.

Buchmalerei „Jesus speist die Menschen" erschließen

(Zur Bilderschließung s. Arbeitshilfen, S. 178.)
• L stellt Rahmensituation vor: Menschen sind weitab von einer Ortschaft, sitzen beieinander, haben Hunger.
- Sch betrachten zunächst still das Bild **fse 67** oben (Foto unten dazu abdecken lassen) und beschreiben es anschließend: Farben, Personen, Größenverhältnisse, Körpersprache, Aufbau des Bildes; sie malen mit dem Zeigefinger der Schreibhand bei geschlossenen Augen das Bild in ihre andere Hand und kontrollieren es anschließend mit dem Bild im Buch.

- Sch versuchen die dargestellte Handlung in eine Erzählung zu fassen.
- Sch stellen sich vor, dass sie selbst eine Person auf dem Bild sind und lassen sie sprechen.
- Sch geben dem Bild einen Titel.
• L erzählt das Speisungswunder Mk 6,30-44 (zur Gliederung s. Arbeitshilfen S. 178). Erzählvorschlag: **AB 3.4.5, Arbeitshilfen S. 177**. Wichtig: Jesus nicht als Zauberer darstellen. Menschen haben Hunger. Jesus „sättigt" sie mit seinem Wort und stillt ihren (leiblichen) Hunger.
• Weiterer Umgang mit dem Bild:
Sch erhalten Umrissskizze vom Bild und gestalten sie: **AB 3.4.7, Arbeitshilfen S. 179**.
- Sch malen das Bild weiter und stellen sich ihre Fortsetzungen gegenseitig vor.
- Sie lernen das Lied „Fünf Brote und zwei Fische": **AB 3.4.6, Arbeitshilfen S. 177**.

Gebt ihr ihnen zu essen (Mk 4,37)
- Sch beschreiben das Foto. L gibt evtl. Hintergrundinformation (Misereor/Brot für die Welt/Welthungerhilfe); L verwendet dazu auch aktuelle Nachrichten (Zeitung).
- Sch vergleichen das Foto mit dem Bild aus dem Evangeliar.
- Sch malen Menschen (ca. 4 cm groß), schneiden diese aus und legen sie so, dass eine Verbindungslinie zwischen den oben dargestellten und den unten stehenden Menschen entsteht. Sch deuten die neue Konstellation.

Geben und Nehmen im Tanz erfahren
Sch gestalten einen Tanz mit Tüchern (Jongliertücher in verschiedenen Farben). Hierzu wird getragene Musik eingespielt.
Aufstellung: Geschlossener Kreis, jede/r hält ein Tuch (Kopftuchgröße) in der linken Hand; die Hände sind in V-Fassung.
Tanzform: Takte 1-4: in Tanzrichtung, mit dem rechten Fuß beginnend 4 langsame Schritte, Wiegeschritte nach rechts, links, rechts, links
Takte 5-8: wie 1-4

Takte 9-12: mit dem rechten Fuß beginnend 8 langsame Schritte in einer Rechtsdrehung gehen, dabei das Tuch zwischen beiden Händen halten und zeigen.

Takte 13-16: wieder am Ausgangsplatz stehen und wiegen, dabei das Tuch nach rechts schwenken, langsam das Tuch nach links schwenken, langsam das Tuch nach rechts schwenken, dann das Tuch nach rechts weitergeben mit der rechten Hand, dabei die linke Hand nach links ausstrecken, um das neue Tuch von links zu empfangen (in: Bauer, Eva-Maria, Mehr Lust am Lernen, München 1997, S. 274).

Gemeinschaftsteller bemalen und beschriften
(Fortsetzung von S. 169 f.)
Sch schreiben Levi und andere Zöllner (**fse** 66) auf den Teller und malen fünf Brote und zwei Fische (**fse** 67) dazu.

3. Jahrgangsübergreifende Lerngruppe

Ein Hörspiel aufnehmen
Sch des vierten Jahrgangs nehmen ein Hörspiel „Der Zöllner Levi" mit dem Kassettenrecorder oder dem MP3-Player auf.
– Stimmengewirr, Geräusche von Gläsern und Geschirr, einleitende Situationsbeschreibung des Reporters, Befragung der einzelnen Gäste und Beobachter ... Das Jesuswort beschließt das Hörspiel.
– Nach Abspielen des fertigen Hörspiels stellt der „Reporter" mit Mikrofon verschiedenen Sch die Frage: „Kannst du mir Jesu rätselhaften Satz erklären?" Angesprochene Sch versuchen die Deutung mit eigenen Worten.

Das Brot-Kuchen-Spiel spielen
Das „Brot-Kuchen-Spiel" macht den Sch erfahrbar, dass ein großer Teil der Menschen nicht die Privilegien hat, die wir in der westlichen Hemisphäre genießen. Das Spiel kann Sch außerdem dafür sensibilisieren, dass das Brotwunder Jesu in der Inanspruchnahme der Jünger auch für uns eine Verpflichtung ist, den Hunger in der Welt stillen zu helfen.
Einige Zahlen für L: Wenn die ganze Menschheit auf ein Dorf mit 100 Einwohnern reduziert wird, haben etwa 80 keine ausreichenden Wohnverhältnisse; 50 sind unterernährt bzw. schlecht ernährt (Literatur: Welthaus Bielefeld (Hg.), Atlas der Weltverwicklungen, Wuppertal 2001: Schaubilder, Materialien, Internet-Adressen).

- Im Klassenzimmer werden zwei Bereiche vorbereitet: Der rote Bereich umfasst einen möglichst festlich gedeckten Tisch mit Kuchen, Limonade, Süßigkeiten. Am Boden des grünen Bereiches gibt es eine Brotschale mit kleinen trockenen Brotstücken und Wasser, kein Besteck, keine Teller. L hat rote und grüne Karten vorbereitet im Verhältnis 1: 2. Jede/r Sch zieht eine Karte und sucht sich einen Essplatz im roten bzw. grünen Bereich. Jede Gruppe hat die Aufgabe, das, was auf dem Platz steht, aufzuessen.
- Es ist wichtig, nach dem Spiel die erlebte Situation eingehend zu reflektieren. Insbesondere das Gefühl von Ungerechtigkeit sollte angesprochen werden.
L erklärt, dass der rote Bereich der Situation in reichen, westlichen Ländern entspricht, der grüne Bereich die Situation in unterentwickelten Ländern darstellt (Idee nach Neuhold, H. u. a., Dem Jesusgeheimnis auf der Spur, München 2002, S. 134).
- Wo dieses Spiel nicht durchführbar ist, kann die unten stehende Zeichnung am OHP besprochen werden.
- *Ergänzend* eignet sich die Diareihe „Brotstunde" (Medienzentralen): Eine Prinzessin führt in ihrem Reich eine „Brotstunde" ein: Einmal am Tag teilen alle ihr Brot mit Freunden, Gästen und Fremden.
- *Medien*: Kirchliche Hilfsorganisationen wie missio, misereor oder Adveniat halten Material mit Berichten über die Situation und Hilfsaktionen in Notgebieten bereit (auch für Freiarbeitsecke geeignet); Adressen s. Arbeitshilfen S. 190.

Abschied feiern – in Verbindung bleiben

1. Hintergrund

Das Abschiedsmahl Jesu (nach Lk 22,13-20) mit seinen zentralen Symbolen von Brot und Wein und der Symbolhandlung des Austeilens und Deutens wird auf der Doppelseite **fse 68/69** thematisiert.

Jesus feierte als gläubiger Jude das Pessachfest. Das Fest erinnert an die Befreiung aus der Knechtschaft Ägyptens und an den Bund mit Jahwe (s. **fse 25 ff.** Was Juden glauben – wie sie leben). Sch lernen die Neuakzentuierung durch Jesus kennen: Es ist das letzte Mahl, das er mit seinen Freunden feiert und das zum Zeichen wird für seine Liebe und Hingabe an die Menschen.

Brot als Inbegriff von „notwendiger" Nahrung wird in den Worten von Lothar Zenetti in seiner Symbolik erschlossen. Zugleich ist in der Brotmetapher das Heilswirken Jesu zusammengefasst. Das bekannte Lied „Beim letzten Abendmahle" knüpft an diesen Gedanken an. Es kann eine Brücke zur Gründonnerstagsliturgie und zu den kirchlichen Feiern in der Karwoche herstellen (**fse 68**).

Die Fotos (**fse 69**: Getreidefeld und Weinstock mit Trauben) machen die „Wurzeln" von Brot und Wein deutlich und verweisen zugleich auf den Ursprung im Wirken des Schöpfergottes, wie es im Buch Genesis geschildert und durch die Gebetstexte unterstrichen wird. Sie sind der Pessach-Haggada entnommen. In ähnlichen Worten wird Jesus beim Mahl den Segen über Brot und Wein gesprochen haben. Die beiden Gebete ähneln den Gebeten bei der Gabenbereitung in der Eucharistiefeier (**fse 84**).

Das Abendmahl – biblischer Befund

Das Abendmahl wird uns in mehreren neutestamentlichen Schriften überliefert (Mt 26,20-29; Mk 14,17-25; Lk 22,14-23; 1 Kor 11,23-25). Die Texte verweisen auf einen historischen Ursprung, blicken jedoch aus ihrer jeweiligen (nachösterlichen) Perspektive zurück auf das Ereignis. Sie geben keine historische Beschreibung der Feier wieder, es sind liturgisch geprägte Texte, wie sie in den Urgemeinden zur Feier des Herrenmahles, der Gedächtnisfeier des Abendmahles Verwendung fanden. Ob das letzte Mahl tatsächlich ein Pessachmahl war, lässt sich aus den Evangelientexten nicht mit Sicherheit erschließen. Während Mt, Mk und Lk (Synoptiker) und Paulus von diesem Termin sprechen, verbindet das Johannesevangelium das letzte Mahl Jesu mit dem Vorabend des Festes, sodass die Kreuzigung Jesu tags darauf in dieselbe Stunde fiel, in der im Tempel die Pessachlämmer geschlachtet wurden. Die meisten Exegeten sehen in dieser Darstellung ein theologisches Motiv des biblischen Autors. Damit spricht vieles dafür, der synoptischen Tradition zu folgen und das Abendmahl als Pessach zu verstehen. In jedem Fall aber bildet der Ablauf eines jüdischen Festmahles den formalen Rahmen für das Abendmahl und die Thematik des Pessachmahles bestimmt auch den Inhalt dieses letzten Mahles Jesu mit (vgl. Nocke, Sakramententheologie, S. 147 f.). Der historische Verlauf lässt sich etwa so vorstellen: Jesus feierte mit seinen engsten Freunden in Jerusalem ein besonderes Mahl, wahrscheinlich das Pessachmahl. Aufgrund der sich zuspitzenden Lage wusste er um seinen bevorstehenden Tod. Die freudige Grundstimmung eines Festmahles war daher einer ernsthaften gewichen – es war ein Abschiedsmahl. Jesus stand der Feier vor (als „Hausvater"), „nahm zu Beginn der Hauptmahlzeit einen Brotfladen, sprach ein Segensgebet, zerriss den Fladen und teilte die Stücke – die Gabe deutend – an die Jünger aus. Am Schluss ließ er, nach einem Dankgebet, den (seinen?) Weinbecher kreisen, indem er auch diesen deutete" (Gnilka, Jesus von Nazareth, S. 286 f.).

Das Abendmahl – theologische Aspekte

Überliefert ist, dass Jesus zu Brot und Wein ausdeutende, erklärende Worte sprach, auf die kurz eingegangen werden muss. Beim Austeilen des Brotes sagte Jesus: „Das ist mein Leib, der für euch hingegeben wird. Tut dies zu meinem Gedächtnis!" Das Brot soll in der personalen Gemeinschaft mit Christus eine Gemeinschaft untereinander stiften.

Beim Herumreichen des Weines sagte Jesus: „Dieser Kelch ist der Neue Bund in meinem Blut. Es wird für euch vergossen." Damit erinnert der Becher an den am Sinai mit Blut besiegelten Bund (Ex 24,8). Er weist aber auch hin auf die Erfüllung eines neuen mit Jesu Blut („... in meinem Blut") besiegelten Bundes.

Wie schon erwähnt, entstanden die biblischen Texte aus der liturgischen Feier des Herrenmahles, das die Urchristen in Erinnerung an das Abendmahl Jesu feierten. Das letzte Mahl Jesu war für sie die Erfüllung dessen, was die Israeliten beim Essen des Pessach feierten, ein Rückblick auf die Rettungstaten Gottes und ein Ausblick auf das erwartete endzeitliche Mahl im Reich Gottes (vgl. Kremer, Lukasevangelium, S. 213 f.).

Für die Urchristen war die Erinnerungsfeier des Abendmahles, die sie in ihren Gemeinschaften abhielten und „Brotbrechen" oder „Herrenmahl" nannten, von besonderer theologischer Bedeutung. Diese leitet sich aus den deutenden Worten Jesu zu Brot und Wein ab:

- Das Herrenmahl stiftet eine Gemeinschaft der Jünger mit dem erhöhten Christus, die zu einer Ge-

Jesus und seine Jünger erinnern sich

Gruppe 1

Fremd und unterdrückt

Die Israeliten müssen _____

_____

Die Knaben der Israeliten _____

_____

Aufgabe: Lest die Seiten 28 und 29 in *fragen – suchen – entdecken* und ergänzt die Sätze!

Gruppe 2

Hoffnung mit Mose

Mose bekommt von Gott einen Auftrag.

Er soll _____

_____

Aufgabe: Lest die Seite 31 in *fragen – suchen – entdecken* und ergänzt den Satz!

Die Erfahrung: Gott rettet

Gruppe 3

Die Ägypter jagen den Israeliten nach.

Mose streckt seine Hand aus, das Meer _____

_____

Gott rettet _____

_____

Lest die Seiten 32 und 33 in *fragen – suchen – entdecken* und ergänzt die Sätze!

meinschaft der Mahlteilnehmer untereinander wird (Deuteworte zum Brot).
- Es ist eine Gemeinschaft in einem neuen Bund, zu dem alle gehören, die sich von Jesus gerufen wissen. Sie bilden das neue Volk Gottes (Deuteworte zum Wein; vgl. Hainz, Wörterbuch zum NT, S. 264).

Die verschiedenen theologischen Bedeutungsdimensionen des Abendmahles Jesu und des Herrenmahles in der urchristlichen Gemeinde werden in **fse 68-71** angesprochen. In **fse 68/69** geht es um die Abendmahlsfeier, in der Jesus seine Liebe und Zuneigung zu den Jüngern ausdrückt. Brot und Wein werden als Zeichen der Gemeinschaft mit Jesus entdeckt.

Literatur

Gnilka, J., Jesus von Nazareth. Botschaft und Geschichte, Freiburg ²1993, S. 280-290

Hainz, J., Mahl, Brotbrechen, Herrenmahl, in: Hainz, J./Sand, A. (Hg), Münchener Theologisches Wörterbuch zum Neuen Testament, Düsseldorf 1997, S. 264

Kremer, J., Lukasevangelium (Neue Echterbibel), Würzburg ²1992, S. 212-214

Nocke, F.-J., Sakramententheologie, Düsseldorf 1997, S. 146-148

2. Einsatzmöglichkeiten im RU

Sich erinnern – danken

Die Einheit besteht aus drei Unterrichtsschritten:
- das Pessachmahl feiern
- Abschied feiern
- in Verbindung bleiben

- Als Einstieg wird das Bild **fse 59** eingesetzt. Jesus feiert mit seinen Jüngern das Pessachmahl.
- L-Information: Der erste Abschnitt **fse 68** wird frei erzählt.
- Sch suchen in **fse 3** die Erzählungen zur Befreiung der Israeliten.
  Dazu eignet sich das Gruppenpuzzle. Eine Gruppe besteht aus drei Sch.
  Gruppe 1: Die Israeliten werden unterdrückt.
  Gruppe 2: Mose wird von Gott berufen.
  Gruppe 3: Die Israeliten werden gerettet.
  Die Gruppen bearbeiten die Aufgaben auf **AB 3.4.8, Arbeitshilfen S. 183**.
- Anschließend bilden sie neue Gruppen (je ein/e Sch aus jeder Gruppe). Sch aus der ersten Gruppe informiert die beiden anderen, diese wiederholen, was sie gehört haben, und vervollständigen das AB usw.
- L-Information: Bei der Pessachfeier dankt der Hausvater (oder Jesus) für die Gaben, die auf dem Tisch stehen, besonders für Brot und Wein. Sch lesen die beiden Gebete **fse 69**.
- Sch überlegen in PA: Wofür wir danken, wenn wir für Brot danken (vgl. Arbeitshilfen 2 – NRW, S. 70 f.), wenn wir um das tägliche Brot bitten (vgl. Stille-Übungen zum Brot, Arbeitshilfen 3 – NRW, S. 27 ff.).
- L-Impuls: Beim Pessachmahl wird auch ein Dankgebet über den Wein gesprochen!
  Wann wird bei uns Wein getrunken? Wein beim Pessachmahl (Hinweis auf die Freude über die Befreiung, **fse 34**) – Ps 104,15: Der Wein erfreut das Herz des Menschen.

Das Pessachmahl ist das Abschiedsmahl Jesu

- Jesus sagt zu Beginn der Pessachfeier: Ich habe mich sehr danach gesehnt ...
  Jesus hat seine Jünger geliebt, er wollte noch einmal mit ihnen zusammen sein.
  Die Jünger sagen zueinander: Wirklich, er liebt uns, wir sind ihm viel wert, wir sind seine Freunde.
- Sch überlegen, wie Jesus den Jüngern gezeigt hat, dass er sie liebt (er hat sie berufen, sie leben mit ihm, erfahren, wie Gott den Menschen nahe sein will, hören Geschichten (Gleichnisse) vom Reich Gottes, erleben Wunder usw.). Sch suchen Beispiele in **fse 2** und **3**.
- Sch lernen das Gedicht von Zenetti als Vertiefung und Erweiterung kennen (ohne die drei letzten Zeilen).
- Sch äußern sich nach dem Lesen und suchen einen Satz heraus, der ihnen besonders wichtig ist oder den sie nicht verstehen.
- Sie bearbeiten **AB 3.4.9, Arbeitshilfen S. 185**.

Jesus will mit seinen Jüngern in Verbindung bleiben

- L-Impuls: Jesus weiß, dass er bald sterben wird. Wie kann er trotzdem mit seinen Jüngern in Verbindung bleiben?
- Sch vermuten (durch Geschenke, ein Erinnerungszeichen).
- L-Erzählung: Jesus nimmt das Brot, das für die Pessachfeier auf dem Tisch liegt, und bricht es. Er gibt es den Jüngern und sagt: Das ist mein Leib (das ist mein Leben, das ich für euch und mit euch gelebt habe).
  Jesus nimmt den Kelch mit Wein und sagt: Dieser Kelch mit Wein ist mein Blut, das für euch vergossen wird. Es ist mein Leben, das ich für euch und mit euch gelebt habe. Immer wenn ihr zusammenkommt, an mich denkt, das Brot brecht wie ich und aus dem Kelch mit Wein trinkt, bin ich bei euch. Im Brot ist mein ganzes Leben, das ich für euch und mit euch gelebt habe. Im Wein ist mein ganzes Leben, das ich für euch und mit euch gelebt habe. So bin ich mit euch verbunden.
- Sch singen den Vers: „Das Brot, das du uns gibst, bist du mit deiner Liebe. Den Wein, den du uns gibst, bist du mit deiner Liebe": **AB 3.4.10, Arbeitshilfen S. 187**.

Ein Mensch wie Brot

Jesus, ein Mensch wie Brot — *Brot, das wie Hoffnung schmeckt*

Menschen können freier atmen _____

Arme werden _____

Zöllner dürfen _____

Kinder _____

Blinden gehen die Augen auf _____

Lahme _____

Aussätzige _____

Kranke _____

Hungrige _____

Gott einen guten Vater nennen dürfen _____

Menschen können leben _____

Sie können _____

Sie können _____

Brot, das Leben gibt

- Den letzten Teil des Gedichtes miteinander besprechen: Brot, das wie Hoffnung schmeckt ... Brot, bitter und süß? Was könnte damit gemeint sein (bitter als Hinweis auf den gewaltsamen Tod Jesu, den er erleiden musste)?
- Zur Wiederholung und Vertiefung kann hier das Bild **fse 59** eingesetzt werden (vgl. Arbeitshilfen S. 163 f.).
- Sch lesen den Text des Liedes „Beim letzten Abendmahle" (**fse 68**) und stellen Bezüge zu Lk 22,13.14-20 her.
- Sch lernen das Lied.

Brot und Wein (Traubensaft) erfahren

als Frucht der Erde und der menschlichen Arbeit.
Hinweis: Auf den Bedeutungsgehalt des Korns, das sterben muss, um neues Leben hervorzubringen, wird nicht eingegangen. Es geht vielmehr darum, Brot als Frucht der Erde (Getreide) und der menschlichen Arbeit (Verarbeitung zum Brot) vorzustellen. Es ist sinnvoll, diesen Teil der Realerfahrung mit der Gemeindekatechese abzusprechen bzw. mit dem Sachunterricht. Der Weg vom Korn zum Brot, von der Traube zum Wein kann unterschiedlich intensiv zur Erfahrung gebracht werden: durch Aktivierung von Vorerfahrungen, durch Bilder, durch einen Unterrichtsgang zum Bäcker oder dadurch, dass Sch selbst Brot backen bzw. die Wein-/Traubensaftherstellung vollziehen.
- Im Folgenden wird ein Beispiel gegeben für die Darstellung des langen Weges vom Korn zur Getreideähre (vgl. Stille-Übung zum Brot, Arbeitshilfen S. 28).
- Sch legen ein Bild:
  Material aus Tonpapier ausgeschnitten: ca. 100 x 10 cm brauner Tonpapierstreifen, Sonne und Regen mit Wolken, 4 Weizenkörner (von gelb bis braun), 3 kurze Triebe (von grün bis gelb), 2 kleine Wurzeln (braun), 2 große Wurzeln (braun), 4 Keimlinge (grün bis gelb), 2 Halme (grün und gelb), 2 Ähren (grün und gelb).

- Sch legen die einzelnen Stationen, sprechen dazu oder verklanglichen das Wachstum (vgl. Arbeitshilfen S. 30).
- Sch säen Weizenkörner in eine Schale und beobachten das Wachstum.

Der Weg vom Getreide zum Brot, von der Traube zum Wein

- **fse 69** oben betrachten. Sch bringen Vorwissen ein, wie das Getreide, wie die Trauben weiterverarbeitet werden: **AB 3.4.11, Arbeitshilfen S. 189**.

Wir backen Brot

- Eine intensive (Gemeinschafts-)Erfahrung ist das Brotbacken mit der Klasse (Absprache mit dem SU bzw. der Gemeindekatechese). Rezept: **AB 3.4.12, Arbeitshilfen S. 187**.
  Ein gemeinsames Essen schließt sich an.
- *Alternative*: ein frisches Brot mit Sch teilen und essen (vgl. Stille-Übungen, Arbeitshilfen S. 28).
- *Ergänzung*: Trauben auspressen und den Saft dazu trinken.

„Gemeinschaftsteller" bemalen und beschriften

(Fortsetzung von S. 169 f.)
Sch schreiben zum Brot in der Tellermitte „Nehmt und esst!" (**fse 68**) und malen eine Getreideähre und eine Weintraube (**fse 69**).

3. Jahrgangsübergreifende Lerngruppe

Danken und bitten

- Sch der vierten Jahrgangsstufe schreiben in PA kurze Dankgebete oder Fürbitten zum Brot. Diese sprechen sie zum gemeinsamen Essen des Brotes.
- Nach jedem Gebet singen alle gemeinsam zweimal das Lied: „Laudate, omnes gentes ...", **AB 3.1.21, Arbeitshilfen S. 59**, oder den Kanon „Wo zwei oder drei ...", **AB 3.4.13, Arbeitshilfen S. 191**.
- Abschließend singen sie für alle Kinder das Lied: „Danke, für die geschenkte Erde" nach der Melodie von „Danke, für diesen guten Morgen", **AB 3.4.14, Arbeitshilfen S. 191**.

Medien (Medienzentralen)

Brot und Wein (Dokumentarfilm, 5 Min.)
Das Brot (Kurzspielfilm, 15 Min.)
Brotbacken heute (Dokumentarfilm, 15 Min.)

Brot-Rezept und Tischgebet

Weizenvollkornbrot

1 kg	Weizenvollkornmehl, fein gemahlen
1 1/2	Würfel Hefe (60 g)
680 ml	Wasser
1 geh. Tel.	Salz
1 Tel.	Brotgewürz

Das Mehl in eine Rührschüssel geben. Die Hefe in etwas lauwarmem Wasser auflösen. Das Mehl, die Hefe, das Salz, das Brotgewürz und das Wasser vermengen und den Teig kräftig kneten. Ca. 20 Minuten zugedeckt gehen lassen. Den Teig nochmals kräftig kneten. Den Backofen auf 240° vorheizen. Eine Form fetten und bemehlen. Den Teig in die Form geben, nochmals gehen lassen. Die Oberfläche des Brotes mit Wasser bestreichen, das Brot auf der mittleren Schiene des Backofens backen. Eine kleine Schüssel mit heißem Wasser in den Backofen stellen. Nach ca. 10 Minuten auf 170° zurückschalten, dann weiterbacken, je nach Dicke des Brotes ca. noch 50 Minuten. Das fertige Brot auf einem Gitter abkühlen lassen.

Ein Tischgebet

Guter Gott, in unseren Händen liegt Brot – ganz einfaches Brot und doch wertvolle Nahrung.
Wir danken dir, dass du Sonne und Regen schenkst zur rechten Zeit – nur so kann Getreide wachsen und Frucht bringen.
Wir denken an die Menschen, die sich gemüht haben, damit aus dem Getreide Brot wurde. Du hast ihre Arbeit gesegnet.
Wir haben das Brot geteilt. Es ist ein Zeichen für unsere Gemeinschaft. Es reicht für uns alle.
Wir danken dir für dieses Brot.

Das Brot, das du uns gibst

Das Brot, das du uns gibst, bist du mit deiner Liebe.
Der Wein, den du uns gibst, bist du mit deiner Liebe.

Mahl feiern – Jesu Gegenwart erfahren

1. Hintergrund

Die österliche Erscheinungserzählung von Jesus und den beiden Jüngern auf dem Weg nach Emmaus (Lk 24,13-35) wird auf der Doppelseite **fse 70/71** in Wort und Bild entfaltet und soll den Sch vor Augen führen, dass das vom irdisch lebenden Jesus Verheißene sich erfüllt und seine Liebe bzw. sein Wirken im Vollzug dieses Mahles immer wieder gegenwärtig und erfahrbar wird. Der biblische Text ist in **fse 70** so aufbereitet, dass die Dialogstruktur zwischen den beiden Jüngern und Jesus deutlich wird.

Der Unterrichtsvorschlag geht von der menschlichen Erfahrung von Trauer und Hoffnungslosigkeit aus, die in Freude umschlägt – eine Wendung, die Sch in ihrem eigenen Leben schon erfahren haben. Durch Trost spendende Menschen oder durch eine positive Wendung kommt wieder Licht in eine scheinbar ausweglose Situation. Vor diesem Hintergrund begegnen Sch dem biblischen Text und suchen nach dem Grund für den Stimmungsumschwung bei den beiden Jüngern. Sie entdecken das Mahl mit dem Auferstandenen und seine Wegbegleitung als Ursache. Im Mahl und im deutenden Wort schenkt ihnen Jesus über seinen Tod hinaus Gemeinschaft. Diese gibt ihnen Mut zu erzählen, wovon ihr Herz überfließt.

Der Auferstandene erscheint zwei Jüngern auf dem Weg nach Emmaus

Die Emmausgeschichte ist das längste Osterevangelium, das am Beispiel der beiden Jünger den Weg zum Glauben an den Auferstandenen weist. Der Ort Emmaus ist nicht mehr eruierbar, die beiden Jünger gehören nicht zum engeren Jüngerkreis, einer von ihnen heißt Kleopas. Die Erzählung schildert den Weg der beiden von der Trauer und dem Zweifel hin zum Glauben an den Auferstandenen. Der Text weist eine vierfach gegliederte Struktur auf: 1. Die Begegnung der zwei Jünger mit einem Unbekannten (VV13f-16); 2. Das Wegegespräch (VV13-16: Information durch die beiden Jünger; VV17-27: Belehrung durch Jesus); 3. Die Mahl-Szene: Jesus ist der Gastgeber, er wird beim Mahl erkannt (VV28-32); Rückkehr der Jünger zur Jesusgemeinde (VV33-35). Ziel der Erzählung ist die Begegnung mit Jesus im Wort und im Mahl. In der Schilderung der Emmausjünger wird deutlich, wie Jesus gesehen wird. Jesus erklärt das „Muss" seines Leidensweges mithilfe der Schrift. Der Weg zum Verstehen ist der Weg der Jünger: Im Wort und im Mahl wird Jesus erkannt. Für die Leser gilt: Die Jünger lassen sich von der Schrift leiten, sie nehmen teil am Mahl, sie stimmen ein in das Bekenntnis: Jesus ist auferstanden.
– Die Erzählung darf nicht als eine protokollarische Information missverstanden werden, nach der der Auferstandene, sozusagen als ein in diese Welt zurückgekehrter Wanderer, mit den Jüngern ging, sprach und aß. Lukas geht es vielmehr darum, dass die Leser sich – ungehindert von der Fixierung auf die Frage nach der Historizität – durch die Erzählung fesseln und wie die beiden Jünger vom Auferstandenen selbst zum festen Glauben an ihn führen lassen. Lukas stellt mit seiner Erzählung auch eine Verbindung zu den Mahlgemeinschaften des irdischen Jesus her. Was Jesus vor seiner Kreuzigung praktiziert hat, setzt sich im Ostergeschehen und danach fort.

Roland Peter Litzenburger (1917-1987)

Der Maler wurde am 31.10.1917 in Ludwigshafen/Rhein geboren und absolvierte von 1939 bis 1945 das Studium der Architektur. Er arbeitete von 1945 bis 1946 als Bildhauer in Oberammergau und studierte zusätzlich bis 1950 Kunsterziehung, Kunstgeschichte und Germanistik. Als freischaffender Künstler war Litzenburger von 1952 an tätig, ab 1964 am Bodensee. Litzenburger starb am 24.12.1987.

Litzenburgers Werke sind geprägt von einem Ringen um das Menschen- und Gottesbild in der Bibel. Seine Jesusbilder gelten in der zeitgenössischen Kunst als bedeutsame Werke. Hierzu gehören: Der Blaue Christus (1950), INRI (1957), das erste Emmausbild als Lithografie (1959), der Schutzmantel-Christus (1971) und das Hungerkreuz (1971).

Roland Peter Litzenburger: „Vom Kreuzestod nach Emmaus", 1972

Beim ersten Betrachten des Emmausbildes (**fse 71**) fällt das Ineinander von Kreuz und Mahlszene auf. Das leere Kreuz ist in der Form der Orantehaltung dargestellt. Es erinnert an einen Baum (Baum des Lebens?). Alle drei Personen sind mit diesem Kreuz verbunden, zentral die Jesusgestalt in der Mitte. Im Bericht der beiden Jünger hat das Kreuz eben noch die Verzweiflung begründet. Jetzt ist es, wie die Gesichter der drei Männer, in die gelbe Farbe eingetaucht. Diese ist Symbol für das Erstaunen, die Freude der Jünger, im Gegensatz zu ihrer Traurigkeit am Beginn ihres Weges nach Emmaus. Der Tisch legt sich wie ein Rechteck über das mittlere Drittel des Bildes und umschließt die Gruppe. Diese ist in einem Oval zusammengeschlossen und durch das Ineinander von Armen und Händen fest miteinander verbunden. So stellt die Komposition des Bildes eine innige Verbindung der drei Personen dar. Während Jesus aufrecht und majestätisch die Mitte der Gruppe bildet, sind die beiden Jünger

Vom Korn zum Brot – von der Traube zum Wein

Die gestaltete Mitte

1. Zur Organisationsform
Sch sitzen im Stuhlkreis oder auf dem Boden, falls Teppich vorhanden ist. Es können auch Bodenkissen benutzt werden. Dabei muss aber darauf geachtet werden, dass Sch eine möglichst bequeme Sitzhaltung einnehmen können, damit sie in Ruhe und Entspannung sich selbst und die Mitte wahrnehmen können.

2. Materialien
L benötigt vorbereitete Legematerialien, die er in einer dafür geeigneten Kiste o. Ä. mitgebracht hat. Diese dient im Verlauf des RU immer wieder als „Schatzkiste". Sie enthält Tücher in symbolischen Farben, Naturmaterialien wie z. B. Holzstückchen, Steine, Sand ..., ausgeschnittene Symbole aus Tonpapier, wie z. B. Baum, Stein, Herz, Sonne, Kreuz, Blume, Hand, Fuß, Haus, aber auch Glassteine, kleine Tongegenstände, Figuren, Gegenstände des Alltags ...
L kann den Inhalt der Kiste immer wieder ergänzen.

3. Die didaktische Funktion der Mitte
In methodisch-didaktischer Hinsicht erfüllt die Mitte wichtige Unterrichtsprinzipien, die nicht nur im RU zum Tragen kommen, sondern auch im fächerübergreifenden Unterricht ein strukturiertes, anschauliches und dichtes Erarbeiten von Unterrichtsinhalten ermöglichen:
- Sie stärkt die Konzentration der Sch, indem die Mitte als gemeinsamer Blickpunkt und daher Zentrum zwangsläufig ist.
- Sie erzieht zur Stille, indem die Dinge ruhig betrachtet werden.
- Sie schafft die unmittelbare Nähe zum Thema durch ihre Anschaulichkeit und eine Nähe zum Mit-Sch und zu L, ohne die RU nicht möglich ist.
- Sie ermöglicht handlungsbezogenen Unterricht.
- Sie schafft Blickkontakte, wirkt somit kommunikativ, kooperativ, fordert zum Gespräch heraus und vermittelt ein Gemeinschaftsgefühl.
- Alle Teilnehmer sind gleichberechtigt, da gleiche Entfernung zum Mittelpunkt herrscht. Auch L ist Partner/in, Lernende/r und Beobachter/in wie die Kinder auch.
- Die gestaltete Mitte ist von praktischem Nutzen, da sie schnell auf- und abzubauen ist, alle Sch einbezogen werden und das „Bild" gut sichtbar ist.
- Sie ermöglicht den Sch Bewegungsspielräume.
- Sie regt die Fantasie der Sch an.
- Als stehendes Bild ermöglicht sie ein ruhiges Sich-Hineinfühlen und -Einprägen und dient ferner zum Erkennen von Mustern, Erfassen von Anordnungen, Beziehungen, Haltungen und Inhalten allgemein.
- Durch die Gestaltung einer Mitte als Vermittlungsmedium ergeben sich Erkenntnisse über Textzusammenhänge, die sich andernfalls, bei einer rein kognitiven Erarbeitung, nicht entwickelt hätten, weil sie kognitiv sind.

4. Die methodische Erschließung der Mitte
Die vorbereitete Mitte kann auf vielfältigen Wegen methodisch erschlossen werden:
- Sie ist als Mitte schon verdeckt vorhanden und wird dann als Gesprächsimpuls aufgedeckt.
- Sie ist als „stehendes Bild" offen zu sehen und wird als Impuls genutzt.
- Sie wird im Verlauf des Unterrichts verändert.
- Sie wird im Verlauf des Unterrichts erweitert.
- Die Mitte wird teilweise abgedeckt.
- Die Mitte wird mit den Sch gemeinsam entwickelt.

Die Mitte erfordert exakte Planung, klare Zielvorstellungen und ein strukturiertes Unterrichtsgespräch, das Kern eines fragenden, suchenden und entdeckenden RU ist.

Wo zwei oder drei

M: Jesus-Bruderschaft, Gnadenthal

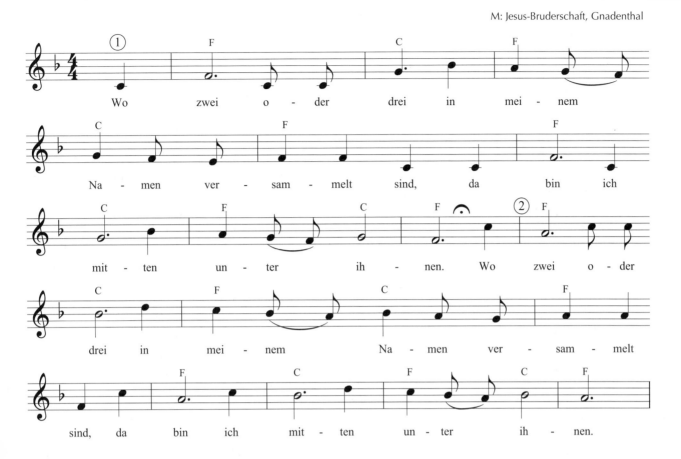

Danke für die geschenkte Erde

T: Verfasser unbekannt
M: Martin G. Schneider
© für M: Gustav Bosse Verlag, Kassel

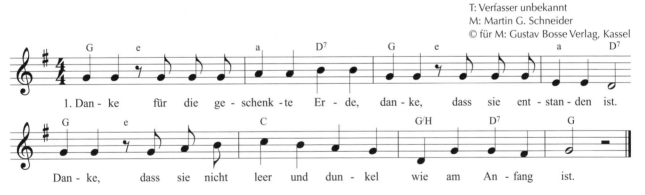

2. Danke für unsre warme Sonne,
   danke für unser Tageslicht.
   Danke für Mond und helle Sterne
   in der Finsternis.

3. Danke auch für das frische Wasser,
   wichtig ist es für Mensch und Tier.
   Pflanzen gedeihn nicht ohne Wasser,
   Regen brauchen wir.

4. Danke für Früchte dieser Erde,
   danke für unser täglich Brot.
   Danke für alle schönen Blumen,
   gelb und blau und rot.

5. Tiere schufst du für unsre Erde,
   Pferde, Kaninchen, Katz und Hund.
   Vögel, die noch am Himmel fliegen,
   Fisch am Meeresgrund.

6. Danke für die geschenkte Erde,
   danke, sie ist uns anvertraut.
   Hilf uns, wir wollen sie erhalten,
   du und ich und ihr.

mit ihren Häuptern in Bewegung. Jesus als Gastgeber hat das Brot gebrochen und ausgeteilt. Das gebrochene Brot löst den Augenblick des Erkennens aus: „Brannte nicht unser Herz?" Der Künstler hat beide Aussagen der Erzählung in ein Bild gefasst: „Musste nicht der Messias das alles leiden ..." und: „Da gingen ihnen die Augen auf und sie erkannten ihn."

2. Einsatzmöglichkeiten im RU

Erfahrung der Emmausjünger nachspüren

- Sch erleben den Stimmungsumschwung zweier Personen
- Sch hören ein auf Kassette aufgenommenes Gespräch zweier von Trauer und Enttäuschung belasteter Menschen: **AB 3.4.15, Arbeitshilfen S. 193**. Oder: Zwei gute Leser tragen die Textvorlage vor. Sch suchen nach passenden Eigenschaftswörtern zur Beschreibung der Stimmung (z. B. traurig, verzweifelt, mutlos ... – TA) und stellen entsprechende Körperhaltungen, Mimik und Gestik dar.
- Sch hören das Gespräch der gleichen Personen, jetzt froh und befreit wirkend (Textvorlage 2). Sch benennen wieder passende Eigenschaften (lachend, freudig, begeistert, erstaunt, aufgeregt ... – TA) und stellen Körperhaltung und Mimik/Gestik dar.
- Sch suchen nach möglichen Gründen für den Stimmungsumschwung. Was ist passiert? Sch bringen eigene Erlebnisse ein: Trost durch Eltern, freudige Wende einer aussichtslosen Situation ...
- Dem Text begegnen

- L gibt Hintergrundinformationen zum biblischen Text: Jesus ist tot. Er wurde gekreuzigt. Die Jünger sind enttäuscht, ihre ganze Hoffnung auf einen Retter ist dahin. Sie gehen in ihre alten Verhältnisse zurück, so auch die zwei Jünger. Sie gehen nach Emmaus, 60 Stadien waren es von Jerusalem nach Emmaus, das sind etwa 12 Kilometer.
- Sch lesen den Text **fse 70** in verteilten Rollen: Erzähler, Jesus, Kleopas, „beide Jünger" (wird besser von einem Sch gelesen). Unterbrechen bei „... ihn selbst aber sahen sie nicht".
- L-Impuls: Ihnen ging es wie den beiden Personen, die wir auf der Kassette gehört haben (siehe TA). Die beiden Jünger waren verwirrt. Sch suchen Gründe für die Niedergeschlagenheit.
- Sch lesen zweiten Teil des Textes: „freudig, begeistert ..." Sch entdecken den Grund der Freude der Jünger. Es ist die Erfahrung, dass Jesus lebt.
- Im Gespräch wird die Begegnung im Mahl als Wende in der Geschichte gedeutet: In der Mahlgemeinschaft verwandelt Jesus die beiden Männer. Sie werden zu Zeugen, dass Jesus lebt.
- *Hinweis*: Parallel zur Erarbeitung kann ein Tafelbild entwickelt werden.

Vorschlag:
- *Alternative*: Auf dem Boden den Weg von Jerusalem nach Emmaus legen mit Tüchern oder farbigem Papier: Jerusalem mit dunklen Häusern andeuten, ebenso den ersten Teil des Weges nach Emmaus; mit grünen Streifen die Begegnung mit Jesus auf dem Weg kennzeichnen; mit roten (hellen) Tüchern/Papier das Haus, in das sie einkehren; evtl. den Rückweg ganz in rot (hell) markieren; dazu können jeweils Satzstreifen gelegt werden.

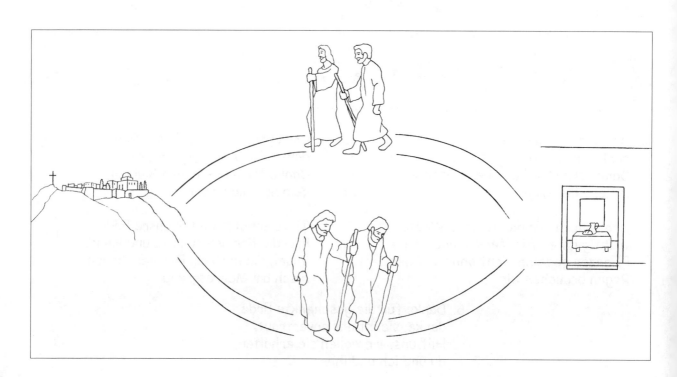

Von mutlos bis hoffnungsfroh

Textvorlage 1 für Kassettenaufnahme

Erzähler: Zwei Freunde sind unterwegs. Langsam gehen sie den Weg entlang und unterhalten sich dabei.

1. Person: Es ist alles so furchtbar. Ich hätte nie gedacht, dass es so weit kommt. Und dabei hatte doch alles so gut und hoffnungsvoll begonnen!

2. Person: Gut, dass wir den Ort verlassen haben. Ich glaube, es wird uns helfen, wenn wir woanders hingehen. Dann kommen wir vielleicht auf andere Gedanken.

1. Person: Dir geht es bestimmt auch wie mir. Ich weiß nicht, wie es weitergehen soll! Keiner unserer Freunde hat einen Rat. Sie sind alle verzweifelt.

2. Person: Ja, oder sie lassen den Kopf hängen. Sie haben aufgegeben.

1. Person: Früher, da hatten wir große Pläne.

2. Person: So schnell kann alle Hoffnung zu Ende sein.

Textvorlage 2 für Kassettenaufnahme

Erzähler: Einige Stunden später: Die beiden Freunde sind auf dem gleichen Weg unterwegs. Doch sie gehen, nein, sie laufen den Weg zurück. Sie eilen in den Ort, den sie vor kurzer Zeit verlassen haben.

1. Person: Das ist doch unglaublich! Sind wir wirklich noch dieselben wie heute Mittag?

2. Person: Ich kann es auch nicht begreifen. Mir kommt es vor, als wäre die ganze Welt anders!

1. Person: Wenn ich denke, wie wir heute Mittag so bedrückt hier entlanggeschlichen sind. Und jetzt – wir können gar nicht schnell genug vorwärts kommen!

2. Person: Die anderen werden Augen machen, wenn wir zurückkommen!

Father, we thank you for the night

T: Engl. Rhyme/M: Manfred Bauer

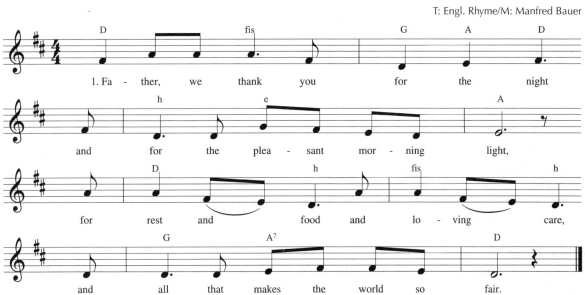

2. Help us to do the things we should –
to be to others kind and good
in all we do, in all we say
to grow more loving every day!

Der Emmausgeschichte im Bild begegnen
(Vertiefung nach Textbegegnung und Erschließung)
– Sch betrachten das Bild (**fse 71**) und beschreiben, was sie sehen. Die Farbe des Bildes deuten, evtl. vergleichen mit dem gelegten Bild. Mithilfe einer Schemazeichnung **AB 3.4.16, Arbeitshilfen S. 195**, für den OHP erfassen Sch die Struktur des Bildes mit den drei „Themen": Kreuz, Mahl (Tisch), Gemeinschaft; sie untersuchen, wie der Künstler diese Gemeinschaft im Bild komponiert hat, was die Personen zusammenhält (auf dem Bild vor allem die Hände, die Gabe des Brotes; zugleich hat sie das Gespräch unterwegs zusammengeführt).
– Was bedeutet das Kreuz im Bild? Ist es notwendig?
– Informationen zum Künstler (L-Information s. Arbeitshilfen S. 182).
– Du bist mit im Bild: Wo stehst (sitzt) du? Was siehst du? Was hörst du? – Was würdest du anders malen, weglassen, hinzufügen? Gib dem Bild einen Titel!
– Im Lied und Spiel die Emmausgeschichte vertiefen: **AB 3.4.17 Arbeitshilfen S. 197**.

„Gemeinschaftsteller" bemalen und beschriften
(Fortsetzung von S. 169 f.)
Sch malen „Jünger in Emmaus" auf den Teller.

3. Jahrgangsübergreifende Lerngruppe

Vorher – Nachher ergänzen
– Sch des vierten Jahrgangs überlegen und gestalten zwei weitere Bilder zu dem Bild **fse 71**: das Bild, das diesem vorausgeht, und das ihm folgt. Sch malen die beiden Bilder nur mit Jacksonkreide.
– Die Ergebnisse legen sie, mit dem Bild von Litzenburger, in der Mitte ab. Anschließend erfolgt die deutende Vorstellung der Bilder.

Erzählen
– L verdeutlicht in einer Erzählung den Sch, wie Jesus den beiden Jüngern die Schrift erklärt hat. Dabei ist zu betonen, dass es eine „erfundene" Geschichte ist, die so nicht in der Bibel steht, die aber einen Anhalt in der Bibel hat: **AB 3.4.18, Arbeitshilfen S. 199**.
– In der Mitte der Erzählung wird der Kanon „Herr, bleibe bei uns" gesungen: **AB 3.4.19, Arbeitshilfen S. 199**.

Bildliche Darstellungen der Emmausgeschichte miteinander vergleichen
Sch entdecken, wie unterschiedlich die Emmausgeschichte von einzelnen Künstlern gedeutet wird. Beispiele: Karl Schmidt-Rotluff (1918): Folie 19, in: Gott ist nah. Materialien für den kath. Religionsunterricht an Grundschulen, hg. v. Kath. Schulkommissariat in Bayern, München 1993; Th. Zacharias (o. J.), in: G. Lange, Bilder des Glaubens, München 1978; Sieger Köder, in: Bilder zur Bibel, Folge 2, Regensburg.

Sich an Jesus erinnern – seinem Beispiel folgen fragen – suchen – entdecken **72/73**

1. Hintergrund

Nachdem die vorangegangene Emmausgeschichte deutlich werden ließ, dass die Mahlpraxis Jesu auch über seinen Tod hinaus für die Jünger eine wesentliche Bedeutung hatte, zeigt **fse 72** weitere wichtige Elemente der Jesusüberlieferung. Jesus war zu Gast beim Zöllner Levi (**fse 66**) – er nahm sich der sozial Geächteten an; das daneben stehende Bild erinnert Sch an die Heilung des Gelähmten (Mk 2,1-12) – Jesus befreit von menschlichen Einschränkungen. Die Szene aus dem Gleichnis vom verlorenen Sohn erinnert an die Botschaft Jesu vom guten Vater. Die Bilder zeigen: In der Mahlgemeinschaft, in seinem heilenden Tun und in seiner Botschaft vom gütigen Gott bringt Jesus den Menschen Rettung und Heil. Die Urchristen wie alle späteren Christen lassen den Geist Jesu in ihrer Mitte lebendig werden, indem sie sich der Botschaft Jesu immer wieder vergewissern, eine Gemeinschaft untereinander bilden und miteinander Mahl feiern. Genau diese drei Elemente sind im unten stehenden Text zusammengefasst. Lukas stellt in der Apostelgeschichte seinen Lesern die jungen christlichen Gemeinden vor Augen: „Sie hielten an der Lehre der Apostel fest und an der Gemeinschaft, am Brechen des Brotes und an den Gebeten" (Apg 2, 42.46).

Urchristliche Mahlgemeinschaft – biblischer Befund
Die neutestamentliche Überlieferung berichtet, dass bereits für die ersten christlichen Gemeinden die Feier eines gemeinschaftlichen Mahles in Erinnerung an das Abendmahl eine besondere Bedeutung hatte. Lukas spricht dabei vom Brotbrechen als zentralem Merkmal der Gemeinden neben dem Gebet und der von

Struktur des Emmaus-Bildes

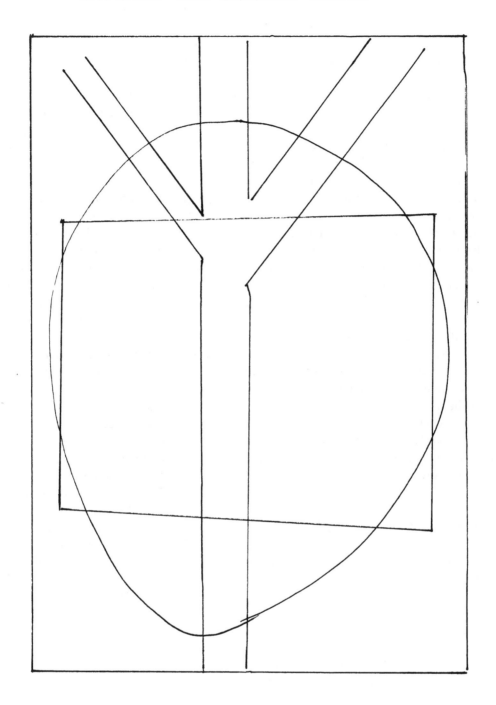

den Aposteln übernommenen Botschaft Jesu (Apg 2, 42.46). Paulus verwendet statt Brotbrechen den Begriff Herrenmahl und verdeutlicht, welche Bedeutung diese Feier hat. „Der gesegnete Becher und das gebrochene Brot stiften eine Gemeinschaft mit dem erhöhten Christus ..., aber auch eine zwischen den Mahlteilnehmern ..." (Hainz, Theologisches Wörterbuch zum NT, S. 265).

Der parallele Aufbau von **fse 72** und **fse 73** bildet die Brücke von urchristlicher Glaubenspraxis zu gelebtem Christentum heute. Auch heute erinnern sich Christen an Jesu Wirken und Tun und versuchen seinen Auftrag im Hier und Jetzt umzusetzen:
Miteinander Gemeinschaft im Mahl feiern – eine junge afrikanische Gemeinde feiert Gottesdienst.
Gottes heilende Nähe im Dienst am Nächsten sichtbar werden lassen – ein junger Mann bringt einer Seniorin das Essen. Das Gespräch mit ihr gehört wesentlich dazu.
Jesu Botschaft von der Liebe Gottes an Menschen weitergeben – eine Lehrerin vermittelt den Sch etwas von dieser Botschaft. Das Fragezeichen fordert Sch auf, aus ihrer eigenen Erfahrungswelt weitere Beispiele zu suchen.
Die Fotos zeigen beispielhaft die Grunddienste christlichen Lebens: das Lob Gottes (leiturgia), den Dienst am Nächsten (diakonia) und die Verkündigung der Frohbotschaft (martyria).

2. Einsatzmöglichkeiten im RU

Sich wie die ersten Christen an die Worte und Taten Jesu erinnern
- Sch entdecken in den Bildern (**fse 72**) wichtige Taten und Worte Jesu.
- Sie suchen in GA weitere Beispiele (Impuls **fse 72**): 1. Verhalten Jesu gegenüber Außenseitern (Zachäus, Kinder, Frauen); 2. Jesu Wunderwirken (Heilung des Bartimäus, des Mannes mit der verdorrten Hand, Speisung der Hungrigen, Heilung des Aussätzigen); 3. Jesu Botschaft von der Liebe Gottes (Gleichnis vom verlorenen Schaf, Sätze aus der Bergpredigt).
- *Hilfsmittel* sind **fse 3** (auch 2 und 1), Meine Schulbibel, Religionsheft. Die Gruppen stellen ihre Ergebnisse in Rätselform oder pantomimisch vor.
- L-Erklärung zu Apg 2,42, **fse 72**: Lukas schreibt auf, wie die ersten Gemeinden gelebt haben: Sch versuchen den Text mit ihren Bildern zu erklären.
Lehre der Apostel: Worte und Taten Jesu, wie sie in den Bildern und Erzählungen deutlich werden (**fse 72** und eigene Bilder und Erzählungen);

Festhalten an der Gemeinschaft: Die ersten Christen versammeln sich, halten zusammen, helfen einander (Ergänzung aus Apg 2,42-46: Und alles, was sie besaßen, gehörte ihnen gemeinsam ... Jede/r bekam so viel, wie zum Leben nötig war);
Festhalten am Brechen des Brotes (Wort für Mahlhalten): Erinnerung an den Auftrag Jesu: Tut dies zu meinem Gedächtnis (**fse 68**);
Festhalten an den Gebeten: z. B. das Gebet Jesu (Vaterunser), Ergänzung: Sie beteten auch die Psalmen, wie Jesus es tat.

„Gemeinschaftsteller" bemalen und beschriften
(Fortsetzung von S. 169 f.)
Sch malen auf den Teller einen Fisch: das Erkennungszeichen der ersten Christen.
Information zum Fischzeichen: Der Fisch, griechisch: ICHTHYS bildet mit seinen einzelnen Buchstaben das urchristliche Bekenntnis: Jesus (I) – Christus (CH) – Gottes (TH: theou) – Sohn (Y: uios) – Retter (S: soter).

Entdecken: Christen folgen dem Beispiel Jesu
- Sch betrachten und besprechen die Bildbeispiele (**fse 73**).
- Das Fragezeichen rechts unten regt Sch an, weitere Möglichkeiten zu suchen, in denen Menschen dem Beispiel Jesu folgen. Hierzu bietet L Ausschnitte aus Zeitschriften und Zeitungen an, die Menschen zeigen, die sich am Auftrag Jesu orientieren (caritative Organisationen bieten Material).
- Aus diesen Bildern wird von Sch eine Klassenzeitung gestaltet, wozu ausgeschnittene Fotos und selbst gemalte Bilder verwendet werden. Gliederung der Zeitung: 1. Christen feiern Gottesdienst, 2. Sie geben die Botschaft Jesu weiter, 3. Sie sind dort, wo sie gebraucht werden.
- Sch suchen zu den Bildern Überschriften.
- L und Sch überlegen sich gemeinsam einen Namen für die Zeitung (z. B. Der neueste Jesus-Report; Neues aus den Christengemeinden ...).

3. Jahrgangsübergreifende Lerngruppe

Malen und Erzählen
Sch des vierten Jahrgangs erhalten jeweils ein DIN-A5-Blatt und malen eine Begebenheit aus dem Leben Jesu. Sie lassen die anderen Sch die Darstellung erraten und erzählen dann zu ihren Bildern.

Zwei Männer kommen aus Jerusalem (Spiellied)

T: Dieter Trautwein
M: Seminar des Ev. Stadtjugendpfarramts Frankfurt am Main

Alle (A) bilden eine Gasse, von der einen Seite kommen langsam zwei Jünger (J) – ihnen gegenüber steht der Vorsänger (V).

Die Jünger gehen langsam weiter – ein Kind aus der Gasse tritt zu ihnen:

2. V: Zwei Männer kommen aus Jerusalem, ein dritter ist dabei.
A: „Ach, sagt uns doch, was ist geschehn, was ist geschehn?
Bleibt stehn, sagt es uns schnell!"
J: „Wir kommen aus Jerusalem.
Ein fremder Mann geht mit.
Er kennt die Schrift und was er sagt, das gibt uns Mut.
Wir kommen aus Jerusalem, ein fremder Mann geht mit."

3. V: Drei Männer kommen aus Jerusalem.
Bald wird es finstre Nacht.
A: „Ach, sagt uns doch, was wird geschehn, was wird geschehn?
Bleibt stehn, sagt es uns schnell!"
J: „Wir gehen jetzt nach Emmaus.
Den Fremden bitten wir:
Ach, bleib bei uns, es kommt die Nacht, lass uns nicht mehr allein.
Wir gehen jetzt nach Emmaus.
Und unser Gast geht mit."

Die Jünger gehen weg. Während einer Zwischenmusik wird ein Kreis, dann wieder eine Gasse gebildet. Die Jünger kommen zurück.

4. V: Zwei Männer gehen nach Jerusalem, sind froh, man kann es sehn.
A: „Ach, sagt uns doch, was ist geschehn, was ist geschehn?"
J: „Wir eilen nach Jerusalem.
Der Fremde war der Herr.
Er brach das Brot und was er sprach, das zeigt uns, dass er lebt.
Wir eilen nach Jerusalem.
Der Fremde war der Herr."

Die Gasse schließt sich zur Musik den beiden an, läuft eine Kreisfigur – oder Windungen – hinaus nach Jerusalem. Zum Schluss Halbkreis, aus dem heraus die zwei Jünger oder alle singen oder sprechen:

J oder A: „Wir sagen es in aller Welt.
Hört, Jesus ist der Herr.
Er bricht das Brot und was er spricht, das zeigt uns, dass er lebt.
Wir sagen es in aller Welt.
Hört, Jesus ist der Herr!"

Musik zum Abgang.

Bet- und Breakfast – eine Frühschicht gestalten

1. Hintergrund

Das Kapitel schließt mit einem Projektvorschlag (**fse 74**). Die Überschrift ist dem englischen Ausdruck „Bed- und Breakfast" nachgestaltet, der sicher vielen Schülern von Urlaubsplanungen her bekannt ist.
Sch haben in **fse 72/73** erfahren, wie Christinnen und Christen auch heute ihr Leben am Vorbild und an der Botschaft Jesu ausrichten. Dabei spielt das Mahl eine besondere Rolle. In ihm drückt sich gegenseitige Verbundenheit aus und lässt darin eine Verbundenheit mit Christus erspüren: „Wo zwei oder drei in meinem Namen versammelt sind, da bin ich mitten unter ihnen" (Mt 18,20). In der vorgeschlagenen Frühschicht wird versucht Erfahrungen von Mahlgemeinschaft und ihre tiefer liegenden Bedeutungsschichten für Sch nachvollziehbar werden zu lassen.
Die Fotos **fse 74** regen Sch an, sich an die Gestaltung einer eigenen Frühschicht zu wagen.

2. Einsatzmöglichkeiten im RU

Eine Frühschicht mit Frühstück vorbereiten und gestalten

Die Einheit besteht, wie es die Begriffe Betfest und breakfast vermuten lassen, aus zwei Teilen, einer meditativen Morgenbesinnung und einem gemeinsamen Frühstück (vgl. Arbeitsimpuls **fse 74**).

- L und Sch legen ein Thema, die Zeit und den Raum für die Frühschicht fest. Die Eltern werden durch ein Informationsblatt informiert.
- L bildet Gruppen, die sich Gedanken über die Gestaltung der Frühschicht machen. L bereitet Materialien für die Gruppen vor bzw. Sch bringen selbst Materialien mit.
- Gruppe „Bodenbild": Tücher, Naturmaterialien, Bilder, Bausteine, Blumen …;
- Gruppe „Texte": Fürbitten, Bibeltext, Geschichte, Segenswünsche …, dazu können Bücher und Frühschichtmodelle verwendet werden;
- Gruppe „Lieder und Tänze": Bereits bekannte und zum Thema passende Lieder und Tänze werden eingeplant. Beispiel für ein Morgenlied: **AB 3.4.20, Arbeitshilfen S. 193**;
- Gruppe „Frühstück": Wer bringt was mit? Wie viel benötigen wir? Welche Eltern können mithelfen? … Wen laden wir ein?
- L und Sch gestalten gemeinsam den Raum.
- L stimmt mit meditativer Musik ein. Sch übernehmen ihre vorher vereinbarten Aufgaben.

„Gemeinschaftsteller" bemalen und beschriften
(Abschluss von S. 169 f.)
Auf dem Tellerrand unterschreiben alle an der Frühschicht teilnehmenden Sch mit ihrem Namen. Wenn der Teller mit einer Serviette ausgelegt wird (Folienstifte sind nicht lebensmittelecht), kann er für das Frühstück erstmalig benutzt werden.

3. Jahrgangsübergreifende Lerngruppe

Eine Frühschicht gestalten
Sch des dritten und vierten Jahrgangs gestalten die Frühschicht gemeinsam und bereiten sie zusammen vor.

Adressen der Hilfswerke

Misereor: Mozartstr. 9, 52064 Aachen,
www.misereor.de;
Missio: Goethestr. 43, 52064 Aachen,
www.missio-aachen.de und
Pettenkoferstr. 26-28, 80336 München,
www.muenchen.missio.de;
Brot für die Welt: Stafflenbergstr. 76, 70184 Stuttgart,
www.brot-fuer-die-welt.de
Adveniat: Bischöfliche Aktion Adveniat, Am Porscheplatz 7, 45127 Essen; www.adveniat.de.

Jesus begleitet die beiden Jünger auf dem Weg nach Emmaus

Jesus (als unerkannter Begleiter) hat den beiden Jüngern die Schrift, das Alte Testament, ausgelegt. Was hat er ihnen erzählt? Wir wissen es nicht. Lukas hat es uns nicht überliefert. Aber wir wissen, dass Jesus mit den Erzählungen und Gebeten, den Psalmen der Bibel (des Alten Testaments) vertraut war, sie gut gekannt hat. Wir hören einmal zu, was der unerkannte Begleiter den beiden Jüngern gesagt haben könnte: „Ihr kennt doch den Psalm 22. Da fleht ein frommer Mensch zu Gott: Ich bin der Leute Spott, vom Volk verachtet (V7), die Leute gaffen und weiden sich an mir (V18), meine Zunge klebt mir am Gaumen (V16)." Die Jünger werden aufgehorcht und bei sich gedacht haben: So hat auch Jesus gelitten. Das haben wir so noch gar nicht gesehen!
Sie hören weiter zu, wie Jesus sie daran erinnert, was beim Propheten Jesaja steht. Von einem Menschen wird da erzählt, der unendlich viel gelitten hat: Dieser Mensch wird verachtet und von den Menschen gemieden, er ist ein Mann voller Schmerzen (Jes 53,3). Er hat kein Unrecht getan und kein falsches Wort war in seinem Mund (Jes 53,9). Trotzdem wurde er getötet und bei den Verbrechern begraben (Jes 53,8 f.).
Ja, denken die Jünger: Das steht beim Propheten. So erging es auch Jesus.
Wir hören weiter zu, was Jesus den beiden Jüngern erzählt haben könnte: „Der Tod des unschuldig Leidenden ist nicht das Ende. Bei dem Propheten steht auch, dass er gerettet wird von Gott, dass er das Licht schauen wird (Jes 53,11), dass er viele Völker in Staunen versetzt, dass sie etwas erfahren, was sie noch nie gehört haben (Jes 52,15)."
Die beiden Jünger haben immer interessierter zugehört, sie kennen die Sätze aus der Schrift. Aber sie verstehen noch nicht, dass Gott auch Jesus aus dem Tod errettet hat. Trotzdem, sie sind nicht mehr so traurig. Sie merken gar nicht, dass sie Emmaus erreichen. Sie bitten ihren Begleiter, mit ihnen ins Haus zu gehen. Wie die Geschichte weitergegangen ist, wisst ihr ...

Kanon: Herr, bleibe bei uns

M: Albert Thate, 1935

5 Miteinander leben und feiern

1. Religionspädagogische und theologische Hinweise

In diesem Themenbereich steht die Kirche vor Ort – die Pfarrgemeinde – mit ihren Aktivitäten und ihrem Glaubensgrund im Mittelpunkt. Die Gemeinschaft von Christen am Ort konstituiert sich je neu in der Feier der Eucharistie, in der Gott in Jesus Christus der Gemeinde in Wort und Sakrament entgegenkommt (vertikale Dimension). Von dieser Mitte aus sind Christen ermächtigt „untereinander in lebendigen Beziehungen zu leben und sich zu öffnen für andere: Schwache, Arme, Fremde, Ausgegrenzte" (Scheidler, Gemeinschaft – Glaubensgemeinschaft/Kirche, 135; horizontale Dimension). Diese theologische Aussage ist für den Unterricht zu präzisieren und zu konkretisieren.

Von der Erfahrung der Sch ausgehend ist es sinnvoll, den umgekehrten Weg zu gehen, also mit der horizontalen Dimension zu beginnen. Sch, für die die Gemeinde in der Regel fremd ist, nehmen diese zunächst in ihren Aktivitäten wahr. Sie erleben Angebote für Kinder: Freizeiten, Faschingsveranstaltungen, Bibelwochen, Martinsumzüge, dann auch (Schul-)Gottesdienste usw. Kirche „bietet" ihnen etwas (**fse 76/77**). Sch können auch wahrnehmen, was Frauen und Männer tun, um anderen Menschen Hilfe, Solidarität und Gerechtigkeit widerfahren zu lassen. Damit öffnet sich für Sch der größere Bereich der Verantwortung für andere: Hilfe für Kranke, für Kinder, für Obdachlose, für Menschen in der dritten Welt (**fse 78/79**). Schließlich nehmen Sch den zentralen Versammlungsort der Christen, die Kirche, wahr. Hier verschränkt sich die horizontale mit der vertikalen Dimension. Der Kirchenraum ist ein Zeichen dafür, dass die kirchliche Gemeinde keine „Sozialeinrichtung" ist, sondern ihr Wirken zurückbindet an ihren Glauben an Gott und sich stärken lässt von der gemeindlichen Versammlung, in der Christus als ihr Herr gegenwärtig ist. In **fse 76-79** sind immer auch Aktivitäten zu sehen, die diese gottesdienstliche Dimension andeuten.

In einem weiteren Schritt kann dann gefragt werden: Was „treibt" die Christen, sich so zu verhalten und sich für andere einzusetzen, woher nehmen sie ihre Legitimation und wo ist die Quelle ihrer Kraft? In drei Schritten gibt **fse** darauf eine Antwort.

Zunächst werden verschiedene biblische Texte angeboten, die für Menschen, die ein Engagement in der Kirche wahrnehmen, bestimmend sein können (**fse 80/81**). Eine weitere Begründung ist der zentrale Gottesdienst, in dem Christen sich versammeln, die Eucharistiefeier (s. o.). Christen erfüllen damit den Auftrag Jesu, sie feiern seine Gegenwart im Wort und in den Gaben von Brot und Wein. Zugleich werden sie mit ihm und untereinander verbunden zur Gemeinschaft der Gläubigen. Von Jesus lassen sie sich inspirieren und zum Handeln in seinem Geist ermächtigen und stärken (Liturgiekonstitution Nr. 10, **fse 82-85**).

Diese Begründung für das Handeln der Christen wird Sch nur ansatzweise zu vermitteln sein. Aber das Verständnis für das Ineinander von Gottesdienst, christlicher Lebensgestaltung und sozialem Engagement der Gemeinde sollte wenigstens angebahnt werden.

Die Kirche entfaltet die Heilstaten Jesu, deren sie in der Eucharistiefeier gedenkt, im Ablauf des Jahres weiter. Dabei feiern Christen zwei große Festkreise: Im Zentrum steht der Osterfestkreis gefolgt vom Weihnachtsfestkreis; die Gedenktage der Heiligen sind in den Kirchenjahreskreis eingebettet. Heilige sind Beispiele dafür, was es heißt, sich vom Geist Jesu bestimmen zu lassen und danach zu leben. Der Bogen schließt sich, wenn wir auf den Anfang des Kapitels schauen: Christen feiern ihren Glauben an die Zuwendung Gottes, die ihnen in Jesus Christus geschenkt wurde. Zugleich sind sie dazu berufen, diese Zuwendung Gottes in ihrem Leben und Handeln aufscheinen zu lassen. Der Glaube wird in der Liebe tätig (Gal 5,6).

Literatur

Nocke, Franz-Josef, Sakramententheologie. Ein Handbuch, Düsseldorf 1997, S. 139-186 (Das Buch bietet eine ausführliche, dabei gut verständliche Einführung in die biblischen Grundlagen, in die dogmengeschichtliche Entwicklung und in die Theologie der Eucharistie.)

Scheidler, Monika, Gemeinschaft – Glaubensgemeinschaft/Kirche, in: Bitter, Gottfried u. a. (Hg.), Neues Handbuch religionspädagogischer Grundbegriffe (NHRPG), München 2002, S. 134-137

Werbick, Jürgen, Kirche als Lebensraum und Institution, in: ebd. S. 169-171

(Beide Artikel geben einen Überblick über das katholische Kirchenverständnis heute.)

2. Das Thema im Lehrplan und in fragen – suchen – entdecken

Das Thema „In der Pfarrgemeinde leben" ergänzt zwei Inhalte der außerschulischen Erstkommunionkatechese: 3.4 Zur Gemeinde gehören – Aufgaben in der Gemeinschaft und 3.4 Die Feier der heiligen Messe, Eucharistie – Gemeinschaft mit Jesus Christus und der Gemeinde.

Am Beginn des vorausgegangenen vierten Kapitels haben sich Sch mit der Bedeutung menschlicher Gemeinschaft auseinander gesetzt. Das Eingangsbild zum fünften Kapitel (**fse 75**) will diese Erkenntnisse wieder ins Bewusstsein rufen. Vor diesem Hintergrund lernen sie mit **fse 76-79** eine Gemeinschaft von Christen vor Ort kennen – Kinder und Erwachsene –, die in der Pfarrgemeinde zusammenkommen, arbeiten, beten und feiern. Für manche Sch wird es eine Erstbegegnung sein, andere werden eigene Erfahrungen einbringen können und von Aktionen, Gruppenstunden und Gottesdiensten berichten, in der die Menschen ihrer Pfarrei zusammenkommen (3.4). Durch die Puzzle-Struktur (**fse 78/79**) werden Sch auf die Kirche als den zentralen Versammlungsort aufmerksam (3.4). Der Lehrplan sieht zwar schon in 1/2 „Die Kirche – das Haus der christlichen Gemeinde" als Thema vor, doch kann jetzt an bereits vorhandene Erfahrungen angeknüpft und eine Vertiefung ermöglicht werden (LP 3.4, Klasse 1/2). **fse 80/81** will eine Fragehaltung bei Sch bewirken und sucht nach den Gründen für das Engagement von Christinnen und Christen. Warum versammeln sie sich, beten und feiern sie miteinander, übernehmen sie Aufgaben, die manchmal auch unbequem und belastend sein können? Sch entdecken, dass sowohl der Antrieb als auch die Kraft zum Durchhalten und Weitermachen in der Botschaft und im Auftrag Jesu zu finden sind. Vor allem am Sonntag versammeln sich Christen, hören und bedenken Jesu Botschaft. In der Eucharistiefeier wissen sie sich verbunden mit Gott und damit Christus (LP 3.4: Gottes Zuwendung und Nähe in den Sakramenten, LP 4: verbindliche Anforderungen: ... die Eucharistie als Zuwendung Gottes in Zeichen deuten). **fse 82/83** und **84/85** führen elementar in die Feier des sonntäglichen Gottesdienstes, der Eucharistie, ein (3.4). Wie der Alltag seinen Höhepunkt der Woche in der Feier des Sonntags findet, so kennt die Kirche auch einen Jahreskreis mit besonderen Feiern zu Geburt und Auferstehung Jesu (Weihnachten und Ostern), die ergänzt werden durch Erinnerungen an große Vorbilder im Glauben, die Heiligen. **fse 86/87** stellt den kirchlichen Jahreskreis vor (3.4). Heilige sind Menschen, in denen die Wirkung der Botschaft Jesu aufscheint. Exemplarisch wird das Leben eines Heiligen vorgestellt, der eine besondere Nähe zu Kindern und Jugendlichen hat (**fse 88/89**). **fse 90** gibt Anregungen, die eigene Pfarrgemeinde zu erkunden, die Vielfalt der Aktivitäten zu entdecken und vielleicht auch selbst Angebote wahrzunehmen.

3. Jahrgangsübergreifende Einsatzmöglichkeiten

An folgende thematische Zusammenhänge aus den vorausgehenden Jahrgängen kann L anknüpfen:
fse 1, Kap. 1, S. 12/13 Wir gehören zusammen
Kap. 3, S. 43 Advent und Weihnachten erleben: Sternsinger
Kap. 5, S. 69 Ostern feiern, Osternacht; S. 72, Osterkerze
fse 2, Kap. 4, S. 60 Jesu Lebensweg, Kirche, Fastenzeit, Hungertuch
Kap. 5, S. 63/76 Zur Kirche gehören

4. Verbindungen zu anderen Fächern

EVANGELISCHE RELIGIONSLEHRE: Gemeinschaft leben: In unserer Kirchengemeinde leben, Begegnung mit evangelischem und katholischem Gemeindeleben, Kirchenjahr und kirchliches Brauchtum
DEUTSCH: 3.1 Mündliches Sprachhandeln, verstehendes Zuhören, gezielt zuhören und nachfragen, Erlebnisse und Geschichten erzählen, mit anderen sprechen, Sachverhalte beschreiben, zusammenfassen, über Strittiges diskutieren, Meinungen anderer akzeptieren, eigene Meinungen und Sichtweisen mit Argumenten vertreten; 3.3 Informierendes Lesen, einem Text Informationen entnehmen
SACHUNTERRICHT: 3.5 Zeit und Kultur
KUNST: 3.1 Farbiges und grafisches, textiles Gestalten

5. Lernsequenz

Planungsskizze	Überschriften in fse	Inhalte im Lehrplan
I. Aktivitäten einer Pfarrgemeinde entdecken	Zusammenkommen – viel erleben **fse 76/77** Viele Aufgaben – ein Ziel **fse 78/79**	3.4 Gemeinschaft erfahren – Christliche Gemeinden erkunden 3.4 Dienst für andere, Dienste im Ehrenamt, Zur Gemeinde gehören – Aufgaben in der Gemeinde
II. Begründung für das Leben in der Pfarrgemeinde Eucharistiefeier als zentraler Gottesdienst Feste und Festzeiten des Kirchenjahres	Worte, die Menschen bewegen **fse 80/81** Zusammenkommen – auf Gottes Wort hören **fse 82/83** Zusammenkommen – Eucharistie feiern **fse 84/85** Der Lebensweg Jesu – Stationen im Jahreskreis **fse 86/87** Vom Leben bewegt – Don Bosco **fse 88/89**	3.4 Gottesdienstliche Feiern kennen und verstehen lernen, Die Feier der heiligen Messe, Gottes Zuwendung und Nähe in den Sakramenten, Eucharistie – Gemeinschaft mit Jesus Christus und der Gemeinde
III. Eine Pfarrgemeinde erkunden	In der Pfarrgemeinde leben **fse 90**	3.4 Dienst für andere, Dienste im Ehrenamt, Zur Gemeinde gehören – Aufgaben in der Gemeinde, Christliche Gemeinden erkunden

6. Lebensbilder 3/4

Folgende Fotos aus der Folienmappe Lebensbilder 3/4, vgl. Arbeitshilfen S. 21, sind für einen situativen Einsatz hilfreich: Nr. 2 Manchmal möchte ich anders sein, Nr. 6 Spiele beim Pfarrfest, Nr. 7 Feuer: Viele Aufgaben – ein Ziel, Nr. 8 Musik kennt keine Grenzen, Nr. 9 Miteinander spielen – voneinander lernen, Nr. 20 Messdiener mit Weihrauch, Nr. 24 Evangelische Kirche, Nr. 25 Katholische Kirche, Nr. 28 Kommunion, Nr. 29 Messdiener mit Weihrauch, Nr. 35 Das wärmende Feuer.

Miteinander leben und feiern   fragen – suchen – entdecken **75**

1. Hintergrund

Paul Klee
Zur Biografie von Paul Klee vgl. Arbeitshilfen 3, S. 54.

Paul Klee: „Bunte Gruppe", 1939
42/41 cm x 39/39,5 cm Ölkreide, Öl und Aquarell auf Baumwolle, Privatbesitz Schweiz
Wie der Titel andeutet, ist das flächig wirkende Bild bestimmt von seiner Farbigkeit. Zunächst fällt die gelbe Figur ins Auge, die zwar links oben angesiedelt ist, aber mit ihrem Kleid die Mitte dominiert. Dieses Kleid scheint die drei unteren Figuren wie unter einem Dach zu schützen. Die weiteren Personen sind in verschiedene Rottöne gekleidet, die auch die Gesichter einschließen; in der Figur am unteren Rand wiederholt sich der braun-beige Hintergrund. Auffallend sind die drei blauen Gestalten an den Rändern links und rechts, dominierend die große blaue Gestalt am linken Bildrand, die zur Hälfte ins Bild ragt. Im Gegensatz zu den anderen Figuren wirken diese drei distanziert, eben am Rand stehend, nicht ganz dazugehörig – oder versuchen sie in der Gruppe Anschluss zu finden?

Neben der Farbigkeit bestimmt das Zueinander der Personen das Bild. Kinder und Erwachsene sind zu sehen, gemalt im Stil einer Kinderzeichnung. Die Gesichter (einige nur unvollkommen) sind mit einfachen Strichen und Punkten angedeutet. Die Augen wirken zum Teil geschlossen, zum Teil erstaunt, erschrocken oder auch bedrohlich wie bei der blauen Figur links. Einige scheinen uns beim Betrachten anzuschauen. Der zunächst verwirrende Gesamteindruck lässt bei näherem Zusehen eine Ordnung erkennen. Die Vielzahl der Figuren, groß und klein, ist miteinander verbunden durch die unterschiedliche Armstellung, Nähe suchend oder Schutz verleihend, keiner steht für sich allein.

Ein Rätsel: In der Gemeinde zusammenkommen

1: ein anderes Wort für Freude (ß = ss)
2: was wir gerne zusammen tun
3: das Gegenteil von weinen
4: bei einem Spiel den Streit ...
5: ein beliebtes Spiel bei Jungen (ß = ss)
6: das dritte Wort der Überschrift S. 76
7: der Erste bei einem Wettkampf
8. Schülerinnen und Schüler S. 77 unten machen ...
9. ist beim Spielen notwendig
10. Hier treffen sich die Kinder, die auf den Seiten 76 und 77 zu sehen sind

Die Lösung (zwei Wörter) ist eine Ergänzung zur Überschrift S. 76

"Kunst macht sichtbar" (Paul Klee): Die Menschen, so verschieden sie sind, sind aufeinander angewiesen, stehen miteinander in Beziehung oder wollen diese herstellen. Das dichte Zu-, Über- und Ineinander kann allerdings auch Enge und Einengung andeuten.

2. Einsatzmöglichkeiten im RU

Das Bild kann an verschiedenen Stellen im Unterrichtsprozess eingesetzt werden: nach **fse 79** oder nach **fse 90**.

Die Farbigkeit und den Aufbau des Bildes entdecken

Das Gemälde ist als Folie Nr. 9 in der Schatzkiste 3/4 enthalten.
- Sch äußern sich nach einer stillen Betrachtung zu den Farben und zu einzelnen Figuren: ich sehe ..., mir fällt auf ...
- Bildstrukturen erkennen:
  – Die Farben, ihre Anordnung, welche Farben dominieren, welche Farben fehlen? „Warme" und „kalte" Farben.
  – Die einzelnen Figuren: ihre Größe, ihre Lage, ihr Gesichtsausdruck.
  – Was fällt auf?
  – Der Künstler hat die Personen auf dem Bild miteinander verbunden: Sch entdecken die verschiedenen Möglichkeiten (Farben, Armbewegung).
  – L gibt Informationen zum Künstler (siehe Arbeitshilfen, S. 202).
  – Sch aktivieren ihr Wissen über den Künstler.

Sch versuchen das Bild zu deuten
- UG zum Satz von Klee: „Kunst macht sichtbar". Was macht der Künstler hier sichtbar?
- Warum hat er sein Bild nach der Art einer Kinderzeichnung gestaltet?
- Sch suchen für das Bild einen Titel und vergleichen ihn mit dem Titel, den der Künstler dem Bild gegeben hat.

Zum Bild Stellung nehmen
- Sch äußern ihre Meinung: Was gefällt mir auf dem Bild? Wie wirkt das Bild auf mich (eng – weit; kalt – warm; freundlich – streng; ruhig – bewegt)?
- Sie suchen eine Figur auf dem Bild, die sie sein möchten. Sie lassen sie sprechen: Was könnte ich sagen, denken, fühlen?
- Mit welcher Person möchte ich Kontakt aufnehmen?

Mit dem Bild weiterarbeiten
- L bereitet ein Plakat (DIN A3) mit der vergrößerten Kopie des Bildes vor. Sch malen sich selbst farbig auf DIN-A7-Blättern, schneiden die gemalten Figuren aus und kleben sie dazu.
- Sch betrachten und beschreiben ihre Collage. Besteht zwischen den Figuren eine Verbindung? Wie könnte sie dar- oder hergestellt werden?
- Was verbindet uns? In der Klasse, in der Schule, als Christen (Talente, Eigenschaften, Wissen, Freundschaften ...)?
- L bereitet für jede/n Sch eine Umrisszeichnung des Klee-Bildes vor. Sch „verfremden" das Bild, indem sie eine andere Farbzusammenstellung wählen. Sie vergleichen die Ergebnisse mit dem Original.
- Sch gestalten in PA auf beigem DIN-A3-Papier ein eigenes Bild „Bunte Gruppe". Die Ergebnisse werden (zusammen mit einer Kopie des Originals) ausgestellt. Sch kommentieren ihre Werke.
- Hier kann S. 56 zur Bilderschließung genutzt werden.

Zusammenkommen – viel erleben   fragen – suchen – entdecken **76/77**

1. Hintergrund

Der Einstieg in die Lebensvollzüge einer Gemeinde wird bewusst aus der Sicht von Sch gewählt. So zeigt die Doppelseite **fse 76/77** fünf Bilder mit verschiedenen Ereignissen aus dem Leben einer Pfarrei, in denen Sch aktiv sein können: Ein Ministrant und eine Ministrantin tragen beim Gottesdienst Fürbitten vor; verkleidete Kinder üben ein Theaterstück ein; eine Pfadfindergruppe vergnügt sich am Lagerfeuer; während einer Kinderbibelwoche erstellen die Teilnehmerinnen eine Collage; Kinder einer Musikgruppe spielen bei einer Aufführung (im Gottesdienst?) mit der Flöte.

Die Fotos bieten einen kleinen Einblick in mögliche Aktivitäten, die eine Pfarrgemeinde für Kinder anbietet. In diesen Beispielen ist die Erfahrung von Gemeinschaft wesentlich, die Sch selbst mitgestalten. Die Fotos haben für Sch Aufforderungscharakter über eigene Erfahrungen in ihrer Gemeinde zu berichten.
Das Lied (**fse 77**) unterstreicht die beschriebene Intention und regt zum Mitgestalten von Gemeinschaft an. Dabei ist der Text so offen formuliert, dass er auch den RU begleiten kann (als gemeinsames Lied am Beginn des Unterrichts).

Eine Kirche – viele Aufgaben

_____
(Name)

Meine Aufgaben: _____

_____

_____

_____

Das gefällt mir an der Arbeit: _____

_____

_____

_____

_____

Organist, Vorsitzende im Pfarrgemeinderat, Krankenschwester, Verkäufer im Eine-Welt-Laden, Erzieherin, Pfarrer, Helferin bei Obdachlosen

2. Einsatzmöglichkeiten im RU

In der Gemeinde zusammenkommen
- Sch betrachten und beschreiben die Fotos auf der Doppelseite **fse 76/77**, ergänzen und erläutern sie – soweit möglich – mit Beispielen aus der eigenen Pfarrei (Fotos).
- Sch sammeln mögliche Aktivitäten:
  Im Gottesdienst: beim Gottesdienst dienen (Messdiener/in); Fürbitten vortragen; in der Musikgruppe spielen oder im Chor singen; der Gemeinde von der Schülerpredigt berichten ...
  Bei der Bibelwoche: zusammen spielen, basteln, den Schlussgottesdienst vorbereiten ...
  In der Kinder-/Pfadfindergruppe: zusammen feiern, Ausflüge machen, im Altenheim singen ...
- Sch stellen pantomimisch eine Tätigkeit vor, die anderen raten.
- Sch schreiben ein Rondell; mögliche erste Zeile: miteinander feiern; miteinander spielen; viel erleben ...
- Sch lösen das Rätsel (**AB 3.5.1, Arbeitshilfen S. 203**).

①	S	P	A	S	S			
②	S	P	I	E	L	E	N	
③	L	A	C	H	E	N		
④	S	C	H	L	I	C	H	T	E	N
⑤			F	U	S	S	B	A	L	L
⑥			E	R	L	E	B	E	N	
⑦		S	I	E	G	E	R		
⑧			M	U	S	I	K		
⑨		R	E	G	E	L			
⑩	G	E	M	E	I	N	D	E	

Die „Bunte Gruppe" mit Leben füllen
- L bereitet ein DIN-A2-Plakat vor, in der Mitte klebt die selbst gestaltete Collage „Bunte Gruppe". Sch kleben mitgebrachte Fotos und selbst gemalte Bilder (miteinander spielen, feiern, musizieren ...) um die Collage.

Sch suchen einen Titel für die Collage: z. B. viel erleben; in der Gemeinde zusammenkommen ...

Beispiele finden
- Sch suchen in **fse 3** Beispiele, bei denen Menschen zusammen leben, feiern, reden ...
- Sie überlegen, warum sie nicht alleine feiern, arbeiten, singen usw.

Das Lied „Tschüss gesagt" singen und sich dazu bewegen
L und Sch singen und lernen das Lied. Gemeinsam werden Bewegungen gefunden oder folgende eingeübt:

Tschüss gesagt:	Winken mit der rechten oder linken Hand
und losgegangen:	auf dem Platz gehen
angekommen und jetzt hier:	stehen bleiben und mit den Händen auf den Boden zeigen
Nicht alleine, miteinander, wollen wir:	Arme/Hände machen öffnende Geste vom Brustkorb ausgehend
ich mit dir, du mit mir:	rechte Hand von mir (Brustkorb) weggehend zu anderen und wieder zurück zu mir zeigend
wir zusammen etwas tun:	mit der rechten Hand in Brusthöhe eine Kreisbewegung vollziehen

3. Jahrgangsübergreifende Lerngruppe

Einen Spiele-Nachmittag planen und durchführen
Es bietet sich an, einen gemeinsamen Spiele-Nachmittag in der Gemeinde, zu dem auch Freunde eingeladen werden können, vorzubereiten. Die Lerngruppe entwirft Einladungskarten und trifft die Auswahl der Spiele. Hier sind gegenseitige Absprachen notwendig und gewünscht. Ziel ist es, im Spiel Gemeinschaft zu erfahren, Gewinnen und Verlieren auszuhalten sowie Spielregeln zu beachten. Sch erfahren die Verschiedenartigkeit der Mitspieler als Reichtum für das Zusammenleben (vgl. LP 3.1).

Einige Aufgaben in der Pfarrgemeinde

Organist

Aufgaben: im Gottesdienst die Orgel spielen, Lieder aussuchen, neue Lieder einüben, den Kinderchor und den Kirchenchor leiten, mit ihnen für den Gottesdienst proben, Kinder und Erwachsene für das Singen begeistern.

Krankenschwester

Aufgaben: Kranke besuchen und pflegen, ihre Schmerzen lindern, sie beraten, ihnen zuhören, sie trösten, ihnen Mut machen.

Verkäufer im Eine-Welt-Laden

Aufgaben: Waren aus Entwicklungsländern anbieten, die Waren gut kennen, die Kunden beraten, auch am Sonntag in den Gemeinden verkaufen, über die Not der Bauern und Arbeiter in den armen Ländern Bescheid wissen und die Kunden informieren.

Erzieherin

Aufgaben: Über Kinder und ihre Wünsche Bescheid wissen, mit Kindern spielen, singen, basteln, Geschichten erzählen, viele Bilderbücher und Spiele kennen, Kinder trösten, Streit schlichten, mit ihnen Feste feiern, mit ihren Eltern zusammenarbeiten.

Vorsitzende im Pfarrgemeinderat

Aufgaben: Mit Frauen, Männern und Jugendlichen besprechen, was in der Gemeinde zu tun ist, die Sitzungen leiten, Gottesdienste und Feste vorbereiten, den Pfarrer bei seiner Arbeit unterstützen.

Helferin bei den Obdachlosen

Aufgaben: Die Wärmestube herrichten, das Essen planen, einkaufen, kochen und austeilen, Kleidung in der Gemeinde sammeln und an die Bedürftigen verteilen, den Obdachlosen zuhören, regelmäßig da sein.

Pfarrer der Gemeinde

Aufgaben: Gottesdienste feiern, die Sakramente spenden, z. B. die Taufe, die Eucharistiefeier leiten, predigen, Religionsunterricht geben, Bibelabende anbieten, sich um die Menschen in der Gemeinde kümmern und mit ihnen über den Glauben sprechen.

Viele Aufgaben – ein Ziel

fragen – suchen – entdecken **78/79**

1. Hintergrund

Während die beiden vorangegangenen Seiten die Angebote der Gemeinden für Kinder in den Mittelpunkt stellten, gehen die beiden folgenden Seiten einen Schritt weiter: Die Aktivitäten der Gemeinde sind rückgebunden an ein Ziel, das zum einen in der Motivation Einzelner begründet ist (**fse 80/81**), zum anderen in der gemeinsamen Feier des Gottesdienstes seine Mitte hat gemäß dem Stiftungsauftrag Jesu (**fse 82-85**), vgl. **fse 68**.

Die Kirche ist der Ort, an dem sich Menschen zusammenfinden, um Gemeinschaft mit anderen Christinnen und Christen zu erfahren. Sie ist gleichzeitig die „Gemeinschaft derer, die in der Einheit mit der Gesamtkirche an Jesus Christus glauben und das durch ihn geschenkte Heil bezeugen" (Synode, Dienste und Ämter, 2.3.2).

Manche Sch können eigene Erfahrungen mit der Kirche an ihrem Heimatort einbringen: Sie haben große Feste in der Kirche mitgefeiert (Taufe, Hochzeit, Erstkommunion, Weihnachten, Ostern ...), sie haben an Angeboten für Kinder teilgenommen und diese als interessant erlebt (**fse 78/79**). Daneben gibt es in jeder Klasse einige Sch, die mit Kirche auch negative Erlebnisse verbinden, etwa von „langweiligen Gottesdiensten" berichten. Eine immer größer werdende Zahl von Kindern jedoch hat keine oder fast keine eigenen Erfahrungen mit ihrer Pfarrgemeinde gemacht. Das liegt nicht immer an kirchendistanzierten Eltern, sondern oftmals auch an fehlenden Angeboten für Kinder in der Ortskirche. Mehr und mehr Pfarreien sind im Leben von Familien kaum mehr präsent. Es ist für die Lehrkraft wichtig, den Ist-Zustand und die kindgerechten Angebote der eigenen Pfarrgemeinde nüchtern festzustellen, um nicht bei den Kindern falsche Erwartungen zu wecken, die dann zu Enttäuschungen führen.

Die Aufgabe dieser Einheit ist es, die (hoffentlich) vielen kirchlichen Dienste vor Ort erstmalig zu entdecken oder bewusst wahrzunehmen. Dabei suchen Sch nach den Gründen für das Engagement der ehrenamtlichen und hauptamtlichen Mitarbeiter und Mitarbeiterinnen. Sie entdecken, dass sie sich von der Botschaft Jesu anstecken lassen („Einer hat uns angesteckt ..."; **fse 79** unten). Christen in der Gemeinde setzen sich dafür ein, dass etwas vom Reich Gottes in ihrer Stadt, in ihrem Dorf erfahrbar wird.

Die Doppelseite zeigt sieben Puzzleteile. Sie bieten sowohl eine Erschließung des Begriffes Kirche als Gemeinschaft der Gläubigen, der Pfarrgemeinde, als auch eine Begegnung mit dem Ort, an dem sich diese Gemeinde trifft, dem Kirchenraum. Auf den Puzzlestücken sind verschiedene Aktivitäten abgebildet, wie sie aus dem Leben vieler Pfarrgemeinden bekannt sind: Der Organist spielt beim Gottesdienst auf der Orgel, eine Gemeindeschwester macht einen Krankenbesuch, in einem Eine-Welt-Laden werden Waren zu fairen Preisen verkauft, ein Faschingsfest wird gefeiert, eine Pfarrgemeinderatssitzung findet statt, Obdachlose bekommen ein warmes Essen, Menschen finden sich zum Gottesdienst in der Kirche ein. Unterschiedliche Tätigkeiten werden gezeigt: verkündigen, helfen, beraten, feiern, gestalten – es sind Grundvollzüge christlichen Glaubens, die sich im Leben der Pfarrgemeinde konkretisieren.

2. Einsatzmöglichkeiten im RU

Aufgaben in der Pfarrgemeinde entdecken

- Die Puzzleteile **fse 78/79** werden kopiert; je ein Puzzleteil wird in GA bearbeitet.
– Sch beschreiben die abgebildete Tätigkeit und lösen die Aufgaben auf **AB 3.5.2, Arbeitshilfen S. 205**. Zunächst versuchen sie diese in der Gruppe zu lösen und holen sich bei Bedarf die fehlenden Informationen: **AB 3.5.3, Arbeitshilfen S. 207**.
– Die Ergebnisse werden im Sitzkreis vorgetragen, die Einzelteile zur Kirche zusammengesetzt und die Berufsbezeichnungen bzw. die Namen der Ehrenamtlichen auf Wortkärtchen dazugelegt. Wenn Sch weitere Aufgaben einfallen, kann das „Dach" der Kirche durch ein weiteres Puzzleteil vergrößert werden.
– UG: Die Überschrift **fse 78/79** zu verstehen suchen: Was könnte das Ziel aller Aufgaben sein? (Den Menschen dienen wie Jesus; was Jesus gesagt hat, in die Tat umsetzen; sich um Arme, Kranke, Obdachlose sorgen, miteinander beten und arbeiten usw.)
– Einer hat uns angesteckt: Was (wer) ist damit gemeint? Wie hat Jesus gezeigt, was wichtig ist? Die Aufgabe kann verbunden werden mit der Suche nach den Motiven christlichen Handelns (siehe 2. Impuls, S. 79 unten, vgl. Arbeitshilfen zu **fse 80/81**).

Die eigene Pfarrgemeinde erkunden

- Wo es möglich ist, werden Mitarbeiterinnen und Mitarbeiter eingeladen oder befragt (**fse 90**).
– Mit den Sch einen Fragenkatalog entwickeln oder **AB 3.5.2, Arbeitshilfen S. 205** (Gemeindereferenten, Gemeindeassistenten, Diakon, Pfarrsekretärin, Subsidiare, Vikar, Ordensleute ...), dazu verwenden.

Stein auf Stein

T: Reinhard Feuersträter
M: Reinhard Horn

Kv: Stein auf Stein, Stein auf Stein, wir baun die Zukunft nicht allein. Stein auf Stein, Stein auf Stein, bau deinen Stein mit ein. Liebe heißt der eine Stein, die brauchen wir zum Leben, bauen wir auch deinen Stein in unser Haus mit ein, in unser Haus mit ein.

2. Hoffnung heißt der eine Stein,
   die brauchen wir zum Leben,
   bauen wir auch deinen Stein
   in unser Haus mit ein.

3. Freude heißt der eine Stein,
   die brauchen wir zum Leben,
   bauen wir auch deinen Stein
   in unser Haus mit ein.

4. Lachen heißt der eine Stein,
   das brauchen wir zum Leben,
   bauen wir auch deinen Stein
   in unser Haus mit ein.

5. Frieden heißt der eine Stein,
   den brauchen wir zum Leben,
   bauen wir auch deinen Stein
   in unser Haus mit ein.

6. Freundschaft heißt der eine Stein,
   die brauchen wir zum Leben,
   bauen wir auch deinen Stein
   in unser Haus mit ein.

7. Farbe heißt der eine Stein,
   die brauchen wir zum Leben,
   bauen wir auch deinen Stein
   in unser Haus mit ein.

8. Freiheit heißt der eine Stein,
   die brauchen wir zum Leben,
   bauen wir auch deinen Stein
   in unser Haus mit ein.

9. Alle sind wir selbst ein Stein,
   wir brauchen uns zum Leben,
   bauen wir uns selbst als Stein
   in unser Haus mit ein.

– Auf Puzzleteile (leer wie **fse 78/79**) die einzelnen Dienste schreiben und die Puzzleteile zusammensetzen. So entsteht ein Bild der eigenen Pfarrgemeinde mit ihren Besonderheiten: **AB 3.5.3, Arbeitshilfen S. 207**.

Die Pfarrkirche erkunden

In Abstimmung mit der Gemeindekatechese kann eine Kirchenerkundung durchgeführt werden. Eine Doppelung ist aber zu vermeiden!

- In Arbeitshilfen 2 – NRW, 220f. ist eine Kirchenerkundung in verschiedenen Stationen beschrieben.
- Im Zusammenhang mit der Eucharistiefeier (**fse 82-85**) kann eine weitere Begehung erfolgen, wobei ein besonderes Augenmerk auf Ambo, Altar und die Gefäße, die zur Eucharistiefeier benötigt werden, gelegt werden sollte, aber auch auf den Versammlungsort für die Gemeinde. (Sie ist es, die Eucharistie feiert!)
- Sch erlernen und singen das Lied „Stein auf Stein": **AB 3.5.4, Arbeitshilfen S. 209**.

3. Jahrgangsübergreifende Lerngruppe

Einen Kinderkirchenführer erstellen

- Wenn möglich, werden Gotteshäuser verschiedener Konfessionen besucht, erkundet und erspürt.
- In einem längerfristigen Projekt werden Elemente der katholischen und evangelischen Kirchen vor Ort zu einem kleinen Kinderkirchenführer zusammengestellt, der in Form eines Fragenkatalogs oder einer Rallye den Sch wesentliche Informationen über die Gotteshäuser in spielerischer Form vermittelt.
- Die oben genannte Mitarbeiterbefragung (evtl. Interview) kann ebenfalls gut in der Lerngruppe durchgeführt werden.

Literatur

Brüll, Christina/ Ittmann, Norbert/ Maschwitz, Rüdiger/ Stoppig, Christine, Synagoge – Kirche – Moschee, München 2005

Goecke-Seischab, Margarete Luise/Harz, Frieder, Komm, wir entdecken eine Kirche. Räume erspüren, Bilder verstehen, Symbole erleben, München 2001

Kath. Schulkommissariat in Bayern (Woller, E.), Handreichung zu ausgewählten Themen des Lehrplans, München 2003, S. 146-154: Arbeitsblätter für eine Erkundung (Stationenarbeit)

Worte, die Menschen bewegen   fragen – suchen – entdecken 80/81

1. Hintergrund

Auf der vorangegangenen Doppelseite begegneten Sch Menschen, die sich in der Pfarrgemeinde engagieren. Sie entdeckten dabei auch, dass diese Tätigkeiten nicht immer nur Spaß machen, sondern manchmal auch mühsam, kräftezehrend und unangenehm sein können. Auf dieser Doppelseite fragen Sch mit der Menschengruppe vor der Plakatwand nach den Motiven für das Engagement von Christinnen und Christen.

Plakatwände tragen normalerweise grelle Aufschriften und Bilder, die zum Kauf eines bestimmten Produkts verlocken sollen. Die Texte (vier Stellen aus der Bibel) sind wie Werbeplakate angebracht. Sie werben nicht für ein Konsumprodukt, sondern sie geben Auskunft darüber, was Menschen bewegt, in der Gemeinde einen Dienst zu tun, worauf sie sich berufen, was sie hält und stützt.

Das Gleichnis vom barmherzigen Samariter (Lk 10,30-34) begründet christliche Nächstenliebe, die Zuwendung zu Menschen in Not (*diakonia*). Die Arbeit mit Kranken, Alten oder sozialen Randgruppen ist eine mögliche Konsequenz aus der Aufforderung Jesu: Gehe hin und handle ebenso (**fse 98/99**).

Im Verkündigungsauftrag Mt 28,19f. weist Jesus seine Jünger an, die Botschaft von Gottes Reich in die Welt zu tragen. Für Christen, die in der Verkündigung (*martyria*) stehen, kann dieser Auftrag Anstoß ihres Tuns sein.

Menschen finden zu allen Zeiten in der Bibel Gebete, mit denen sie ihr Leben auf Gott hin ausrichten (*leiturgia*). Exemplarisch stehen dafür ein Psalm (Ps 139,1-3) und das Vaterunser (nach Mt 5,9b-15). *Actio* und *Contemplatio* sind untrennbar verbunden.

2. Einsatzmöglichkeiten im RU

Gründe für das Handeln von Christen entdecken

- L-Information: Gemeindemitglieder wurden (in einem Gottesdienst) interviewt, warum sie Kranke besuchen, im Eine-Welt-Laden arbeiten usw. Am Ende des Gottesdienstes haben sie als Antwort auf einer Pinnwand einen Text aus der Bibel angebracht, der für sie wichtig ist und sie dazu bewegt hat, in der Gemeinde mitzuarbeiten.
- Sch erraten, welche Personen von **fse 78/79** die einzelnen Texte ausgesucht haben, und begründen ihre Wahl. Dazu lesen Sch die Texte im Buch und auf dem **AB** und versuchen in ihren Kleingruppen

Worte aus der Bibel

Ein Mann ging von Jerusalem nach Jericho ...
Nach Lk 10,30-34
Diesen Text hat _____
ausgewählt.

Geht zu allen Völkern ...
Nach Mt 28,19-20
Diesen Text hat _____
ausgewählt.

Herr, du hast mich erforscht ...
Aus Ps 139,1-3
Diesen Text hat _____
ausgewählt.

Vater unser im Himmel ...
Nach Mt 6,5-15
Diesen Text hat _____
ausgewählt.

Jesus sagt: Ich bin hungrig gewesen und krank ... Was ihr einer meiner geringsten Schwestern, einem meiner geringsten Brüder getan habt, das habt ihr mir getan.
Nach Mt 25,35
Diesen Text hat _____
ausgewählt.

Freut euch, jubelt und singt! Spielt auf der Harfe, auf der Harfe zu lautem Gesang!
Ps 98,4-6
Diesen Text hat _____
ausgewählt.

Jesus sagt: Lasst die Kinder zu mir kommen! Und er nahm die Kinder in seine Arme und segnete sie.
Nach Mk 10,14.16
Diesen Text hat _____
ausgewählt.

3.5.5

(s. o.) eine Zuordnung: **AB 3.5.5, Arbeitshilfen S. 211** (Text 1: Krankenschwester; Verkäuferin im Eine-Welt-Laden; Text 2: Gemeindepfarrer; Mitglieder im Pfarrgemeinderat; Text 3: Gottesdienstteilnehmer/innen; Gebetskreis; Text 4: Gottesdienstteilnehmer/innen, Verkäufer im Eine-Welt-Laden; Text 5: Betreuerin bei den Obdachlosen; Text 6: Organist; Text 7: Kindergärtnerin; es sind mehrere Nennungen möglich). Steht die konkrete Gemeinde im Mittelpunkt, können die einzelnen Personen ausgetauscht werden.

Alternative: Wenn **fse 90** vorgezogen wird, werden den Interviewpartnern die vier Texte von **fse 80/81** und von **AB 3.5.5, Arbeitshilfen S. 211**, vorgelegt. Interviewfrage: „Ist darunter ein Text, der für Sie besonders wichtig ist? Haben Sie ein anderes biblisches Wort, eine andere biblische Erzählung?"

Zusammenkommen – auf Gottes Wort hören   fragen – suchen – entdecken **82/83**

Zusammenkommen – Eucharistie feiern   fragen – suchen – entdecken **84/85**

1. Hintergrund

Vorbemerkung: Wie beim gesamten Themenbereich ist bei den beiden Doppelseiten besonders die Kommunionvorbereitung in der Gemeinde zu berücksichtigen. Eine enge Verzahnung von Religionsunterricht und Gemeindekatechese ist wichtig (vgl. LP 3.4: Leben und Glauben in Gemeinde und Kirche, und LP 2.2: Prinzipien der Unterrichtsgestaltung).
Schwerpunkt der beiden Doppelseiten in **fse** ist die Beschränkung auf den dialogischen und dramaturgischen Aufbau der Eucharistiefeier. Die Einzelheiten und die weitere Ausgestaltung sind der Gemeindekatechese vorbehalten.

Die beiden Doppelseiten **fse 82-85** bilden eine Einheit. Die Eucharistiefeier (Wortgottesdienst und Mahlfeier) ist die Mitte jeder christlichen Gemeinde. Die vielen Aktivitäten der Christinnen und Christen, die Sch bisher kennen gelernt haben, finden hier ihr Fundament und ihr Zentrum. Die Eucharistie ist der „Höhepunkt, dem das Tun der Kirche zustrebt, und zugleich die Quelle, aus der all ihre Kraft strömt" (Liturgiekonstitution Nr. 10).

Eucharistie – theologische Aspekte
Eucharistie heißt wörtlich Danksagung: Christen kommen im Gottesdienst zusammen, um Gott Dank zu sagen für alles, was er den Menschen schenkt und geschenkt hat; insbesondere danken sie für Jesus Christus, der in der Messe, wie die Eucharistie auch genannt wird, gegenwärtig ist. Es ist eine „dankende, vergegenwärtigende Erinnerung" (Nocke, S. 175) an sein Leben, seinen Tod und seine Auferstehung. Erinnerung meint hier mehr als nur ein Ereignis der Vergangenheit. Vielmehr wird in der Feier das Heilswerk Jesu vergegenwärtigt. Ähnlich wie der gläubige Jude jedes Jahr mit der Feier des Pessachmahles am Auszug aus der Knechtschaft und dem Weg durch die Wüste teilhat, so wird in der Eucharistie die „erinnerte" Geschichte Jesu, vor allem sein Leiden und seine Auferstehung, vergegenwärtigt.

Die Gläubigen gehen in der Feier der Eucharistie eine Verbindung mit Christus ein. Er will ihnen nahe sein. Seit dem Mittelalter wird dies mit dem Begriff „Realpräsenz" umschrieben: Christus schenkt seine Nähe in einer ganz besonderen Weise, er ist real präsent (tatsächlich zugegen): Er ist zugegen in der feiernden Gemeinde (deshalb ist in **fse 82-85** die Gemeinde abgebildet), im Priester, im Wort der Schrift, vor allem in den Gestalten von Brot und Wein (Liturgiekonstitution Nr. 7).

Liturgische Aspekte
Bereits die ersten Christen feierten ein „Herrenmahl" in Erinnerung an das Abendmahl Jesu (vgl. **fse 72**, Arbeitshilfen S. 168). Es war eingebettet in ein Sättigungsmahl. Im 2. Jh. fand eine Abkopplung des Erinnerungsmahles vom Sättigungsmahl statt und es wurde ein Wortgottesdienst vorangestellt. Diese Grundstruktur ist bis heute erhalten geblieben: Wortgottesdienst und Mahlfeier (= Eucharistiefeier im engeren Sinn) bilden die beiden Hauptteile der Eucharistie. Sie werden eingerahmt von der Eröffnung, deren Ziel es ist, die Mitfeiernden zu sammeln und für die Feier vorzubereiten, und dem Abschluss, der mit dem Segen und einem Entlassgruß die Gemeinde in den Alltag entlässt.

Wortgottesdienst
Der Wortgottesdienst wird in seinem Aufbau charakterisiert durch die beiden Pole: dem Wort Gottes, dem die Gemeinde antwortet. Die Eröffnung geschieht durch Gebet und Gesang. In **fse 82** wird dies durch das Lied angedeutet: „Kommt herbei ...". Die Mitte des Wortgottesdienstes ist die Verkündigung des Wortes Gottes. Diese Mitte ist in **fse 82/83** durch die Verkündigung am Ambo (Lesepult) visualisiert. Ein Ab-

Zusammenkommen – Mahl feiern

3.5.6

schnitt aus dem AT und/oder NT (Apg oder Briefliteratur) wird verlesen, es folgt eine Perikope aus einem der vier Evangelien. Eine Perikopenordnung (Perikope = biblischer Abschnitt) bringt die Texte in eine feste Abfolge, die sich alle drei Jahre wiederholt.

Ein wertvolles Evangelienbuch (Evangeliar genannt) weist ebenso wie der feierliche, z. T. gesungene Vortrag mit Kerzen und Weihrauch darauf hin, dass Gott selbst durch sein biblisches Wort zur Gemeinde spricht. Die Predigt (Homilie) erschließt den Text für die Hörerinnen und Hörer.

Dem Hören des Wortes Gottes und seiner Auslegung folgt die Antwort der Gemeinde (**fse 83**); in den Fürbitten öffnet sie sich für die Anliegen der Menschen. Kirchliche Anliegen, die Sorge um politische Entwicklungen, um Not und Elend der Menschen in der Welt und im eigenen Land, die Kirchengemeinde vor Ort, all das wird im Gebet vor Gott getragen und ihm anvertraut (**fse 83**).

Eucharistiefeier im engeren Sinn

Die Gläubigen versammeln sich um den „Tisch des Herrn" (**fse 84/85**). Neuere Kirchenbauten setzen dies teilweise in der Symbolik von halbkreisförmig um den Altar angeordneten Bänken um. Auch in *fragen – suchen – entdecken 3* ist die Gemeinde um den Altar versammelt. Betont wird damit der Mahlcharakter. Die Gemeinde feiert zusammen mit dem Priester die Eucharistie. Die Gaben Brot und Wein werden zum Altar gebracht (Gabenbereitung **fse 84**). Die Kollekte der Gemeinde ist eine Antwort auf die Gabe des Heils, die den Gläubigen in Jesus Christus geschenkt ist.

Das nun folgende Hochgebet preist die Heilstaten Gottes (Präfation). Der Einsetzungsbericht (**fse 85**) ist die Mitte der Eucharistiefeier. In Brot und Wein ist Jesus in besonderer Weise gegenwärtig (Liturgiekonstitution Nr. 7). Diese Mitte ist im Buch durch das Foto angedeutet.

In der Kommunion lässt sich die Gemeinde einladen: „Nehmt und esst ...".

Der Eröffnung (**fse 82**) korrespondiert die Entlassung mit dem Segen (**fse 85**). Gott, der der Einladende ist, wird mit seinem Segen bei der Gemeinde bleiben: „Nie sind wir allein ...".

Wie bereits angedeutet, ist **fse 82/83** so gestaltet, dass sich die einzelnen Elemente um das Zentrum (Verkündigung des Wortes Gottes) gruppieren. Im Halbkreis werden im Uhrzeigersinn weitere Elemente des Wortgottesdienstes in Lied und Wort vorgestellt: **1** Ein Lied steht für die Eröffnung (**fse 82** links unten), die Versammlung der Gläubigen als „Volk Gottes" wird hervorgehoben. **2** Die Lesung/Verkündigung aus der Hl. Schrift (Foto **fse 82** oben) bildet den Mittelpunkt. **3** Die Antwort der Gemeinde ist im Lied dargestellt (**fse 83** oben). Mit dem kurzen Text ist die Auslegung (Predigt) angedeutet. **4** Die Fürbitten (**fse 83** unten) bilden den Abschluss des Wortgottesdienstes.

fse 84/85 nimmt die Gestaltung der vorhergehenden Doppelseite auf. Jetzt steht das eucharistische Geschehen im Mittelpunkt. Der Leiter der Versammlung (Priester) spricht das Hochgebet, in dessen Zentrum die Einsetzungsworte stehen. Die Elemente sind wieder im Halbrund angeordnet. **5** Links unten steht das verkürzte Gebet zur Gabenbereitung. **6** Aus dem umfangreichen Hochgebet sind die Einsetzungsworte gewählt (**fse 85** oben). **7** Die Kommunion der Gläubigen als Mahl wird angesprochen. **8** Die Entlassung bildet den Abschluss des Gottesdienstes (**fse 85** unten).

Anmerkung: Einige sprachliche Vereinfachungen können Sch das Verständnis erleichtern:
fse 84, Nr. 5: Brot und Wein ... Lass sie uns zu Gaben des Lebens werden. Nr. 6: Wir preisen deinen Tod, wir glauben, dass du lebst. Nr. 7: Nehmt und esst alle davon! Wer von diesem Brot isst, hat Leben von Gott.

Literatur

Adam, Adolf, Grundriß Liturgie, Freiburg ²1998, S. 132-168
Nocke, Franz-Josef, Sakramententheologie. Ein Handbuch, Düsseldorf 1997
Gotteslob Nr. 351-370

2. Einsatzmöglichkeiten im RU

Vorbemerkung: Sch haben auf den vorhergehenden Seiten Menschen kennen gelernt, die in der Gemeinde einen Dienst tun (**fse 78/79**) oder sich sonst in der Gemeinde treffen (**fse 76/77**). Ihr gemeinsamer Mittelpunkt ist die Feier der Eucharistie. Der RU nimmt die Erfahrung eines Gottesdienstbesuches (der Sch) auf und sucht sie zu klären. Sinnvoll ist es, wenn Sch im Rahmen der Kommunionvorbereitung bereits einen Gottesdienst gefeiert oder den Gottesdienst der Gemeinde mitgefeiert haben. Für das Gelingen dieser Einheit ist es notwendig, dass Absprachen (Gestaltung der Messe, Gottesdienstraum, Texte und Lieder, Thema, Rituale, Termine ...) gemeinsam mit dem Pfarrer oder dem/der Gemeindereferent/in im Rahmen einer Fachkonferenz getroffen werden. „Dem Austausch zwischen den Fachkonferenzen Katholische und Evangelische Religionslehre an der einzelnen Grundschule kommt dabei besondere Bedeutung zu" (LP 2.2. Prinzipien der Unterrichtsgestaltung). Ebenso ist im Rahmen der fortzuschreibenden Schulprogrammarbeit die möglicherweise festgelegte Zusammenarbeit (Eine-Welt-Projekte, Sternsinger, Besuch der Altenheime, Pfarrbücherei, Gemeindegruppen usw.) zwischen Kirchengemeinden und der Grundschule zu berücksichtigen. Durch die Kontakt- bzw. Seelsorge-

Wir preisen deinen Tod

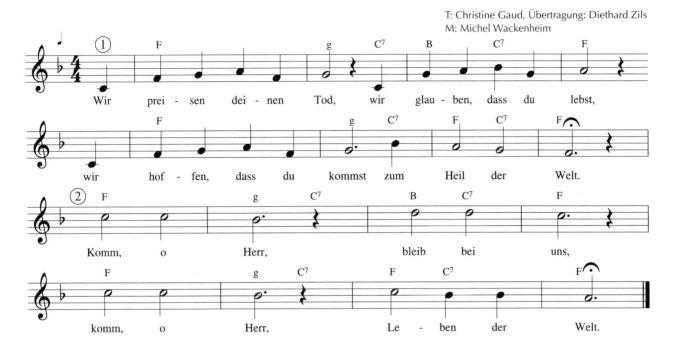

T: Christine Gaud, Übertragung: Diethard Zils
M: Michel Wackenheim

1. Wir preisen deinen Tod, wir glauben, dass du lebst, wir hoffen, dass du kommst zum Heil der Welt.
2. Komm, o Herr, bleib bei uns, komm, o Herr, Leben der Welt.

Die kleine Schraube

Es gab einmal in einem riesigen Schiff eine ganz kleine Schraube, die mit vielen anderen ebenso kleinen Schrauben zwei große Stahlplatten miteinander verband. Diese kleine Schraube fing an, bei der Fahrt mitten im Indischen Ozean etwas lockerer zu werden und drohte herauszufallen.

Da sagten die nächsten Schrauben zu ihr: „Wenn du herausfällst, dann gehen wir auch." Und die Nägel unten am Schiffskörper sagten: „Uns wird es auch zu eng, wir lockern uns auch ein wenig." Als die großen eisernen Rippen das hörten, da riefen sie: „Um Gottes willen bleibt; denn wenn ihr nicht mehr haltet, dann ist es um uns geschehen!" Und das Gerücht von dem Vorhaben der kleinen Schraube verbreitete sich blitzschnell durch den ganzen riesigen Körper des Schiffes. Er ächzte und erbebte in allen Fugen.

Da beschlossen sämtliche Rippen und Platten und Schrauben und auch die kleinsten Nägel, eine gemeinsame Botschaft an die kleine Schraube zu senden, sie möge doch bleiben; denn sonst würde das ganze Schiff bersten und keine von ihnen die Heimat erreichen. Das schmeichelte dem Stolz der kleinen Schraube, dass ihr solch ungeheure Bedeutung beigemessen wurde, und sie ließ sagen, sie wolle sitzen bleiben.

Rudyard Kipling

stunde im 3./4. Schuljahr sind Absprachen ebenfalls notwendig.

Die wichtigen Elemente des Wortgottesdienstes fse 82/83 kennen lernen

- *Einstieg*: Brainstorming mit Sch: Worte, die ihnen beim Stichwort Gottesdienst einfallen.
- Evtl. die gefundenen Einfälle für ein Cluster weiterverwenden. Festhalten der Einfälle/des Clusters auf einem Plakat, das während der folgenden Stunden immer wieder verwendet werden kann.
- *Alternative*: Spielszene: Verschiedene Gottesdienstteilnehmer/innen werden von Sch gespielt. Ein Reporter fragt sie auf dem Weg zum Gottesdienst: Warum gehen Sie zum Gottesdienst? Die Antworten in Stichpunkten festhalten. Evtl. bringt L eigene Befragungen ein.
- Sch erkennen Elemente ihrer Gottesdiensterfahrung auf **fse 82/83** wieder: Die verschiedenen gezeichneten Personen, die Mitte der beiden Seiten (Priester, aus der Schrift lesend), die Lieder und das Gebet. Männer und Frauen, Jugendliche und Kinder sind zu einem Gottesdienst versammelt.
- UG in Verbindung mit TA (**AB 3.5.6, Arbeitshilfen S. 213**): Beide Doppelseiten stellen den Ablauf des Gottesdienstes in zwei Halbkreisen dar (TA oder Bodenbild: Halbkreis). Sch legen die einzelnen Teile (eckige und ovale Kärtchen) in das Halbrund:
1) Das Wichtigste steht in der Mitte: das Buch: Lesung/Evangelium. Begründung: Die Gemeinde hört auf das Wort Gottes, das in der Lesung und im Evangelium verkündet wird (vgl. auch **fse 80/81**: Bibelstellen, die für Gemeindemitglieder wichtig sind). Die Bibel ist für sie eine wichtige Quelle für ihr Verhalten im Alltag.
2) Am Beginn des Gottesdienstes: Die Gemeinde ist eingeladen (Gott selbst ruft): Sie singt ein Eingangslied (Kärtchen links unten). Weitere Elemente (je nach Gottesdiensterfahrung der Sch): Die Gläubigen besinnen sich, was in der vergangenen Zeit gut/nicht gut war, bitten um Verzeihung. Sie loben Gott und wenden sich im Gebet an ihn (ovale Kärtchen in anderer Farbe: Besinnung/Lob Gottes/Gebet).
3) Damit die Gemeinde das Evangelium für sich überdenken kann, erklärt der Priester das Gehörte (Predigt). Die Gemeinde antwortet mit dem Glaubensbekenntnis und wendet sich mit ihren Bitten an Gott (jeweils die ovalen/rechteckigen Kärtchen dazulegen).
- Sch überlegen: Wie kann die Überschrift ergänzt werden? (sich erinnern an Geschichten aus der Bibel oder an ein Wort; Gott danken; Gott loben usw.)
- *Hinweis* zu TA/Bodenbild/Hefteintrag: Die viereckigen Teile als Strukturierungshilfe zuerst inhaltlich bearbeiten, dann die ovalen, andersfarbigen Kärtchen, damit die Übersicht nicht verloren geht. Links unten steht: WORTGOTTESDIENST. Ebenso wird mit der Eucharistiefeier i. e. S. verfahren.

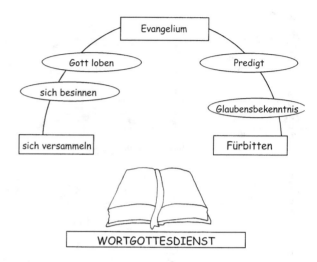

Die wichtigen Elemente der Mahlfeier fse 84/85 kennen lernen

Parallel zu den beiden vorangehenden Seiten wird **fse 84/85** aufbereitet.

- Sch betrachten die beiden Seiten und identifizieren die einzelnen Teile, soweit sie ihnen bekannt sind.
- UG mit paralleler TA. Sch suchen zunächst wieder die Mitte der beiden Seiten und erklären, was zu sehen ist. Sie lesen den Einsetzungsbericht. Sie entdecken Ähnlichkeiten mit **fse 68**.
- Sch suchen den Auftrag Jesu auf **fse 68** „Tut dies zu meinem Gedächtnis" und bearbeiten **AB 3.5.8, Arbeitshilfen S. 217**.
- Sch singen die Antwort der Gemeinde auf den Einsetzungsbericht: **AB 3.5.7, Arbeitshilfen S. 215**.
- Sch ergänzen weitere Teile des Gottesdienstes auf **AB 3.5.6, Arbeitshilfen S. 213**. Am Anfang steht die Bereitung der Gaben Brot und Wein (Text auf **fse 84**).

Alternative: Fortsetzung des Bodenbildes. Die Einladung zur Kommunion wird in das Halbrund eingefügt.

- Die TA wird vervollständigt mit den Teilen: Vaterunser/Friedensgruß (ein ovales Kärtchen) und dem Segen bzw. der Sendung: Leben von Gott wirkt weiter im Alltag: Gott ist bei uns: „... nie sind wir allein" (Nr. 8).

Unten rechts steht MAHLFEIER oder EUCHARISTIEFEIER.

- Sch ergänzen die Überschrift **fse 83/84**: Gott um den Segen bitten, einander den Frieden wünschen; mit Jesus Mahl feiern ... usw.

„Tut dies zu meinem Gedächtnis"

Jesus reichte das Brot den Jüngern und sprach:

_____
_____

Nach dem Essen nahm er auch den Kelch mit Wein und sagte:

_____
_____
_____

Im Hochgebet heißt es:
Jesus hat das Brot genommen, es den Freunden ausgeteilt und dabei zu ihnen gesagt: „Nehmt und esst alle davon:

_____
_____

Er hat den Kelch seinen Freunden gereicht und dabei zu ihnen gesagt: „Nehmt und trinkt alle daraus:

_____
_____
_____

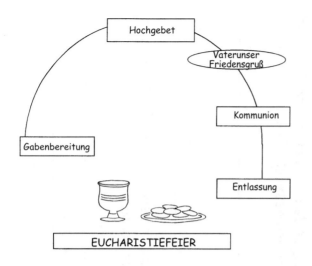

Lieder und Segenselemente
- „Wir preisen deinen Tod", **AB 3.5.7, Arbeitshilfen S. 215**, wird als Kanon gesungen. Das Segenslied ist auch für das Ende des Unterrichts geeignet.
- Weitere Anregungen zum Thema Segen finden sich in Arbeitshilfen 2 – NRW, S. 40-46.

3. Jahrgangsübergreifende Lerngruppe

Liturgische Feiern
Zu den üblichen gottesdienstlichen Feiern, sowohl in der Schule als auch in der Gemeinde, sind stets alle Kinder eingeladen und zur Mitgestaltung aufgerufen. Dazu werden kleine Gottesdienstelemente gemeinsam vorbereitet und durchgeprobt. Die Aufgabenverteilung ergibt sich durch die unterrichtliche Arbeit und erfordert Absprachen unter den beteiligten Kindern.

Kirchen erkunden
Im Anschluss an die Erarbeitung der Seiten **fse 82-85** kann – wenn noch nicht geschehen – eine Kirchenerkundung erfolgen (vgl. Arbeitshilfen 2 – NRW, S. 220f.).
- Einzelne ausgewählte Einrichtungen und Gegenstände werden vorgestellt: Ambo (Lesepult), Altar, Kelch, Hostienschale, Evangelienbuch (Lektionar/ Evangeliar). Der Pfarrer oder ein Mitarbeiter ist sicher bereit, die in der Sakristei verschlossenen Gegenstände zu zeigen. Zusammen mit dem Priester/Messdiener die Gegenstände betrachten, d. h. anschauen, vorsichtig und mit Ehrfurcht anfassen, herumgeben. Evtl. von Sch beschreiben lassen („Finde passende Eigenschaften!" – „Schwer, wertvoll, schön ..."). Gründe für die wertvolle Anfertigung finden.
- Das Zeichnen einfacher Grundrisse ist im Lehrplan vorgesehen (LP Kunst 3.1 räumliches Gestalten). Bei entsprechenden Kenntnissen zeichnen Sch selbst einen einfachen Grundriss ihrer Kirche und tragen die Gegenstände ein, die sie bei der Kirchenführung kennen gelernt haben.

Der Lebensweg Jesu – Stationen im Jahreskreis   fragen – suchen – entdecken 86/87

1. Hintergrund

Was am Sonntag in der Eucharistie gefeiert wird, wird während des Kirchenjahres entfaltet. Es ist eine Inszenierung der Christuswirklichkeit im Jahreskreis. Wichtige Stationen dieser Entfaltung sollen Sch bewusst gemacht werden.

Das Kirchenjahr – Werden und Struktur
Das Kirchenjahr beginnt am 1. Adventsonntag mit der Vorbereitungszeit (Advent) auf Weihnachten. Dieser Auftakt verleitet zu der Annahme, das Kirchenjahr sei am Leben Jesu ausgerichtet, beginne mit der Geburt und führe dann über Wirken und Tod zur Auferstehung Jesu. Die historische Entwicklung ist eine andere.
Der Ursprung einer zeitlichen Ordnung beginnt mit der Erinnerung an das Abendmahl Jesu in der wöchentlichen Feier der Eucharistie am Sonntag. Sie findet sich bereits in der ersten Christengeneration. Bald darauf folgt eine besondere, jährlich wiederkehrende Feier, das Osterfest, dem eine Vorbereitungszeit (Fastenzeit) vorausgeht, dem die Osterzeit folgt. Der Osterfestkreis endet mit dem Pfingstfest. In ähnlicher Weise entwickelte sich das Jahresgedächtnis der Geburt Jesu: Eine Vorbereitungszeit (Advent) wird dem Weihnachtsfest vorgeschaltet, es schließt sich eine Festzeit an, die mit der Feier der Taufe Jesu endet. Um den Oster- und Weihnachtsfestkreis gruppiert sich das übrige Kirchenjahr. Es heißt Herrenjahr, da es den Blick auf das Leben und Wirken des Herrn, Jesus Christus, richtet: An den Sonntagen werden Jesu Worte und Taten aus den Evangelien in wechselnder Reihenfolge (s. o.) gelesen.
Ergänzt wird das Kirchenjahr durch den Festkalender der Heiligen. Dieser kann in jeder Diözese Unterschiede aufweisen und lokale Heilige berücksichtigen. Einige Heiligenfeste sind den Kindern bereits aus dem Kindergarten und dem Unterricht bekannt: Allerheiligen, Martin, Nikolaus, Barbara, Elisabeth, Lucia, evtl. kennen sie auch ihren Namenspatron (**fse 1** und **fse 2**). Im LP wird auf Marien- und Heiligenfesttage

Welches Fest ist das wichtigste?

Sandra und Thomas streiten sich über die wichtigsten Feste im Jahr. „Am allerwichtigsten ist Weihnachten!", sagt Sandra. „Schon wegen der Weihnachtsgeschenke."
„Geburtstag ist genauso wichtig!", ruft Thomas und denkt dabei daran, dass er nächste Woche Geburtstag hat. Der große Wunschzettel liegt bereits auf Papas Schreibtisch.
„Gut, Weihnachten und Geburtstag sind gleich wichtig!", stimmt Sandra zu.
„Und dann kommt Ostern!", sagt Thomas.
„Ja, Ostern ist auch ganz schön wichtig!", meint Sandra, denn die bunten Ostereier isst sie ganz besonders gern.
Danach einigen sich die Kinder noch darauf, dass der Nikolaustag und das Martinsfest auch wichtige Feste sind. Besonders deshalb, weil sie mitten im Winter gefeiert werden und weil sie etwas Geheimnisvolles haben. Thomas erinnert sich auch an die schöne Laterne, die er für den Martinsumzug gebastelt hat.
„Erntedankfest!", schlägt Sandra noch vor.
„Ja, das ist auch ganz schön wichtig!", meint Thomas. „Aber nicht so wichtig wie Geburtstag, Weihnachten und Ostern."

„Und wie ist es mit Pfingsten?", fragt die Mutter, die aufmerksam ihren Kindern zugehört hat.
„Ja, Pfingsten ist eigentlich nicht so wichtig!", stellt Thomas fest, nachdem er eine Weile nachgedacht hat.
„Nein, Pfingsten ist nicht so wichtig!", fügt Sandra hinzu. „Da gibt es keine Geschenke."
„Das stimmt!", sagt Thomas.
Die Mutter lacht. Dann sagt sie: „Ohne Pfingsten gäbe es bei uns kein Weihnachten und kein Ostern. Wir würden keines eurer allerwichtigsten Feste feiern. Wir würden nicht einmal wissen, dass es diese Feste gibt."

Rolf Krenzer

Bezug genommen. L wird „von örtlichem Brauchtum erzählen und lesen" (Hinweise zum Unterricht). In den letzten Jahrzehnten setzte vielerorts eine Veränderung des gelebten Brauchtums ein. Dies gilt es bei der Unterrichtsplanung zu berücksichtigen. Das besprochene Brauchtum soll mit der Lebenswirklichkeit der Sch übereinstimmen.

Die Doppelseite **fse 86/87** bietet die Feste (Herrenfeste) des Kirchenjahres in ihren liturgischen Farben in einer Wegschleife an. Damit unterscheidet sie sich von der klassischen Kreisdarstellung. Der dargestellte Weg markiert die beiden wesentlichen Stationen im Jahreskreis, den Weihnachtsfestkreis und den Osterfestkreis (weiße Farbe). Die beiden Vorbereitungszeiten (Advent/Fastenzeit) sind violett gekennzeichnet. Bis auf das Pfingstfest (rot) sind die übrigen Wochen im Jahr grün eingefärbt. Vier Kunstbilder laden zur Betrachtung ein und wecken Erinnerungen an bereits besprochene Ereignisse und Feste. Das Weihnachtsbild und Osterbild sind **fse 1** entnommen. Die beiden anderen Bilder können Sch leicht mit den entsprechenden Ereignissen in Verbindung bringen. Wie bei der Darstellung der Eucharistiefeier sind auch hier nur die wesentlichen Feste im Kirchenjahr eingetragen. Die weitere Ausgestaltung, z. B. mit Heiligenfesten, kann von Sch übernommen werden – auch während des Schuljahres (LP 3.4 Den Jahreskreis der Kirche erleben und deuten). Im Folgenden wird ein Vorschlag zur Einführung in den Jahreskreis angeboten. Der Kalender soll dann als ein ständiger Begleiter des RU die gerade aktuellen Feste und Zeiten aufnehmen.

Literatur

Adam, Adolf, Das Kirchenjahr mitfeiern, Freiburg 1979 (Das Werk gibt einen Überblick über das Kirchenjahr und die einzelnen Feste.)

Brielmaier, Beate, Max und Sarah entdecken das Kirchenjahr, Stuttgart 2001 (Kindgerecht formulierte Geschichten über zwei Kinder regen an, das Kirchenjahr zu entdecken und zu gestalten.)

Kirchhoff, Hermann, Christliches Brauchtum. Feste und Bräuche im Jahreskreis, München 2004 (Ein Nachschlagewerk mit vielen Bildern gibt Informationen zu Festen und Brauchtum ebenso wie Anregungen für Feiern.)

König, Hermine, Das große Jahrbuch für Kinder. Feste feiern und Bräuche neu entdecken, München ²2004

Ökumenisches Heiligenlexikon – www. heiligenlexikon. de (Unter dieser Adresse findet sich im Internet ein umfassendes Lexikon mit Informationen zu den meisten Heiligen, meist auch mit Bildern.)

2. Einsatzmöglichkeiten im RU

Das Kirchenjahr mit einer Wegschleife einführen

- Es ist sinnvoll, die Doppelseite erstmals zu Beginn des Kirchenjahres zu behandeln. Mit farbigen Papierstreifen wird analog zur Darstellung auf den Buchseiten eine große Wegschleife gelegt. L achtet darauf, dass Anfang und Ende nahe beieinander liegen: Wenn das Jahr zu Ende geht, beginnt wieder ein neues, die Feste wiederholen sich.
- In einem ersten Schritt werden Hilfen zur zeitlichen Orientierung besprochen und mit Wortkarten bzw. Bildkarten auf den Weg gelegt: Die Jahreszeiten und Monate sind Sch bereits bekannt und lassen sich schnell einfügen: Dezember (Weihnachten) – März/April (Ostern) – Mai/Juni: Pfingsten. Sch entdecken dann den (gegenüber dem bürgerlichen Jahr) anderen Jahresanfang. Der Advent ist die erste Station.
- L wird in diesen Wochen passende Elemente in den RU einbauen, eine Lichtmeditation, eine Feier am Adventskranz, eine Barbara- und Nikolausfeier usw.
- Ein Bild (auch Foto) oder ein kleiner Gegenstand (Teelicht, Zweig …) werden zur Erinnerung in die Wegschleife gelegt und mit einem Stichwort versehen („1. Advent", „Barbara" …). Wie in **fse 86/87** können auch Kopien von Kunstwerken, die mit Sch erschlossen wurden, eingebaut werden.
- Ebenso wird mit den übrigen Festzeiten verfahren. Vgl. Impulse **fse 86**.
- Wenn die Wegschleife als Bodenbild gestaltet wird, kann auch ein „lebendiger" Kalender gestaltet werden. Sch 1: Ich bin der Advent … Da …; Sch 2: Ich erzähle von Weihnachten …
- Sch legen je ein Symbol an die entsprechende Stelle.

Einen Jahreskreis für das Heft erstellen

- Ergänzend oder alternativ zeichnen Sch einen Weg wie in **fse 86/87** in ihr Heft. Die Überschrift lautet „Kirchenfeste im Jahreskreis". Oder sie übernehmen die Überschrift **fse 86** oder Sch suchen eine eigene Überschrift.
- Die Einträge gestalten sich je nach der konkreten Unterrichtssituation während des Jahres.
- Die Arbeit am Jahreskreis eignet sich gut als festes Ritual zum Abschluss der Religionsstunde.
- Weitere Feste in die Wegschleife eintragen (AA **fse 86**) und mit Symbolen kennzeichnen. Beispiele: Heilige: Barbara: Barbarazweige; Nikolaus: Bischofsmütze, Stab; Martin: Martinszug oder Pferd mit Reiter und Mantelteilung. Weitere Feste: Allerheiligen: Namen von Heiligen; Aschermittwoch: Aschenkreuz; Kirchweih: Kirche. Darauf achten, dass die Übersicht nicht verloren geht!

Über die Wichtigkeit einzelner Feste nachdenken

Sch suchen in PA nach den wichtigsten Festen und begründen ihre Wahl.

- L liest die Geschichte „Welches Fest ist das wich-

tigste?" **AB 3.5.9, Arbeitshilfen S. 219** (bis: Ostern; Pfingsten ist in seiner Bedeutung noch nicht erschlossen; vgl. LP 3.4 Pfingsten, Die Gabe des Geistes, der Geburtstag der Kirche). Sch nehmen Stellung zu den Begründungen von Sandra und Thomas.
- Sie vergleichen sie mit ihren Ergebnissen (Vorsicht vor dem Religionsstunden-Ich!). Lassen sich die unterschiedlichen Begründungen miteinander vereinbaren?

3. Jahrgangsübergreifende Lerngruppe

Einen Jahreskalender basteln

In Verbindung mit dem Sachunterricht werden Zeiteinteilung und Zeitablauf auch unter Berücksichtigung der kirchlichen Hochfeste für einen selbst gestalteten Jahreskalender geplant. Sch nutzen Sachlexika aus der Schülerbücherei. Der Jahreskalender wird in verschiedenen Techniken individuell erstellt. Dabei werden die Geburts- und Namenstage der Sch eingetragen (www.heiligenlexikon.de und Bücherei).

Vom Leben Jesu bewegt – Don Bosco   fragen – suchen – entdecken 88/89

1. Hintergrund

In **fse 86/87** wurde ein Überblick über das Kirchenjahr gegeben. Neben den Festen, die an Jesus erinnern, wurde auf Heiligenfeste aufmerksam gemacht, die im kirchlichen Jahreskreis ihren Platz haben. Heilige sind Menschen, die sich an Jesus und seiner Botschaft orientiert haben, es sind vom Leben Jesu bewegte Menschen (**fse 88**). Sch haben bereits einige kennengelernt: Franziskus, Elisabeth und volkstümliche Heilige wie Nikolaus und Martin. Maria ist vor allem im Zusammenhang mit Weihnachten bekannt.

In **fse 88/89** wird exemplarisch der heilige Johannes Bosco vorgestellt, der die Nachfolge Jesu in seiner besonderen Beziehung zu Jugendlichen und Kindern gelebt hat und der Sch auch heute ansprechen kann.

Das Lied, dessen Text auf Don Bosco zurückgehen soll, erhellt sein Lebensmotto: Unverdrossen das zu tun, was gut und damit wichtig ist.

Sch brauchen zu allen Zeiten die Fähigkeit, sich zu orientieren und durch Wissen in Alltagssituationen verantwortlich für sich und andere zu handeln. Im RU erwerben sie nun Wissen und Fähigkeiten aus der Überlieferung des christlichen Glaubens, aus der Wirkungsgeschichte der christlichen Botschaft und aus den Lebensgeschichten beispielhafter Menschen, um sich Maßstäbe für das eigene christliche Leben ansatzweise bewusst zu machen (LP 3.5).

Johannes Bosco

Johannes Bosco, auch Don Bosco genannt, wurde am 16. August 1815 in einem Dorf namens Becchi bei Turin geboren. Er stammte aus einem kleinbäuerlichen Betrieb, auf dem er schon sehr früh arbeiten musste. Johannes Bosco galt als lebhafter Junge, der durch seine geistige und körperliche Gewandtheit auffiel. Er konnte nicht nur gut erzählen, sondern z. B. auch geschickt auf einem Seil balancieren. Schon bald erwachte in ihm der Wunsch Priester zu werden. Mit seinem handwerklichen Können finanzierte er sein Theologiestudium und beendete es mit der Note „mehr als sehr gut". Am 5.6.1841 wurde er zum Priester geweiht. Sein Freund Josef Cafasso führte ihn in die seelsorgliche Arbeit in Turin ein. Er lernte das soziale Elend des Großstadtproletariats jener Zeit kennen, das von Arbeitslosigkeit und Wohnungsnot geprägt war. Armut und Elend führten zu Bettelei; Diebstahl durch jugendliche Banden war an der Tagesordnung. Don Bosco spürte bald, worin seine Lebensaufgabe liegen sollte. Verwahrloste und seelisch verkümmerte Jungen wurden sein Aufgabenfeld. Ihnen widmete er seine Kraft und all sein Können.

Schon bald wuchs die Anzahl der Jugendlichen, um die er sich sorgte und die sich bei ihm geborgen und verstanden fühlten. Doch er schaffte sich dadurch nicht nur Freunde, sondern auch Gegner. Er wurde als Bandenführer bezeichnet, von der Polizei kritisch beäugt und von den geistlichen Kollegen misstrauisch beobachtet. 1846 fand er für seine mittlerweile 800 Jungen einen ausgebesserten Schuppen als Bleibe. Im Anschluss daran baute er ein Erziehungs- und Bildungszentrum auf. Die Einrichtung wuchs stetig an. Am 14. Mai 1862 erfolgte die Gründung der „Frommen Gesellschaft vom heiligen Franz von Sales" (Salesianer). Sie wurde 1874 von Papst Pius IX. bestätigt. Als 1875 die ersten Salesianer nach Argentinien ausgesandt wurden, begann die weltweite Ausbreitung des Werkes. Don Bosco starb am 31. Januar 1888 und wurde in der Salesianerkirche in Turin beigesetzt. 1934 sprach ihn Papst Pius XI. heilig. Sein Fest wird am 31. Januar gefeiert.

Literatur und Adressen

Mayer-Skumanz, Lene, „...und die Spatzen pfeifen lassen", München 2003 (In 21 Geschichten stellt die bekannte Autorin den heiligen Johannes Bosco in kindgerechter Sprache und mit vielen Bildern von E. Singer vor.)

Pertler, C. u. R. , Kinder feiern Don Bosco, München 2003 (Biografie und Beispiele für Aktionen auch mit Zaubertricks)

Informationen über die Ordensgemeinschaft gibt es im Internet: www.donbosco.de und www.donbosco.at (Die erste der beiden Adressen bietet auch eine Bildergalerie zu Don Bosco an, die einen schnellen Zugriff auf Fotos des Heiligen ermöglicht.)

Hilfreich ist die Internetadresse www. jugend-dritte-welt. de (Hier werden zahlreiche Projekte der Salesianer zur Bekämpfung der Kinderarmut und Jugendarbeitslosigkeit in der Dritten Welt vorgestellt. Die Mitarbeiter geben Informationen, wie eigene Aktionen und Patenschaften durchgeführt werden können.)

2. Einsatzmöglichkeiten im RU

Einblick in Leben und Wirken von Don Bosco bekommen

- L projiziert die beiden Bilder am OHP. Sch suchen sich ein Bild aus und erzählen dem Partner/der Partnerin dazu eine (Fantasie-) Geschichte. Sch: Ich bin der Junge auf dem Seil. Ich habe ... die Leute ... Ich bin der Junge, der davongejagt wird ... Gerade habe ich ...
- L gibt eine kurze Einführung in die Zeit, in der Don Bosco lebte: Die soziale Situation der Menschen, vor allem der Jugendlichen in der beginnenden Industrialisierung: Armut, verbunden mit fehlender Schulbildung, Arbeitslosigkeit, Diebstahl, Gewalt.
- Sch erarbeiten sich die beiden Seiten mithilfe eines Gruppenpuzzles: **AB 3.5.10, Arbeitshilfen S. 223**.
  Gruppe 1: Bericht des Dorfjungen: Don Bosco als Kind und Jugendlicher.
  Gruppe 2: Don Bosco und die Gassenjungen: Wie er mit ihnen umgeht, was er alles kann.
  Gruppe 3: Ein Haus voller Straßenkinder: Don Bosco packt an, er lebt mit den Jugendlichen.
  Gruppe 4: Jugendheime, Werkstätten, Schulen: Wofür Don Bosco sorgte.
- Nach der GA werden neue Gruppen gebildet: Je ein/e Sch aus Gruppe 1, 2, 3, 4 bilden eine Gruppe und informieren sich gegenseitig.
- UG: Passt die Überschrift: „Vom Leben Jesu bewegt?" zur Erzählung von Don Bosco? – Welches Verhalten Jesu könnte Don Bosco bewegt haben? (z. B. Verhalten Jesu gegenüber Zachäus, den Kindern, Bartimäus); L kann auch Mt 25 anführen: Jesus sagt: Ich bin im Gefängnis gewesen, hungrig, krank ... Was ihr dem Geringsten getan habt, das habt ihr mir getan ...

Don Boscos Lied und Spruch

- Der Text „Fröhlich sein, Gutes tun und die Spatzen pfeifen lassen" wird Don Bosco zugeschrieben. Eine weitere Melodie: **AB 3.5.11, Arbeitshilfen S. 224**; bei jedem * kann gepfiffen werden.
- Sch schreiben den Text des Liedes weiter:
- Fröhlich sein ... (lachen ... freundlich sein ... andere zum Lachen bringen)
- Gutes tun ... (aufmerksam sein: in der Klasse ... im Freundeskreis ... zu Hause ... im Bus)
- Die Spatzen pfeifen lassen (sich freuen an den Blumen, an der Sonne, dem Regen, den Tieren ...)
- Zur Wiederholung und Vertiefung lesen vier gut vorbereitete Sch ein Interview mit Don Bosco und Emilio **AB 3.5.12, Arbeitshilfen S. 224**.

Eine Einrichtung erkunden

- L und Sch machen einen Unterrichtsgang zu einer Einrichtung vor Ort, in der sich Menschen um Kinder und Jugendliche kümmern, z. B. Don Bosco-Heim, Straßenambulanz.
- L lädt einen Vertreter einer Don Bosco-Einrichtung ein, der im Gespräch und anhand von Bildern über seine Arbeit berichtet.

Eine Aktion für ...

- L und Sch, auch andere Klassen oder die gesamte Schule, gestalten eine Sammelaktion oder einen Basar zu Gunsten einer sozialen Einrichtung, die sich für Kinder und Jugendliche in Not einsetzt (vgl. Informationen auf der Internetseite www.jugend-dritte-welt.de).
- L und Sch gestalten einen bunten „Don Bosco-Nachmittag". Ideen dazu in: Pertler, C. u. R., vgl. Literatur, S. 222.

3. Jahrgangsübergreifende Lerngruppe

Alle hier vorgeschlagenen Impulse können von den Sch der 3. und 4. Jahrgangsstufe gemeinsam umgesetzt werden.

Don Bosco kennen lernen

Gruppe 1: **Don Bosco als Kind und Jugendlicher**

... als Zauberkünstler

... als „Kinderarbeiter"

... als Erzähler

Gruppe 2: **Don Bosco und die Straßenjungen**

... in der Sakristei

... die schlaue Idee von Don Bosco

... Don Bosco denkt nach

Gruppe 3: **Ein Haus voller Straßenkinder**

... Don Bosco als Handwerker

... als Bettler

... als lustiger Freund der Jugend

Gruppe 4: **Jugendheime, Werkstätten, Schulen**

... er weiß, was Jugendliche brauchen:

Schulen, damit ...

Werkstätten, damit ...

Jugendheime, damit ...

➤ Lest die Abschnitte in *fragen – suchen – entdecken* 88/89 und erzählt euch den Inhalt mithilfe der Stichpunkte.
➤ Bildet neue Gruppen (aus den vorherigen Gruppen je ein/e Schüler/in) und informiert euch gegenseitig.

Fröhlich sein

T: Don Bosco/M: Wilhelm Keller, 1954

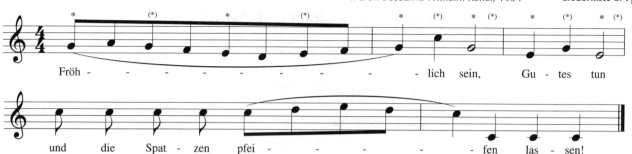

Fröh - - - - - - - lich sein, Gu - tes tun
und die Spat - zen pfei - - - - fen las - sen!

Interview mit Don Bosco und Emilio

Reporter 1:	Wir begrüßen ganz herzlich bei uns im Studio Don Bosco und einen seiner Jungen, den Emilio.
Bosco/Emilio:	Grüß Gott! Hallo!
Reporter 1:	Wir haben schon einiges von Ihnen gehört, aber ein paar Fragen hätten wir schon noch an Sie. Mein Kollege wird Ihnen die erste Frage stellen.
Reporter 2:	Sie leben mit vielen Jugendlichen zusammen. Viele darunter sind Diebe und Landstreicher. Was wollen Sie mit so einer Bande anfangen?
Bosco:	Meine Jungen sind keine Bande. Wenn, dann ist es eine nette Bande. Ihnen blieb nichts anderes übrig, als auf der Straße zu leben, weil sich keiner um sie kümmerte. Ich tue für sie das, was andere nicht für sie getan haben. Ich nehme sie in mein Haus auf, damit sie ein Dach über dem Kopf haben, gebe ihnen etwas zu essen und helfe ihnen, weil sie arm sind.
Reporter 1:	Das leuchtet mir ein. Aber sind dafür nicht die Eltern zuständig?
Emilio:	Meine Mutter ist tot und mein Vater hat mich auf die Straße geschickt. Mein Vater hat gesagt: „Du bist groß genug, um dich allein durchzubringen!"
Reporter 2:	Emilio. Wie bist du zu Don Bosco gekommen?
Emilio:	Ich bin nicht zu ihm gekommen. Don Bosco hat mich auf der Straße angeredet.
Reporter 1:	Hat er dich gleich mit zu sich genommen?
Emilio:	Er hat mich zuerst gefragt, ob ich pfeifen kann. Dann hat er mir einen Handstand vorgemacht.
Reporter 2:	Das ist aber eigenartig!
Bosco:	Was ist denn eigenartig daran, wenn man den Menschen Freude schenkt? Dem Emilio hat es Spaß gemacht und mir ebenso.
Emilio:	Ich habe gleich gemerkt, dass Don Bosco anders ist. Ich habe mir gedacht: Endlich einer, der mich gern hat! Und dann bin ich mit ihm gegangen.
Reporter 1:	Don Bosco, was tun Sie den ganzen Tag mit so vielen Kindern und Jugendlichen?
Bosco:	Wir tun das, was notwendig ist. Da haben wir so viel zu tun, dass uns der Tag fast zu kurz wird.
Emilio:	Wir lernen viel: Don Bosco gibt uns Unterricht, da wir vorher keine Schule besuchen konnten. Wir lernen auch ein Handwerk, damit wir einmal Arbeit bekommen.
Reporter 2:	Wollen das eigentlich auch alle?
Bosco:	Freilich wollen sie das. Das gibt den jungen Menschen neuen Mut.
Reporter 1:	Ist das für Sie und für die Kinder nicht sehr anstrengend?
Bosco:	Anstrengend kann es schon sein. Aber wir leben alle unter einem Dach, da kommen das Spiel und der Spaß nicht zu kurz.
Reporter 2:	Don Bosco! Wer hat ihnen eigentlich diese Aufgabe zugeteilt?
Bosco:	Ich weiß, dass das meine Aufgabe ist, weil ich an Christus glaube. Der Geist Jesu gibt mir diese Aufgabe. Das bedeutet für mich, dass ich so handle, wie Jesus es getan hätte. Das heißt: Arme, Kranke und Hungernde aufnehmen und ihnen Gutes tun, Mutlosen neue Kraft geben, Frieden stiften und allen die frohe Botschaft verkünden.
Emilio:	Ich höre Don Bosco gerne zu, wenn er von Gott erzählt. Oft feiern wir alle gemeinsam die Heilige Messe und beten zusammen. Da merken wir richtig, dass wir eine Gemeinschaft sind.
Reporter 1:	Emilio! Was gefällt dir am besten an Don Bosco?
Emilio:	Mir gefällt am besten, dass man Gott bei ihm besonders nahe spüren kann, weil er nicht nur redet, sondern auch so handelt.
Reporter 2:	Es wäre schön, wenn es noch mehr solche Menschen auf der Welt geben würde!
Bosco:	Jammern Sie doch nicht! Der Geist Gottes kann jeden Menschen zum Guten führen. Man muss ihn nur einlassen!
Reporter 1:	Leider ist unsere Sendezeit schon zu Ende. Don Bosco, wir danken Ihnen für das Gespräch und natürlich auch dir, Emilio!
Reporter 2:	Moment! Wir wollen Don Bosco nicht ohne ein Wort von ihm an unsere Zuhörer verabschieden!
Bosco:	Das mache ich gerne. Am besten merken Sie sich meinen Lieblingsspruch: *Fröhlich sein, Gutes tun und die Spatzen pfeifen lassen.*

In dem Buchstabengitter sind Personen und Gruppen versteckt, die in der Pfarrgemeinde mitarbeiten. Wenn du sie entdeckt hast, male die Namen bunt an!
Ergänze:

_____

_____

_____

_____

_____

_____

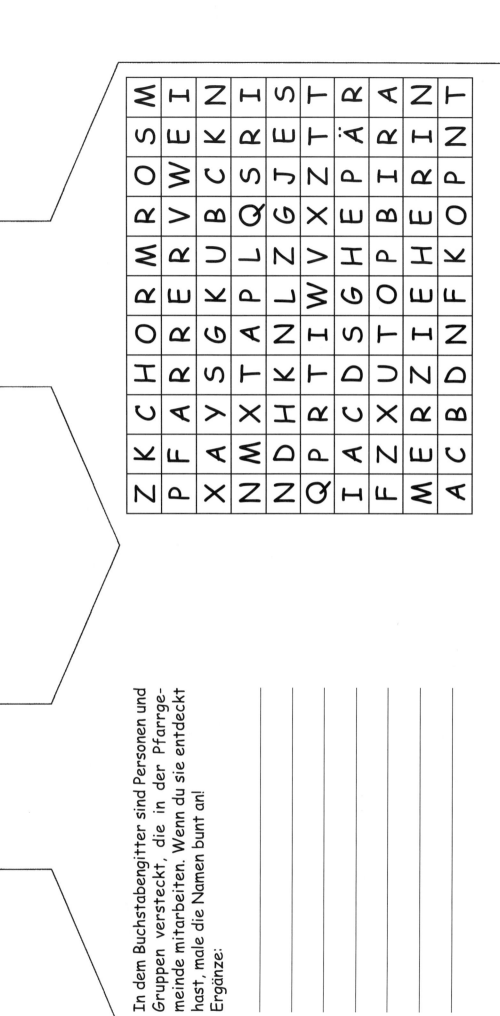

Z	K	C	H	O	R	M	R	O	S	M
P	F	A	R	R	E	R	V	W	E	I
X	A	Y	S	G	K	U	B	C	K	N
N	M	X	T	A	P	L	Q	S	R	I
N	D	H	K	N	L	Z	G	J	E	S
Q	P	R	T	I	W	V	X	Z	T	T
I	A	C	D	S	G	H	E	P	Ä	R
F	Z	X	U	T	O	P	B	I	R	A
M	E	R	Z	I	E	H	E	R	I	N
A	C	B	D	N	F	K	O	P	N	T

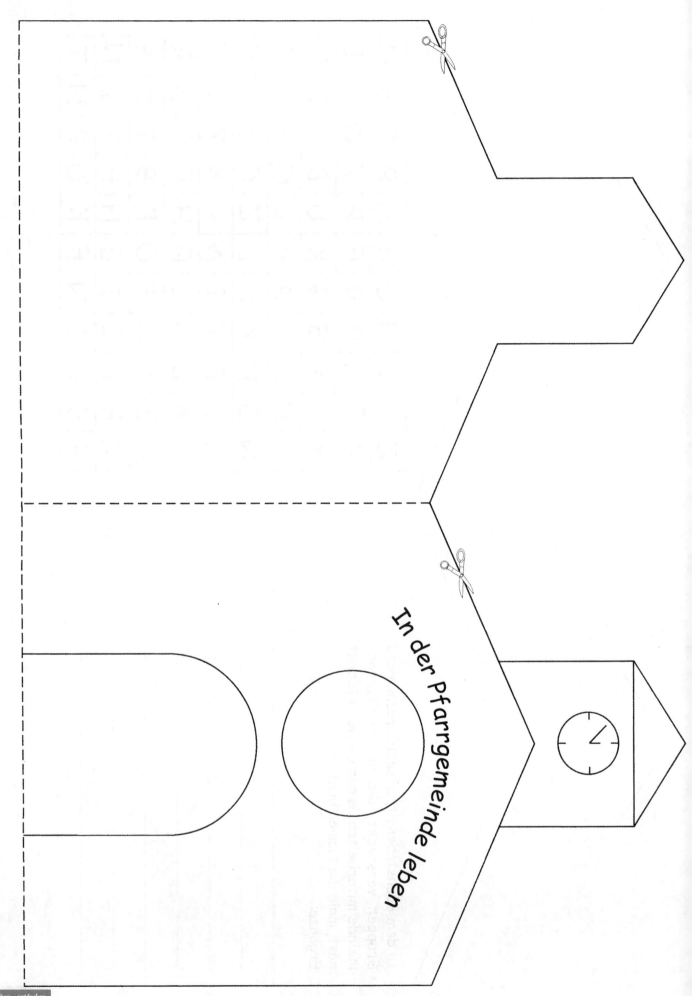

In der Pfarrgemeinde leben

1. Hintergrund

fse 90 spannt den Bogen zurück an den Anfang des Kapitels: Sch sollen in ihrer eigenen Pfarrgemeinde auf die Suche gehen, wo sie Elemente der Unterrichtseinheit wiederentdecken und evtl. weitere Beispiele finden.

Angesprochen sind auf **fse 90**: der Pfarrbrief und darin die Aktivitäten der Gemeinde, auch die Angebote für Kinder; Mitarbeiterinnen und Mitarbeiter, hauptamtliche und ehrenamtliche, mit ihren unterschiedlichen Aufgabenbereichen; Dienste, die eine Gemeinde für besondere Gruppen anbietet; ein Vorschlag, wie Sch die Aufgabe angehen können. Dazu kommen die Bedürfnisse und Wünsche der Sch und die Überlegung, wo sie selbst mitmachen können.

Damit führt die Seite die Thematik von **fse 76/77** und **78/79** weiter aus. Die angebotenen Vorschläge dienen der Ergänzung und Weiterführung von **fse 78/79**.

2. Einsatzmöglichkeiten im RU

Mitarbeiter/innen der Pfarrgemeinde einladen und befragen

- Sch überlegen sich einen Fragenkatalog, mit dem alle Befragten konfrontiert werden, etwa: Aufgabenbereiche, Spaß an der Arbeit, Motivation für diese Aufgabe (diese Frage ist wichtig für die Umsetzung des Vorschlages zu **fse 80/81**, Arbeitshilfen S. 200).
- Einzelne Mitarbeiter werden – im Stil eines Radiointerviews – befragt. Dazu ist es sinnvoll, über mehrere Unterrichtsstunden jeweils eine/n Mitarbeiter/in einzuladen. Dauer des Interviews und des Besuchs soll sich auf je 10 bis 15 Minuten beschränken. Falls dies nicht möglich ist, machen L und Sch Termine außerhalb der Schulzeit aus und bringen die Interviewergebnisse in den Unterricht ein.
- *Alternativen:* Sch befragen ihnen bekannte Mitarbeiter/innen, etwa: Sch befragt seine Tante, die im Pfarrgemeinderat ist, ein Sch ist selbst in einer Kindergruppe und interviwt die Gruppenleiterin …
- L und Sch besuchen gemeinsam eine Einrichtung der Pfarrei mit mehreren Mitarbeitern (z. B. Kindergarten, Altenheim, Sozialstation), informieren sich über deren Arbeit und interviewen in Kleingruppen die Mitarbeiter/innen.
- Aufschlussreich ist die Auswertung der unterschiedlichen Antworten zu den gleichen Fragen. Eine Pinnwand wird mit den Ergebnissen gestaltet (Impuls **fse 90**).

Jede/r ist wichtig

- Sch lernen die Geschichte „Die kleine Schraube" kennen. **AB 3.5.13, Arbeitshilfen S. 215**, wird ausgeteilt und an den Knicklinien nach hinten gefaltet. L liest ersten Teil vor bis „… und drohte herauszufallen".
- Sch überlegen den möglichen Fortgang der Geschichte und notieren ihre Ideen an der Tafel bzw. schreiben die Fortsetzung der Geschichte.
- Gemeinsam zweiten Teil lesen bis „… in allen Fugen". Vermutungen der Sch aus Teil 1.
- Sch lesen still den dritten Teil. Sch äußern sich zum Verhalten der Schraube.

Ein kleines Hörspiel gestalten

- Dazu verschiedene Rollen aus Teil 2 vergeben. Mehrere Sch sprechen je einen kurzen Satz: „Uns wird es auch zu eng" – „Wir lockern uns auch ein wenig" usw. – Andere Sch machen passende Geräusche (ächzen, knacken …).
- L schreibt dazu die Geräusche und Satzbausteine auf ein eigenes AB.
- Ein Erzähler trägt die Geschichte vor. In Teil 2 setzen die übrigen Sch mit ihren Sprechrollen ein.
- Es ist auch möglich, die Geräusche parallel zu den Sätzen halblaut im Hintergrund zu sprechen.
- Sch erschließen die Geschichte in ihrer Aussageabsicht. Aus dem Deutschunterricht kennen Sch Erzählformen, deren Sinn sich nicht auf den ersten Blick erschließt (z. B. Fabeln). Im UG wird nach der Aussageabsicht gesucht.

Den Sinngehalt in einer Collage umsetzen

(Übertragung auf die Gemeinde)

- Auf ein Plakat wird der Umriss eines großen Schiffes gezeichnet. Sch schneiden aus verschiedenfarbigen Tonpapieren Einzelteile des Schiffes und kleben sie auf das Plakat: Schiffsschrauben, Planken, Masten, Kabine, … Überschrift: Eine (unsere) Pfarrgemeinde – viele Aufgaben.
- Wenn durch die vorangegangenen Interviews und Besuche in der Kirche eine engere Beziehung zur Gemeinde hergestellt wurde, können Fotos von den Mitarbeiter/innen ausgeschnitten und in das Schiff geklebt werden. Ebenso natürlich Fotos von Sch, wenn bereits eine Einbindung in die Pfarrei besteht, etwa über eine Kommuniongruppe.

Dienste in der Pfarrgemeinde

- Sch erhalten **AB 3.5.14, Arbeitshilfen S. 225**, und suchen in dem Buchstabennetz Mitarbeiter/innen und Aufgaben in der Pfarrgemeinde. Die Namen markieren sie dann mit Buntstiften farbig. In die

Zeilen werden weitere Angebote der eigenen Pfarrgemeinde eingetragen. Lösung: s. unten.
- Die von Vorder- und Rückseite kopierte und zusammengeklebte „Kirche" wird farbig ausgeführt, an den Umrisslinien ausgeschnitten, an den gestrichelten Linien umgeknickt und aufgestellt.

Z	K	C	H	O	R	M	R	O	S	M
P	F	A	R	R	E	R	V	W	E	I
X	A	Y	S	G	K	U	B	C	K	N
N	M	X	T	A	P	L	Q	S	R	I
N	D	H	K	N	L	Z	G	J	E	S
Q	P	R	T	I	W	V	X	Z	T	T
I	A	C	D	S	G	H	E	P	Ä	R
F	Z	X	U	T	O	P	B	I	R	A
M	E	R	Z	I	E	H	E	R	I	N
A	C	B	D	N	F	K	O	P	N	T

3. Jahrgangsübergreifende Lerngruppe

Mitarbeit in der Pfarrgemeinde
- Sch teilen sich in Arbeitsgruppen auf. Jede Gruppe strukturiert den Tagesablauf eines oder einer ausgewählten Mitarbeiter/in der Gemeinde anhand eines vorher erstellten Zeitplans. Möglicher Impuls: „Wann hat ein Gemeindemitarbeiter besonders viel zu tun?" (Kindergruppen, Messdiener/innen, Familienkreise, Kinder-/Chor, Beerdigungen, Taufen, Hochzeiten, Pfarrfeste, Wochenende ...) Die Interviewmethode ist auch hier ein sinnvolles Arbeitsmittel.
- Sch suchen im Internet die Pfarrbriefe der Nachbargemeinden auf, entnehmen Infos und vergleichen.

Ein Pfarrgemeinde-Mobile gestalten
- Sch malen auf kleinen Tonpapierkärtchen Bilder von Einrichtungen und Personen, die sie in der Pfarrgemeinde kennen gelernt haben. Die Kärtchen werden von unten nach oben mit Fäden oder Drähten an einem Holz- oder Plastikbügel befestigt.
- Ebenso kann ein gesamtes Mobile in Leichtbauweise aus Drähten und Fäden gestaltet werden. Die einzelnen Elemente müssen sich frei bewegen können und im Gleichgewicht zueinander sein. So wird anschaulich, wie wichtig jeder mit seinen Fähigkeiten in der Pfarrgemeinde ist.
- Das Mobile wird im Klassenzimmer oder in der Kirche aufgehängt.

Kindergottesdienst feiern
Zu einem selbst gewählten Thema wird ein Kindergottesdienst vorbereitet und an einem Sonntag in der Gemeinde gestaltet.

6 Sich nach Gerechtigkeit und Frieden sehnen

1. Religionspädagogische und theologische Hinweise

Der Religion, auch dem Christentum, wurde und wird häufig der Vorwurf gemacht, sie seien jenseitszentriert, wendeten sich von den tatsächlichen Fragen und Problemen der Gegenwart ab und versuchten die Menschen auf ein Jenseits zu vertrösten. V. a. Karl Marx wird zugeschrieben, er habe deshalb die Religion als das „Opium des Volkes" bezeichnet, wonach die Religion in ihrer Vertröstungsfunktion eine klare Sicht auf die Gegenwartsprobleme und damit auch jegliche Veränderung verhindere. Gegenüber diesen Vorwürfen steht die Tradition der Propheten, in die sich auch Jesu Ruf zur Umkehr, zur Hilfsbereitschaft und Nächstenliebe einreihen lässt. Nach biblischem Verständnis ist der Prophet Gottesbote, der als göttlich autorisierter Bote spricht.

In Amos, dem Gerichtspropheten des 8. Jahrhunderts, und in Jeremia, dem Propheten an der Wende ins Exil, verkörpern sich diese Merkmale in besonderer Weise. Mittels ihrer anklagenden und mahnenden Gegenwartskritik und ihrer verheißungsvollen Zukunftsaussagen üben die Propheten ein „Amt der Enthüllung" (Rainer Lachmann) aus: Aus der Gottesperspektive decken sie die menschen- und schöpfungswidrigen Verhaltensweisen der Gesellschaft auf, verweisen auf deren unlösbaren Zusammenhang mit der Zukunft und klagen die Menschen bei ihrer Verantwortlichkeit an.

Deshalb kann als wesentliches Merkmal von Propheten genannt werden, dass sie Unrecht beim Namen nennen und zur Umkehr aufrufen. Entgegen einem weit verbreiteten Sprachgebrauch, wonach Propheten mit der Zukunftsvorhersage (z. B. Wetterprophet) zu tun haben, ist darauf hinzuweisen, dass diese Bedeutung von „prophetisch" im Sinne von „die Zukunft vorhersagen" eine Einengung und Verzerrung des biblischen Begriffs vom Propheten ist.

So ermutigen die Propheten, Kritik an der Gegenwart zu üben, ihre in die Zukunft reichenden Konsequenzen zu benennen und zugleich Gegenwart und Zukunft Gott anzuvertrauen. In diesem Sinne haben die Propheten auch für unsere Gegenwart eine wichtige Bedeutung.

In diesem Kapitel sollen Kinder angeregt werden, Leid und Not, Ungerechtigkeit und Unfrieden nicht nur wahrzunehmen, sondern als Unrechtssituationen zur Sprache zu bringen und nach Möglichkeiten der Hilfe zu suchen.

Das Kapitel ist umfassend angelegt: Es beschreibt Notsituationen auf persönlicher wie auch auf struktureller Ebene, dementsprechend bedeutet Nächstenliebe nicht nur Hilfe im zwischenmenschlichen Bereich, sondern auch auf politischer Ebene (Abschaffung von Kinderarbeit, Einsatz für Menschenrechte). Es wird unterschieden zwischen verschiedenen Formen, wie behebbarer Not und Formen der Not, die nicht veränderbar sind, bei denen Beistand verlangt ist. Weil wir letzten Endes nicht alle Not beseitigen können, schenken uns die Propheten mit ihrer visionären Schau einer von Gott geschaffenen neuen Zukunft Trost und neue Hoffnung.

Literatur

Kilian, Rudolf, Ich bringe Leben in euch. Propheten sprechen uns an, Stuttgart 1975

Stendebach, Franz Josef, Ruf wider den Strom, Stuttgart 1985

Oberthür, Rainer, Kinder fragen nach Leid und Gott, München [3]2002

Ders., Prophetische Reden, in: Niehl, Franz W. (Hg.), Leben lernen mit der Bibel. Der Textkommentar zu Meine Schulbibel, München 2003, S. 342-351

2. Das Thema im Lehrplan

Das Kapitel „Sich nach Gerechtigkeit und Frieden sehnen" soll Sch sensibilisieren für die Umwelt, in der sie leben. Nicht alles ist in Ordnung. Hier wird die Fähigkeit gefördert, gesellschaftliche Lebensverhältnisse zu befragen und auf der Grundlage der christlichen Botschaft selbstständig zu urteilen. Durch das gemeinsame Anteilnehmen und Nachdenken über das Leben miteinander kann mit diesem Kapitel eine Haltung herausgefordert werden, die Empathie für andere und das Bemühen um ein solidarisches Miteinander zeigt. In **fse 92/93** begegnen Sch Situationen, die sie entweder aus eigener direkter Erfahrung oder aus den Medien kennen. Leid, Not und Ungerechtigkeit kommen hier zur Sprache und laden Sch ein, sich zu selbst Erlebtem zu äußern. Sie lernen in **fse 94/95** den Propheten Amos kennen, der die Ungerechtigkeit und Not nicht einfach geduldet, sondern angeprangert hat. Dass die Taten des Amos nicht veraltet, sondern auch heute noch aktuell sind, wird in **fse 96/97** an Beispielen aus heutiger Zeit verdeutlicht: Ein Indiomädchen erzählt vom Bischof Samuel Ruiz Garcia, der sich für die Rechte der Ärmsten einsetzt, und ein indisches Kind erzählt von seiner harten Arbeit als Teppichknüpfer. Sch lernen, auch durch Aufsuchen von Internetadressen, dass es Menschen und Organisationen gibt, die sich einsetzen, damit Leid gelindert wird. Im Gleichnis und in einem Bild des barmherzigen Samariters **fse 98/99** wird deutlich, dass von uns die tätige Nächstenliebe gefordert ist. Konkrete Beispiele gelebter Nächstenliebe kommen **fse 100/101** zur Sprache. Den Sch kann auf **fse 102/103** bewusst werden, dass es auch Situationen gibt, in denen keine Hilfe möglich ist bzw. sie darin besteht, einfach nur da zu sein, mitzuleiden, mitzuweinen oder zuzuhören. Noch einmal kommen ein Prophet, diesmal Jeremia, und der Evangelist Johannes zu Wort. Beide stehen für Trost und Hoffnung in ausweglosen Lebenslagen ihrer jeweiligen Zuhörerschaft **(fse 104/105)**. Zum Schluss werden Sch auf **fse 106** angeregt, selbst Wege der Hilfsbereitschaft und Nächstenliebe zu gehen und mit kleinen Schritten und Projekten sich für eine gerechte und friedvollere Welt einzusetzen.

3. Jahrgangsübergreifende Einsatzmöglichkeiten

- Viele Kinder aus dem vierten Jahrgang haben bereits eigene Erfahrungen mit Verantwortlichkeit für andere Menschen außerhalb der Schule und der eigenen Familie gemacht, z. B. in der Kommuniongruppe, die sie bei der Bearbeitung des Kapitels „Sich nach Gerechtigkeit und Frieden sehnen" sinnvoll einbringen können.
Ihre Fähigkeiten, eigene Gedanken zu formulieren und empfundene Ungerechtigkeiten zu beschreiben, ist bereits weiter entwickelt und wird die Gespräche in der jahrgangsübergreifenden Lerngruppe bereichern und stützen.
- Sie können umfänglich in den Medien (Zeitschriften, Internet ...) nach aktuellen Beispielen für fragwürdige Lebenssituationen suchen und diese im Unterricht präsentieren.
- Mit Blick auf den bevorstehenden Abschied aus der Grundschule bietet sich hier die Möglichkeit, ein besonderes „Projekt der Solidarität" (Kinder in ungerechten Lebenssituationen) zu entwickeln, in dem die Kinder aus dem vierten Schuljahr ihre Haltung und ihre Fragen zu wichtigen Lebensbereichen in besonderer Weise präsentieren können.
Hierzu bieten fast alle Themenbereiche dieses Kapitels Anregungen für eine Veröffentlichung (Plakate, Wandzeitung, Stellwand) in der Schule.

An folgende thematische Zusammenhänge aus den vorangehenden Jahrgangsbänden kann L besonders intensiv anknüpfen:
fse 1, Kap. 2, S. 22-25 Straßenkinder
S. 30-31 Jesus erzählt von Gott
Kap. 4, S. 50-51 Fragen bleiben
S. 56-57 Was Kinder brauchen
fse 2, Kap. 1, S. 12-13 Brot zum Leben haben
Kap. 2, S. 22-23, Miteinander – gegeneinander
Kap. 4, S. 52-53 Jesus heilt Menschen
S. 60 Sich an Jesus erinnern.

4. Verbindung zu anderen Fächern

EVANGELISCHE RELIGIONSLEHRE: Gemeinschaft ist möglich, Diakonie; Hoffnung wächst – Frieden ist möglich
DEUTSCH: 3.1 Mündliches Sprachhandeln: Sachverhalte beschreiben, zusammenfassen, vortragen und den Vortrag durch Medien stützen; über Strittiges diskutieren; 3.2 Schriftliches Sprachhandeln: eigene Gedanken für andere nachvollziehbar aufschreiben; Sachverhalte in verständlicher Form aufschreiben; Formen der Veröffentlichung entwickeln und nutzen; 3.3 Umgang mit Texten und Medien: In Texten Informationen finden; zu Handlungen, Personen, Gedanken Stellung nehmen
MUSIK: 3.1 Musik machen: Lieder zu verschiedenen Themenbereichen lernen
KUNST: 3.1 Gestalten: Herstellung von Plakaten und Dokumentationen; Bildsprache und Bildinformationen visueller Medien nach ihrer Aussage und Botschaft kritisch hinterfragen und nutzen; 3.2 Auseinandersetzung mit Bildern und Objekten: Wirkungen wahrnehmen; Assoziationen erläutern; Zeichen und Symbole aufdecken
SACHUNTERRICHT: 3.1 Natur und Leben: Zusammenhänge zwischen Lebensräumen und Lebensbedingungen für Menschen, Tiere und Pflanzen erkennen; 3.4 Mensch und Gemeinschaft: Konflikte erkennen und Konfliktlösungen erproben; Formen der aktiven Mitarbeit und demokratischen Beteiligung im Ort oder Ortsteil kennen lernen; 3.5 Zeit und Kultur: Erfahrungen mit vertrauten und fremden Kulturen, Religionen, Bräuchen und Lebensweisen reflektieren

5. Lernsequenz

Planungsskizze	Überschriften in fse	Inhalte im Lehrplan
I. Die Welt ist nicht in Ordnung	Not, Unrecht, Leid sehen **fse 92/93**	3.4 Kinder in Armut und Unrecht 3.5 Sich in Anspruch nehmen lassen, für andere da sein, Position beziehen
II. Propheten begegnen, Unrecht beim Namen nennen	Unrecht beim Namen nennen **fse 94/95** Sich sehnen – hoffen – Trost finden **fse 104/105**	3.3 Aus den Büchern der Propheten 3.1 Der Name Gottes im Alten Testament: Gott ist für die Menschen da
III. Menschen setzen sich für Gerechtigkeit und Frieden ein	Sich für die Rechte von Menschen einsetzen **fse 96/97** Sehen – Mitleid haben – handeln **fse 98/99** Not sehen und helfen **fse 100/101** In der Not dabei sein **fse 102/103** Kleine Schritte ... **fse 106**	3.4 Handeln nach dem Vorbild Jesu: Die Arbeit kirchlicher Hilfswerke 3.1 Mitarbeit an der Gemeinschaft Das Doppelgebot der Liebe: Gottes- und Nächstenliebe 3.4 Dienste für andere

6. Lebensbilder 3/4

Folgende Fotos aus der Folienmappe Lebensbilder 3/4, vgl. Arbeitshilfen S. 21, sind für einen situativen Einsatz hilfreich: Nr. 8 Musik kennt keine Grenzen, Nr. 9 Miteinander spielen – voneinander lernen, Nr. 10 Gemeinsamkeiten entdecken, Nr. 12 Trost finden, Nr. 19 Wohlstandsmüll, Nr. 20 Verantwortung für den Wald, Nr. 21 Windräder im Feld, Nr. 30 Danken für die Ernte, Nr. 33 Das schwarze Schaf, Nr. 36 Brücke im Licht.

Sich nach Gerechtigkeit und Frieden sehnen　　　fragen – suchen – entdecken 91

1. Hintergrund

Das Misereor-Hungertuch 2000

„Heiligt das fünfzigste Jahr und verkündet Freiheit für alle Bewohner. Ein Erlassjahr soll es für euch sein" (Lev 25,10).

Im Alten Testament wird der Begriff Erlassjahr, Gnadenjahr oder Jobeljahr, auch Halljahr, als Beschreibung für eine Zeit verwendet, die in spezifischer Weise Gott gewidmet ist. Alle 50 Jahre „ruhte" die Erde, bekamen die Sklavinnen und Sklaven ihre Freiheit zurück und alle Schulden wurden erlassen (Lev 25, Dtn 15). Dies ermöglichte allen Menschen eine soziale und wirtschaftliche Gleichstellung.

Das Gnadenjahr war ein wichtiger Baustein im Prozess der Wiederherstellung der gottgewollten Ordnung. „Gnadenjahr und Jubeljahr stehen in enger Beziehung zum Selbstverständnis in der Gemeinschaft – das Volk als Ganzes wird befreit, nicht nur Einzelne."

„Das Jubeljahr bezeichnet eine Zeit, in der Neubeginn und Atemholen für die Menschen möglich sein sollen. Beziehungen, die zerbrochen waren, sollen geheilt und die von Gott gewollte Ordnung auch im rechtlichen Sinne wiederhergestellt werden. Brüche sind entstanden zwischen Reichen und Armen, zwischen Männern und Frauen, Schuldnern und ihren Gläubigern. Risse tun sich auf in der Intoleranz religiöser und kultureller Minderheiten gegenüber. Jubeljahr bedeutet nicht: Nur ein einziges Jahr, nach dem wir alle zur Tagesordnung übergehen können. Es soll vielmehr eine Zeitenwende, einen positiven Bruch mit dem Alten markieren und ermöglichen. Neubeginn und Befreiung sind Kennzeichen auch des ganzen Tuns Jesu und nicht eine chronologische Wiederkehr" (vgl. Misereor – Hungertuch „Ein Jahr, das Gott gefällt – Neubeginn und Befreiung", Materialien für die Schule 32).

> **Jobeljahr**
> Das Jobeljahr (auch: Halljahr) ist eine aus dem Sabbatgedanken abgeleitete Einrichtung des priesterlichen Gesetzgebers: Alle 50 Jahre sollte das Ackerland ruhen und der in den vorhergehenden Jahren

veräußerte Besitz an Grund und Boden – in Dörfern und Priesterorten auch Häuser – dem ursprünglichen Besitzer oder dessen Erben wieder zufallen. Seinen Namen verdankt es dem Klang des Horns (hebr. *jobel*), mit dem es am Versöhnungstag (am 10. des siebten Monats) des 49. Jahres eröffnet wird. Vielleicht ist der Name aber auch von einer Form des Verbs *jabal* (als Gabe bringen) oder von *jebul* (Ertrag des Landes) abgeleitet. Die Vorschriften für das Jobeljahr stehen hauptsächlich in Lev 25,8-17.23-55 (vgl. Haag, Herbert (Hg.), Bibellexikon, Köln 1968, S. 850).

Das Hungertuch

Im Jahr 1976 griff die bischöfliche Aktion Misereor in Deutschland eine Tradition auf, die im Mittelalter in Europa weit verbreitet war und in einigen Kirchen Kärntens, Tirols und des westfälisch-niedersächsischen Raumes bis heute erhalten blieb. Ursprünglich wurden die Fastentücher während der 40-tägigen vorösterlichen Fastenzeit im Chor aufgehängt und verdeckten den gesamten Altarraum. Diese Trennung sollte den Gläubigen bewusst machen, dass sie sich durch begangene Sünden von Gott entfremdet hatten und deshalb nicht würdig waren, das Allerheiligste zu schauen. Man erlegte ihnen also in Ergänzung zum körperlichen zusätzlich eine Art seelisches Fasten als Buße auf.

Später benutzte man die Tücher auch, um die gesamte Heilsgeschichte von der Schöpfung bis zum Jüngsten Gericht in zahlreichen aneinander gereihten Bildern darzustellen und so Besinnung und Umkehr der Gläubigen zu fördern.

Seitdem die Hungertuch-Idee von Misereor wieder aufgegriffen wurde, haben Künstler aus aller Welt Hungertücher zur Thematik der jährlichen Misereor-Fastenaktion gestaltet. In vielen Pfarreien werden in der Fastenzeit diese oder selbst gestaltete Hungertücher aufgehängt und in Gottesdiensten thematisiert.

Thema des Jubeljahres 2000 war nicht nur die Not der Menschen in Indonesien, sondern die Erlösungsbedürftigkeit der ganzen Welt. In Jes 65,16-25 schildert der Prophet in einer ergreifenden Vision die Sehnsucht der Menschen nach Erlösung, auf die der Künstler im Hungertuch 2000 konkret Bezug nimmt.
Information: www.erlassjahr.de

Suryo Indratno (geb. 1969)

Der Künstler Suryo Indratno wurde in Surakarta auf der Insel Java geboren. Er studierte an der „Fine Arts" in der indonesischen Kunstmetropole Yogyakarta. Seit 1990 arbeitet er als freischaffender Künstler. Zahlreiche Auszeichnungen in Indonesien begleiteten sein Schaffen. 1995 war er Preisträger des Misio Kunstpreises in Aachen. Indratno verbindet in seinen Kunstwerken die zwei für ihn wesentlichen und untrennbaren Motive: Religiosität und gesellschaftspolitisches Engagement. Er sieht sich als Anwalt der Kleinen und Unterdrückten und möchte so die Not seines Volkes ins Bewusstsein der Öffentlichkeit rücken. Zugleich ist es seine Absicht, der Hoffnung ein Gesicht zu geben, er sieht seine Kunst als Prophetie. Sein kontrastreicher Gebrauch der Farben erinnert mehr an die moderne europäische Malerei, an Phasen des Expressionismus, als an traditionelle javanische Malerei. Typisch für die Kunst von Suryo Indratno ist der Gebrauch von Symbolen als wichtiges Stil- und Ausdrucksmittel, dadurch sind seine Bilder offen für neue Interpretationen und bieten Möglichkeiten zu Nähe und Dialog zwischen Menschen und Kulturen.

Suryo Indratno: „Ein Jahr, das Gott gefällt – Neubeginn und Befreiung", 2000

Suryo Indratno gestaltete das Hungertuch im Uhrzeigersinn in Spiralform, ausgehend von der linken oberen Ecke. Diese Form symbolisiert für ihn den Rhythmus des Lebendigen und Dynamischen. Ausgehend vom zentralen Schöpfergott verbindet die Spirale verschiedene Themen des Lebens und schafft einen Zusammenhang. Menschen erleben Schönes und Leid, Freude und Trauer, Gutes und Böses, Hoffnung und Trostlosigkeit. Weil eine Trennung dieser gegensätzlichen Lebenserfahrungen nicht vollziehbar ist, kann jeder Mensch zugleich Opfer und Täter sein, was uns beim Betrachten in jeder Szene des Bildes begegnet. Die Spirale mündet im „javanischen Bergbaum", einem Symbol der harmonischen Verbindung zwischen allen Menschen und Gott. Diese Vision ist gleichzeitig Ziel und immer währender Neubeginn: „Denn ich erschaffe einen neuen Himmel und eine neue Erde" (Jes 65,17).

Indonesien

Indonesien ist mit seinen fast 2 Mio. Quadratkilometern, die sich auf mehr als 13.000 Inseln verteilen, fast siebenmal so groß wie Deutschland. 87 % der Bevölkerung sind Muslime. 84% der Menschen in Indonesien können lesen und schreiben. 6.800 Einwohner teilen sich einen Arzt (vgl. Deutschland: 294).

Information:
de.wikipedia.org (auch sehr gut für Sch geeignet) de.encarta.msn.com.
Detaillierte Information zu Reis/-anbau: Misereor Materialien für die Schule 32
www.planet-wissen.de, www.riceweb.org (in Englisch),
www.misereor.de

Suryo Indratno, Hungertuch aus Indonesien, 2000
Deutungen des Künstlers

Der Berg-Baum (Gunungan)
Der Gunungan (= wie ein Berg) ist eine traditionelle, bergähnliche Schattenspielfigur aus dem Wayang. Der Gunungan erscheint jeweils am Anfang und Ende einer Aufführung und markiert auch die einzelnen Akte des Stücks. Wir Javaner verehren die Berge und die Bäume: Beide verbinden die Erde mit dem Himmel. Die Vulkane machen das Land fruchtbar. Der Gunungan ist Symbol für das Universum und für die Harmonie zwischen allen Lebewesen, zwischen Menschen und Gott. Die Treppenstufen gehören zu jedem „Berg-Baum": Sie führen von der Erde hinauf zur göttlichen Sphäre. Jeder Gunungan ist von verschiedenen Lebewesen bevölkert – meistens nisten in seinem Geäst Vögel, die von den JavanerInnen als Boten Gottes verehrt werden. Der weiße Vogel, der von oben geflogen kommt, ist ein Friedensvogel. Die Reisähren stehen für soziale Gerechtigkeit. Niemand soll hungern müssen.

Der Vogel mit den zwei Köpfen
Der Vogel mit den zwei Köpfen ist ein Fabeltier, von dem eine alte buddhistische Legende erzählt. Der obere Kopf labt sich stets an den guten Früchten, der untere bekommt nur den Abfall. Der obere reagiert nicht auf die Klagen des anderen. So frisst der untere Kopf eines Tages aus Verzweiflung giftige Pilze – und der ganze Körper stirbt. Das Tier ist ein Symbol für das Zusammenleben in der menschlichen Gesellschaft – die Gemeinschaft ist ein Körper.

Der Reisberg (Tumpengan)
Der Reis, zu einem Dreieck aufgehäuft, mit Kurkuma gelb gefärbt, symbolisiert einen „Berg-Baum" im Kleinen. Gelber Reis wird in dieser Form immer dann gegessen, wenn die Menschen Anlass zum Feiern haben: Danksagung, Bitte um gute Ernten, Befreiung aus Gefahren, Familienfeste usw. Durch dieses Mahl (selametan) erbittet man in Java Heil und Segen. Es ist ein Symbol, das im Leben der JavanerInnen eine sehr große Bedeutung hat.

Die Wächter
Der „Berg-Baum" hat zwei Hüter, die am Eingang wachen. Der eine trägt eine Fackel, das Zeichen für Motivation und Begeisterung, der andere einen Reisigbesen – so einen, wie ihn die Indonesierinnen jeden Tag benutzen. Er ist aus vielen Palmblattrippen zusammengebunden. Damit will ich ausdrücken, dass wir nur gemeinsam stark sind. Die einzelne Rippe kann brechen, das Bündel nicht.

Der Bambus
Der gespitzte Bambus diente den IndonesierInnen als Waffe gegen die Kolonisation. Bambus ist in meinem Land allgegenwärtig: Man kann ihn essen, Körbe und Matten, Häuser und Möbel daraus herstellen. Er ist hier Zeichen für die nationale Identität meines Volkes.

Die Ibu Pertiwi
Die Ibu Pertiwi ist die „Mutter Erde", Symbol des ganzen Volkes, des Landes, seiner Kultur und Fruchtbarkeit. Sie wird verletzt durch die Unterdrückung der Frauen und Männer. Wir kennen ein Volkslied, das von ihr handelt: „Ich sehe die Mutter Erde sorgenschweren Herzens. / Sie weint, vergießt Tränen schimmernd wie Perlen. / Wälder, Berge, Felder, Meere hüten reichliche Schätze/während die Mutter jetzt voll Schmerzen seufzt und betet."

Die Familie
Die kleine Familie lagert im Zentrum des Bildes. Kinder sind unsere Zukunft. Indonesien ist ein sehr kinderfreundliches und kinderreiches Land. Die aufgeschlagenen Eier symbolisieren den Zyklus des Lebens.

Der Kalpataru-Baum
Den Lebensbaum kennt nicht nur die jüdisch-christliche Tradition. Der Kalpataru-Baum stammt aus dem viel älteren Hinduismus. Es ist der Baum des Paradieses, der eine bessere Zukunft, Leben und Hoffnung verheißt.

2. Einsatzmöglichkeiten im RU

Begegnung mit dem Hungertuch
Das Hungertuch ist als Folie Nr. 10 in der Schatzkiste 3/4 enthalten.
- Sch betrachten ausgiebig das Bild in Stille (evtl. Musikeinspielung).
- Sch äußern sich spontan zu ihren Wahrnehmungen.
- Sch erkunden einzelne Bildelemente und äußern sich zur vermuteten Bildaussage. Hier ist die Meldekette sinnvoll (ein/e Sch, der/die sich geäußert hat, nimmt den nächsten, der aufzeigt, dran). L lenkt nicht, lässt die Kinderinterpretationen zu, notiert sich gestellte Fragen oder verschiedene Wahrnehmungen zu einem Bildausschnitt.

Wichtig ist, dass Sch zunächst viele eigene Wahrnehmungen, Gedanken und Gefühle zum Hungertuch äußern.

Information einholen
- L informiert im kurzen Lehrervortrag über den Maler und seine Herkunft.
- Sch erarbeiten in PA weitere Information zum Hungertuch. Dabei nutzen sie auch die in der Erarbeitung gestellten und von L notierten Fragen, z. B.
- Indonesien – Wo ist das?
- Wie leben die Menschen in Indonesien?
- Hat der Künstler bestimmte Sorgen oder Freuden der Menschen gemalt?
- Warum ist da ein Gefängnis zu sehen?
- Was bedeutet der Baum?
- usw.
  Das Informationsmaterial ist zugänglich: Internet, Misereor-Info zum Hungertuch, Atlas oder Globus, **AB 3.6.1, Arbeitshilfen S. 233**.
- Sch erstellen ein Informationsplakat zu ihrer ausgewählten Fragestellung.

Präsentation
- Plakate werden aufgehängt.
- Sch lesen die Plakate der anderen Gruppen.
- Sch stellen ihr Erkundungsergebnis vor.

Reflexion
- L gibt Impuls, warum dieses Bild im Jahr 2000 als Hungertuch ausgewählt wurde. L erinnert an Vorwissen zum Hungertuch aus dem 2. Schuljahr (**fse 2**, S. 60, AH 2 – NRW, S. 188 ff.)
- Kreisgespräch zur Frage: Woran denken die Menschen bei uns in Deutschland, wenn sie dieses Bild sehen?
- L schreibt zentrale Begriffe (z. B. Mutter, Kinder, Hunger, Krieg, Armut, Familie, Gerechtigkeit ...) der Sch-Äußerungen auf große Karten und legt sie in die Kreismitte.
- Sch schreiben anschließend eigene Gedanken zum Hungertuch in ihr Heft. Die vorher gesammelten Begriffe werden als Schreibhilfe an die Tafel gehängt.

Eine Gruppencollage zum Hungertuch entsteht
- Vorbereitende HA: Sch suchen Zeitungsberichte und Bilder über Ungerechtigkeit, Unterdrückung, Belastung der Menschen, Betrug.
- Sch fertigen eine Collage aus Bildern, Überschriften und Texten der mitgebrachten Zeitschriften und kolorieren mit Wasser- oder Wachsmalkreiden den Hintergrund.
- Fertige Bilder werden im Schulhaus an einem geeigneten Ort aufgehängt.
- *Alternative:* L kopiert Hungertuch farbig auf DIN A3, laminiert es und klebt es auf ein großes Plakat. Von den verschiedenen Menschen oder Unrechtssituationen ausgehend kleben Sch farbige Wollfäden nach außen und ordnen ihre Bilder, Texte, Überschriften ... zu.

3. Jahrgangsübergreifende Lerngruppe

Information beschaffen und präsentieren
- Sch aus dem vierten Jahrgang können bereits umfangreichere Texte auswerten und ebenso weitläufiger, z. B. in der Stadt- oder Pfarrbücherei, Information über Entwicklungsländer und die Lebenssituationen von Kindern dort, erkunden. Sch bringen diese Informationen in die PA ein.
- Sch schreiben die gesammelten Informationen in den Computer und erstellen eine kurze Informationsschrift über Indonesien (Währung, Bevölkerung, Religionen ...).
- Sch beschreiben ein selbst ausgewähltes Problem des Landes genau und für andere verständlich.
- Sch beantworten schriftlich die Frage „Was denke ich über die Probleme in einem fremden Land?"
- Sch präsentieren ihre Erkundungen und Fragen auf einer Stellwand im Eingangsbereich der Schule.

Not und Leid in der Welt

Not – Unrecht – Leid sehen fragen – suchen – entdecken

1. Hintergrund

Die Doppelseite **fse 92/93** intendiert Not, Unrecht und Leid auf der ganzen Welt zu sehen, wahrzunehmen und so innere und äußere Anteilnahme zu entwickeln.

Die Fotoseite **fse 92** zeigt verschiedene Szenen von Not und Leid aus unserer Zeit. Manche entstammen dem konkreten Lebensbereich der Sch (Krankheit, Erwerbslosigkeit, Gewalt), während das Thema Kinderarbeit für die meisten Sch sicherlich neue Informationen beinhaltet.

Auf dem Foto **fse 92** links oben ist das Gebäude eines Arbeitsamtes zu erkennen. Zwei Männer gehen auf dieses Gebäude zu. Vermutlich führten unterschiedliche Umstände und Gründe zu deren Arbeitslosigkeit, die das Leben der ganzen Familie beeinträchtigen oder verändern kann. Mit welchen Erwartungen betreten die beiden Männer das Arbeitsamt?

Rechts daneben ist auf dem Foto eine Mutter mit ihrem Kind beim Arztbesuch abgebildet. Das kleine Kind hat beide Beine eingegipst. Mutter und Kind brauchen viel Geduld und die Hilfe des fachkundigen Arztes, damit eine rasche und vollständige Heilung möglich wird.

Auf dem Foto links unten ist ein steinwerfender, gewalttätiger Junge zu sehen, dessen Gesicht von Wut, Zorn und Gewaltbereitschaft gekennzeichnet ist. Welche aussichtslose Lage hat ihn wohl so weit gebracht? Auf dem Foto daneben ist ein Beispiel für Kinderarbeit in der Dritten Welt dargestellt. Ein kleiner Junge sitzt an einem Teppichknüpfrahmen und schaut dem Besucher mit großen, stummen Augen erwartungsvoll entgegen.

In der Geschichte „Die alte Frau" von Gina Ruck-Pauquet **fse 93** gelingt es einer Mutter die Vorurteile ihrer Tochter dahingehend zu entkräften, dass diese aus dem Kontakt mit einer alten Frau in ihrem Haus etwas gewinnen kann. Die Tochter soll die Einsamkeit der Frau wahrnehmen, Verständnis für die Situation der Frau aufbringen, ihr Zeit schenken, um so das Leid der alten Frau, ihr Alleinsein, zu lindern.

2. Einsatzmöglichkeiten im RU

Leid und Not in Bildern begegnen

- Um Sch gezielt an die Bildarbeit heranzuführen, ist es erforderlich, die einzelnen, aussagekräftigen Fotos jeweils nacheinander zu betrachten. Dazu bieten sich verschiedene Möglichkeiten:
– Folie von **fse 92** kopieren und die einzelnen Fotos ausschneiden.
– Partielle Bildbetrachtung mithilfe der Abdeckschablone **AB 3.6.2, Arbeitshilfen S. 235**. AB für jede/n Sch kopieren, an den gestrichelten Linien einschneiden, auf das Bild **fse 92** auflegen und nacheinander aufklappen.
- Sch wählen sich ein Bild aus. „Was könnten die dargestellten Menschen berichten? Worüber würden sie klagen?"
– Im Plenum Austausch der unterschiedlichen Gefühle und Gedanken.
- Sch kleben die Kopie **fse 92** und den Rahmen ins Heft, die Klappe ihres gewählten Bildes wird nicht festgeklebt.
– Entweder malen oder schreiben Sch zu „ihrem" Bild.
– Auf die drei festgeklebten Klappen schreiben Sch „Not und Leid in der Welt".

Die alte Frau – Textbegegnung in Abschnitten

- L liest Geschichte **fse 93** vor bis „... Alte Leute sind langweilig".
– Sch erinnern sich an eigene Erfahrungen und berichten.
- L liest Geschichte bis „... Nuschi schaut".
– Sch erzählen von „geheimen Schätzen" alter Leute (Oma/Opa, Nachbarn, Freunde ...).
- L liest Geschichte zu Ende.
- Sch entwickeln eine „Filmgeschichte": **AB 3.6.3, Arbeitshilfen S. 237**.
– Als Leporello kann der „Film" ins Heft geklebt werden.
– Für GA wird das AB vergrößert kopiert und nach der Gestaltung im Klassenzimmer aufgehängt.
– Die Szenen werden mit und ohne „Ton" gespielt.

Was mich bedrückt

- L-Impuls: Jeder Mensch erinnert sich an schöne und traurige Erlebnisse. Auch du hast schon Bedrückendes erlebt. Schreibe dies nur für dich nieder.
- L kopiert Rahmenblatt **AB 3.6.4, Arbeitshilfen S. 239**, mit der Überschrift: „Was mich bedrückt" auf farbiges Papier (damit nichts durchscheint) für jede/n Sch und gibt Arbeitsanweisungen:
– Schreibe ganz in Ruhe, nur für dich auf, was dich momentan bedrückt.
– Falte das Blatt und klebe es zu. Niemand wird dein Geschriebenes lesen.
– Verziere die Vorderseite nach deinen Vorstellungen und Wünschen.

Die alte Frau

Personen der Geschichte:

Mutter

Nuschi

Frau Hompke

Szene 1

... Alte Leute sind langweilig ...

O

Szene 2

... Alte Leute haben viele geheime Schätze ...

Szene 3

... Darf ich reinkommen? ...

X

Szene 4

... So geht es weiter ...

Schneide die Filmstreifen an den gestrichelten Linien aus.
Klebe **O** auf **O** und **X** auf **X** zusammen.
Male die Szenen der Geschichte.

3.6.3

3. Jahrgangsübergreifende Lerngruppe

Eigene Sorgen verarbeiten

- Sch aus dem vierten Jahrgang bedrückt oftmals der bevorstehende Schulwechsel, der Abschied von Klassenkameraden und vertrauten Lehrerinnen und Lehrern. Für sie bieten sich hier eigene Fragestellungen an, die sie auf **AB 3.6.4** bearbeiten können.
- Rollenspiel in PA: „Kind und Großmutter erzählen sich gegenseitig ihre Sorgen ...". Im Rollenspiel schlüpft das Kind in eine andere Person. L achtet darauf, dass das gespielte Kind einen Fantasienamen bekommt. Im Schutz der Rolle können hier eigene Ängste (neue Schule, fremde Kinder, neuer Schulweg ...) formuliert werden, aber auch ein Hineinfühlen in die Sorgen einer Großmutter (schwindende Gesundheit, Angst vor dem Alleinsein und vor dem Sterben ...). Im Spiel können sich beide Mut zusprechen.
- Das Rollenspiel kann auch als Schattenspiel (ausgeschnittene Figuren auf dem OHP) oder als Hörspiel vorgetragen werden, um den spielenden Kindern einen größeren Schutzraum zu bieten.
- Alle Sch der jahrgangsübergreifenden Lerngruppe reflektieren anschließend gemeinsam ihre eigene Haltung zu den dargestellten Sorgen. L bietet dazu schriftlich Satzanfänge an: z. B.: „Ich kann gut verstehen, dass ..."; „Mir wird hier klar, dass ...".

Unrecht beim Namen nennen — fragen – suchen – entdecken 94/95

1. Hintergrund

Die Intention der Doppelseite **fse 94/95** führt die Auseinandersetzung der Sch mit Leidsituationen weiter. Durch die eingehende Bearbeitung des Hungertuches 2000 **fse 91** wurde in den Sch eine erste Sensibilität für die Wahrnehmung von Unrecht und Unfrieden, von Leid und Not geweckt. Sie konnten erkennen, dass leidvolle Situationen im Leben der Menschen viele Gesichter haben und durch unterschiedliche Ursachen ausgelöst werden können. Ausgehend von Leiderfahrungen aus ihrem Lebensumfeld lernen Sch nun Menschen aus dem AT kennen, die den Mut hatten, Unrecht beim Namen zu nennen. Eine erste Begegnung mit Propheten des AT findet am Beispiel des Amos statt.

fse 94/95 macht Sch mit der Persönlichkeit des Propheten Amos bekannt.

Sch erfahren in Bild und Text, wie Menschen im Nordreich Unrecht erleiden. Sie sollen sich in diese Lage einfühlen und so fähig werden, an einer explizit gewählten Situation der Doppelseite **fse 94/95** Ursachen für das Unrecht zu erkennen und Handlungsmöglichkeiten für Menschen zu entwickeln.

Die Bibelzitate und die Illustrationen zeigen, was Amos wahrnimmt:

- Betrug (Gewichte- und Maßefälschung)
- Doppelmoral: Opfer darbringen und gleichzeitig betrügen
- Unterdrückung der Armen durch hohe Steuern auf Lebensnotwendiges
- Bestechung
- zügelloser Wohlstand

> **Propheten**
>
> Das biblische Wort, das vom hebräischen Wort *nabi* abgeleitet wird, bedeutet der Rufer bzw. der von Gott erwählte Rufer, aber auch Sprecher, Verkünder. Damit ist ein Mensch gemeint, der Gottes Auftrag wahrnimmt, für die Menschen einzutreten, die Unrecht und Unterdrückung erleiden und keinen Mut oder keine Kraft haben, diese Ungerechtigkeit beim Namen zu nennen. Sie werden auch „Seher" genannt. Mit wachen Augen und großer Sensibilität nehmen sie die „Schieflage" der göttlichen Schöpfungsordnung wahr und decken so das gottes-, menschen- und schöpfungswidrige Verhalten einer ganzen Gesellschaft auf. Sie verweisen auf Folgen dieses Handelns für die Zukunft und fokussieren dadurch die Verantwortung der Menschen für ihre Taten. Die Propheten haben gelernt genau hinzusehen, was auf der Welt vor sich geht, was nicht in Ordnung ist.
>
> Berufung ist ein innerer Vorgang. Der Mensch wird von Gott angerührt, beauftragt – oft gegen persönliches Sträuben – eine Botschaft zu verkünden.
>
> Die Botschaft des Propheten steht stets im Vordergrund, seine Person wird zur Nebensache. Er hat keine Wahlmöglichkeit, er ist das Medium Gottes, das vor dem Morgen, vor der Zukunft warnt, wenn Menschen das Heute, die Gegenwart nicht verändern. Nach dem Verständnis des AT ist ein Prophet ein Gottesbote und wird durch folgende Wesenszüge gekennzeichnet:
>
> - Der Prophet erfährt eine Berufung durch Gott.
> - Er versteht sich oft als unfreiwillig, gegen seinen erklärten Willen Berufener.
> - Er ist beauftragt, Gottes Heils- und Gerichtsbotschaft zu verkünden.

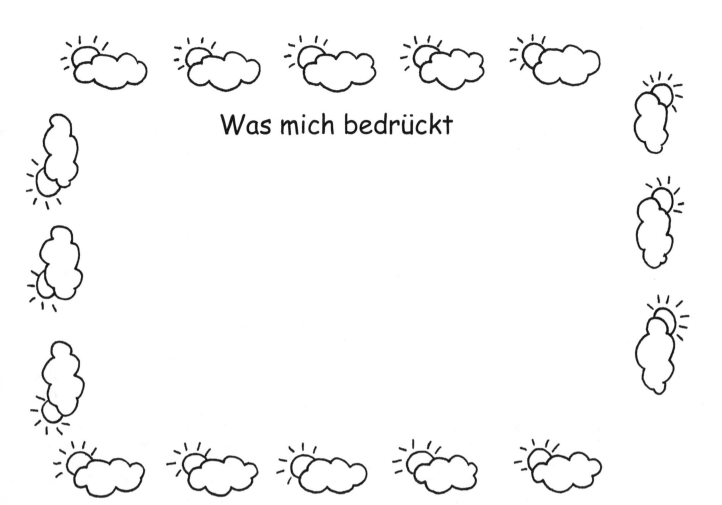

Was mich bedrückt

- Der Prophet nimmt diesen Auftrag durch „innere Erfahrungen" mit Gott wahr.
- Die Botenformel „So spricht der Herr" weist ihn als autorisierten Gottesboten aus.
- Der Prophet handelt als Einzelkämpfer, wodurch er oft zum angefochtenen und verfolgten Außenseiter der Gesellschaft wird.

In der Person des Propheten Amos werden diese Merkmale eines alttestamentlichen Gottesboten geradezu prototypisch sichtbar. Er zählt zu den so genannten „Schriftpropheten", deren Botschaft in den nach ihnen benannten biblischen Prophetenbüchern aufgezeichnet ist. Die exemplarische Behandlung dieses Propheten im RU der 3. Klasse fordert die Erarbeitung der historischen Gegebenheiten und vermittelt so elementares biblisches Grundwissen. Die Sozial- und Gesellschaftskritik des Amos ermöglicht den Blick auch auf moderne Propheten der heutigen Zeit.

Der Prophet Amos und seine Zeit

Amos ist der älteste „Schriftprophet" und stammte aus dem Südreich Juda, sein Heimatort war Tekoa. Er war Schafzüchter, pflanzte Maulbeerfeigen und zählte durch seinen Grundbesitz wohl zu den bedeutenden und reichen Männern in seiner Umgebung. In Am 7,14 wird dargestellt, dass er sich nicht als ein Berufsprophet oder Prophetenschüler versteht, sondern als Prophet aus Berufung.

Amos tritt etwa um das Jahr 760 v. Chr. auf, als Jerobeam II. dem Nordreich durch geschicktes Regieren zu einem politischen, wirtschaftlichen und kulturellen Aufschwung verhalf. Der blühende Handel brachte seinen Bewohnern großen Reichtum. Allerdings traten durch übertriebenen Luxus und Ungerechtigkeiten die sozialen Gegensätze deutlich hervor. Die Kluft zwischen Arm und Reich, Besitz und Macht wurde auf Kosten der Schwächeren immer größer, die sozialen Konflikte in der Bevölkerung blieben nicht aus.

Amos beobachtet mit wachem Auge und kritisiert mit scharfen Worten die Missstände im Land. Er klagt die Doppelmoral der Oberschicht an und warnt das Volk im Namen Gottes vor dem Untergang Israels. Dies hat zur Folge, dass er vom Oberpriester Amazja, einem Berufspriester, des Landes verwiesen wird. Vermutlich kehrte er nach Juda und in seinen Beruf zurück.

2. Einsatzmöglichkeiten im RU

Amos klagt das Unrecht an

- Sch betrachten die Doppelseite: „Was sieht Amos, was klagt er an?"
- Sch beschreiben in PA ein Bild der Doppelseite, erkennen das Unrecht und entdecken einen Bezug zum nebenstehenden Bibeltext.
- Sch begründen, warum Amos das Verhalten seiner Mitmenschen ablehnt.
- Sch drücken ihre Erkenntnis in einer kurzen Spielszene aus:
- „Ich bin reich, es geht mir gut, ich ..."
- Amos: „Ich spreche im Namen Gottes ..."
- Sch stellen Rückbezug zum Hungertuch **fse 91** her. Was würde Amos heute sagen?

Amos kennen lernen

- Sch lernen mithilfe des Lexikons, **fse 3**, S. 129, den Begriff „Prophet" kennen.
- L erklärt Herkunft und Beruf des Amos, vgl. Arbeitshilfen linke Spalte und Erzähltext **AB 3.6.5, Arbeitshilfen S. 241**.
- Sch erhalten „Neueste Nachrichten aus dem Nordreich", **AB 3.6.6, Arbeitshilfen S. 242**, und finden in PA oder GA Verbindungen zu **fse 94/95**.
- Sch fassen ihre Ergebnisse auf **AB 3.6.7, Arbeitshilfen S. 243**, zusammen.

Prophetenbilder betrachten

- „Was tut ein Prophet?" Sch beschreiben und vergleichen die Kunstdarstellungen **AB 3.6.8, Arbeitshilfen S. 245**.
- Sch fertigen in Schwarz-Weiß-Technik ein eigenes Prophetenbild an.

Zuordnungsspiel

Die Spielkarten **AB 3.6.9, Arbeitshilfen S. 246 f.**, werden in benötigter Anzahl kopiert und ausgeschnitten. Sie können als Freiarbeitsmaterial, zur Lernzielkontrolle, als Klassenquiz eingesetzt werden.

3. Jahrgangsübergreifende Lerngruppe

Weitere Propheten kennen lernen

- Sch aus dem vierten Lernjahr suchen in der Schulbibel nach anderen Propheten, z. B. Elija, Jesaja, Jona, Jojakim. Sie erkunden, welchen Auftrag diese von Gott erhielten.
- Sch vergleichen diesen mit dem Auftrag an Amos.
- Sie erarbeiten dazu ein Informationsplakat.

Das Alte Testament erzählt von Amos

Amos lebte bei der Stadt Tekoa, südlich von Betlehem. Er war Viehzüchter und ihm gehörte eine große Schafherde. Hirte zu sein war ein harter Beruf und Amos war von ganzem Herzen ein Hirte. Außerdem züchtete Amos auch Feigenbäume, von denen er einen ganzen Wald besaß. Wenn er in die Städte und Dörfer Israels kam, dann sah er manches, was ihn ernst und nachdenklich machte. Da sah er Arme am Weg sitzen, die bettelten. Da sah er Kranke und Behinderte, die ihm ihre Hände entgegenhielten. Sie konnten nicht arbeiten, niemand sorgte für sie. Ihnen blieb nur das Betteln. Draußen vor der Stadt arbeiteten Männer, Frauen und Kinder in der Gluthitze auf großen, steinigen Feldern. Die gehörten den Reichen der Stadt. Die Reichen wurden reicher und reicher, während die Armen ärmer und ärmer wurden. Die Reichen saßen im Schatten ihrer prunkvollen Häuser, tranken Wein aus silbernen Krügen und sahen nichts von der Not der Armen. Oder sie wollten nichts davon sehen. Amos dachte viel und oft über dieses Unrecht nach. Eines Tages hörte er die Stimme Gottes: „Amos", sagte Gott, „du sollst mein Sprecher sein. Ich brauche dich. Du sollst mein Prophet sein. Du sollst den Menschen sagen, dass sie Unrecht tun."

„Was habe ich mit dem Volk Israel zu tun?", fragte Amos. „Ich lebe im Volk Juda. Ich bin Judäer!" „Du sollst über die Grenze nach Israel gehen. Die Ungerechtigkeit des Volkes schreit zu mir. Es hat vergessen, dass ich es aus Ägypten herausgeführt habe und ihm das Land gleichberechtigt zugewiesen habe, damit keine Ungleichheit und Ungerechtigkeit mehr herrscht. Das Recht tritt es mit Füßen, denn es verstößt die Armen."

Da macht sich Amos auf den Weg in das Land Israel. Er kam in die Stadt Bet-El. Dort feierte man gerade ein ausgelassenes Fest. Mitten in dieses Fest hinein redete Amos. Er hatte sich Trauergewänder umgelegt, wie zu einer Totenklage: „Hört, was Gott euch zu sagen hat: Ich hasse eure Feste, ich verabscheue sie und kann eure Feiern nicht riechen. Ich habe keinen Gefallen an eurem Glauben und eure fetten Opfer will ich nicht sehen. Weg mit dem Lärm eurer Lieder! Euer Harfenspiel will ich nicht hören! Sondern so soll es sein: Das Recht ströme wie Wasser und die Gerechtigkeit wie ein nie versiegender Bach. Ihr jedoch liegt auf Betten aus Elfenbein und faulenzt auf euren Polstern. Zum Essen holt ihr euch Lämmer aus der Herde und Mastkälber aus dem Stall. Ihr grölt zum Klang der Harfe, ihr wollt Lieder erfinden wie David. Ihr trinkt den Wein aus großen Humpen, ihr salbt euch mit den feinsten Ölen. Das Fest der Faulenzer ist nun vorbei!"

Die da feierten, waren sehr erschrocken. Der oberste Priester aber schickte Boten zum König und ließ ihm sagen: „Dieser Amos macht einen Aufruhr gegen dich, König. Das Land kann seine Worte nicht ertragen." Und der König befahl Amos: „Du, Prophet, verlass das Land Israel! Geh zurück nach Juda, wo du herkommst, und halte da deine Reden."

Amos antwortete: „Ich bin ein Schafhirt und Gott hat mich von meiner Herde weggeholt und zu mir gesagt: Geh und rede als Prophet zu meinem Volk Israel. Darum höre jetzt das Wort Gottes: Das Volk Israel wird aus seinem Land vertrieben werden und seine Städte werden zerstört. Deine Frau, deine Söhne und Töchter werden das Unheil nicht überleben, du selbst wirst in einem fremden Land sterben. Dein Land wird verteilt. An jenem Tag wird am Mittag die Sonne untergehen und am helllichten Tag über der Erde Finsternis sein. Aus euren Festen wird Trauer und all eure Lieder werden zur Totenklage. Ich lege allein ein Trauergewand um. Das Ende wird sein wie der bittere Tag des Todes. Seht, es kommen Tage, da kommt der Hunger ins Land, nicht der Hunger nach Brot, nicht Durst nach Wasser, sondern nach einem Wort Gottes. Dann wanken die Menschen von Meer zu Meer, sie ziehen von Norden nach Osten, um das Wort Gottes zu suchen, doch sie finden es nicht. Keiner kann entfliehen, keiner entrinnt, keiner entkommt."

Die Menschen waren erschrocken. Viele spürten, dass durch diesen Mann Gott zu ihnen sprach. Bevor aber Amos ging und das Land verließ, wie ihm befohlen wurde, hatte er auch noch tröstende Worte Gottes für die Menschen:

„Doch es wird auch der Tag kommen, da richte ich die zerfallene Hütte Davids wieder auf und bessere ihre Risse aus. Ich richte ihre Trümmer auf und stelle alles wieder her, wie in den Tagen der Vorzeit. Siehe, es kommen Tage, da triefen die Berge von Wein und alle Hügel fließen über. Dann wende ich das Geschick meines Volkes Israel: Sie bauen die verwüsteten Städte wieder auf und wohnen darin, sie pflanzen Weinberge und trinken Wein, sie legen Gärten an und essen die Früchte. Und ich pflanze sie ein in ihrem Land und nie mehr werden sie ausgerissen aus ihrem Land, das ich ihnen gegeben habe, spricht Gott."

*Am 1-6 und 9,11-15,
erzählt von Rainer Oberthür*

Neueste Nachrichten aus dem Nordreich - Neueste Nachrichten aus dem Nordreich - Neueste Nachrichten aus dem Nordreich - Neueste Nachrichten

Bitte melden!
Hoher Angestellter des Tempels weist Gastarbeiter aus! Zeugen zu diesem Vorfall werden dringend gesucht!

Wer kann mir helfen?
Ich habe 1000 Gramm Mehl bezahlt und daheim waren es nur noch 500 Gramm! Wer kann mir dies erklären?

• Wer kann Angaben zur Herkunft des folgenden Textes machen?

„Hört dieses Wort, die ihr die Schwachen verfolgt und die Armen im Land unterdrückt. Ihr sagt: Wann ist der Sabbat vorbei? Wir wollen den Kornspeicher öffnen, das Maß kleiner und den Preis größer machen und die Gewichte fälschen."

WER HÜTET SEHR ZUVERLÄSSIG MEINE SCHAFE, BIS ICH VON MEINER LANGEN REISE ZURÜCKKEHRE?

!!!!!!!!!!Warnung!!!!!!!
Wer sich noch einmal in meine WAAGE einmischt, bekommt großen Ärger!

Wer kennt diese Frucht?

Liebe Mitbürger des Reiches!
So geht es nicht weiter! Wir können nicht zu unseren Gunsten die Armen immer ärmer machen! Lasst uns gerecht handeln und leben! Wer schließt sich meinem Vorhaben an?

Aus bisher ungeklärten Gründen hat der Besitzer einer großen Maulbeerfeigenplantage seinen Besitz in Tekoa verlassen. Wer kann Angaben zum Aufenthaltsort des Mannes machen?

Namen gesucht!
Wer kennt den Namen des Priesters vom Heiligtum Bet-El?

Neueste Nachrichten aus dem Nordreich - Neueste Nachrichten aus dem Nordreich - Neueste Nachrichten aus dem Nordreich - Neueste Nachrichten

Unrecht beim Namen nennen

Amos ist _____

Amos hat _____

Amos sieht _____

Amos weist _____

Amos spricht _____

➤ Zeichne den Propheten Amos in das Bild.
➤ Du kannst Amos mit einer Sprechblase reden lassen.

Sich für die Rechte von Menschen einsetzen

fragen – suchen – entdecken **96/97**

1. Hintergrund

Die Doppelseite **fse 96/97** knüpft an die prophetische Kritik des Amos an, konkretisiert dieses Anliegen in Bezug auf heutige soziale Probleme und intendiert eine erste Sensibilisierung der Sch für Not- und Unrechtssituationen unserer Zeit. Sie hören den Bericht eines mexikanischen Mädchens, Lorena, über die soziale Not der Nachkommen der Indios im Bundesstaat Chiapas, **fse 96**. Das Mädchen schildert das mutige Engagement von Bischof Samuel, der sich unerschrocken weder von Fahndung noch von Morddrohungen davon abhalten ließ, sich für die Verwirklichung der Menschenrechte einzusetzen. Für seinen Einsatz wurde er mit dem Menschenrechtspreis der Stadt Nürnberg, der alle zwei Jahre verliehen wird, ausgezeichnet (vgl. auch Lexikon S. 127: Menschenrechte). Auf dem Foto ist Bischof Samuel Ruiz Garcia mit Indios zu sehen.

Die angegebene Internetseite www.menschenrechte.nuernberg.de bietet vielfältige Informationen zu diesem Thema.

fse 96 rechte Spalte befasst sich mit der Menschenrechtsverletzung „Kinderarbeit" und schildert am Beispiel des indischen Jungen Kisun Alltag und Lebensumstände von Teppichknüpfer-Kindern. Verschiedene Organisationen wie Misereor, Unicef, Brot für die Welt und terre des hommes kümmern sich unter dem Zeichen „RUGMARK" um diese Kindersklaven.

Was ist RUGMARK?

1994 wurde die erste RUGMARK-Organisation, die RUGMARK Foundation Indien, gegründet. Sie ist unabhängig, ganz besonders von allen Interessengruppen der Teppichproduktion und des europäischen Teppichhandels. Mittlerweile arbeitet die Organisation vor Ort auch in Nepal und Pakistan.

Wer erhält eine RUGMARK-Lizenz?
Wenn ein Teppichhersteller diese Lizenz anstrebt, muss er folgende Kriterien erfüllen:
Keine Beschäftigung von Kindern unter 14 Jahren; Offenlegung der Aufträge gegenüber dem RUGMARK-Büro; Zulassung unangekündigter Kontrollen; Zahlung der gesetzlichen Mindestlöhne an die erwachsenen Knüpfer; Kostenübernahme für Kontrolle und Lizenzvergabe.
Verstößt der Inhaber dieser Lizenz wiederholt gegen diese Regeln, wird ihm die Lizenz entzogen.

Welche Alternativen bietet RUGMARK für die Kinder?
1996 eröffnete RUGMARK in Indien eine erste Schule, die etwa 250 Kindern im Alter von 6-10 Jahren aus Knüpferfamilien einen Basisunterricht ermöglicht. Bis zum Herbst 1998 konnte RUGMARK über 800 Kinder in Schulen unterrichten. Abends werden auch Elterngruppen in Lesen und Schreiben unterwiesen.

Im ersten Rehabilitationszentrum in Indien, das für ehemalige Kinderarbeiter aus der Teppichindustrie bestimmt ist, erhalten diese Kinder eine spezielle Betreuung, die ihre physischen und psychischen Verletzungen aufarbeitet. Durch medizinische Betreuung, Spiel, Sport und Unterricht erhalten sie Perspektiven für ein besseres Leben.

RUGMARK vereinigt zwei Strategien in einem Konzept: 1. Kontrolle und Zertifizierung der Produktion; 2. Sozial- und Weiterbildungsprogramme für die befreiten Kinder.

Information:
www.rugmark.de und www.transfair.org
Für den Einsatz im Unterricht hat RUGMARK spezielle Materialien mit Arbeitsblättern entwickelt: epd-DritteWelt-Information, Postfach 500 550, 60394 Frankfurt/Main, Fax: 069-58098122.

Die Seite **fse 97** zeigt die Grafik „Der Prophet Amos" von Marcel Häflinger, Solothurn.

Ein Mann mit äußerst energischem Gesichtsausdruck ist in einer Schwarz-Weiß-Zeichnung zu sehen. Mit festem Blick spricht er sehr entschlossen und engagiert deutliche Worte. Der wichtige Inhalt seiner Botschaft wird durch Mimik und Gestik unterstrichen. Seine Hand weist in die entgegengesetzte Richtung seines Blickes. Trotz der reduzierten Darstellung vermittelt das Bild recht eindrücklich die Vehemenz der Rede und die Empörung des Propheten Amos und wir kennen seine Botschaft, die Anklage von Unrecht, Betrug, Heuchelei und Ausbeutung im Nordreich (vgl. **fse 94/95**).

fse 97 unten schafft die Verbindung zu Jesus (Mk 12,40). Auch er prangert die Scheinheiligkeit und Betrügereien der Schriftgelehrten seiner Zeit an.

2. Einsatzmöglichkeiten im RU

Lorena kennen lernen
- Sch suchen Südamerika/Mexiko/Chiapas auf dem Globus oder einer Weltkarte.
- Sch lesen Text **fse 96** bis „kein Arzt um uns kümmert".
- Sch erarbeiten die gegensätzlichen Lebenssituationen in arbeitsteiliger GA: „So lebt Lorena in Mexiko und so lebe ich" **AB 3.6.10, Arbeitshilfen S. 249**.

Was tut ein Prophet, eine Prophetin?

Spielkarten zu Amos

1 Die Händler	verlangen zu hohe Preise.
2 Das Land Israel	ist in zwei Reiche geteilt.
3 Die Bewohner	lachen Amos aus.
4 Die Richter	sind bestechlich.
5 Die Propheten	sind von Gott berufen.
6 Der König	sorgt sich um Gerechtigkeit.
7 Die Kaufleute	fälschen die Gewichte ihrer Waagen.

8 Gott beruft	Amos zum Propheten.
9 Tekoa	heißt das Heimatdorf von Amos.
10 Amos redet:	„So spricht Gott, der Herr."
11 Berufe des Amos:	Schafzüchter und Feigenbaumzüchter.
12 Die Reichen	beuten die Armen aus.
13 Südreich:	Amos kommt aus diesem Teil des Landes.
14 Nordreich:	Hier geschieht viel Unrecht.

Alle Menschen haben Rechte
- Sch schlagen im Lexikon **fse 127** „Menschenrechte" nach.
- Sch lernen Bischof Samuel Ruiz Garcia von Chiapas kennen, er setzt sich für die Rechte der Indios ein.
- Sch lesen **fse 96** oben ab „In dieser Situation ...".
- L klebt vergrößertes Bild des Bischofs zur linken Tafelseite.
- Sch erhalten Sprechblasen und lassen den Bischof „erzählen", TB wird ergänzt.
- *Weiterführung:* Nürnberg als „Stadt der Menschenrechte" kennen lernen. Information über www.menschenrechte.nuernberg.de.

RUGMARK setzt sich ein
- L stellt das Symbol RUGMARK von **AB 3.6.11, Arbeitshilfen S. 250**, vergrößert auf Folie/Tafel/Bodenbild zur Verfügung.
- Sch beschreiben das Logo und fragen nach dessen Bedeutung.
- Sch suchen das Land Indien auf Globus oder Weltkarte.
- Sch lesen **fse 96** unten, holen Information ein, L ergänzt (vgl. Arbeitshilfen S. 234).
- Sch beschreiben stichpunktartig die Lebenssituation der Teppichknüpfer-Kinder in Indien in den Umriss eines gemalten Teppichs in ihren Heften.

Begegnung mit der Zeichnung „Der Prophet Amos"
- Partielle Bildbetrachtung in fünf Schritten mithilfe der Abdeckschablone **AB 3.6.12, Arbeitshilfen S. 250**:
  1. Augen – sehen Not und Elend.
  2. Ohr – hört die Klagen der Menschen in Not.
  3. Hand – weist auf Unrecht hin.
  4. Mund – spricht im Namen Gottes für Gerechtigkeit.
  5. Gesamtes Bild – der Prophet Amos setzt sich für Menschen, die in Unrecht und Not leben, ein.

Was würde Amos heute sagen?
- Stell dir vor, Amos würde heute zur Situation der Kinder in Mexiko und Indien sprechen!
- Sch äußern sich spontan und beschriften leere Sprechblase.
- Sch kleben Kopie des Amos ins Heft und lassen den Propheten mit ihrer Sprechblase reden.
- Sch singen das Lied: „Gib uns Ohren", das sie schon aus der zweiten Klasse kennen: **fse 2**, S. 6.

Und wie reagiert Jesus?
- Sch stellen im UG Verbindung zu Jesus her: Jesus sieht die Not der Menschen; Jesus hört Menschen klagen; Jesus weist auf Unrecht hin; Jesus mahnt zur Umkehr.
- Kurze historische Information zur Situation der Witwen zur Zeit Jesu (keine Rente, kein Einkommen, keine Existenzgrundlage, keine gesellschaftlichen Rechte ... vgl. **fse 94** unten).
- Sch entwickeln Ideen im Rückgriff auf **fse 50/51** „Wie Begegnung verändern kann".
- Sch lesen das „Aufweckende Gebet" und bearbeiten **AB 3.6.13, Arbeitshilfen S. 251**.

Eine Geschichte hören
L liest die Erzählung von Elfriede Becker, Der Teppich aus Schiras, in: Dietrich Steinwede u. a. (Hg.), Vorlesebuch Religion 2, Lahr 1973, S. 312.

Das Papiertüten-Klebespiel
- Wie eine Papiertüte entsteht, zeigt **AB 3.6.14, Arbeitshilfen S. 253**. Sch stellen ggf. mit Eltern eine Tüte her und schauen dabei auf die Uhr.
  Sch rechnen aus, wie viele Tüten sie in 60 Minuten kleben könnten.
  Sch rechnen die Stückzahl bei 10 Stunden Arbeitszeit aus.

3. Jahrgangsübergreifende Lerngruppe

Erwachsene interviewen
- Sch aus dem vierten Lernjahr befragen Erwachsene in ihrer Umgebung, was sie über RUGMARK wissen. Sie besuchen ggf. das ortsansässige Teppichgeschäft und fragen nach RUGMARK-Teppichen.
- Sch erstellen ein Plakat zur RUGMARK-Aktion und ergänzen es mit den Ergebnissen ihrer Umfrage.

Bibeltexte finden
- Sch sammeln aus der Schulbibel Aussagen von Jesus zum Umgang mit Mitmenschen und schreiben diese auf ein Plakat, z. B.:
  Jesus sagt:
  - Gib jedem das, worum er bittet. (Lk 6,30)
  - Alles, was ihr also von anderen erwartet, das tut auch ihnen. (Mt 7,12)
  - Deinen Nächsten sollst du lieben wie dich selbst. (Lk 10,27)
  - Gebt ihnen zu essen. (Mk 6,37)
  - ...

So lebt Lorena in Mexiko und so lebe ich

Lorena   ich bin ------------------------------

- da lebe ich

- so wohne ich

- das habe ich

- bei Krankheit sorgt

- hier lerne ich

Für alle Menschen

gelten dieselben

Menschenrechte

Logo: RUGMARK

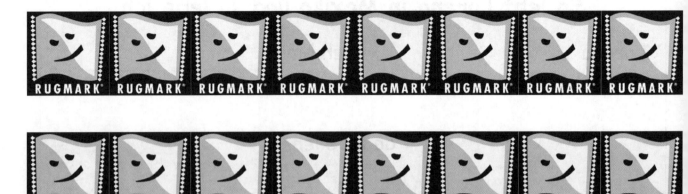

Abdeckschablone: „Der Prophet Amos"

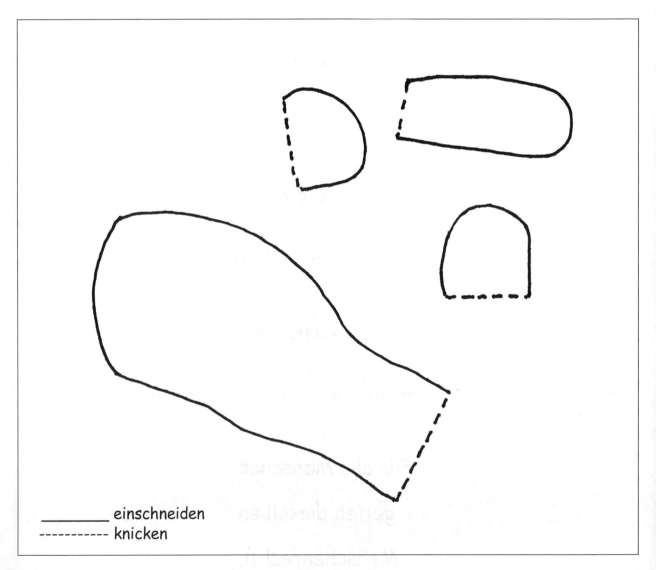

———— einschneiden
- - - - - - - knicken

Aufweckendes Gebet

Weck mich auf, guter Gott!
Weck mich aus meinen Träumen,
weck mich aus meinen Gebeten.

Es ist zu einfach
morgens und abends zu beten,
für Arme, Hungernde und Frierende.

Weck meine Hände und Füße auf,
damit sie etwas tun für die, die Hilfe brauchen.

Weck mich auf, damit das, was ich tue,
zusammenpasst mit dem, was ich sage.

Wolfgang Wagerer

1. Unterstreiche den Satz im Gebet, der für dich am wichtigsten ist.
2. Schreibe selbst zwei Strophen.
3. Male in die Bilderrahmen, was zur Hilfe nötig ist.

Sehen – Mitleid haben – handeln

1. Hintergrund

Die Doppelseite **fse 98/99** beinhaltet die Perikope Lk 10,29-37 in Wort und Bild. Es handelt sich hierbei um eine klassische Beispielerzählung. Ausgehend von der Frage „Wer ist mein Nächster?" des Gesetzeslehrers, der um das mosaische Doppelgebot der Gottes- und Nächstenliebe (Dtn 6,5 / Lev 19,18) weiß, antwortet Jesus mit dem Gleichnis vom barmherzigen Samariter. Er erläutert dadurch sein Verständnis von Nächstenliebe. Sowohl Priester als auch Levit, Menschen also, die von Berufs wegen mit der Botschaft Gottes und dem Dienst im Tempel in enger Beziehung stehen, sehen und übersehen den Überfallenen. Manchmal wird dieses Nichthelfen oder Nichthandeln mit kultischen Reinheitsvorschriften des Judentums begründet. Nicht Gesetz und Gottesdienst haben Vorrang, sondern der Mensch, der hilfs- und zuwendungsbedürftig ist, der auf Hilfe wartet, ja auf diese angewiesen ist, unabhängig von ethnischer Herkunft, religiöser Überzeugung oder sozialer Position. Denken, Handeln und Barmherzigkeit dürfen nicht von Überlegungen über Gesetzesvorschriften, Nutzen und Profit geprägt sein, sondern sollen sich unbedingt am Hilfsbedürftigen orientieren. Die innere Bereitschaft, Gottes- und Nächstenliebe als untrennbar miteinander verbunden wahrzunehmen, weckt die Fähigkeit zur Empathie mit dem Nächsten. Jesus erzählt die Geschichte vom barmherzigen Samariter mit Blick auf den Überfallenen, auf denjenigen, der die tätige Nächstenliebe hier und jetzt nötig hat. Dies beinhaltet für den Zuhörer die Überlegungen: Was ist nötig zu tun, was braucht der, der auf mich angewiesen ist?

Das Gleichnis wird von Jesus noch verschärft, indem ein Samariter, also ein vom Überfallenen Verachteter, diesem zum Lebensretter wird. Die alten Spannungen zwischen Nord- und Südreich kommen an dieser Stelle deutlich zum Vorschein. Kein gläubiger Jude erwartete Hilfe von einem Samariter. Diese Tat macht auch deutlich: Schlecht ist nicht der, den wir für schlecht halten.

„So kann es nicht nur exegetisch erlaubt, sondern auch didaktisch geboten sein, die Gleichnisse aus einem sie beengenden Rahmen zu befreien. Die Geschichte vom barmherzigen Samariter, wohl das stärkste und wirksamste aller Gleichnisse überhaupt, darf nicht eingezwängt bleiben in dem Rahmen einer theoretischen Auseinandersetzung um die Frage: Wer ist mein Nächster? Wen muss ich dazu rechnen? Es mag wirklich die Frage nach dem Nächsten sein, auf die das Gleichnis antwortet, doch sie wird in der schon damals unübersichtlich gewordenen multikulturell zusammengewürfelten Gesellschaft existenziell ganz anders gestellt: Wo und wie überhaupt finde ich denn noch einen Nächsten? Sind um mich nicht nur noch Fremde? Die Geschichte spricht anders, wenn wir sie vor diesem Hintergrund hören" (Baldermann, S. 84).

Um bei Kindern abenteuerliche negative Assoziationen zu vermeiden, schlägt Ingo Baldermann vor, sowohl den Priester als auch den Leviten in einem anderen „Gewand" auftreten zu lassen: „... ich zeige den Ersten als einen wohlhabenden Reisenden, mit allem Notwendigen gut ausgestattet, als einen ordentlichen Mann; den Zweiten als einen ganz normalen, einfachen Mann aus dem Volk" (ebd. S. 86). Den Samariter macht Ingo Baldermann einfach zum „Ausländer". Dieser Begriff bedeutet zwar nicht dasselbe, beschreibt jedoch eine ähnliche Stimmungslage.

„Die Geschichte erzählt von der Erfahrung erschreckender Ferne unter Menschen, die sich eigentlich nahe waren, und unerwarteter Nähe zu einem Fremden ... Sie ist so elementar erzählt, dass zum Verstehen im Grunde nichts weiter erforderlich ist als die Bereitschaft zur Identifikation mit den verschiedenen Rollen, die die Geschichte anbietet. Die Bereitschaft und Fähigkeit dazu bringen auch schon Primarstufenkinder mit; es gibt keinen Grund, ihnen diese Geschichte vorzuenthalten" (ebd. S. 89).

Der Weg von Jerusalem nach Jericho

Der Weg von Jerusalem nach Jericho wurde durch das Gleichnis vom barmherzigen Samariter „berühmt". Der kurze Satz „Ein Mann ging von Jerusalem nach Jericho hinab" beschreibt einen Fußmarsch von 30 km durch sengende Hitze, einen Abstieg von 820 m ü. N. N. auf 250 m unter dem Meeresspiegel. Den Zuhörern Jesu war dieser Weg als gepflasterte Römerstraße bekannt. Die Reisenden mussten Jerusalem in den kühlen Morgenstunden noch bei Dunkelheit verlassen, um den 12 Stunden dauernden Abstieg zu bewältigen. Die Straße windet sich hinab in eine felsige Senke mit dürrem Gestrüpp. Hier hausten zur damaligen Zeit Räuber und Wegelagerer in Höhlen.

Heute ist die alte Römerstraße geteert und die Strecke von Jerusalem nach Jericho kann auf einer neuen Schnellstraße zurückgelegt werden. Jericho, auch Palmenstadt genannt, ist die älteste bisher bekannte Stadt der Erde. Damals wie heute leben Beduinen mit ihren Tieren in dieser kargen Gegend. Dieser Weg ist von den Auseinandersetzungen zwischen Juden und Palästinensern stark betroffen.

Wie eine Papiertüte entsteht

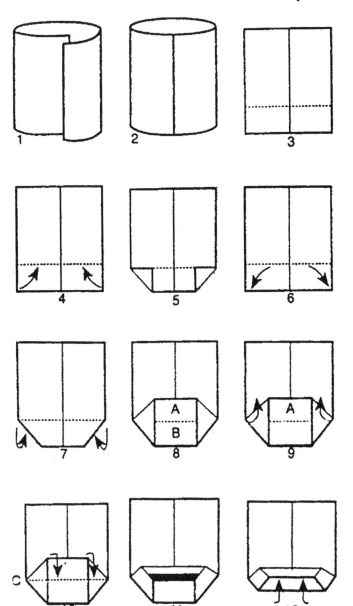

1. Lege beide Papierstreifen zur Mitte.
2. Bestreiche einen Rand mit Klebstoff und klebe den überstehenden Rand fest.
3. Klappe das untere Ende ca. 5 cm um; knicken und wieder auffalten.
4. Untere Ecken bis zum Falz umknicken.
5. Festdrücken und falzen.
6. Wieder aufklappen.
7. Ecken nach innen einschlagen.
8. Jetzt hast du eine Tüte mit zwei Klappen, A und B.
9. Knicke die obere Klappe A um.
10. Schlage sie um bis zur Mittellinie C.
11. Bestreiche das schraffierte Ende mit Klebstoff.
12. Knicke die untere Klappe B um, bis sie die Klebstofffläche überdeckt, und klebe sie fest.

Zeit	Tüten
10 Min.	
60 Min.	
10 Std.	

➤ Klebe in 10 Minuten möglichst viele Tüten.

➤ Rechne danach aus, wie viele Tüten du in 60 Minuten und in 10 Stunden kleben könntest.

- Für 1000 Tüten bekommt ein Kind in Indien 1 Rupie.
- Das könntest du in Indien für deinen Lohn kaufen:
  1 kg Mehl = 6 Rupien/ 1 Decke = 60 Rupien/ 1 Liter Milch = 7 Rupien/
  6 Bananen = 3 Rupien/ 1 Tasse Tee = 1 Rupie

Paula Modersohn-Becker (1876-1907)

Paula Becker wächst in Dresden auf, ihre Familie übersiedelt 1888 nach Bremen. Im Alter von 16 Jahren erhält Paula Becker in London an der School of Arts ersten Zeichenunterricht. Später nimmt sie neben ihrer Ausbildung zur Lehrerin privaten Malunterricht. 1898 übersiedelt sie in die Künstlerkolonie nach Worpswede. Dort schlossen sich Künstler aus Protest gegen die Akademien und das Leben in der Großstadt zusammen. 1900 schließt sie Freundschaft mit Rainer Maria Rilke, der sich für einige Zeit der Kolonie der Künstler anschloss. Unter Einfluss der Gemälde von Vincent van Gogh in Paris sucht Paula Becker die „Einfachheit der großen Form" und die Darstellung des „schlichten Menschen" wird zum Schwerpunkt ihres künstlerischen Schaffens. 1901 heiratet sie den Worpsweder Maler Otto Modersohn. Nach einer erneuten Parisreise entstehen unter Einfluss der Impressionisten zahlreiche Stillleben. 1907 stirbt Paula Modersohn-Becker kurz nach der Geburt ihrer Tochter Mathilde an einer Embolie. Die Nationalsozialisten diffamierten die Künstlerin 1937 als „entartete Künstlerin" und beschlagnahmten zahlreiche Kunstwerke aus deutschen Museen. 1978 gründet ihre Tochter Tille (1907-1998) die Paula-Modersohn-Stiftung.

Paula Modersohn-Becker: „Der barmherzige Samariter", 1907

Öl auf Holz, 31 x 37 cm, Ludwig Roselius Sammlung in Bremen

Das Bild verdeutlicht die Dynamik der gesamten Erzählung. Alle agierenden Personen des Gleichnisses sind zu sehen.

Das Bild ist in seiner farblichen Gestaltung von warmen Braun-, Grün- und Rottönen bestimmt. Durch seine Gestaltung konzentriert sich der Blick beim Betrachten auf den Verletzten und den helfenden Samariter. Das Reittier des Helfers betrachtet die Szene aufmerksam, durch einen Obstbaum vom eigentlichen Geschehen getrennt. Beim genauen Betrachten können sowohl der Priester als auch der Levit beim Vorübergehen erkannt werden. Sie machen sich im Schutze der Stadtmauer davon. Fällt der Blick erneut auf die Helferszene, scheint sich das Bild in zwei Welten aufzulösen. Dies könnte ein Ausdruck der verschiedenen Blickwinkel der beteiligten Personen sein, die sich dadurch in Nichthelfer und Helfer trennen. – Die Darstellung des barmherzigen Samariters geht wohl auf das Erlebnis einer Krankheit der Künstlerin und die Pflege durch ihren Mann Otto Modersohn zurück.

Eine Bildbetrachtung

Auf einem Hügel, wie auf einer Pyramide, steht ein Baum mit kugeliger Krone und festem Stamm. Im grünen, nach unten verschatteten Laub liegen große rote Äpfel. Unter diesem Baum voller Leben liegt ein nackter, bärtiger Mann. Seine Hüften sind umschlungen von einem großen feuerroten Tuch. Neben ihm hockt eine in warmes, helles Grün gekleidete Gestalt mit hellem Turban und berührt innig mit ihrer Wange die kahle Stirn des Mannes, dessen Kopf sie mit beiden Händen stützt. Sie verbindet sich mit dem Umriss des dunklen Hügels und man weiß nicht recht, ob die Dunkelheit der Schatten des Baumes ist – obwohl dieser Baum ja keinen so großen Schattenkegel werfen kann – oder ob das braune Dreieck einfach der Ackerboden ist. Eine Art Mantelsack in tiefem Violett liegt rechts, dort wo eine große Sonnenblume über den Hügelrand ragt, der auf der linken Seite ein Busch entspricht. Ein kleiner, dunkler Esel – oder ist es ein Pferdchen? – mit rotem Sattel und Zügeln wartet hinter dem Stamm des Baumes. Beschützt von dessen Krone, schützt er wiederum das Paar vor den Blicken von der Straße her, die dahinter im Sonnenlicht vorbeizieht.

Diese helle Straße kommt wie ein Fluss zwischen grünen Ufern von links nach rechts das Land herunter, entlang an einer langen Mauer und mündet in den braunen geschlossenen Eingang eines Torhauses ein. Dahinter liegt das breite Dach eines Gutshauses, und ein üppiger Obstgarten mit kugeligen, goldenen Baumkronen schaut über die Mauer. Ein blauer Sonnenhimmel mit weißen Wolken lagert ruhig über den etwas bewegt ihres Weges gehenden Gestalten, mit denen wohl der Priester und der Levit des Gleichnisses Jesu gemeint sind. Beide sind überzeugt, dass in diesem Fall eine falsche Nächstenliebe gefordert sei. Jeder von ihnen hat ein anderes Ziel vor Augen: der eine den Dienst im Tempel, an allen Gläubigen, die Bewahrung des Gesetzes, der Tradition, des Bodens; der andere den Dienst an der tatsächlichen Reform der politischen und sozialen Missstände, eventuell den Umsturz, die totale Veränderung der Verhältnisse. Und dazwischen ist der, der dem einzelnen Leben Aufmerksamkeit schenkt und über der großen Idee denjenigen nicht vergisst, dem sie dienen soll: dem Menschen. Die Gestalten des Priesters und des Leviten bringen die Landschaft in Bewegung, denn sie laufen der Neigung des Weges entgegen. – Die Zeit fließt, im Vordergrund des Bildes aber steht sie, d. h. hier vorne ist der Ort des Wesentlichen.

Hier ist ein Mensch stehen geblieben und neigt sich in Liebe einem anderen Menschen zu. Eine Blume, eine Sonnenblume, blüht hier im Schatten. Das Reittier wartet, doch steht es in Richtung des Torhauses. Unter einem Baum, der sowohl der Lebensbaum des Paradieses als auch der Baum der Erkenntnis sein

Skizze: Von Jerusalem nach Jericho

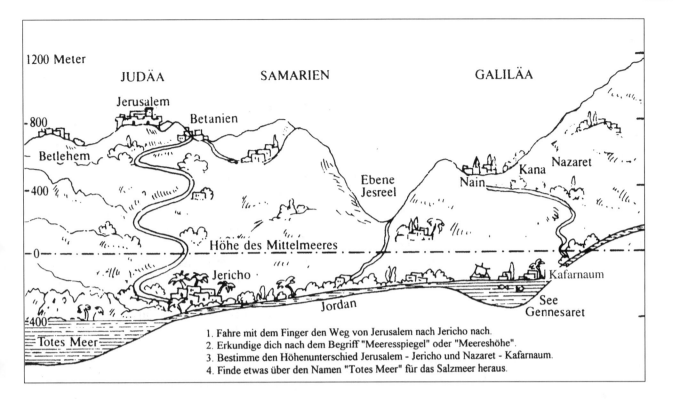

1. Fahre mit dem Finger den Weg von Jerusalem nach Jericho nach.
2. Erkundige dich nach dem Begriff "Meeresspiegel" oder "Meereshöhe".
3. Bestimme den Höhenunterschied Jerusalem - Jericho und Nazaret - Kafarnaum.
4. Finde etwas über den Namen "Totes Meer" für das Salzmeer heraus.

Einführungsübung: Von Jerusalem nach Jericho

„Schau dir unser Bild genau an. Der Weg von Jerusalem, der Stadt auf dem Berg, nach Jericho führt durch eine sehr einsame Gegend. An manchen Stellen windet er sich schmal durch karge Berge und Hügel. Wer auf diesem gefährlichen Weg unterwegs ist, muss sich gut auskennen, denn nirgendwo gibt es Schilder oder Hinweistafeln. In den Bergen gibt es dunkle Höhlen. Du siehst weit und breit weder Notrufsäulen, Straßenschilder noch Menschen. Kein Baum und kein Strauch gewähren dir Schatten, nichts schützt vor der sengenden Hitze, die unerbittlich vom Himmel brennt.

Wer sich auf diesen schmalen Pfad begibt, muss einen großen Vorrat an Trinkwasser dabeihaben, denn keine Gasthäuser laden zu einer Rast ein. Nachts wird es hier empfindlich kalt. Am besten schließt sich der Reisende einer Gruppe an, um sicher in der Palmenstadt Jericho mit ihren blühenden Gärten und erfrischenden Brunnen anzukommen."

könnte, also der Baum, unter dem die Menschen der Versuchung erlagen, erkennen zu wollen, was Gut und was Böse ist, unter dem sie der Versuchung erlagen, sein zu wollen wie Gott, sind diese beiden Menschen beieinander. Ihren beiden Köpfen scheint der dunkelbraune Baumstamm zu entspringen, während ihre Körper dem dunklen Erdreich mit dem Grün und Rot ihrer Hüllen und der Farbe ihres Fleisches die Fülle geben. Darüber die Geburt eines Baumes, der Früchte bringt und mit seinen warmen Farben über die weiße Wolkenbank des Himmels reicht: Die Liebe heilt, die Liebe zeigt den richtigen Weg, die Liebe ist stark wie der Tod. Über dem toten Hügel der dunklen Pyramide wächst die runde Welt des Baumes (in: „notizblock" 20. Juli 1996, S. 28 nach einem Text von Gabriele Heidecker, in: Jörg Zink, Dia Bücherei Christliche Kunst, Bd. 21, Verlag am Eschbach 1987).

Literatur

Baldermann, Ingo, Gottes Reich – Hoffnung für Kinder. Entdeckungen mit Kindern in den Evangelien, Neukirchen-Vluyn ⁴2002, S. 84
Jeremias, Joachim, Die Gleichnisse Jesu, Göttingen 1998
Lachmann, Rainer (Hg.), Elementare Bibeltexte. Exegetisch – systematisch – didaktisch, Göttingen 2001

2. Einsatzmöglichkeiten im RU

Das Gleichnis kennen lernen

- Sch lesen den Text **fse 98** still.
- Sch stellen Fragen zum Text, sammeln schwierige Wörter. L schreibt die Fragen an die Tafel, z. B. Was ist ein Gesetzeslehrer? Ist das ein Priester, wie wir ihn heute kennen? Was ist ein Levit? Wie viel ist heute ein Denar wert?
- Sch beantworten alle Fragen selbstständig und arbeitsteilig in PA (Internet, Lexikon, Bibel ...). L hält Material bereit, hilft und berät bei der Recherche.
- Sch tragen ihre Antworten zusammen.

Über das Gleichnis nachdenken

- L trägt den Text noch einmal vor.
- L-Impuls: Welche Frage stellt der Gesetzeslehrer an Jesus? Wer beantwortet diese Frage?
- Es gibt zwei gleiche Sätze im Text.
- Sch erarbeiten, nachdem sie sich genau über deren Aufgaben zur Zeit Jesu erkundigt haben, die Gedanken von „Priester" und „Levit": „Ich kann ihm jetzt nicht helfen, weil ich ..."
- Sch schreiben die Begründungen für das „Nicht-Helfen" auf ein Plakat, z. B.:
  ... weil ich eine wichtige andere Aufgabe habe.
  ... weil ich jetzt keine Zeit habe.
  ... weil ich mich jetzt nicht schmutzig machen kann.
  ... weil es gegen das Gesetz ist.
  ... weil es nicht meine Aufgabe ist.
  ... weil der Notleidende mich nichts angeht.
- Sch überlegen, ob sie solche „Ausreden" für das „Nicht-Helfen" kennen, und schreiben ihre eigenen Gedanken dazu in ihr Heft.

Einen gefährlichen Weg erkunden

- Sch sammeln aus eigenen Erfahrungen: Was ist ein gefährlicher Weg? (steil, nicht ausgeschildert, Hindernisse, dunkel, mögliche Überfälle, verschiedene Abzweigungen ...)
- Sch entdecken die geografischen Besonderheiten des gefährlichen Weges von Jerusalem nach Jericho mithilfe einer Querschnittsskizze **AB 3.6.15, Arbeitshilfen S. 255**.
- Gestaltung einer TA: Jerusalem oben, Jericho unten
- oder Aufbau eines Bodenbildes: Sch legen mit braunen Tüchern den Weg und Bilder von Jerusalem und Jericho, vergrößert aus der Skizze, dazu.
- *Hinweis:* Hier können die gebastelten Palmen, Häuser und Kamele, vgl. Arbeitshilfen S. 97, wieder zum Einsatz kommen.
- Sch sitzen bei nachfolgender Einfühlungsübung entweder im Halbkreis um die Tafel oder um das gestaltete Bodenbild: **AB 3.6.16, Arbeitshilfen S. 255**.

Inhaltliche Auseinandersetzung mithilfe einer Spielszene

- Sch wählen in GA eine Szene der biblischen Geschichte **fse 98**, stellen diese in einer „Momentaufnahme" dar (Standbild) und suchen sich einen Titel aus. Alle Mitglieder der Gruppe sind dabei beteiligt.
- Mögliche Requisiten sind Alltagsgegenstände aus der Schule und Tücher.
- Im Gruppengespräch setzen sich alle Mitglieder intensiv mit den möglichen Gedanken und Gefühlen der beteiligten Personen ihrer Szene auseinander und erklären den Schwerpunkt aus der Sicht der Gruppe.
- Bei den einzelnen Darstellungen im Klassenverband gibt L jeder Gruppe ein akustisches Signal zu Beginn und Ende jeder Szene.
- Bei der Aufführung gibt es kein Richtig und Falsch. Mitspieler und Zuschauer können jedoch im Anschluss Gefühle äußern.

Folgende Szenen sind als Vorschlag zur Unterstützung einzelner Gruppen möglich (L hält Kärtchen mit den Vorschlägen bereit):

- Ein Mann geht von Jerusalem nach Jericho.
- Der Mann wird von Räubern überfallen.
- Die Räuber plündern den Mann aus und lassen ihn halb tot liegen.
- Ein Priester sieht den Mann und geht vorüber.

Der barmherzige Samariter

- Ein Levit sieht den Mann und geht vorüber.
- Da kommt ein Mann aus Samarien, der auf der Reise war.
- Der Mann aus Samarien hat Mitleid und versorgt den Verletzten.
- Der Samariter hebt den Verletzten auf sein Reittier und bringt ihn zu einer Herberge.

Das Bild deuten

Das Bild ist als Folie Nr. 11 in der Schatzkiste 3/4 enthalten.

- L verwendet **AB 3.6.17, Arbeitshilfen S. 257**, entweder als Abdeckschablone zur verzögerten Bildbetrachtung oder als Gestaltungsvorlage zum Ausmalen durch Sch. Die Größe entspricht der Folie in Schatzkiste 3/4.
  - Partielle Bildbetrachtung, sichtbar ist nur Teil 1: Was sehe ich? Wie ist der Bildausschnitt aufgebaut? Was löst das Bild in mir aus?
  - Danach Abdecken des unteren Bereichs, sichtbar wird Teil 2: Fragen wie oben.
  - Sch betrachten das gesamte Bild.

Kreatives Gestalten

- Sch erhalten das Umrissbild des Gemäldes von Modersohn-Becker (**AB 3.6.17, Arbeitshilfen S. 257**) und gestalten dies farbig.
- Im UG entdecken Sch die inhaltliche Verbindung zwischen der Erzählung vom barmherzigen Samariter und der bereits bekannten Geschichte **fse 3**, S. 54 „Eine Tüte voller Liebe".

Gebet des Geretteten

- Stell dir vor, der Gerettete liegt am Abend in der Herberge in seinem Bett. Er denkt über den ereignisreichen Tag nach und betet.
- Sch formulieren Gebet und tragen dies, wenn sie möchten, der Klasse vor.
- Sch erlernen das Lied: „Hört und seht, dass ihr's wisst", **AB 3.6.18, Arbeitshilfen S. 259**.

- *Weiterführung:* Zu diesem Thema gibt es eine Fülle von Materialien (vgl. Literatur). Auch eignet sich dieses Thema besonders für Projekte der Schulpastoral, um dadurch eine kindgemäße Verknüpfung der biblischen Botschaft mit der konkreten Lebenswirklichkeit der Sch zu schaffen. Sie können Handlungsfelder zur Umsetzung des Gebots der Nächstenliebe suchen und entdecken.

Literatur

Lernbox: Augen auf! Wer ist mein Nächster? Ergänzendes Material zu Information & Material 4/97-1/98, S. 62ff: 12 Arbeitskarten zum „Barmherzigen Samariter"
(Die Lernbox enthält 12 Arbeitskarten und ist als Lern- und Übungsmöglichkeit zur Wiederholung und Vertiefung gedacht. Je zwei Karten auf DIN A4 vergrößern und laminieren. Jeden Kartensatz auf andersfarbiges Papier kopieren.)
Berg, Sigrid und Horst Klaus, Wer den Nächsten sieht, sieht Gott, Stuttgart/München 1986

3. Jahrgangsübergreifende Lerngruppe

Ich kann helfen-Plakat

- Sch des vierten Lernjahres sammeln im Heft oder auf einem Plakat zur Veröffentlichung konkrete Beispiele zur Überschrift: „Ich kann meinem Nächsten helfen", z. B.
Ich kann meinem kleinen Bruder etwas vorlesen.
Ich kann ein Kind, das niemanden zum Spielen hat, mitspielen lassen.
Ich kann ein weinendes Kind trösten.
Ich kann meiner Oma geduldig zuhören.
Ich kann für meine Familie Aufgaben erledigen: einkaufen, aufräumen, Tisch decken ...
Ich kann auf dem Schulhof einen Streit beenden.
Ich kann einem Kind bei den Hausaufgaben helfen.
- Sch kleben eine Kopie des Textes Lk 10,29-37 mittig auf ein Plakat mit der Überschrift „Wer ist mein Nächster?" und schreiben möglichst viele Namen darum herum.

Not sehen und helfen

fragen – suchen – entdecken **100/101**

1. Hintergrund

Die Doppelseite **fse 100/101** konkretisiert das Gleichnis vom barmherzigen Samariter.
Sie leistet an zwei Beispielen einen Transfer und verdeutlicht somit, dass die Frohbotschaft des NT jeden Menschen zu caritativ tätiger Nächstenliebe motivieren kann.
An Bruder Martin, einem Franziskanerpater, der in Nürnberg lebt, können Sch erleben, wie Menschen heute Augen, Ohren, Mund und Herz öffnen, um Not zu sehen und helfend zu handeln **(fse 100)**.

Bruder Martin Berni

Bruder Martin begann seine Arbeit 1995 mit der medizinischen Versorgung von Obdachlosen, Punks und Drogenabhängigen in Nürnberg. Zu Beginn half der gelernte Krankenpfleger mit einem Koffer auf der Straße. 1996 erhielt er am Bahnhofs-

Hört und seht, dass ihr's wisst

Spiellied vom barmherzigen Samariter

T: Rolf Krenzer/M: Paul G. Walter
© Lahn Verlag, Limburg

Refrain: Hört und seht, dass ihr's wisst, was auf dem Weg nach Jericho geschehen ist.

1. Auf seinem Weg nach Jericho geht ganz allein ein Mann. Da schleichen sich drei Räuber dort von hinten heimlich an.

2. Sie stürzen plötzlich auf ihn los
und schlagen ihn sogar.
Dann nehmen sie ihm alles weg
und das ist wirklich wahr!

3. Sie stoßen ihn. Und keiner hört
den Mann um Hilfe schrein.
Da liegt der arme Mann am Weg,
so hilflos und allein.

4. Da kommt ein reicher Herr vorbei
und bleibt nicht einmal stehn.
Er tut, als würde er den Mann
dort auf dem Weg nicht sehn.

5. Da kommt ein frommer Mann daher,
doch der bleibt auch nicht stehn.
Er tut, als würde er den Mann
dort auf dem Weg nicht sehn.

6. Ein dritter Mann kommt noch vorbei
und bleibt voll Mitleid stehn.
Er beugt sich nieder zu dem Mann
und fragt: „Was ist geschehn?"

7. Ein fremder Mensch hilft in der Not,
so gut er helfen kann.
Er tröstet und verbindet still
ihm seine Wunden dann.

8. Er stützt und hilft, so gut er kann,
als sie dann weitergehn.
So wird zum Freund ein fremder Mann.
Das kann jetzt jeder sehn.

platz einen eigenen Behandlungsraum, im selben Jahr bekam die Ambulanz von der CAG (Christliche Arbeitsgemeinschaft) neue Räumlichkeiten hinter dem Bahnhof. Hier ist sie noch heute untergebracht. Dadurch ergab sich eine erhebliche Verbesserung der Versorgung. Ein weiterer Schwerpunkt der Arbeit bildet die sinnvolle Freizeitgestaltung für Jugendliche, die die Ambulanz aufsuchen.

Genauso wichtig ist für Bruder Martin die Öffentlichkeitsarbeit, die so ausgerichtet ist, bestehende Vorurteile gegen Wohnsitzlose und Punks abzubauen (vgl. das Gleichnis vom barmherzigen Samariter: Gut ist nicht der, den wir für gut halten).
Bruder Martin Berni aus Nürnberg sagt: „Die schlimmste Krankheit für diese Menschen ist das Ungeliebtsein, die Ablehnung. Gerade wir Christen dürfen nicht nach Eigen- oder Fremdverschulden fragen. Uns steht es nicht zu, über andere zu urteilen. Jeder dieser Menschen hat seine eigene Geschichte, sein erlittenes Schicksal. Nehmen wir den hl. Franziskus als Vorbild, der mit Liebe auf diese Menschen zugegangen ist."
Bruder Martin Berni erhielt für sein Engagement den „Martinsmantel 2002". Diese Auszeichnung erinnert an die Geschichte des hl. Martin von Tours und wird jedes Jahr vom St. Michaelsbund an Menschen verliehen, die sich besonders in der Fürsorge um Obdachlose und sozial Benachteiligte engagieren. Bruder Martin erhielt diese Auszeichnung, bei der es sich nicht um einen dotierten Ehrenpreis handelt, sondern um eine Darstellung der Mantelteilung in Form eines Holzdrucks, für seine „Straßenambulanz", in der er Wohnsitzlose medizinisch und sozial versorgt.
Weitere Infos zur Arbeit des Bruders Martin unter www.franziskaner.de und www.st-michaelsbund.de.

Die Frage nach dem Nächsten fasst Edith Stein in einem dichten Satz zusammen:
„Für den Christen gibt es keinen fremden ‚Menschen'. Der ist jeweils der ‚Nächste', den wir vor uns haben und der unser am meisten bedarf; gleichgültig, ob er verwandt ist oder nicht, ob wir ihn ‚mögen' oder nicht, ob er der Hilfe ‚moralisch würdig' ist oder nicht" (Edith Stein, Das Weihnachtsgeheimnis, 1931).

fse 101 stellt den Sch das Caritas Baby Hospital in Betlehem vor, das von Pater Ernst Schnydrig, einem Schweizer, der dem Orden von La Salette angehörte, 1952 in Betlehem gegründet wurde. Er arbeitete vorher als Chef des Pressebüros des deutschen Caritasverbandes in Freiburg im Breisgau. Sein erster Besuch in Israel galt der Caritas-Kinderhilfe in Betlehem und war wohl eher eine Inspektionsreise. Er kam immer wieder und was er sah, weckte in ihm die Liebe zu diesem Land, das Mitgefühl mit seinen Bewohnern und ihrer Verzweiflung über die Tragik der Lage. Er traf immer wieder Menschen an, die in Flüchtlingslagern mit menschenunwürdigen hygienischen Verhältnissen und Hoffnungslosigkeit zu kämpfen hatten.
Das Besondere an Pater Schnydrig war, dass er nicht nur Menschlichkeit, Güte und christliche Nächstenliebe predigte, sondern diese Tugenden lebte. Er war ein sehr verständnisvoller Mensch und sein Sinn für Humor half ihm oft über den Schmerz hinweg, den er durch Verzweiflung und Enttäuschung empfand. Pater Schnydrig ging nach Europa zurück und sammelte dort Geld, mit dem ein Zimmer im arabischen Spital gemietet wurde. Die Schweizer Caritas engagierte sich auf sein Drängen besonders für dieses Projekt. Im Jahr 1963 wurde der Verein Caritas Kinderhilfe Betlehem (VCKB) gegründet, um die Arbeit des wachsenden Kinderspitals zu koordinieren.
Harte Arbeit, Opfer und Glaube führten zur Gründung des Schweizerischen und Deutschen Hilfswerkes Caritas-Kinderhilfe-Betlehem, ein Symbol für christlichen Glauben, Wohltätigkeit und Nächstenliebe. Pater Schnydrig starb im April 1978, kurz bevor das neue Spital eingeweiht wurde.

Der Text **fse 101** beschreibt die Entstehung dieses Hilfsprojektes. Auf dem Foto ist eine palästinensische Mutter mit ihrem Baby, das Ali heißt, abgebildet. Das Foto unten zeigt Schwestern bei ihrer täglichen Arbeit im Hospital auf der Säuglingsstation, die sich gerade um ein krankes Baby kümmern. Das Logo dieses Kinderhilfswerkes ist einprägsam und in der Mitte der Seite abgebildet.

Info-Materialien:
Kinderhilfe Betlehem im Deutschen Caritasverband e.V., Karlstraße 40, 79104 Freiburg i. Br. und unter www.khb.ch mit virtuellem Rundgang durch das Baby Hospital.

2. Einsatzmöglichkeiten im RU

Bruder Martin begegnen
- L zeigt als stummen Impuls das Logo von „Bruder Martins Straßenambulanz" (**AB 3.6.21, Arbeitshilfen S. 263 links**) stark vergrößert für die Tafel.
- Sch entdecken in diesem Bild das Gleichnis vom barmherzigen Samariter.
- L informiert Sch über Bruder Martin, einen Mann, der das Gleichnis heute ernst nimmt. Sch lesen dazu **fse 100** oben.
- „Was möchtest du Bruder Martin fragen?" – Sch formulieren in EA oder PA Fragen und notieren sie auf einem DIN-A4-Papier.

Wer ist Ali Mahmoud?

Sie sehen ihn – im Caritas Baby Hospital in Betlehem – auf dem Arm seiner Mutter Fathme Mahmoud, 27 Jahre alt und aus einem Flüchtlingslager in Gaza. Sie konnte nur kurz im Hospital bleiben, weil sonst niemand für die Geschwister sorgen konnte. Nicht auf dem Bild sind der Vater und die sieben Geschwister und natürlich nicht das Caritas Baby Hospital.

Ali Mahmoud ist sieben Monate alt.

Zu Ali gehört eine Geschichte, genauer, eine „Krankengeschichte". Ali wurde mit normalem Geburtsgewicht geboren. Als er zu uns ins Caritas Baby Hospital kam – sieben Monate alt – wog er kaum mehr als bei der Geburt. Die Mutter konnte ihn nur einige Wochen stillen und musste dann Milchpulver kaufen. Da die Familie arm ist – der Vater ist, wie sehr viele Männer in Palästina, meist ohne Arbeit – wurde die Milch stark verdünnt und im Lager auch sicher nicht hygienisch zubereitet. Ali begann zu erbrechen und bekam Durchfälle. Die Eltern besuchten verschiedene Ärzte. Keiner konnte helfen. In dieser Gegend gibt es kaum Spezialisten. Der Gesundheitszustand verschlechterte sich rapide. Verzweifelt brachte Fathme Mahmoud das abgemagerte Kind in das Caritas Baby Hospital in Betlehem, das einzige Kinderkrankenhaus weit und breit für über eine halbe Million Menschen. Ali hatte riesige Augen und war nur noch Haut und Knochen. Das Foto, das Sie sehen, zeigt ihn schon auf dem Weg der Besserung und seine Mutter trägt für das Foto ihr bestes Kleid und den Schmuck aus ihrer Mitgift.

Ali konnte keine Nahrung zu sich nehmen, wochenlang mussten wir ihn mit Infusionen am Leben erhalten, später bekam er Tag und Nacht eine Spezialmilch über einen Magenschlauch. Darminfektionen und Salmonellen mussten mitbehandelt werden. Es kamen Rückfälle und hohes Fieber. Über Wochen war Ali mehr tot als lebendig. Die Behandlung dauerte lange und es waren teure Medikamente notwendig. Aber Ali nahm wieder Nahrung auf, nahm an Gewicht zu, lernte wieder lachen und konnte gesund heimkehren. Bleibt noch zu sagen, dass Alis Eltern alle ihre Kinder sehr lieben und alles für sie tun. Dennoch war es unmöglich für sie, mehr als „nur" einen symbolischen Beitrag für die monatelange Behandlung zu bezahlen.

Warum sollten Sie uns kennen lernen? Es gibt viele Alis im „Land der Verheißung", das diesen Kindern wenig Gutes verheißt. Im Heiligen Land herrschen Krieg und Feindschaft, Zerstörung und Hass. Es gibt Verletzte und Tote, trauernde Mütter und Väter. Es gibt keine Arbeit mehr, aber unendlich viel Armut und Not. Das ist der Nährboden für viele Krankheiten. Und davon sind allzu oft die Schwächsten und Kleinsten am schlimmsten betroffen.

Wir wollen keine Schuld suchen und keine Schuld zuschreiben – wir wollen etwas ändern. Wir wollen helfen, heilen und trösten. Wir wollen ein Ort der Menschlichkeit und ein Zeichen des Friedens sein.

Mit Ihrer Hilfe.

- Sch tragen die Fragen vor und heften sie zum Logo an die Tafel.
- In **fse 100** unten erhalten Sch Antworten auf drei Fragen, die Sch ihres Alters an Bruder Martin gestellt haben.
- *Weiterführung:* L erzählt von der Person des hl. Franziskus und vom Franziskanerorden (vgl. Internet-Adresse oben links). Hier ist auch ein Rückblick auf Don Bosco möglich, vgl. **fse 88**.

Das Baby Hospital kennen lernen
- L erzählt aus der Perspektive der Mutter die Krankheitsgeschichte des Kindes und die erfahrene Hilfe und ergänzt ggf. Information über heutiges Leben in Palästina (Schild wurde zwar beschossen, das Baby Hospital blieb jedoch unversehrt): **AB 3.6.19, Arbeitshilfen S. 261**.
- Sch wiederholen aus der Perspektive von Ali, erzählen.
- Sch drücken ihre Freude über das Wohlergehen des Kindes aus: „Ich freue mich, dass ..., ich bin glücklich, dass ..., ich bin froh, dass ..."
- Sch lesen **fse 101** oben.
- Sch fassen Gelesenes in PA auf **AB 3.6.20, Arbeitshilfen S. 263**, zusammen.

Projekt „Baby Hospital"
An dieser Stelle ist die Durchführung eines Projektes denkbar. Für Sch wird dabei konkret erfahrbar, dass es sehr wichtig ist, Not nicht nur zu beklagen, sondern mit offenen Augen durchs Leben zu gehen, die Not zu sehen und helfend zu handeln. Der Erlös eines Basars, einer Spendenaktion, einer Kollekte, eines Kilometerlaufs ... kann dem Baby Hospital Betlehem zugeführt werden.

Wer ist mein Nächster?
- Sch finden die gemeinsame Motivation von Bruder Martin, Pater Schnydrig und dem barmherzigen Samariter in GA oder PA heraus. Lösung: „Jeder kann mein Nächster sein", **AB 3.6.21, Arbeitshilfen S. 263**.
- *Weiterführung:* Sch lernen das Zitat von Edith Stein (Arbeitshilfen S. 260) kennen, drücken es mit eigenen Worten aus, gestalten es schön in ihrem Heft oder auf einem farbigen Papier.

Medien
„Caritas Baby Hospital", Nr. 4240740/01, AV-Medienzentralen (gute Information, es empfiehlt sich jedoch, wegen der Länge nur Teile anzuschauen)

Eine Fülle von Materialien ist erhältlich bei der Kinderhilfe Betlehem im Deutschen Caritasverband e. V., Karlstr. 40, 79104 Freiburg i. Br., Tel. 0761/200314 oder E-Mail: ckhb@caritas.de.

3. Jahrgangsübergreifende Lerngruppe

Eine Wandzeitung gestalten
Sch aus dem vierten Lernjahr sammeln aus der Tageszeitung oder aus Magazinen Meldungen und Fotos zu den Themen des Kapitels. Sie erstellen dazu eine Wandzeitung mit der Überschrift „Not sehen".

In der Not dabei sein   fragen – suchen – entdecken **102/103**

1. Hintergrund

Die Doppelseite **fse 102/103** wendet sich einer Form von Not zu, die nicht einfach durch Tun und Einsatz behebbar ist. Es ist eine Not, bei der die einzige Hilfe nur im menschlichen Dabeisein besteht.
fse 102 schildert die schwere Notsituation, die Jesus am Ölberg erlebt und von der das Lukasevangelium berichtet. Jesus fühlt sich in seiner Todesangst von seinen Jüngern allein gelassen. Dieses schreckliche Erlebnis wiederholt sich dreimal; jedes Mal trifft Jesus auf seine schlafenden Freunde, diese nehmen seine Notlage nicht wahr. Sie spüren nicht, dass Jesus Begleitung und Hilfe braucht.
In der rechten Spalte wird ein Gespräch von Evi und ihrer Tante Rita geschildert. Das Mädchen möchte wissen, was ein Hospiz ist und was ihre Tante dort tut. **fse 102** unten beschreibt Handlungsmöglichkeiten, wie wir Menschen in Not begegnen können.

Not kann nicht immer abgewendet oder beseitigt, aber durch menschliche Begleitung und Beistand erträglicher gemacht werden.
Hier wird für Kinder deutlich erkennbar und sichtbar, dass Not oft nicht aufgehoben werden kann, aber zur konkreten Handlung Anlass gibt. Sch sollen Sensibilität entwickeln, um Menschen in Not wahrzunehmen und Anteilnahme und Mitgefühl zu entwickeln und auszudrücken.

Paula Modersohn-Becker
Zur Vita vgl. Arbeitshilfen S. 254.

Paula Modersohn-Becker: „Das blinde Schwesterchen", 1903
Pappe, 32,2 x 33,5 cm, Museum Ludwig, Köln
Im Zentrum des Bildes ist in Nahsicht ein Mädchen mit geschlossenen Augen, leicht geneigtem Kopf, kinnlangen rotblonden Haaren und halb geöffnetem

Bruder Martin — Pater Schnydrig

... kann mein Nächster sein!

Der barmherzige Samariter

Kinderhilfe Betlehem

Caritas Baby Hospital

Gegründet wurde das Baby-Hospital

So sieht die Hilfe aus

Wie können wir mithelfen?

Mund dargestellt. Die Kleidung des Kindes ist in einem warmen Rot-Ton gehalten. Links neben dem offensichtlich blinden Kind (vgl. Titel des Bildes) steht die etwas größere Schwester des Mädchens. Sie hält ihre kleine Schwester schützend in ihrem linken Arm, die Hand gleicht in ihrer Darstellung eher einer Tierpfote als der Hand eines Kindes. Der Blick ihrer blauen Augen geht sowohl am Betrachter als auch an ihrer Schwester vorbei ins Unbekannte. Besonders auffällig ist bei der Gestaltung der Augen, dass Augapfel, Iris und Pupille beinahe miteinander verschmelzen. Für die Kleidung dieses Mädchens verwendete die Künstlerin einen warmen Rot-Ton, die Haare sind rostbraun gehalten. Mit Ausnahme des Bereiches über der Schulter der sehenden Schwester ist der Hintergrund des Bildes in dunklen Braun- und Blau-Tönen gehalten. Beide Gesichter sind stark gerötet.

Paula Modersohn-Becker malt beide Mädchen in engem Körperkontakt. Die Berührung beider Gesichter wird zum Mittelpunkt des Bildes. Das sehende Mädchen scheint sich seiner Verantwortung für ihr blindes Schwesterchen voll bewusst zu sein und gewährt ihr nach Kräften Schutz und Geborgenheit und steht so ihrer Schwester in ihrem unabänderlichen Leid bei. Sie hat „Mit-Leid", dabei aber die Aufgabe, nicht darin zu versinken, sondern als die „Sehende" ihre Schwester an ihrem Leben teilhaben zu lassen und für sie Stütze und Halt zu sein. Die Künstlerin verzichtet bei ihrer Darstellung auf jegliche kindlichen Attribute oder aufheiternde Hintergrundlandschaften.

Die Künstlerin schuf zwischen 1902 und 1905 diverse Kinderbildnisse. Kennzeichnend sind Farben in der Braun-Rot-Skala, die fehlende Spielatmosphäre und kindliche Leichtigkeit. Ein häufiges Motiv ist das kranke Kind und dessen Schutzbedürftigkeit, wobei die Kinder sich in ihrer Darstellung kaum von alten Menschen unterscheiden.

2. Einsatzmöglichkeiten im RU

Manchmal habe ich Angst

Um sich in die Notsituation von Jesus einfühlen zu können, ist es nötig, vom konkreten Erfahrungshorizont der Sch auszugehen.
- L-Impuls: Alle Menschen empfinden Notsituationen in ihrem eigenen Leben. Jeder Mensch hat auch schon einmal Angst gehabt, auch Kinder.
  – Sch denken in Stille an eine Situation, in der sie sehr große Angst hatten (ggf. Musikeinspielung).
  – Sch malen ein Bild oder schreiben einen Text zu ihrer Erinnerung an eine angstvolle Situation. Bilder und Texte werden nicht veröffentlicht.
  – L zeigt, dass er/sie Zeit hat, Kindersorgen und Ängste wahrzunehmen. L bietet Kindersorgentelefon an (Tel. 0800/1110333).

Jesus hat Angst
Der Evangelist Lukas bringt die Notsituation Jesu am Ölberg zum Ausdruck.
- Textbegegnung **fse 102**.
  – Jede/r Sch liest den für ihn wichtigsten Satz laut vor.
  – Sch drücken in Farben aus, wie Jesus sich fühlt.
  – Sch beschreiben die Gefühle von Jesus auf Wortkarten.
  – Sch entwickeln gemeinsam mit L Tafel-/Bodenbild: Wortkarten der Sch auf dunkle Tücher/Tonpapier legen, z. B. Jesus – ist allein, hat Angst, bittet um Hilfe, fürchtet sich.
- Was erwartet Jesus?
  – Sch erhalten Teelicht, schreiben die vermuteten Erwartungen Jesu auf einen Papierstreifen und stellen Teelicht dazu, um Anteilnahme auszudrücken.

Ist das alles?
- Sch lesen den Text mit verteilten Rollen.
- Sch suchen die Fragen von Evi.
- Sch lernen die Antworten von Tante Rita kennen.
- Sch überlegen, was die Tante noch tun könnte.
- Sch informieren sich im Lexikon, S. 127 über das Wort „Hospiz".

Darum arbeite ich im Hospiz
- Die Arbeit von Tante Rita ist wichtig, suche Gründe dafür.
- Menschen im Hospiz haben einen gemeinsamen Wunsch: „In der Not soll jemand bei mir sein."
- Sch informieren sich, wo in ihrer Umgebung ein Hospiz ist (Materialien über Hospizvereine).

So kann ich in der Not dabei sein
- Sch lesen **fse 102** unten in der „Ich-Form" (vgl. Geschichte „Die alte Frau", **fse 93**).
- Sch ergänzen „In der Not dabei sein" mit eigenen Vorschlägen, z. B. jemanden streicheln, jemandem die Hand halten ...

Bildbetrachtung in drei Schritten
Das Gemälde ist als Folie Nr. 12 in der Schatzkiste 3/4 enthalten.
- Ich sehe ...
- Sch erzählen sich in arbeitsteiliger PA ihre Gedanken.
- „Ich bin blind, ich ...", „Meine Schwester ist blind ...", „Ich ...", „Ich sehe ..."

3. Jahrgangsübergreifende Lerngruppe

Gegen die Angst vor dem Schulwechsel
- Sch aus dem vierten Lernjahr formulieren still für sich ihre Ängste vor dem Schulwechsel. Hier kön-

nen auch Situationen beschrieben werden, von denen Sch erahnen, dass sie diese Situationen alleine bewältigen müssen (Angst, die Eltern zu enttäuschen, ... keine Freunde zu finden, ... ausgelacht zu werden, ... vor schlechten Noten usw.).
- Sch erstellen gemeinsam ein Plakat, auf dem sie mögliche Hilfestellungen sammeln. Dabei können ihre eigenen Ängste anonym bleiben. Überschrift „Keine Angst vor dem Schulwechsel" – Beispiele für selbst gefundene Hilfen:

Wir tauschen vorher unsere Telefonnummern aus.
Wir treffen uns am Freitagnachmittag vor den Herbstferien am Sportplatz.
Wir schreiben uns E-Mails.
Wir besuchen gemeinsam am ... die Hauptschule (am ... die Realschule, am ...die Gesamtschule, am ... das Gymnasium).
Wir sind nicht alleine!

Sich sehnen – hoffen – Trost finden

fragen – suchen – entdecken **104/105**

1. Hintergrund

Die Doppelseite **fse 104/105** gibt den Sch die Möglichkeit Träume und Fantasien von einer gerechten und friedvollen Welt zu entwickeln. Ausgehend von der nahezu hoffnungslosen Situation des Volkes Israel in der Verbannung hören Sch von einem für sie neuen Propheten, Jeremia, der im Auftrag Gottes dem Volk ein „Paradies" verheißt. Er kann ihre aktuelle Notlage nicht wenden, leidet aber mit ihnen und kann ihnen durch seine Worte Trost und Hoffnung vermitteln.
„Die Kunde von Jahwes Heilstat und ihr hymnischer Lobpreis bleiben aber nicht beschränkt auf das von Gott erwählte Volk. Weil Jahwe der Herr der Welt ist, darum hat das, was er an Israel tut, auch für andere Völker Bedeutung. Diese werden nun aufgefordert, die Kunde des Heils zu vernehmen und selbst hinauszutragen zu den Inseln in der Ferne ... Mit der Aufforderung zum Hymnus auf Jahwe, der sich in Israels Gericht und Heil als der Herr der Geschichte erweist, werden sie eingeschaltet in den Botenauftrag, die Heilsbotschaft in die Welt hinauszutragen. Der Gedanke der Ausdehnung des Hymnus auf die Völkerwelt ist nicht erst von dem Propheten geschaffen. Jeremia folgt vielmehr auch hier einem im Kultus vorgegebenen Schema, das uns aus den Kulthymnen des alttestamentlichen Jahwefestes bekannt ist ... Die große Schicksalswende ist die Wundertat des geschichtsmächtigen Gottes! Dies wird auch von dem befreiten Volke erkannt und anerkannt werden ... Es ist Gott selbst, der mit der großen Schicksalswende auch die wunderbare Wandlung der Herzen von Trauer in Freude herbeiführt. Das Licht seines Trostes erhebt sich leuchtend aus dem Dunkel des Leids" (Weiser, Arthur, Das Alte Testament. Teilband 20/21: Das Buch Jeremia, Göttingen [5]1966, S. 277 f.).

Der Prophet Jeremia

Jeremia stammte aus einer angesehenen Priesterfamilie. Er wirkte in Jerusalem, auch in der Zeit vor der Zerstörung der Stadt, um das Jahr 586 v. Chr. Er erlebt Jahre der politischen Umwälzungen und Unruhen. Das Königreich Juda liegt gefährdet zwischen den Großmächten Assyrien, Babylonien und Ägypten. Er deutet diese Bedrohung als Folge; denn die Machthaber missachten die Weisungen Gottes und suchen ihren Vorteil in politischen Machenschaften.
Der Berufung Jeremias zum Propheten geht die Erwählung durch Gott voraus: „Noch bevor ich dich im Mutterleib formte, habe ich dich erwählt" (1,5). Jeremia ist allerdings nicht glücklich über diesen Auftrag, er sieht sich überfordert. Er sei zu jung und könne nicht gut reden, kurz: Er will sich vor der Aufgabe drücken. Gott allerdings lässt dies alles nicht gelten, stärkt ihm den Rücken und zeigt ihm durch Worte wie: „Ich selbst mache dich zur eisernen Säule und zur ehernen Mauer ..." (1,18), dass er hinter Jeremia steht und bei ihm ist.
Dennoch leidet Jeremia unter seinem Auftrag, er leidet an, mit und unter seinem Volk. Das Volk widersetzt sich der Botschaft Gottes. Es „vergisst", dass Gott es aus der Sklaverei in Ägypten befreit, auf der langen Wanderung durch die Wüste beschützt und in ein Land geführt hat, in dem es frei leben kann. Götzen sind ihm nun wichtiger. Jeremia droht Unheil und Gericht an, begleitet von Drohbildern wie der Zerstörung des Tempels und ganz Jerusalems. Seine Zuhörer sind erbost, hassen ihn und drohen ihm den Tod an (26,8). Doch als das Unheil bereits eingetroffen, Jerusalem zerstört, das Volk Israel im babylonischen Exil ist, spricht gerade Jeremia, der Unheilsprophet, jetzt Worte der Hoffnung und des Trostes (vgl. Oberthür, Rainer, Prophetische Reden, in: Niehl, Franz W. (Hg.), Leben lernen mit der Bibel. Der Textkommentar zu *Meine Schulbibel*, München 2003, S. 342-351).

Verzweiflung, Hoffnungslosigkeit und Not waren immer wieder Themen in der Zeit der ersten Christen. Die Menschen, die an Jesus glaubten, gerieten in Lebensgefahr. Verfolgung und Tod bestimmten ihr tägliches Leben. Der Evangelist Johannes zeichnet mit diesem Text aus der Offenbarung ein Hoffnungsbild für diese Menschen:

„Vom Himmel her wird sich dann auf die neue Erde das neue Jerusalem herabsenken, das das Gegenbild zur gottlosen Stadt Babylon darstellt. Das neue Jerusalem wird also nicht ein verklärtes, altes Jerusalem sein, sondern es ist als eine präexistente Größe vorgestellt, die zu Beginn der neuen Welt in Erscheinung treten und den Platz der zerstörten heiligen Stadt einnehmen wird ... Auch Paulus spricht vom oberen Jerusalem und nennt es unsere Mutter, um damit auf die für die christliche Gemeinde bereits angebrochene neue Schöpfung hinzuweisen ... Eine himmlische Stimme sagt im Anschluss an mehrere alttestamentliche Worte, dass nun Gott wieder da ist. Einst hatten im Paradies Gott und Mensch miteinander gelebt. Israel hatte im Wüstenzug an der Stiftshütte und im Tempel die Nähe Gottes erfahren. Jetzt aber wird Gott ohne Ende bei den Menschen sein, nicht nur bei einem Volk, sondern bei allen Völkern. Dann wird alles Leid vergangen sein, auch der Tod wird nicht mehr sein. Denn das Erste, die alte Welt, die im Zeichen von Sünde, Leid und Tod stand, ist vergangen" (Jeremias, Joachim u. a., Das Neue Testament, 4. Bd., Göttingen 1968, S. 103 f.).

2. Einsatzmöglichkeiten im RU

Das Volk Israel erfährt eine bedrohliche Situation

Versuch einer Empathieübung
Sch nehmen Anteil an der aussichtslosen und unheilvollen Situation des Volkes Israel in der Verbannung.
- L bittet Sch im abgedunkelten Raum in den Kreis. Sch äußern ihre Gefühle, wie z. B. Angst, Bedrohung vor dem Ungewissen, Hilflosigkeit ...
- L erzählt vom Volk Israel, von der Zerstörung der Stadt und des Tempels und seiner Verbannung ins Exil. Diese Menschen brauchen Hoffnung, Zuspruch, Hilfe, Rettung ... L entzündet in der Dunkelheit eine kleine Kerze.

Die Hoffnungsbilder des Jeremia
- Textbegegnung mit den Worten des Propheten Jeremia **fse 104** – L liest vor.
  – Sch wählen ein Bildwort des Jeremia aus, entzünden ein Licht, tragen der Klasse ihr „Bildwort" vor und stellen ihr Licht zur Mitte.
  – Wonach sehnt sich ein Mensch, der solche Hoffnungsbilder entwickelt?
  – Wie wird in den Bildworten des Jeremia die Freude ausgedrückt?

Kreatives Gestalten eines Hoffnungsbildes
- Sch lesen am Platz **fse 104** noch einmal für sich.
- Sch malen ihr „Hoffnungsbild".
- Sch legen ihr Bild zu den Kerzen und singen das Lied: „Du bist immer da", **AB 3.2.9, Arbeitshilfen S. 107**.

Die ersten Christen werden verfolgt
- Sch lernen die oftmals dramatische Lage der ersten Christen kennen.
  Eine Christin aus der Stadt Curium auf der Insel Zypern erzählt ihrem Vater, der in der Stadt Paphos lebt, von der Angst der ersten Christen in ihrer Stadt:
  „... Wir Christen in Curium sind sehr besorgt. Vor allem Glaukos, der Fischer, hat Angst, man könnte ihn verhaften und verhören, weil er Christ ist. Damals dachten wir noch, so schlimm wird es nicht kommen. Er ist einfach zu ängstlich. Er fürchtet sich vor dem eigenen Schatten an der Wand. So dachten wir ... Eines Tages klopfte es an seiner Haustür: Zwei Beamte standen davor und holten ihn ab zum Stadthaus. Da ist er nun schon seit einer Woche eingesperrt und wird jeden Tag stundenlang verhört. Ich habe ihn im Gefängnis besucht: Die anderen hatten keinen Mut dazu. Ein paar von uns sind auch schon aus der Stadt geflohen ..." (Lesetext in: Tschirch, Reinmar, Im Schatten des Tempels, Stuttgart 1999, S. 102f.).
- Sch denken über die Konsequenzen der Verfolgung der ersten Christen nach:
  z. B. Menschen haben Angst, müssen sich verstecken ..., Angst macht bewegungslos, starr ... und beschriften faustgroße Steine mit ihren Gedanken.
- Sch legen Steine in die Mitte zu einem Kreis.

Ich sah einen neuen Himmel und eine neue Erde
- L stellt Sch eine Spirale vor, die aus einem DIN-A2-Papier geschnitten wurde: **AB 3.6.22, Arbeitshilfen S. 267**.
  – Darauf schreibt L den Text aus Off 21,2-4 **fse 105** und legt diese Textspirale auf den Steinkreis.
- Sch entdecken, dass Menschen in Not, Angst und Unbeweglichkeit durch Worte aufgerüttelt werden und neuen Mut und Hoffnung entwickeln.
- Sch finden heraus: Wie hilft Johannes den verfolgten Christen?
- Sch erhalten Spirale **AB 3.6.22** und schreiben die Verheißung von **fse 105** in schöner Schrift auf ihre Spirale.
- *Alternative:* Sch schreiben Text aus der Offenbarung langsam mit besonders schöner Schrift, verzieren

Spirale

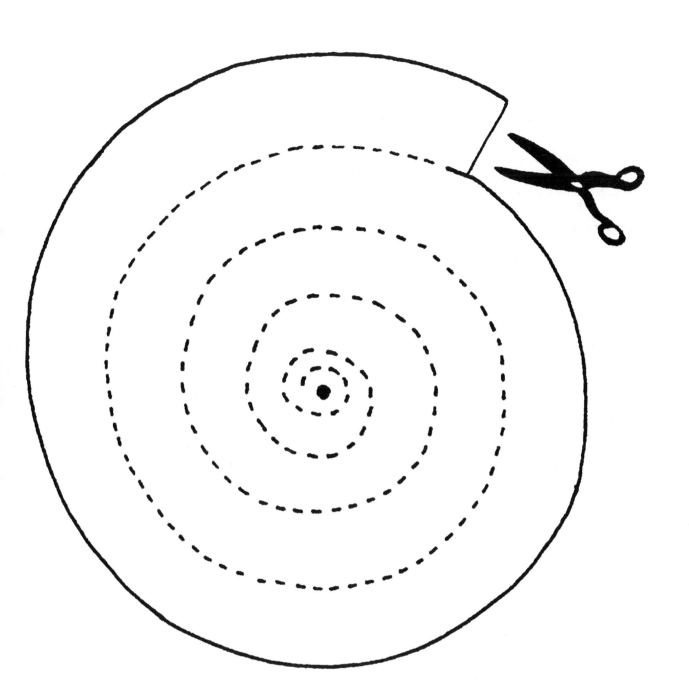

in jeder Zeile das für sie wichtigste Wort, gestalten dekorativen Rahmen.

Der Traum von einem Paradies – Lied
- Sch gestalten die „Bilder" der Strophen zu einer Collage, z. B. Mensch und Tier leben friedlich miteinander, Bäume bringen viele Früchte, Arbeit macht Spaß, wir können gemeinsam lachen ...
- Sch untermalen das Singen mit Orff- oder „Körperinstrumenten".
- „Gott wohnt bei den Menschen": Sch wählen aus dem Offenbarungstext einen Satz aus oder entwickeln eigene Paradiesvorstellungen.

„Zauberbild"
- Sch übermalen Regenbogenbuntpapier mit schwarzer Wasserfarbe vollständig, lassen gut trocknen, kratzen dann mit einem Schaschlikstab Bilder heraus.
- Sch fühlen sich noch einmal in die Situation des Volkes Israel in der Verbannung ein und gestalten die Hoffnungsbilder in das Papier, die hellen Farben kommen zum Vorschein.

Schuhschachtel-Kino
- Auf einem langen (notfalls zusammengeklebten) Papierstreifen „Paradies-Bilder" malen. Aus einer Seite einer Schuhschachtel ein Rechteck ausschneiden. In beide Seitenteile einen Schlitz schneiden. Papierstreifen einfädeln, durchziehen und an den Enden zusammenkleben. Die Bilder können nun wie ein Film durchgezogen und betrachtet werden (Idee in: Werkbuch Religionsunterricht 1 bis 6, Biblische Kunstwerkstatt, Lahr 2002, S. 79).
- Alternativ kann statt einer Schuhschachtel eine Toilettenpapierrolle verwendet werden: Rolle bunt bemalen oder bekleben, Schlitz einschneiden, Papierstreifen ein- und durchziehen.

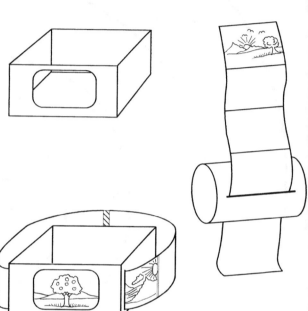

Kleine Schritte zu einer besseren Welt

fragen – suchen – entdecken **106**

1. Hintergrund

Bei der Beschäftigung mit der Frage nach Gerechtigkeit und Frieden in unserer Welt wurden Sch darauf aufmerksam, dass es zu allen Zeiten vielfältige Formen von Not, Leid und Ungerechtigkeit gab und immer noch gibt. Mit der Seite **fse 106** werden Sch nun ermutigt, auf ihrem Lebensweg kleine Schritte zu einem gelungenen Miteinander zu gehen. Das Lied „Viele kleine Leute" motiviert Sch durch Text und Melodie über die nötigen kleinen Schritte nachzudenken, miteinander die Initiative zu ergreifen und konkrete Veränderungen anzupacken. Die Idee einer Zukunftswerkstatt wird auf **fse 106** mit Stichpunkten angerissen und bedarf der Erklärung durch den Lehrer.

> **Die Zukunftswerkstatt**
> Diese Methode wurde von Robert Jungk in den 60er Jahren entwickelt und zuerst in Firmen und Institutionen als Beteiligungsinstrument angewandt. Erstaunlicherweise ist sie jedoch ziemlich unbekannt, trotz ihrer leicht umzusetzenden Grundstruktur und der Möglichkeit, Kreativität und Erfindungen einer wünschenswerteren Zukunft freizusetzen. Das Konzept basiert auf einem positiven Menschenbild und geht davon aus, dass jeder Mensch über ungenutzte kreative Ressourcen verfügt, die freigesetzt werden können, wenn optimale Rahmenbedingungen gegeben sind.
> „Ich bin im Grunde immer dafür eingetreten, dass nicht eine Methode Zukunftswerkstatt da sein soll, sondern Zukunftswerkstatt beinhaltet eine Haltung, die eben viele Methoden möglich macht, sonst

Wenn einer den Frieden beginnt

T: Rolf Krenzer/M: Detlev Jöcker
© Menschenkinder Verlag und Vertrieb GmbH, Münster

2. Wenn einer den Frieden beginnt,
   dann kann es geschehen,
   dass einer auf einmal den anderen mag
   und lernt ihn zu verstehen.

3. Wenn einer den Frieden beginnt,
   dann kann es geschehen,
   dass einer auf einmal den anderen
   liebt
   und lernt ihn zu verstehen.

4. Wenn einer den Frieden beginnt,
   dann kann es geschehen,
   dass einer dem anderen verzeiht
   und vertraut
   und lernt ihn neu zu sehen.

5. Wenn einmal der Friede beginnt,
   dann wird es geschehen,
   dann endet der Streit, um der
   besseren Zeit
   im Weg nicht mehr zu stehen.

widerspricht sie sich selbst ... Die Zukunftswerkstatt kann verstanden werden als aufgabenzentrierter Begegnungs-, Austausch- und Informationsverarbeitungsprozess. Der intensive, problemzentrierte Austausch wird durch die Anwendung zahlreicher Kreativitätstechniken angeregt und gleichsam verhindert sie, dass die Teilnehmer in ihre Stereotypen zurück verfallen"
(Jungk, Robert, in: Burow, Olaf A., Ich bin gut – wir sind besser. Erfolgsmodelle kreativer Gruppen, Stuttgart 2000).

Die Zukunftswerkstatt verläuft in drei Phasen: Eingeleitet wird sie durch die *Kritikphase*, die so genannte subjektive Problemdiagnose. Ohne Bewertung wird hier Kritik geäußert und es findet eine Konfrontation mit der Realität statt. Diese Kritik beinhaltet gleichzeitig die zentrale Ressource der Verbesserung und lässt den Wunsch nach Perspektivenwechsel und dadurch nach Veränderung wachsen.

Die Teilnehmer entwickeln in der darauf folgenden *Fantasiephase* Zukunftsvisionen, Utopien und Träume für eine erstrebenswerte Realität im Jahr 2020. Diese Phase kann durchaus als euphorisierend erlebt werden. Die Teilnehmer verlassen ihre gewohnten Denkstrukturen und orientieren sich an wünschenswerten Träumen und Ideen für eine bessere Zukunft. Gewohntes lineares Denken (was war, was ist, was wird sein) verwandelt sich in ein nicht-lineares Denken Vergangenheit – Zukunft – Gegenwart. Hieraus kann die beflügelnde Erkenntnis erwachsen, dass Visionen mitunter realistischer sein können als das Festhalten an scheinbar unveränderbaren Strukturen. In dieser Phase ist Kritik an Ideen („das geht doch gar nicht") nicht erlaubt!

In der daraus erwachsenden *Realisierungsphase* findet die konkrete Planung der Umsetzung von Projekten statt. Die Teilnehmer verlassen in Teilschritten ihre Traumutopie 2020 und erreichen so die konkrete Gegenwart, um hier und jetzt zu entscheiden, welche kleinen Schritte nötig sind, dem gesteckten Ziel näher zu kommen.

Die erarbeitete Vision wird so als Zielmagnet für die Arbeit der Gruppe.

2. Einsatzmöglichkeiten im RU

Kleine Schritte von vielen kleinen Leuten
- Sch malen ihre Füße auf Pappe und legen diese um eine Weltkugel.
- Sch legen mit ihren Pappfüßen in PA: einander zuwenden, sich abwenden, sich begegnen, einander begleiten ...
- Sch singen Lied **fse 106** mit Bewegungen, die sie selbst dazu erfinden.
- Sch singen „Wenn einer den Frieden beginnt", **AB 3.6.23, Arbeitshilfen S. 269**.

Unsere Zukunftswerkstatt
Die Zukunftswerkstatt ist eine Denk- und Fantasiewerkstatt, in der alles geträumt, fantasiert und geplant werden kann.
- Dazu muss zunächst der Ist-Zustand (Kritikphase) in der Klasse bzw. Schule überlegt werden:
- Sch sehen ihre Situation in der Klasse durch die „rosarote Brille" (das gefällt mir in unserer Klasse ...) bzw. in einem Blitz (mich stört hier ...).
- Sch sammeln ihre Ergebnisse auf einem Plakat (Das gefällt uns/Das stört uns).
- Sch bewerten jede Stellungnahme mit je drei lachenden/weinenden Klebepunkten.
- Daran schließt sich die Fantasiephase an:
- Sch träumen von einer idealen Klasse. Alles ist möglich, nichts wird kritisiert, es gibt keine Einschränkungen.
- Sch formulieren ihre Wünsche auf gelben Papiersternen, so entsteht ein Klassen-Wunsch-Sternenhimmel.
- Die nächste Phase ist die Realisierungsphase:
- Sch überlegen, welche „Sterne" sie „vom Himmel" holen möchten und können und wer oder was bei der konkreten Realisierung behilflich sein kann.
- Sch führen nach einiger Zeit eine „Sternenkontrolle" durch (Was haben wir bis jetzt erreicht?).

Streit schlichten – ein kleiner Schritt
- Sch erinnern sich an die vier Schritte des Streitschlichtungs-Gespräches (vgl. **fse 47**, Arbeitshilfen S. 142, und Lexikon S. 130 f.).
- Sch versuchen bei einem konkreten Anlass einen Streit nach den Regeln des Streitschlichtungsmodells zu lösen.
  So kann das Streitschlichten gelingen:
  Du begrüßt alle Anwesenden.
  Du hörst beiden streitenden Kindern zu.
  Du ergreifst für niemanden Partei.
  Du fasst das Gesagte zusammen.
  Du formulierst ein Abkommen und schreibst es auf.
  Du verabschiedest alle Anwesenden.
- Sch informieren sich zum Thema: Streitschlichter. Evtl. werden Streitschlichter aus Partnerschule eingeladen.

Wir bauen ein Friedenshaus
- Sch „bauen" ein Friedenshaus: **AB 3.6.24, Arbeitshilfen, S. 271**.
- Sch beschriften Steine mit Gedanken, die zu einem friedlichen Miteinander beitragen können.
- Sch schneiden die Fenster auf, malen sich, kleben

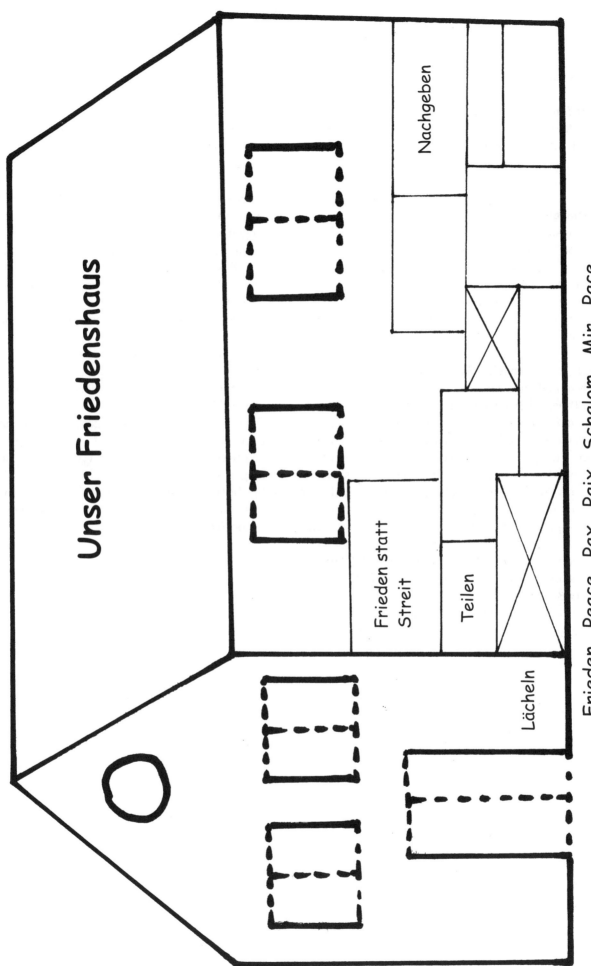

ein digitales Foto von sich oder Klassenkameraden, kleben Menschen-Fotos aus Zeitschriften hinein ...
- *Alternative:* Das Friedenshaus als Gemeinschaftsarbeit der ganzen Klasse auf einem großen Plakat gestalten.

Friedens-Geschichten sammeln
- „Die Stadt des Friedens" und „Friedensfest" hören: **AB 3.6.25, Arbeitshilfen S. 273**.
- In der Bibel und in **fse 3** Friedensgeschichten suchen.

Aktionen
- Sch suchen Lieder, Gedichte, Bilder und gestalten eine Friedensausstellung,
- eine Friedens-Traum-Pinnwand aufstellen,
- Friedens-Elfchen schreiben,
- das Schulfest als Friedensfest planen,
- eine Friedensgebetswand im Schulhaus gestalten,
- eine Friedens-Frühschicht gestalten.

Das „Kummerbuch" der Klasse
Sch schreiben ihren Streit und Ärger, den sie z. B. in der Pause erlebt haben, zunächst in ein Buch, das immer in einer bestimmten Ecke der Klasse ausliegt (alternativ „Kummerkasten", in den Zettel geworfen werden). Zu regelmäßigen Zeiten, z.B. am Ende der Woche werden alle Probleme besprochen. Sollte sich vorher das Problem geklärt haben, wird es im Buch von demjenigen, der es aufgeschrieben hat, vermerkt, z. B. „erledigt, wieder gut!" Sch haben somit eine Möglichkeit ihren Ärger sofort loszuwerden, ohne den folgenden Unterricht aufzuhalten, und die Gelegenheit zuerst in Ruhe zu überlegen, bevor sie sich über ein anderes Kind beschweren.
Die entstandenen Texte sind oftmals kindliche „Klagelieder", die im RU aufgegriffen werden können.

3. Jahrgangsübergreifende Lerngruppe

Diese Einsatzmöglichkeiten im RU können von allen Kindern der Lerngruppe gemeinsam erarbeitet werden.
Den Sch wird im Laufe ihrer Grundschulzeit klar, dass Meinungsverschiedenheiten und auch Streit im Zusammenleben der Menschen normal sind. Wichtig ist nur, dass sie lernen und üben können, wie man streitet ohne den anderen zu verletzen, wie man einen Streit beendet, wie man um Entschuldigung bittet, dass man verzeihen kann und dass man immer neu anfangen kann.
- Sch aus dem vierten Lernjahr veröffentlichen auf einem Plakat für den Eingangsbereich der Schule diejenigen Vereinbarungen, die aus ihrer Erfahrung besonders gut zum friedlichen Miteinander in der Klasse beitragen. *Beispiele* (immer positiv formulieren!):

Wir schauen uns an, wenn wir uns streiten.
Wir bitten einen Streitschlichter um Hilfe.
Wir beenden einen Streit mit einem doppelten Handschlag.
Wir schreiben das, was uns ärgert, in das „Kummerbuch" unserer Klasse.
Wir besprechen am Ende der Woche, was gut gelungen ist.
- Sch bearbeiten schriftlich für sich die Frage: Welche Vereinbarung wünschst du dir auch in deiner neuen Schule?

Friedenstexte

Friedensfest

In der 4a schweben wunderschöne Friedenstauben aus weißem Papier vor den Fenstern. Jedes Kind hat eine gebastelt. An der Türwand hängen Kriegsgeschichten und Kriegsbilder. Die sind schrecklich.
An der Fensterwand hängen Friedensgeschichten und Friedensbilder. Die sind wunderschön.

Auf der Tafel steht:
Friede, Pax, Peace, Pace, Paix,
Schalom, Mir

Die 4a plant ein Friedensfest mit Gedichten und Liedern, mit Essen und Trinken. Alle Eltern sind eingeladen.
In der Schulküche haben die Kinder Friedenstauben aus Mürbteig gebacken. Jeder Gast wird eine bekommen.
Die Tür geht auf. Klaus kommt herein. Der Klaus aus der 4b. Mit ihm kommt ein Windstoß, weil ein Gangfenster und ein Klassenfenster offen sind.
Die Friedenstauben beginnen zu schwanken. Die dünnen Fäden verheddern sich.
„Tür zu!", schreit einer.
Klaus steht und schaut. „Tür zu!"
Klaus guckt noch verwirrter und tut nichts.
Florian schiebt ihn zur Seite und knallt die Tür zu.
Klaus stößt Florian. Florian stößt Klaus.
Ein paar Kinder versuchen, die Tauben zu entwirren.
Eine Papiertaube reißt ein, dann eine zweite und eine dritte.
Harry geht auf Klaus zu. Seine Daumen stecken im Gürtel. Er ist ziemlich zornig.
Klaus hebt die Ellbogen vors Gesicht.
„Was habt ihr denn?", fragt er.
„Wir machen Frieden, du Trottel!", brüllt Harry.

Renate Welsh

Die Stadt des Friedens

Ein Mann hatte zwei Söhne,
und als er starb, bekamen beide die
Hälfte des Landes.
Der eine Sohn war reich,
aber er hatte keine Kinder,
der andere hatte sieben Söhne und war
arm.
In dieser Nacht konnte der reiche
Sohn nicht schlafen.
Mein Vater hat sich geirrt, dachte er,
denn ich bin reich, aber mein Bruder ist
arm und hat kein Land für so viele Söhne.
Und er stand auf und machte sich auf den
Weg, um noch vor dem Morgengrauen
die Grenzpfähle zu versetzen.

Auch der arme Sohn lag in dieser Nacht
wach.
Mein Vater hat sich geirrt, dachte er,
denn ich habe meine sieben Söhne,
aber mein Bruder ist einsam
und er stand auf
und machte sich auf den Weg,
um noch vor dem Morgengrauen
die Grenzpfähle zu versetzen.
Als der Tag anbrach,
begegneten sie einander.

Ich sage euch, an dieser Stelle
wird die Stadt des Friedens stehen.

Huub Oosterhuis

7 Die Bibel verändert die Welt

1. Religionspädagogische und theologische Hinweise

Die Bibel oder „Heilige Schrift" bildet die Grundlage des christlichen Glaubens und ist gleichsam dessen Lebensquelle. Sie wird von allen christlichen Kirchen als Offenbarung Gottes anerkannt. Das Alte Testament, auch Erstes Testament genannt, und das Neue Testament, auch Zweites Testament, haben eine lange Entstehungsgeschichte. Während der Kanonisierung, welche um 400 n. Chr. abgeschlossen wurde, erfolgte die Trennung der anerkannten Schriften von Schriften, die eher ausschmückenden Charakter haben (Apokryphen).

Das Zentrum ihrer Botschaft bildet der Glauben an den einen Gott und dessen nie endende, grenzenlose Liebe zu den Menschen. „Gottes Geschichte mit den Menschen, aufbewahrt im Gedächtnis von Menschen – das ist die Bibel: ein großes menschliches Erinnerungsbuch, aber ein Buch voll menschlicher Erinnerungen an Gott" (Heinz Zahrnt, Warum ich glaube, München/Zürich 1977, S. 105).

Die Bibel ist kein Dokument aus einer Hand, es gibt keine „Urbibel" von einem Redakteur, sondern sie ist ein Sammelwerk mit vielseitigen literarischen Ausdrucksformen, persönlichen Lebensgeschichten und Glaubenserfahrungen vieler Menschen, z. B. Leid und Rettung, Tod und Auferstehung, Reich Gottes ... Sie entstand in einem langen und komplizierten Überlieferungsprozess, in dem bis in die Königszeit (1100-600 v. Chr.) hinein zunächst die mündliche Weitergabe von Generation zu Generation die übliche Form der Traditionsübermittlung war. Dieser Umstand schlägt sich auch in der Wortbedeutung „Bibel" (*biblioi/biblia* = Papyrus-Blätter, Buchrollen, kleine Bücher) nieder: Die Bibel hat Sammlungscharakter und entstand zunächst aus einzelnen Schriften und selbstständigen Traditionen, deshalb spricht man vom „Buch der Bücher" als einer Sammlung von Einzelschriften und im übertragenen Sinn vom wichtigsten Buch aller Bücher.

Sprache, Denk- und Lebensweise der jeweiligen Zeit waren die Grundlage für die biblischen Autoren.

Bei der Arbeit mit Grundschülern ist es unerlässlich zu vermitteln, dass die Bibel nicht als ganzes Buch „von Gott geschrieben vom Himmel gefallen ist", sondern dass in der Bibel die unterschiedlichsten Lebens- und Gotteserfahrungen von Menschen zusammengetragen wurden. Darin finden sich Berichte und Schilderungen mitten aus dem Leben: Freude und Leid, Lob und Dank, Verzweiflung und Hoffnung, Klage und Bitte, Schuld und Vergebung. Diese Grundthemen und Grunderfahrungen menschlicher Existenz sind heute so aktuell wie vor 2000 Jahren.

Die **Übersetzung** der biblischen Texte kann gemäß verschiedener Grundsätze erfolgen:
1. Schriftgetreue Übersetzung (so wörtlich wie möglich, so frei wie nötig!) – z. B. Zürcher Bibel, Lutherbibel, Einheitsübersetzung
2. Begriffskonkordante Übersetzung: Übereinstimmung der Begriffe beider Sprachen wird angestrebt – z. B. Elberfelder Übersetzung
3. Kommunikative Übersetzung: Funktionale Gleichwertigkeit, Aussage des Urtextes wird zerlegt und nach den Gesetzen der Übersetzungssprache wieder aufgebaut – z. B. „Die Bibel in heutigem Deutsch" von den Evangelischen Bibelgesellschaften und den Katholischen Bibelwerken
4. Paraphrasierende Übersetzung: Orientierung der Übersetzung am Verstehenshorizont des heutigen Lesers – z. B. Jörg Zink, Altes und Neues Testament.
(Literatur: Kleine Bibelkunde, Hg. Deutsche Bibelgesellschaft, Stuttgart 1986)

Die Botschaft der Bibel inspirierte unzählige **Künstler** zur Schaffung literarischer Werke und darstellender Kunst und beeinflusste Kultur und Sprache im Abendland.

„Die Ahnung von der historischen und kulturellen **Distanz** zwischen den biblischen Texten und uns, die für das angemessene Verstehen der Texte wichtig ist, wird den Kindern anschaulich und greifbar vermittelt durch die Beschäftigung mit antiken Schreibmaterialien, der alten Buchform der Schriftrolle und den Ursprachen" (Heidrun Riem, Die Bibel als Buch, in: forum religion, Kassel 2002).

Bei einer Umfrage unter Lehrerinnen und Lehrern durch das Religionspädagogische Zentrum in Bayern (RPZ) wurde deutlich, dass die Bibel und somit Geschichten aus der Bibel im Religionsunterricht der Grundschule einen hohen Stellenwert sowohl bei Lehrern als auch bei Schülern einnehmen. „Eine durchgängige Erwartung richtet sich auf mehr biblische Geschichten im RU der Grundschule. Überhaupt soll die Bibel mehr als ‚ein Schatz' erscheinen, aus dem es zu schöpfen gilt. Neben Jesuserzählungen sollen auch alttestamentliche Geschichten stärkere Berücksichtigung finden" (in: RU aktuell I/98, RPZ Bayern, München).

Das Lernen mit der Bibel sollte daher mehr sein als theoretische Begegnung mit alten Texten. Es bietet die Chance, den Sch einen ganzheitlichen, spannenden, lebensnahen und überaus interessanten Zugang zum „Buch der Bücher" zu vermitteln.

Literatur

Balderman, Ingo, Einführung in die biblische Didaktik, Darmstadt 1996

Berg, Horst Klaus, Handbuch des biblischen Unterrichts, München/Stuttgart ²2000

Niehl, Franz W. (Hg.), Leben lernen mit der Bibel. Der Textkommentar zu Meine Schulbibel, München 2003

www.2003dasjahrderbibel.de

2. Das Thema im Lehrplan

Bis zum Ende des dritten Schuljahres sind Sch bereits vielen biblischen Überlieferungen begegnet, in ihren Familien, in der Pfarrgemeinde und im RU. Jetzt sollen sie der Bibel als dem „Buch der Bücher" mit Interesse und Aufmerksamkeit gegenübertreten und die Besonderheit dieses Buches schätzen lernen. In keinem Lernbereich des RU werden biblische Bezüge außer Acht gelassen. So ist es wichtig, dass Sch die Bibel als Buch, ihre Entstehung, ihren Aufbau und ihre Bedeutung im Leben der Menschen kennen lernen. Sie erwerben bedeutsames Grundlagenwissen zum Verständnis biblischer Texte. Auf **fse 108/109** lernen Sch die weltweite Verbreitung der Bibel kennen mit den unterschiedlichen Bezeichnungen in verschiedenen Sprachen. **fse 110/111** stellt einige Menschen vor, die sich mit der Bibel auf unterschiedliche Weise beschäftigen. Sch lernen an konkreten Beispielen, dass die biblischen Texte Menschen in vielen Ländern der Erde begeistern und deren Leben durch Gottes befreiendes Handeln verändern. Viele Geschichten aus der Bibel sind den Sch bereits in vergangenen Unterrichtsstunden vertraut geworden. Sie haben erfahren, dass Gott sich den Menschen in vielen Lebenslagen, in Trauer, Freude, Leid ... als der liebende Vater zuwendet. Auf **fse 112/113** greifen Sch mehrere dieser biblischen Geschichten auf und prüfen, inwiefern diese Erzählungen auch heute für Menschen hilfreich sein können.

Was Menschen wichtig geworden ist, möchten sie nicht vergessen, sie schreiben es auf. Auf **fse 114/115** hören Sch von der mündlichen Überlieferung zur Zeit des AT und von den ersten schriftlichen Fixierungen. Sie tauchen ein in die Welt vor 3000 Jahren und gewinnen Einblicke in Schreibgeräte und Buchrollen, die für die Sammlung der Schriften des AT von größter Bedeutung geworden sind.

Mit dem Evangelisten Markus lernen Sch auf **fse 116/117** einen Mann kennen, der die mündlichen Überlieferungen der von Jesus begeisterten Menschen aufgeschrieben hat. Sie gewinnen einen Einblick in die redaktionelle Arbeit eines Evangeliumschreibers und werden angeleitet, sich selbst in den Schriften des NT zurechtzufinden. Die Bibel hat seit ihrer „Entstehung" eine unglaubliche Entwicklung durchgemacht. **fse 118/119** verdeutlicht den Sch diese Entwicklung „vom Federkiel zur CD-Rom". Die Bibel ist ein „Buch zum Leben". Angeregt durch viele Beispiele eines aktiven Umgangs mit der Bibel sollen Sch auf **fse 120/121** „auf den Geschmack kommen", sich immer wieder mit diesem besonderen Buch zu beschäftigen und Freude und einen eigenen Zugang zu gewinnen.

3. Jahrgangsübergreifende Einsatzmöglichkeiten

Sch des vierten Lernjahres sollen sich bis zum Ende der Grundschulzeit in der Bibel orientieren können. Dieses Kapitel bietet viele Übungsformen zum Finden und Wiedererkennen zentraler Bibelstellen, lässt Sch selbstständig und handlungsorientiert sowohl die Entstehung als auch Grundzüge des Aufbaus der Bibel erkunden. Sch werden darüber hinaus zum Nachdenken über die Bedeutung der Bibel im Leben der Menschen auf der ganzen Welt angeregt. So können besonders Sch des vierten Lernjahres gemeinsam mit den jüngeren Sch und zu deren Unterstützung ihre bisher erworbenen Kenntnisse im Umgang mit biblischen Texten anwenden und für sich selbst die erwartete Grundanforderung im Bereich der Fertigkeiten und Kenntnisse im Umgang mit der Bibel sichern.

fse 3 Kap. 7 hat inhaltliche Bezüge zu:

fse 1, Kap. 2, S. 26-27 Jesus und Bartimäus, S. 28-29 Jesus und Levi, S. 30-31 Jesus erzählt von Gott, S. 32-33 Wie Jesus und seine Freunde gelebt haben, S. 40 Jesus ist geboren

Kap. 4, S. 54-55 Ist Daniel zu klein für Jesus?;

Kap. 5, S. 64-65 Die letzten Tage Jesu, S. 66 Jesus lebt

Kap. 6, S. 82-83 Wie wunderbar sind deine Werke

fse 2, Kap. 2, S. 24-31 Wie es bei Josef war

Kap. 3, S. 40 Der Traum einer Frau, S. 42-43 Mehr als ein Traum, S. 44 Ein Lebenstraum wird wahr

Kap. 4, S. 50-51 Menschen sind von Jesus begeistert, S. 52 Jesus heilt Menschen, S. 54-55 Was Menschen über Jesus denken, S. 56-57 Jesus geht seinen Weg bis zum Kreuz, S. 58 Was Menschen nach dem Tod Jesu erfahren

Kap. 6, S. 80 Noah baut eine Arche, S. 82 Ein Regenbogen verbindet Himmel und Erde

4. Verbindung zu anderen Fächern

EVANGELISCHE RELIGIONSLEHRE: Nach Gott neu fragen: Die Bibelübersetzung – Luther auf der Wartburg
DEUTSCH: 3.1 Mündliches Sprachhandeln: Sachverhalte beschreiben; 3.2 Schriftliches Sprachhandeln: Texte am Computer schreiben, überarbeiten und gestalten; 3.3 Umgang mit Texten und Medien: in Texten Informationen finden; in Medien zu Themen und Aufgaben recherchieren; Textabsichten und Textwirkungen vermuten; Texte den Textsorten zuordnen; handelnd mit Texten umgehen; in aktuellen Beispielen erforschen, wie Medien hergestellt und verbreitet werden; genau lesen; Textbelege zitieren; 3.4 Sprache reflektieren: gesprochene und geschriebene Sprache vergleichen; Phänomene und Strukturen unterschiedlicher Sprachen vergleichen
KUNST: 3.1 Gestalten: Schrift gestalten; Erfahrungen mit Druckverfahren aus den Bereichen Flachdruck und Hochdruck sammeln; 3.2 Auseinandersetzung mit Bildern und Objekten: sich ausgewählte Kunstwerke erschließen
SACHUNTERRICHT: 3.2 Technik und Arbeitswelt: bedeutsame Erfindungen und ihre Weiterentwicklung kennen lernen; 3.5 Zeit und Kultur: Informationen über vergangene Ereignisse und geschichtliche Abläufe und Entwicklungen sammeln, ordnen und darstellen

5. Lernsequenz

Planungsskizze	Überschriften in fse	Inhalte im Lehrplan
I. Warum ist die Bibel so verbreitet?	Ein weit verbreitetes Buch **fse 108/109** Ein Buch für viele Menschen **fse 110/111**	3.3 Die Bibel als Buch der Kirche sehen
II. Sie enthält Geschichten von Menschen, die Erfahrungen mit Gott gemacht haben.	Ein Buch zum Leben **fse 112/113**	3.3 Die Bibel als eine Sammlung von Büchern entdecken
AT und NT entstehen	... mit einer langen Geschichte **fse 114/115** Ein Evangelium entsteht **fse 116/117** Vom Federkiel zur CD-Rom **fse 118/119**	4. Grundsätze des Aufbaus und der Entstehung der Bibel kennen
III. Möglichkeiten im Umgang mit der Bibel	In der Bibelwerkstatt **fse 120/121** Ein Bibelspiel **fse 122/123**	4. Sich in der Bibel orientieren können

6. Lebensbilder 3/4

Folgende Fotos aus der Folienmappe Lebensbilder 3/4, vgl. Arbeitshilfen S. 21, sind für einen situativen Einsatz hilfreich: Nr. 1 Über Gott und die Welt nachdenken, Nr. 6 Spiel beim Pfarrfest, Nr. 8 Musik kennt keine Grenzen, Nr. 10 Gemeinsamkeiten entdecken, Nr. 24 Evangelische Kirche, Nr. 25 Katholische Kirche, Nr. 30 Danken für die Ernte, Nr. 34 Kreuz am See

Lesender Klosterschüler

Die Bibel verändert die Welt

1. Hintergrund

Sch werden durch ein Bild der Skulptur von Ernst Barlach: „Lesender Klosterschüler" mit dem Kapitel in Berührung gebracht.

Ernst Barlach (1870-1938)

Der Künstler wurde am 2. Januar 1870 in Wedel an der Niederelbe geboren. Er wuchs in Wedel und Ratzeburg auf. Ab 1891 besuchte er die königliche Akademie der bildenden Künste in Dresden und wurde Meisterschüler von Robert Diez. Aus einer schweren Lebenskrise heraus reiste Barlach 1906 nach Russland. Diese Reise bewirkte bei dem Künstler einen fundamentalen künstlerischen Neubeginn. Er schrieb das „Russische Tagebuch" und zeichnete eine große Zahl von Skizzen. Später wurde er ordentliches Mitglied der preußischen Akademie der Künste, lehnt jedoch Ehrendoktorwürde und Lehrämter ab. Barlach und seine Kunst wurden von nationalsozialistischen Kreisen angegriffen. In einer Rundfunkrede 1933, sieben Tage vor Hitlers Machtergreifung, protestierte Ernst Barlach gegen den Zwangsausschluss von Heinrich Mann und Käthe Kollwitz aus der preußischen Akademie. 1936 wurde das Buch „Ernst Barlach – Zeichnungen" von der Gestapo beschlagnahmt. Ernst Barlach gehörte zu den Künstlern, deren Werke während des Dritten Reiches unter den Begriff „Entartete Kunst" fielen; sämtliche Werke Ernst Barlachs wurden aus den Deutschen Museen entfernt. Ernst Barlach starb am 24. Oktober 1938.

Ernst Barlach: „Lesender Klosterschüler", 1930

Die Skulptur wurde aus hellbraunem Holz gestaltet. Sie zeigt eine sitzende Person, die Klosterschüler genannt wird und auf deren Schoß ein großes, aufgeschlagenes Buch liegt. Der „Lesende" stützt seine Hände auf seiner Sitzgelegenheit auf, die Füße sind leicht angewinkelt, um dadurch dem großen, wohl schweren Buch Platz und Halt zu geben. Die Schultern sind leicht nach oben gezogen, der Kopf ist ein wenig nach vorne geneigt.

Das Bild lebt von der Statik der Figur des Lesenden. Diese vermittelt beim Betrachten ein wohltuendes Gefühl von Ruhe und Konzentration, des In-sich-versunken-Seins und des Gefesselt-Seins von Inhalt und Botschaft des Buches. Das Buch, vermutlich die Bibel, nimmt offensichtlich einen wesentlichen Raum im Leben des lesenden Klosterschülers ein. Haltung und Ausdruck des „Lesenden" beeindrucken den Betrachter, er kann sich einer besonderen Wirkung der Holzplastik nicht entziehen. Welche Stellung nehmen Buch und Lesen im Leben dieses Schülers wohl ein?
www.ernst-barlach.de

2. Einsatzmöglichkeiten im RU

Bibel lesen

- Sch betrachten Bild **fse 107** nach den Kriterien der Bildbetrachtung, vgl. Arbeitshilfen, S. 56.
- Sch spüren die Haltung der Skulptur mit dem eigenen Körper nach.
- Sch überlegen, warum der Lesende das Buch nicht in der Hand hält, und denken über das Gewicht der Bibel nach.
- Sch lassen den „Lesenden" sprechen: „Ich sitze da und bin in ein Buch vertieft, ich vergesse alles um mich herum ..."
- L fotografiert Sch mit Digitalkamera in der Haltung des „Lesenden"; Sch gestalten damit Hefteintrag.
- Sch suchen Verbindung zwischen Bild und Kapitelüberschrift.
- Sch gestalten **AB 3.7.1, Arbeitshilfen S. 277**, und formulieren ihre Gedanken zum Thema „Bibel" strahlenförmig um das Bild.

Mein Bibelbuch

- Sch beginnen mit der Gestaltung eines eigenen „Bibelbüchleins".
- L schneidet dazu festeres DIN-A6-Papier, dieses kann am Ende des Kapitels spiralgebunden oder gelocht und mit einer Kordel verbunden werden.
- Während der Arbeit an diesem Kapitel werden Seiten dieses Büchleins gestaltet und ergänzt.
- *Alternative:* Es wird ein unliniertes Heft DIN A6 verwendet.

3. Jahrgangsübergreifende Lerngruppe

Mein Lerntagebuch

Sch des vierten Lernjahres erstellen mit Blick auf ihren Schulabschluss ein Lerntagebuch, in dem sie fortlaufend alle wichtigen Informationen zur Bibel als Buch sammeln. Sie erstellen so ein kleines Nachschlagewerk für sich selber, mit eigenen Gedanken zur Bibel, ausgewählten Textstellen und erprobten Tipps zum Auffinden von Bibelstellen, das ihnen auch in der weiterführenden Schule ein guter Begleiter sein kann. Das Deckblatt kann mit **AB 3.7.1, Arbeitshilfen S. 277**, gestaltet werden.

Diese Bibel wurde von _____ untersucht

Titel der Bibel

📖 Beschreibe Titelseite, Schrift, Bilder und Papier.
_____
_____

📖 Wann ist die Bibel erschienen?
_____
_____

📖 Für wen wurde diese Bibel gedruckt?
_____
_____

📖 In welcher Sprache wurde diese Bibel verfasst?
_____
_____

📖 Handelt es sich bei dieser Ausgabe um eine Vollbibel oder um eine Auswahlbibel?
_____
_____

Ein weit verbreitetes Buch

1. Hintergrund

Die Bibel ist das am weitesten verbreitete Buch der Erde. Zum einen ist sie den Christen auf der ganzen Erde das wichtigste Buch. Zu jedem Gottesdienst werden Texte aus der Bibel gelesen, das gesamte Glaubensleben der Christen richtet sich nach ihr aus. Zum anderen ist die Bibel das bekannteste Buch der Weltliteratur; Malerei und Architektur, Musik, Literatur und Philosophie sind von ihr beeinflusst. Daher beschäftigen sich auch viele Menschen, die sich nicht als Christen bekennen, mit der Bibel.

fse 108/109 gibt den Sch einen ersten Einblick in die Verbreitung der Bibel. Seit 1815 wurden ca. 2,5 Milliarden Exemplare der Bibel verkauft. Die Bibelgesellschaften, weltweit sind es 137, arbeiten alle an der Übersetzung und Verbreitung der Bibel und konnten im Jahr 2001 mehr als eine halbe Milliarde Bibeln und biblische Schriften unter die Menschen bringen.

Die Bibel ist in vielen Ländern als Unterrichtsmaterial an Schulen zugelassen.

Kein Buch der Weltliteratur erreichte auch nur annähernd die Zahl der Übersetzungen der Bibel. Eine komplette Bibel war im Jahr 2001 in 392 Sprachen zu erhalten. Das Neue Testament ist in 1012 Sprachen erhältlich. Wie eine Statistik des Weltbundes der Bibelgesellschaften mitteilt, gab es im Jahr 2001 Bibeltexte in 2287 Sprachen der Erde. Im Vergleich dazu schätzen Experten die Anzahl der weltweit gesprochenen Sprachen auf rund 6500, wovon etwa 700 Sprachen allein auf der Insel Papua-Neuguinea gesprochen werden.

Erstaunlicherweise hat in Europa nicht jede Sprachgruppe eine eigene Bibelausgabe. Erst im Jahr 2001 wurde für die Samen in Norwegen eine eigene Bibelübersetzung angefertigt. Gegenwärtig wird weltweit an 672 Übersetzungen gearbeitet, wovon bei 462 Übersetzungen die Bibel zum ersten Mal in die jeweilige Sprache übersetzt wird.

All diese Zahlen belegen, dass bis zum heutigen Tag von den Schriften der Bibel eine ungeheure Faszination ausgeht, die Menschen auf der ganzen Erde bewegt. **fse 108/109** visualisiert mithilfe einer Weltkarte die Verbreitung der Bibel auf der ganzen Welt. Sch sind eingeladen, mit der Welt der Bibel und deren Botschaft vertraut zu werden.

Erstaunliches rund um die Bibel

- Die *kleinste gedruckte Bibel* der Welt, die den vollständigen Text enthält, ist nicht größer als eine Streichholzschachtel, wiegt etwa 20 Gramm und wurde von dem Engländer Bryce im Jahre 1840 gedruckt.
- Die *größte Bibel* ist 2,5 m dick. Die 804 Holzseiten à 1 Quadratmeter wiegen 547 kg.
- Die *älteste gedruckte Bibel* ist die Gutenberg-Bibel aus dem Jahre 1455. Der Wert dieser Bibel wird auf ca. 2,2 Mio Euro geschätzt. Sie wurde von der Leitung der Nordelbischen Evangelisch-lutherischen Kirche erworben. Diese, auch „Rendsburger Fragment" bezeichnete Bibel, wird als Dauerleihgabe im Landesmuseum auf Schloss Gottorf in Schleswig gezeigt.
- Die *Bibel auf einem Dia* in der Größe 3 x 4 cm. Hierauf stehen alle 1245 Seiten bzw. 1189 Kapitel oder 773 746 Worte der Bibel. Es ist die komplette Heilige Schrift im Maßstab 1: 48 400 in englischer Sprache. Durch ein Mikroskop kann sie problemlos gelesen werden.
- Die *Bibel, die in die Brieftasche passt*: Smart-Card ist eine Bibel im Scheckkartenformat, Einheitsübersetzung (zu beziehen: Verlag Katholisches Bibelwerk, Stuttgart, 5 Euro).
- Die *Blindenbibel* enthält nur das Lukasevangelium. Als vollständige Bibelausgabe besteht die Blindenbibel aus 32 Bänden, wiegt 50 kg und kostet etwa 250 Euro. Ihre Herstellung wird durch Spenden finanziert.

Literatur

Baldermann, Ingo, Einführung in die Bibel, Göttingen 1993
Kath. Bibelwerk Stuttgart (Hg.), Welt und Umwelt der Bibel, H 9: Qumran, Stuttgart 1998
Arenhoevel, Diego, So wurde die Bibel. Ein Sachbuch zum Alten Testament, Stuttgart 1986
Ringshausen, K., Das Buch der Bücher. Eine Bibelkunde, Frankfurt/M. 1967

2. Einsatzmöglichkeiten im RU

Verschiedenheit der Bibelausgaben sichten

- Sch tragen verschiedene Bibeln zu einer Klassenbibelausstellung zusammen (Klassen bzw. Fächer übergreifendes Projekt) oder Sch gestalten Schaukasten als Bibelausstellung und entdecken die Vielfalt.
- Sch bearbeiten die Ausstellung (in GA, PA, EA) mit **AB 3.7.2, Arbeitshilfen S. 279**, nach folgenden Kriterien:
- Ist diese Ausgabe eine Vollbibel oder eine Auswahlbibel (Kinderbibel, Bibelbilderbuch, nur AT/NT ...)?
- Beschreibe die Aufmachung (Titelseite, Schrift, Bilder, Papier).
- Wann ist die Bibel erschienen?
- Für wen ist die Bibel gedruckt worden?
- In welcher Sprache ist die Bibel verfasst?

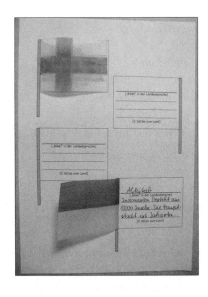

„Bibel" in vielen Sprachen

paipala	Hawaii
bible	Nordamerika
biblia	Mexico
bíblia	Brasilien
bible	Frankreich
Biblia	Tansania
Biblia	Island
bibbia	Italien
Bibel	Deutschland
raamattu	Finnland
bybel	Südafrika
βιβλος	Griechenland
إنجيل	Iran
БИБЛИЯ	Russland
圣经	China
alkitab	Indonesien
bible	Neuseeland

- Sch schlagen in verschiedenen Lexika und evtl. Internet zum Begriff „Bibel" nach (vgl. Lexikon **fse 126/128**).
- Sch gestalten ein Plakat zum Thema „Rund um die Bibel".

Die Bibel – verbreitet auf der ganzen Erde
- Sch suchen und benennen verschiedene Kontinente **fse 108/109**.
- Sch erzählen dazu (Urlaub, Infos aus Fernsehen und Internet, Verwandte ...).
- Sch entdecken mithilfe von **fse 108/109**, dass die Bibel auf der ganzen Erde verbreitet ist, und ordnen die Sprachfähnchen den Kontinenten oder Ländern zu (vgl. Lösung rechte Spalte).

3. Jahrgangsübergreifende Lerngruppe

Informieren und präsentieren
- Sch des vierten Lernjahres erarbeiten in Kurzreferaten oder Mindmaps die Besonderheiten der Bibel in PA und tragen diese der Klasse vor.
- Sch sammeln ergiebige und gut informierende Internetadressen auf einem Plakat oder in ihrem Lerntagebuch.
- Sch lernen die Gliederung der vollständigen Bibel auswendig. Dieses Gedicht hilft dabei:

Ordnung der biblischen Bücher
Die Bücher des Alten Testaments

1. Die Geschichtsbücher
In des Alten Bundes Schriften
merke in der ersten Stell:
Mose, Josua und Richter,
Rut und zwei von Samuel,
zwei der Könige, Chronik, Esra,
Nehemia, Ester mit.

2. Die Lehrbücher
Ijob, Psalter, dann die Sprüche,
Prediger und Hoheslied.

3. Die prophetischen Bücher
Jesaja, Jeremia, Ezechiel, Daniel,
dann Hosea, Joel, Amos, Obadja, Jona's Fehl,
Micha, welchem Nahum folgt, Habakuk,
Zephanja,
nebst Haggai, Sacharja und zuletzt Maleachi.

Die Bücher des Neuen Testaments

1. Die Geschichtsbücher
In dem Neuen stehn Matthäus,
Markus, Lukas und Johann
samt den Taten der Apostel
unter allen vornean.

2. Die Lehrbücher
Dann die Römer, zwei Korinther,
Galater und Epheser,
die Philipper und Kolosser,

beide Thessalonicher;
an Timotheus und Titus,
an Philemon; – Petrus zwei,
drei Johannes, die Hebräer,
Jakobs, Judas Brief dabei.

3. Das prophetische Buch
Endlich schließt die Offenbarung
das gesamte Bibelbuch.
Mensch, gebrauche, was du liesest,
dir zum Segen, nicht zum Fluch.

- Sch entwickeln Wissensfragen für ein Quiz zur Bibel.

Ein Buch für viele Menschen

fragen – suchen – entdecken **110/111**

1. Hintergrund

Die Doppelseite **fse 108/109** zeigte die geografische Verbreitung der Bibel. Auf der Doppelseite **fse 110/111** wird dargelegt, was die Bibel inhaltlich für unterschiedliche Menschen in verschiedenen Ländern in verschiedenen Situationen bedeuten kann. Es soll deutlich werden, dass der Gebrauch der Bibel auf verschiedene Weise das Leben der Menschen bestimmen kann. Auf einem Foto **fse 110** sind Menschen in Südamerika beim gemeinsamen Bibellesen, auch „Bibel teilen" genannt, zu sehen. **fse 110** unten berichtet von zwei Jugendlichen, die von ihrem Erlebnis „Bibelwanderung" erzählen. Auf dem Foto sind mehrere Menschen zu sehen, die gemeinsam unterwegs sind, vor einem Feldkreuz Station machen und betend und singend innehalten.

Bibel teilen

Die Idee des Bibel-Teilens ist, biblische Texte in kleinen Gruppen zu lesen, ohne dass dazu weitere Vorkenntnisse nötig sind. Dadurch soll Menschen ermöglicht werden, über Bibeltexte miteinander ins Gespräch und ins Gebet zu kommen. Ziel ist, dass die Botschaft des gewählten Bibeltextes im Zentrum des Gespräches steht und sich alle Teilnehmer dazu äußern können. Eine vollständige Übersicht über die neun Schritte bietet das Grundmodell des Bibel-Teilens, Arbeitshilfen S. 284. Das Bibel-Teilen in der Grundschule kann nach folgendem Schema erfolgen:
Mit einem Lied oder einfachen Gebet laden wir Gott zu uns ein.
Wir lesen den Bibeltext, den jeder vor sich hat.
Wir wiederholen einzelne Worte oder Sätze, ohne Kommentar oder Erklärung. So beschäftigen wir uns in Ruhe mit dem Text.
Schweigend verweilen wir einige Minuten beim Text.
In der Ich-Form teilen wir einander mit, welche Emotionen, Gedanken und Empfindungen uns bewegen.
Im Gespräch klären wir, welche Konsequenzen sich für uns aus dem Bibeltext ergeben.
Mit einem gemeinsamen Gebet oder Lied schließen wir das Bibel-Teilen ab.

fse 111 zeigt auf einem Foto Mönche beim gemeinsamen Gebet mit der Bibel und unterstreicht die Sehnsucht des Menschen nach Gott, wie sie im Psalm 63 zum Ausdruck kommt.

Was sind Psalmen?

Psalmen werden auch Psalter genannt. Dieses Wort leitet sich von dem griechischen Wort „Psalterion" ab, das ein Musikinstrument bezeichnet. Das griechische Wort für Lied heißt „Psalm", weil dazu mit einem Psalterion gespielt wurde. Psalmen sind eine Lieder- und Gebetssammlung im AT. Sie beinhalten 150 verschiedene Texte. Manche Psalmen sind über 3000 Jahre alt. Die ursprünglichen Melodien sind nicht mehr erhalten, aber im Laufe der Zeit wurden immer wieder neue Melodien hinzukomponiert (vgl. Lexikon **fse 3**, S. 129).

fse 111 unten zitiert vier bedeutende Männer, drei des 20. Jahrhunderts:
Franziskus Bernardone (1181-1226), Sohn eines reichen Kaufmanns in Assisi, schlug sein Erbe aus, lebte arm und gründete mit Gleichgesinnten den Franziskanerorden.
Marc Chagall (1889-1985) war Jude und stammte aus Russland. Der berühmte Maler lebte zuletzt in Frankreich und war einer der bedeutendsten Künstler, der die religiöse Kunst der Gegenwart prägte. In vielen Bildern malte er seine Vorstellung zu biblischen Themen, besonders die Verbindung von Himmel und Erde (vgl. Jakobs Traum, **fse 3**, Kap. 6).
Jörg Zink (geb. 1922), ev. Pfarrer, bekannt durch Rundfunk und Fernsehen, gilt als einer der meistgelesenen Theologen des 20. Jahrhunderts. Er veröffentlichte ca. 200 Buchtitel mit einer Gesamtauflage von 17 Millionen Exemplaren.
Bertolt Brecht (1898-1956), ein bedeutender deutscher Schriftsteller, betrachtete sich selbst als Atheist und war dennoch von der Bibel fasziniert. Biblische Inhalte wurden für viele seiner Theaterstücke und Gedichte Basis der kritischen und ironischen Auseinandersetzung und Verfremdung.

Meine Lieblingsbibelstelle:

Dieser Text aus der Bibel gefällt mir besonders, weil

_____

_____

_____

_____
(Name)

Ein Grundmodell: Die „neun Schritte" des Bibel-Teilens mit Kindern

1. Einladen – sich sammeln
Wir nehmen uns Zeit, heute wieder eine Bibelgeschichte zu lesen/hören/erzählen.

> Ritual

2. Lesen/hören/erzählen
Wir lesen/hören/erzählen den Text/zum Bild (es kann auch reihum jede/r ein Stück vorlesen oder auch abschnittsweise gelesen werden).

> Ohr
> Auge

3. Stille – Schweigen – Augen schließen
(Geweckt durch den Klang der Triangel) Keine Diskussion

> Atmen

4. Kleines Bibelgespräch – spontane Empfindungen äußern
Impulse:
Was hat dich in der Geschichte traurig gemacht?
Was hat dich gefreut?
Was verstehst du nicht?
Noch nicht begründen!
Die Antworten werden als Ich-Botschaften formuliert.

> Reaktion

5. Lesen/hören/erzählen
Wir lesen/hören/erzählen den Text noch einmal im Zusammenhang.

> Ohr
> Auge

6. Schweigen
Für eine fest umrissene Zeit (!) lassen wir Gott in der Stille zu uns sprechen
(Uhr als optische Orientierung)

> Stille

7. Mitteilen
Nun kann jede/r etwas zu den Worten sagen, bei denen er/sie hängengeblieben ist.
Gibt es etwas, was unser Herz berührt?
In der Ich-Form sprechen! Kein Streitgespräch!

> Was hat mich bewegt?

8. Handeln
Was will Gott, das wir tun sollen?
Wie weit sind wir mit früheren Aufgaben?
Welches Wort nehmen wir mit in unseren Tag?
Gab es Schwierigkeiten?

> Was versuchen wir?

9. Beten
Wir beten miteinander. Jede/r kann etwas beitragen. In der Fürbitte denken wir auch an andere.
Das Bibel-Teilen kann mit dem Vaterunser, einem Segen, einem Lied oder einer Bildgestaltung enden.

> Gebet

Die Bibel	– ein Buch der Rekorde
Die kleinste gedruckte Bibel	wiegt 20 Gramm ist so groß wie eine Streichholzschachtel wurde 1840 gedruckt
Die größte Bibel	ist 2,5 m dick hat 804 Holzseiten wiegt 547 kg
Die älteste gedruckte Bibel	wird Gutenberg-Bibel genannt stammt aus dem Jahr 1455 ist ca 2,2 Mio Euro wert
Die Bibel auf einem Dia	ist 3 mal 4 cm groß enthält alle 773 746 Wörter der Bibel ist in englischer Sprache verfasst
Die Bibel in der Brieftasche	heißt auch Smart-Card ist vom kath. Bibelwerk Stuttgart herausgegeben hat das Format einer Scheckkarte
Die Blindenbibel	besteht aus 32 Bänden wiegt 50 kg kostet 250 Euro

Weitere Aussagen berühmter Menschen über die Bibel:
Immanuel Kant (1724-1804), Philosoph der Aufklärung, Begründer der modernen Philosophie (Kategorischer Imperativ): „Die Bibel ist mein edelster Schatz, ohne welchen ich elend wäre. Sie ist eine unversiegbare Quelle aller Weisheiten."
Sven Hedin (1865-1952), schwedischer Geograf und Reiseschriftsteller, erforschte besonders Zentralasien: „Ohne die lebendige und gewisse Zuversicht zum Herrn und seiner allmächtigen Bewahrung wäre es unmöglich gewesen, zwölf Jahre lang in den unzugänglichen Gebieten von Asien auszuhalten. Auf meinen sämtlichen Reisen ist die Bibel stets mein Begleiter und meine beste Lektüre gewesen."
Robert Jungk (geb. 1913), Journalist und Zukunftsforscher, veröffentlichte viele Bücher, u. a. „Der Jahrtausendmensch". Er gilt als Vater des Denkmodells „Zukunftswerkstatt" (vgl. **fse 3**, Kap. 6): „Entscheidend ist, dass jede Zeit ihre eigene Auslegung, ihr eigenes Erlebnis der Bibel findet und sie stets neu verlebendigt. Dann wird sie nie Opium sein, sondern ein Licht, das immer wieder in eine dunkle Welt hineinleuchtet und sie zu erhellen versucht" (alle Zitate in: Schwarz, Michael u. a., Die Bibel – überliefert und gelebt, Zürich, 1987, S. 75f.).

2. Einsatzmöglichkeiten im RU

Bibel teilen
- Sch betrachten Foto **fse 110**.
- L gibt Infos zur Lebenssituation vieler Menschen in Südamerika: unterdrückt, ausgebeutet, vgl. **fse 3**, Kap. 6, S. 96.
- Sch lassen die Menschen sprechen, legen die Gedanken von Kindern aus Südamerika in einer Denkblase ergänzend dazu.
- Sch lesen Bibeltext **fse 110**.
- Sch entdecken Verbindung zwischen Lebenssituation der Menschen auf dem Foto und dem Bibeltext. „Bibel teilen" macht deutlich: „Was kann der Satz aus der Bibel für mein Leben bedeuten?"
- Sch formulieren einen Psalm aus der Sicht der Menschen in Südamerika, z. B.
  - *Ich bin traurig*, bin einsam und habe Angst.
  - *Du aber, Gott*, bist mein treuer Begleiter.
  - *Ich bitte* dich um deinen Schutz.
  - (*Ich danke* dir für deine Nähe).
- Sch schreiben Psalm evtl. in ihr Bibelbüchlein oder in das „Ich-Buch".

Bibelwanderung
- Sch beschreiben das Foto **fse 110** unten.
- Jochen und Beate erzählen von der Bibelwanderung, Sch klären, was eine Bibelwanderung ist.
- Stell dir vor, du bist auf einer Bibelwanderung. Formuliere deine Gedanken. L bringt einen Rucksack mit. Sch füllen ihn mit ihren Lieblingsbibelstellen.

Mönche beten mit der Bibel
- Sch klären im UG mithilfe des Fotos **fse 111** den Begriff „Mönch" (Lebensform, Lebensort, Lebensgemeinschaft, feste Gebetszeiten, Struktur des Tagesablaufs durch das Gebet festgelegt ...), vgl. Franziskus **fse 2**, S. 86/87, oder Bruder Martin **fse 3**, S. 100.
- Sch informieren sich im Internet, z. B. www.kapuziner.de, www.franziskaner.de oder www.benediktiner.de.

Psalmen – heute so aktuell wie damals
Sch aktivieren ihr Vorwissen zu Psalmen, L ergänzt (vgl. Arbeitshilfen S. 282 und Lexikon **fse 3**, S. 129).
- Sch lesen die Psalmverse **fse 111** oben.
- Sch denken über Anlass und Entstehung des Psalms 63 nach und fühlen sich in die Lebenssituation des Psalmschreibers ein.
- Sch gestalten Psalmworte kalligrafisch (evtl. Eintrag ins Bibelbüchlein oder „Ich-Buch").

Was die Bibel Menschen bedeutet
- Sch befragen verschiedene Menschen in ihrer Umgebung, was für sie die Bibel bedeutet. Schreiben die Antworten auf, nehmen sie auf Kassette auf ... (Eltern, Lehrer, Großeltern, Pfarrer, Geschwister, Verwandte, Freunde).
- Sch wählen eine wichtige Aussage aus, schreiben diese auf eine Karteikarte und befestigen sie an einer langen roten Kordel sichtbar im Klassenzimmer; Überschrift: Die Bibel – der rote Faden in meinem Leben.

Die Bibel – ein wichtiges Buch auch für berühmte Menschen
Sch bearbeiten je eine Aussage **fse 111** in arbeitsteiliger GA, Sch erhalten dazu auf Karteikarten Hintergrundinfos zu den einzelnen Persönlichkeiten.
- Wer sagt diese Worte?
- Wann lebte die Person?
- Formuliere diese Aussage mit deinen eigenen Worten.
- Was meint die Person mit ihren Worten?
- Schreibe den Text auf ein Plakat und gestalte dieses.
- Eine/r aus der Gruppe berichtet den Mit-Sch die Gruppenergebnisse.

Die Bibel – ein Buch, das auch mich fasziniert
- Sch schmökern in Meine Schulbibel oder in den Bibeln der „Bibelausstellung".

Und heute?

... und heute?

"Ich rufe dich an,
denn du, Gott,
erhörst mich.
Wende dein Ohr
mir zu,
vernimm meine Rufe."

Ps 17,6

... und heute?

Heute muss ich
in deinem Haus
zu Gast sein.

Lk 19,56

... und heute?

Wähle selbst einen Text
aus deinem Religionsbuch!

... und heute?

Jakob hat
seinen Bruder
Esau betrogen.
Jetzt ist er
auf der Flucht ...

- Sch formulieren und schreiben auf „Die Bibel bedeutet für mich ..."
- Sch befestigen ihren Bibelsatz an der roten Kordel „Die Bibel – der rote Faden in meinem Leben".
- Sch entdecken ihre Lieblingsgeschichte und lesen sich diese gegenseitig vor, **AB 3.7.3, Arbeitshilfen S. 283.**

Ratespiele zur Bibel, dem Buch der Rekorde
- L vergrößert und laminiert die Karten **AB 3.7.4, Arbeitshilfen S. 285**.
- Klasse in zwei Gruppen teilen, jede Gruppe erhält einen Stapel umgedrehter Karten. Entweder wird der Oberbegriff genannt und die andere Gruppe beantwortet die Detailinfos, oder es werden Detailinfos genannt und die Gruppe muss den Oberbegriff finden.
- Einen Bibeltext als Puzzle gestalten: Blankopuzzle (ist in Bastelversandgeschäften erhältlich) mit einem Bibeltext beschreiben und verzieren, dann puzzeln.

3. Jahrgangsübergreifende Lerngruppe

Rätselfragen entwickeln

Sch aus dem vierten Lernjahr entwickeln aus dem Ratespiel **AB 3.7.4, Arbeitshilfen S. 285**, Rätselfragen und schreiben sie auf kleine Karten, die beim Spiel auf **fse 122/123** eingesetzt werden können.

Psalmen in der Bibel und im Lerntagebuch

Sch schreiben die erarbeitete Information über Psalmen in ihr Lerntagebuch. Sie suchen selbstständig in der Bibel die Stelle heraus, an der die Psalmen zu finden sind, wählen einen Psalm für sich aus und schreiben ihn in ihr Lerntagebuch.

Literatur

AV Medienpaket: Die Bibel – überliefert und gelebt. Bausteine, Folien, Dias, Zürich 1987 (erhältlich bei den AV-Medienzentralen)

Ein Buch zum Leben ...   fragen – suchen – entdecken **112/113**

1. Hintergrund

Was heißt das „Die Bibel – ein Buch zum Leben"? Welche elementaren Situationen des menschlichen Daseins bedürfen der Wegweisung durch Texte aus der Bibel?
Die Doppelseite **fse 112/113** zeigt in Bildausschnitten und Texten den Sch bereits bekannte biblische Perikopen aus den bisher behandelten Themen **fse 3**, Kap. 1-6.
Jedes einzelne Bild, jeder einzelne Text aus der Bibel oder zu einer Geschichte der Bibel beschreibt konkrete Lebenssituationen oder Erfahrungen, die Menschen mit Gott in ihrem Leben gemacht haben, z. B. Schuld und Verzeihen (barmherziger Vater), körperliche Not und handelnde Nächstenliebe (barmherziger Samariter). Verzweiflung und neue Hoffnung durch die Erfahrung Gottes im Säuseln des Winds, in der Stille (Elija), Unterdrückung und Befreiung (Exodus). Die Botschaft von der Liebe Gottes durchdringt die Menschen und holt sie aus ihren schwierigen Umständen zurück ins Leben.
fse 112 zeigt oben rechts einen Ausschnitt des Bildes **fse 53** „Der barmherzige Vater" von Max Slevogt (ein Teil der Auflage zeigt einen Laib Brot mit Ähre von **fse 3**, S. 4), unten links den „Barmherzigen Samariter" von Paula Modersohn-Becker **(fse 99)**, **fse 113** oben links „Elija" von Sieger Köder **(fse 17)** und unten rechts „Die Rettung der Israeliten am Meer", Stuttgarter Psalter **(fse 33)**.

Der Text „Heute muss ich in deinem Haus zu Gast sein" ist der Geschichte von **fse 50/51** zugeordnet, das Psalmwort „Ich rufe dich an, denn du, Gott, erhörst mich. Wende dein Ohr mir zu, vernimm meine Rufe" ist in Beziehung zu setzen z. B. zu **fse 28/29** oder **fse 94-97**. Der Text „Jakob hat seinen Bruder Esau betrogen. Jetzt ist er auf der Flucht ..." ist der Erzählung **fse 14** zuzuordnen.
Eine ausführliche Beschreibung und Möglichkeiten zur Erarbeitung der einzelnen Bilder ist in den jeweiligen Kapiteln der Arbeitshilfen **fse 3** nachzulesen.

2. Einsatzmöglichkeiten im RU

Bilder erzählen vom Buch des Lebens
- Sch wählen in arbeitsteiliger GA einen Bildausschnitt von **fse 112/113** aus, aktivieren ihr Vorwissen und erzählen einander die Geschichten.
- Sch erhalten Kopie eines Bildes von **fse 112/113**, kleben dieses in die Mitte einer Heftseite und ergänzen oder verfremden das Bild nach ihrer Vorstellung.

„Schweigegespräch"
- Auf vier Plakate wird je ein Bildausschnitt **fse 112/113** geklebt. Versehen mit der Überschrift „Und heute ..." werden diese mit je einem Stift an verschiedenen Stellen im Klassenraum ausgelegt.
- Sch gehen, begleitet von meditativer Musik, lang-

Wie das Alte Testament entstand

Schon immer haben Menschen gerne Geschichten erzählt. Geschichten erzählen auch von den Erfahrungen, die Menschen in ihrem Leben mit Gott gemacht haben. Wichtige Erfahrungen sollen nicht in Vergessenheit geraten. Deshalb wurden sie wieder und wieder erzählt: am Lagerfeuer, im Beduinenzelt, unter dem Sternenhimmel. Von Generation zu Generation wurde weitergetragen, was wichtig war.

Viele Jahrhunderte lang erzählten die Israeliten, wie Gott ihren Vorfahren Gutes getan hatte. Sie erzählten von Abraham und von Josef. Sie erzählten von Mose und Mirjam und vor allem von der Befreiung Israels aus der ägyptischen Sklaverei. Sie erzählten von der Schöpfung und wie Gott ihre Vorfahren ins Land Kanaan geführt hatte.

Väter erzählten ihren Kindern von den großen Taten Gottes. Die Kinder trugen den Schatz der Erfahrungen weiter zu ihren Kindern. Jeder hörte aus den Geschichten heraus: Sie sind nicht vergangen, die Geschichten leben auch jetzt! Sie gelten auch für mich.

Viele Jahrhunderte lang wurden in Israel die Geschichten und Erfahrungen nur mündlich weitergegeben. Alle gaben sich große Mühe: Nichts sollte vergessen, nichts verfälscht werden.

Erst unter König Salomo begannen kluge, schriftkundige Männer, die Geschichten von Gott und seinem Volk auf große Rollen zu schreiben. So entstanden die ersten Bibel-Bücher. Später wuchsen die einzelnen Geschichten zu den „Fünf Büchern Mose" zusammen.

In weiteren Jahrhunderten kamen neue Schriftrollen hinzu, z. B. die Psalmen, Lieder und Gebete oder die Geschichten der Propheten und ihre Worte.
Alle 45 Schriften des AT erzählen auf ihre Weise, was Gott Israel Gutes getan hat.

sam und leise durchs Zimmer, verweilen an den verschiedenen Stellen und schreiben ihre Gedanken auf das Plakat.

Texte der Bibel – Texte für unser Leben
- Sch kommen miteinander ins Gespräch und überlegen gemeinsam, für wen die Erzählungen von **fse 112/113** heute hilfreich sein können.
- In PA oder GA entstehen dazu kleine Bilder, die zu einem Leporello zusammengeklebt werden.
- Sch suchen Verbindungen zu ihrem eigenen Leben in Wort und/oder Bild und gestalten mit **AB 3.7.5, Arbeitshilfen S. 287**, einen Hefteintrag.

„Wer ist mein Nächster"-Geschichten finden
- Sch suchen aus Zeitschriften Bilder und Texte und gestalten Plakate zu folgenden Stichpunkten:
  - Rettungsgeschichten,
  - Mutmachgeschichten,
  - Verzeihungsgeschichten.
- Sch schreiben eigene kurze Rettungs-, Mutmach- …Geschichten, evtl. in ihr Bibelbüchlein. Zu diesen Geschichten ordnen Sch aus **fse 3** Worte der Bibel zu.

3. Jahrgangsübergreifende Lerngruppe

Sich in der Bibel zurechtfinden
- Sch aus dem vierten Lernjahr nutzen bei der Erarbeitung eine Vollbibel. Sie können beim Auffinden der hier in Bild und Textausschnitten angegebenen Bibelstellen ihr Vorwissen einbringen, verstehen die Bedeutung der Abkürzungen unter einem Bibeltext. Sie können selbstständig ihre eigene Leistungsfähigkeit in Bezug auf Bibelkenntnisse einschätzen.
- Sch schreiben in ihr Lerntagebuch, welche Textstellen von **fse 112** sie alleine in der Bibel gefunden haben. Sch erwerben zunehmende Sicherheit und Vertrautheit im selbstständigen Umgang mit der Bibel.

… mit einer langen Geschichte   fragen – suchen – entdecken **114/115**

1. Hintergrund

Die Doppelseite **fse 114/115** beschreibt die lange Entstehungsgeschichte des Alten Testamentes. Sch werden in **fse 114** oben an Ben erinnert, dem sie bereits in **fse 3**, Kap. 6, begegnet sind. Dieser will von seinem Vater wissen, wer die Erzählungen vom Auszug aus Ägypten aufgeschrieben hat. Bens Vater entgegnet ihm, dass die Beantwortung dieser Frage gar nicht so einfach sei. Zur visuellen Einführung in die Zeit der Entstehung des AT ist in der Mitte von **fse 114** ein Nomadenzelt abgebildet, dies steht für die Phase der mündlichen Überlieferung. Im Text darunter erzählt Bens Vater einen Teil der langen Entstehungsgeschichte des AT. **fse 115** oben zeigt einen Schreiber bei der Arbeit, der die bisher mündlich tradierten Erlebnisse der Israeliten schriftlich fixiert. (**fse 116** zeigt einen Evangelisten, der aus verschiedenen schriftlichen Quellen sein Evangelium komponiert.)

Das AT erzählt grundlegende Erfahrungen der Menschen mit Gott. Diese Erlebnisse beziehen sich auf „Knotenpunkte" im menschlichen Dasein: Rettung aus Not, Beistand in Gefahr, Klage bei Trauer und Leid, Erfahrung von Gottes Nähe und Segen, Freude und Dankbarkeit … (vgl. **fse 112/113**) und wurden, weil für jeden Einzelnen von existenzieller Bedeutung, immer wieder weitererzählt.

Der **Prozess des Erzählens, Sammelns, Aufschreibens und Ordnens** erstreckte sich über einen Zeitraum von 1000 Jahren. Es gab zunächst viele Einzelerzählungen vom Auszug aus Ägypten, von den Urvätern, von Richtern, Königen und Propheten. Sie wurden manchmal ergänzt, neu erzählt und mit Zusätzen versehen und wurden zu so genannten Erzählkränzen zusammengeflochten. Erst später wurden sie dann zu einem Ganzen zusammengefügt.

Zu einem der ältesten Texte der Bibel gehört das kleine Lied in Ex 15,21, das um das Jahr 1000 v. Chr. verfasst wurde. Die Mosebücher sind so, wie sie uns heute bekannt sind, frühestens in der Zeit des Babylonischen Exils (um 550 v. Chr.) entstanden. Die Entstehung des Buches der Psalmen wurde ungefähr um 150 v. Chr. abgeschlossen. Die endgültige Zusammenstellung des AT, wie wir es heute kennen, erfolgte um das Jahr 100 n. Chr. Die älteste heute bekannte Übersetzung des AT ist eine Übersetzung aus dem Hebräischen ins Griechische und wurde einer Legende nach von 70 Männern geschrieben. So entstand ihr Name: Septuaginta (= 70). Datiert wird sie um 250 v. Chr. Ihr Adressatenkreis waren vor allem griechisch sprechende Juden in Ägypten, später wurde sie vor allem von Christen gelesen.

1948 wurde ein sensationeller **Handschriftenfund von Qumran** am Toten Meer in Palästina bekannt. Dort fanden Schafhirten alte Schriftrollen in Tonkrügen, die aus der Zeit um das Jahr 200 v. Chr. stammen. Zum wichtigsten Fund wird der Text des Buches Jesaja gezählt. Mit ihm bestätigt sich die sorgfältige Überlieferung von biblischen Texten über Jahrhunderte hinweg. Die Schriftrollen von Qumran, von denen ca. 900 ent-

Ein Nomadenzelt

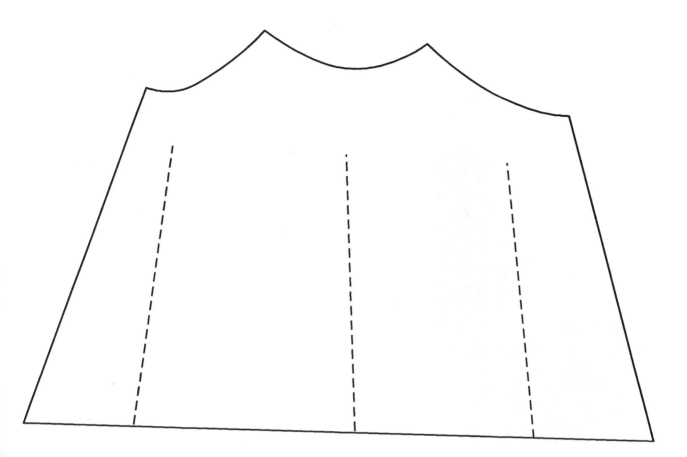

Arbeitsanleitung:

1. Schneide das Zelt aus.
2. Klebe das ausgeschnittene Zelt auf Stoff oder Tonpapier auf. Schneide es aus.
3. Schneide die gestrichelten Linien ein.
4. Lege das Zelt auf dein Heft und zeichne die Konturen nach.
5. Male jetzt die Innenausstattung deines Zeltes.
6. Klebe das Zelt nur an den äußeren Rändern fest.
7. Die losen Zeltbahnen kannst du hochklappen.
8. Du kannst das Zelt mit Wollfäden „festspannen" oder diese einfach dazumalen.

deckt wurden und die zu den ältesten biblischen Handschriften gehören, werden heute in einem besonderen Gebäude in Jerusalem aufbewahrt, das den Namen „Der Schrein des Buches" hat. Von außen betrachtet, erinnert das Gebäude an den Deckel eines Tonkruges.

Die Überlieferung durch die 3000-jährige Geschichte ist für Sch des heutigen Zeitalters von Technik und Massenkommunikation nur noch schwer vorstellbar. L fällt hier die immens wichtige Aufgabe zu, in den Sch das Bewusstsein zu wecken, dass die Bibel weder als „Ganzschrift" vom Himmel fiel noch, dass sie ein Märchenbuch verschiedener Autoren ist.

Literatur

Dohmen-Funke, Christoph, Exodus, in: Niehl, Franz W. (Hg.), Leben lernen mit der Bibel. Der Textkommentar zu Meine Schulbibel, München 2003, S. 318–326

2. Einsatzmöglichkeiten im RU

Eine wichtige Nachricht wird verbreitet

- *Heute*
- L-Impuls: „Stell dir vor, an allen Schulen im Landkreis bzw. Stadtteil fällt für die gesamte nächste Woche der Unterricht aus. Welche Möglichkeiten gibt es heute, diese Nachricht möglichst schnell und zuverlässig zu verbreiten?"
- Sch sammeln in PA Möglichkeiten der Verbreitung (deren Vor- bzw. Nachteile, Seit wann gibt es diese Form der Übermittlung von Nachrichten?), sammeln Infos zur jeweiligen Möglichkeit: E-Mail, Fax, Telefon/Handy, SMS, Fernsehen, Radio, Bote, Telegramm, Brief, Zeitung, Litfaßsäule ... und gestalten damit je einen großen Pfeil aus Papier.
- *Vor 3500 Jahren*

- Sch betrachten die Lebensumstände der Menschen vor 3000 Jahren auf dem Bild **fse 114** (Großfamilie, Nomaden, Hirten, wohnen im Zelt ...).
- L-Erzählung „Wie das AT entstand", **AB 3.7.6, Arbeitshilfen S. 289**.
- Sch gestalten aus Tonpapier oder Stoff ein Nomadenzelt: **AB 3.7.7, Arbeitshilfen S. 291**. Entweder als Heftarbeit oder Gemeinschaftsarbeit entsteht ein „Nomadendorf" auf einem Plakat.
- Sch finden heraus, welche Möglichkeiten der Nachrichtenverbreitung die Menschen damals hatten, und fixieren dies ebenfalls auf Pfeilen.

- Zeitstrahl von heute zurück ins Jahr 1500 v. Chr.
- Sch legen im Pausenhof oder Schulhausgang ein 8 Meter langes Seil oder eine dicke Schnur aus. Sie markieren das Seil mit einem farbigen Klebeband wie folgt:

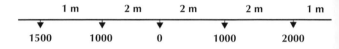

Die beschrifteten Pfeilkarten werden angelegt, **AB 3.7.8, Arbeitshilfen S. 293**.
(Möglich ist auch eine differenziertere Datierung, wichtige Ereignisse der Geschichte, die den Sch bekannt sind, eigenes Geburtsjahr ...)
- Sch gehen einzeln am Seil zurück bis in die Zeit der Nomaden und entdecken staunend den langen Zeitraum.

Die Buchrollen des AT werden gesammelt

- Sch beschreiben anhand der Bilder **fse 114/115** Lebens- und Arbeitswelt eines Schreibers der damaligen Zeit.
- Sch informieren sich im Lexikon **fse 128**.
- Sch suchen in **fse 3** Texte aus dem AT, gestalten mit diesen jeweils eine Schriftrolle und fertigen ein Klassen-AT an (auf DIN-A5-Blatt, mit Schaschlikstäbchen).

Pfeilkarten Altes Testament

> Abraham
> um 1500 v. Chr.

> Mose
> um 1300 v. Chr.

> Amos, der Prophet
> um 750 v. Chr.

> Elija, der Prophet
> um 860 v. Chr.

> Geburt Jesu
> um das Jahr 0

> Mein Geburtsjahr

> Erste Erzählungen werden aufgeschrieben
> um 1000 v. Chr.

> Schriftrollen aus Papyrus
> um 500 v. Chr.

> Jesajarolle aus Qumran wird geschrieben
> um 200 v. Chr.

> Die Psalmen sind gesammelt
> um 150 v. Chr.

> Ich kam in die Schule

> Älteste bekannte Bibelübersetzung entsteht
> 250 v. Chr.

> (Aktuelle Jahreszahl)
> ...

> 2000 n. Chr.

> 500 n. Chr.

> 1000 n. Chr.

> 1000 v. Chr.

> 0

> 1500 v. Chr.

> 500 v. Chr.

> 2000 v. Chr.

Ben fragt nach dem Buch ...
- Sch erarbeiten anhand von **fse 114/115** die chronologische Entstehung der Schriften des AT: **AB 3.7.9, Arbeitshilfen S. 295**. L fertigt entweder verkleinerte Kopien der Illustrationen an oder Sch zeichnen selbst, z. B.
  Nomadenzelt: Menschen erzählen ihre Erfahrungen mit Gott weiter;
  Schreiber: Menschen schreiben wichtige Erfahrungen mit Gott auf;
  Schriftrollen: Die Texte werden gesammelt;
  Buch: Die einzelnen „Bücher" werden zu einem Buch zusammengefasst.
- Sch finden einen zusammenfassenden Antwortsatz für Ben.

Lied zur Bibel singen
- Sch lernen das „Bibel-Lied" kennen: **AB 3.7.12, Arbeitshilfen S. 299**.

3. Jahrgangsübergreifende Lerngruppe

Biblische Geschichten erzählen
- Sch aus dem vierten Lernjahr beschreiben mit eigenen Worten, wie Gott die Israeliten errettet, oder schreiben den Text **fse 32** in ihr Lerntagebuch unter der Überschrift „Eine wichtige Erfahrung mit Gott".
- Sch schreiben mit Stichworten in ihr Lerntagebuch, welche Erzählungen aus der Bibel sie selbst bereits aus dem Gedächtnis erzählen können (Schöpfungsgeschichte, Noach, Josef).
- Sch reflektieren, welche Veränderungen Erzählungen durch mündliche Überlieferung erfahren.
- Das Lerntagebuch über die Bibel wird Sch in ihrer weiterführenden Schule gut begleiten.

Ein Evangelium entsteht
fragen – suchen – entdecken **116/117**

1. Hintergrund

Die Entstehung eines Evangeliums wird exemplarisch am Beispiel des Markusevangeliums (Passion mit Vorgeschichte) dargestellt.
Die Doppelseite **fse 116/117** nimmt Sch mit auf den Weg der Entstehungsgeschichte des NT. **fse 116** oben zeigt den Evangelisten Markus bei seiner redaktionellen Arbeit. Ein fiktives Zwiegespräch schildert den Besuch von Jonathan, einem jungen Christen, der Markus in seiner Schreibwerkstatt einen Besuch abstattet. **fse 117** zeigt in einem aufgeschlagenen Buch die einzelnen Schwerpunkte und die Gliederung des Markusevangeliums. Sch entdecken, nach welchen Gesichtspunkten Markus die einzelnen Elemente seiner Frohen Botschaft geordnet hat und worauf der Evangelist seinen Schwerpunkt gelegt hat. Sch werden aufgefordert, auf einer biblischen Landkarte Jesu Weg von Galiläa nach Jerusalem zu suchen. Es folgt das erste Kennenlernen des Wortes Evangelium, das aus dem Griechischen *euangelion* = gute Botschaft, frohe Kunde, kommt. Das dazugehörige Verb *euangelizestoi* beschreibt den Vorgang der Verkündigung, des Ausrufens der frohen Botschaft Jesu.
„In großer Dichte und Dynamik entwickelt er (Markus) den Weg Jesu von der Taufe durch Johannes bis zu seinem Tod am Kreuz. Die innere Einheit und Ausrichtung (Entelechie) des Lebens Jesu erschließt sich ihm in Jesu außerordentlicher Fremdenliebe. Mit ihr wurde Jesus auch zum Stifter der Heidenkirche, wie Markus sie zu erkennen beginnt" (Feneberg, S. 378).

Bei der Überlieferung des Markus handelt es sich um die Sammlung vieler Einzelgeschichten, die vom Evangelisten nicht in biografischer Absicht aneinander gereiht wurden, sondern deren Reihenfolge ausschließlich von der Theologie des Markus bestimmt wurde. Eduard Schweizer vergleicht Markus mit einem Kind, das Perlen auf eine Schnur aufreiht: „Der Evangelist ist ... ein Sammler von Traditionen, die im Großen und Ganzen als Einzelgeschichten oder Einzelworte auf ihn gekommen sind, die er erst ‚rahmt' und dann dem Ganzen einfügt. Man könnte ihn also mit einem Kind vergleichen, das die vor ihm liegenden Glasperlen auf eine Schnur aufreiht" (Schweizer, S. 4).

Der Evangelist Markus
– ein Jude aus Jerusalem, dessen vollständiger Name mit Johannes Markus angegeben wird (Apg 12,12),
– schreibt sein Evangelium in Syrien etwa um das Jahr 70 n. Chr.,
– verwendet eine einfache Sprache, jedoch mit großem literarischen Können,
– war kein Augenzeuge, war auf Quellen angewiesen,
– ihm liegen neben mündlichen Erzählungen auch schriftliche Quellen vor,
– wird neben Lukas und Matthäus zu den Synoptikern gezählt,
– gilt als Verfasser des ersten und ältesten der vier Evangelien, es dient Lukas und Matthäus als wichtige Vorlage,
– begleitet Paulus auf seiner ersten Missionsreise (Apg 13,5),

Ben fragt nach dem Buch mit einer langen Geschichte.

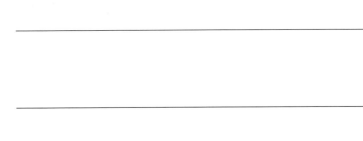

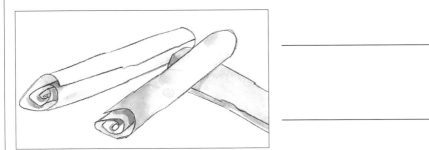

„Jetzt weiß ich, _____

_____

_____ "

_____

sagt Ben.

- wird mit dem Evangelistensymbol „Löwe" dargestellt,
- sein Evangelium ist für nichtjüdische Leser bestimmt (zitiert selten das AT, erklärt jüdische Bräuche und macht geografische Angaben),
- hebt in seinem Evangelium den Begriff „Menschensohn" hervor,
- erzählt davon, dass mit Jesus das Reich Gottes bereits begonnen hat,
- gliedert sein Evangelium in drei Hauptabschnitte:
  1. Jesus in Galiläa,
  2. Jesus auf dem Weg zur Passion,
  3. Jesus in Jerusalem.

Literatur

Hennig, Kurt (Hg.), Jerusalemer Bibel-Lexikon, Stuttgart 1990, S. 565-567
Birnstein, Uwe u. a., Chronik des Christentums, Gütersloh/München 1999
Feneberg, Rupert, Der Jude Jesus und die Heiden. Biographie und Theologie Jesu im Markusevangelium, Freiburg 2000
Schweizer, Eduard, Jesus Christus im vielfältigen Zeugnis des Neuen Testaments, Hamburg/München 1968

2. Einsatzmöglichkeiten im RU

Jonathan erzählt
- Sch treten mit Jonathan in Kontakt, einem Kind, das zur Zeit des Evangelisten Markus lebt: **AB 3.7.10, Arbeitshilfen S. 297**.
- Sch begegnen auf **fse 116** dem Evangelisten Markus und beschreiben die Illustration.
- L schreibt die Namen der Kinder in griechischer Sprache (Schriftart WORD-"Symbol").

In der Schreibstube des Markus
- Sch entdecken den Zusammenhang zwischen Illustration und vorausgehender Jonathan-Erzählung.
- Sch suchen nach Gründen, warum Markus aufschreibt, was Jesus gesagt und getan hat.
- Sch schneiden einzelne Schriftrollen von **AB 3.7.11, Arbeitshilfen S. 298**, aus und finden mithilfe eines NT die Reihenfolge, in die Markus seine einzelnen Schriftrollen bringen kann. Überschrift: „Wenn ich Markus wäre ..."
- In GA vergleichen Sch ihre Ergebnisse und begründen sie.
- Sch befühlen von L mitgebrachten Papyrus und/oder Pergament.

Markus schreibt sein Evangelium
- Sch machen sich mithilfe einer Landkarte von Palästina mit den örtlichen Gegebenheiten zur Zeit Jesu vertraut (Jordan, Galiläa, Jerusalem).
- Sch entdecken auf **fse 117**, dass Markus sein Evangelium als „Weg Jesu" geordnet hat.
- Sch malen in Heft oder auf Plakat den Lebensweg Jesu und ordnen die Stationen auf **fse 117** als Text oder Bild zu (möglich ist auch ein Bodenbild mit einem gelegten Weg).
- *Alternativen:* Sch gestalten eine lange Schriftrolle als chronologischen Lebensweg nach dem Markusevangelium (jede/r Sch gestaltet einen Abschnitt).
- Sch malen ein großes aufgeklapptes Buch als Bibel ins Heft oder auf Plakat und ordnen die Stationen in eine Reihenfolge.
- Sch informieren sich im Lexikon S. 126 über die Bedeutung des Wortes Evangelium und formulieren diese mit eigenen Worten.

Land und Leute erkunden
- L gestaltet Palästina-Landkarte mit Stoff- oder Wasserfarben auf einem weißen Leintuch (dauerhaft, wieder verwendbar und gut zu verstauen).
- Sch gestalten diese Landkarte mit Häusern, Palmen, Tieren, Menschen und landestypischen Gegenständen und Pflanzen.
- Sch informieren sich im Internet über das Land Israel (www.israelnetz.com, www.aish.com).
- Sch laden alle Sch ihrer Klasse zu einem gemeinsamen Essen mit landestypischen Speisen ein (Oliven, Schafskäse, Fladenbrot, Quark mit Honig, Feigen, Datteln ...). Vgl. Anregungen für eine Bibelnacht, Arbeitshilfen S. 305.

3. Jahrgangsübergreifende Lerngruppe

Weitere Evangelisten
- Sch aus dem vierten Lernjahr erkunden in der Bibel die Kapitel eines anderen Evangelisten (Lukas, Matthäus, Johannes). Sie schreiben die Unterschiede, die sie selbstständig gefunden haben, mit einer kurzen Notiz (z. B. Erzählung über die Geburt Jesu, Umfang des Evangeliums) in ihr Lerntagebuch.
- Sch erkunden die Reihenfolge der Evangelisten in der Bibel und lernen sie auswendig. Folgender Merkspruch kann helfen (s. a. S. 281 f.):

  In dem Neuen stehn Matthäus,
  Markus, Lukas und Johann
  samt den Taten der Apostel
  unter allen vornean.

Jonathan erzählt von der Schreibstube des Markus

Schau, was ich hier habe! Hast du solche Buchstaben schon einmal gesehen?

$$\iota \; o \; \nu \; \alpha \; \tau \; \alpha \; \nu$$

Das habe ich heute von Markus bekommen. Es sind griechische Buchstaben, genauer gesagt heißt das: Jonathan. Möchtest du wissen, wer Markus ist?
Markus ist mein Freund.
Markus kann lesen und schreiben. Das ist bei uns eine große Seltenheit. Sicher wunderst du dich jetzt.
Ich habe ihn heute in seiner Schreibwerkstatt besucht. Das war vielleicht spannend! Überall lagen Schriftrollen aus Papyrus und aus Pergament. Kennst du Papyrus? Weißt du, was Pergament ist?
Markus beschreibt diese Rollen mit einem angeschrägten Schilfrohr, auch eine spitze Vogelfeder habe ich gesehen. Er taucht sie zum Schreiben in eine Flüssigkeit. Markus erklärte mir, dass diese Flüssigkeit aus Wasser, Harz und Ruß gemischt wird und Tinte genannt wird. Überschriften gestaltet Markus mit roter Tinte, die aus roter Erdfarbe hergestellt wird.
Wenn Markus beim Schreiben einen Fehler macht, wischt er diesen vom Papyrus ganz vorsichtig mit einem feuchten Schwamm ab. Vom Pergament entfernt er den Fehler behutsam mit einem Messer.

In meiner Sprache, das ist Hebräisch, kann ich schon einige Buchstaben lesen. Markus jedoch beschriftet alle seine Rollen mit griechischen Wörtern.
Diese Sprache hat mir so gut gefallen, dass Markus mir meinen Namen auf diese kleine Rolle geschrieben hat.

Er schreibt von links nach rechts. Das finde ich ungewöhnlich, weil in unserer Sprache die Buchstaben von rechts nach links geschrieben werden.

Themen im Markus-Evangelium

- Jesus in Jerusalem
- Bartimäus kann wieder sehen
- Jesus wird am Jordan getauft
- Jesus segnet die Kinder
- Drei Frauen am Grab
- Jesus feiert mit seinen Freunden das Abendmahl
- Jesus wird zum Tod verurteilt und stirbt am Kreuz
- Jesus heilt einen Aussätzigen
- Menschen sind von Jesus begeistert, sie gehen mit ihm
- Jesus erzählt vom Reich Gottes

Das Bibel-Lied

2. In der Bibel steht 'ne Menge drin,
die Geschichten sind auch heute noch in.
Ja, da streiten sich die Menschen,
genau wie hier.
Und versöhnen sich wieder,
so wie du mit mir.

3. Wenn es Menschen mal so richtig schlecht geht,
siehst du in der Bibel,
wie Gott zu ihnen steht.
Denn er ist immer für uns alle da,
er verzeiht und hilft,
na das ist doch klar!

4. Lies doch mal, wie Mensch und Erde entstand,
von der Schöpfungsgeschichte
ist man echt gebannt.
Und wie Jesus lebte in der Welt,
er war gütig und half
wie ein echter Held.

5. Die Geschichten wurden aufgeschrieben
und sind all die Jahre immer wichtig geblieben.
Viel erfährst du, du musst nur reinschau'n,
ja dann siehst du, alle Menschen können Gott vertrau'n.

Vom Federkiel zur CD-Rom

1. Hintergrund

Die Doppelseite **fse 118/119** gibt den Sch einen Überblick darüber, welchen Weg die Bibel durch die Jahrhunderte in ihrer Überlieferungs- und Verbreitungsgeschichte genommen hat. Vier Schautafeln ermöglichen es den Sch, die Entwicklung von der Papyrusstaude bis hin zur CD-Rom zu verfolgen.
Die erste Schautafel **fse 118** beschreibt in Wort und Bild die mühsame Herstellung von schriftlichen Texten mit Federkiel und Papyrus. Die zweite Schautafel nimmt Sch mit in die Welt des Mittelalters, sie erfahren von der mühevollen Herstellung und „Vervielfältigung" der Bibel durch Abschrift durch die Mönche in den Klöstern. Auf der dritten Schautafel **fse 119** gewinnen Sch einen Einblick in die entscheidende Wende der Verbreitungsgeschichte der Bibel: Johannes Gutenberg erfand in Europa den Buchdruck und ermöglicht die rasche Verbreitung der Bibel als ein Ergebnis seiner Druckkunst. Die letzte Schautafel zeigt den Sch die ihnen vertraute Zeit der Massenmedien und die nahezu unkomplizierte Verbreitung von Schriftstücken und Information.
Um den Sch ein gelingendes Nachvollziehen dieser Entwicklung zu ermöglichen, ist es unumgänglich, diesen Lernprozess kindgemäß didaktisch aufzubereiten.

Johannes Gutenberg

Johannes Gutenberg wurde um das Jahr 1397 in Mainz geboren und erfand um 1440 den Buchdruck mit beweglichen Buchstaben (als erster Europäer – in China war der Buchdruck bereits bekannt). Daraus ergaben sich größere Verbreitungsmöglichkeiten von Schriften, auch für die Bibel. Nicht mehr jede einzelne Bibel musste von Hand abgeschrieben werden. Dies war enorm zeitintensiv (Mönche schrieben viele Jahre an einer Bibel, manche sogar ein Leben lang) und auch sehr teuer. Für eine handgeschriebene Bibel mussten damals ungefähr 500 Gulden bezahlt werden, ein Haus kostete in dieser Zeit etwa 80 Gulden.
Eine nach Gutenbergs Methode gedruckte Bibel kostete etwa 20 Gulden.

In der nachgebauten Gutenberg-Werkstatt im Gutenberg Museum in Mainz kann heute angeschaut werden, wie damals gedruckt wurde. Johannes Gutenberg entwickelte eine Druckerpresse und stellte auch seine Farben selbst her. Ungefähr 20 Mitarbeiter waren zur Herstellung dieser Bibeln notwendig. 30 Bibeln der Gutenbergwerkstatt wurden auf Pergament gedruckt und ca. 150 Ausgaben entstanden auf hochwertigem Papier. Gedruckt wurde ausschließlich mit schwarzer Farbe, Rot als zweite Farbe erwies sich als zu umständlich.
Ein Papierexemplar wiegt etwa 13,5 kg, ein Pergamentexemplar etwa 22,5 kg. Die großen Anfangsbuchstaben, Initialen genannt, wurden ausgespart und später von Hand kunstvoll farbig gestaltet.
Heute muss für eine Gutenberg-Bibel ein außergewöhnlich hoher Preis gezahlt werden: 1,9 Millionen Euro wurden in Mainz für eine Ausgabe bezahlt.

2. Einsatzmöglichkeiten im RU

Schautafeln als Entwicklungsüberblick gestalten
Sch gewinnen einen Überblick über die Entwicklung der Weitergabe von Nachrichten in Wort und Bild.
- Sch beschriften vier „Schautafeln" (längs halbierte DIN-A4-Seiten) und Wortkarten nach folgendem Schema:
  Heute – im 21. Jahrhundert
  Um 1500 n. Chr.
  Im Mittelalter – um 1000 n. Chr.
  Zur Zeit Jesu
- Um den Sch das Nachvollziehen dieser Entwicklung zu ermöglichen, greifen sie auf das „Zeit-Seil" zu **fse 114/115**, Arbeitshilfen S. 280, zurück.
  Sch legen das „Zeit-Seil" im Pausenhof oder Schulhausgang aus und legen die vier Wortkarten zur richtigen Jahreszahl am Seil an.

Im Zeitalter von ...
- Markus lebte im Zeitalter von ...
- Sch aktivieren ihr Vorwissen (vgl. zu **fse 116/117**, Arbeitshilfen S. 284).
- Sch gestalten die Schautafel „Zur Zeit Jesu" (malen, schreiben, Infos aus Lexika und Internet ...).
- Mönche in den Schreibstuben lebten im Zeitalter von ...
- Sch informieren sich auf **fse 118** und L erzählt: „In einer mittelalterlichen Schreibstube".
- Sch gestalten ihre dritte Schautafel, formulieren einen Satz aus dem Gehörten und malen eine kostbare Bibel oder Bibelseite, **AB 3.7.13, Arbeitshilfen S. 301**.
- Gutenberg lebte im Zeitalter von ...
- L informiert über Johannes Gutenberg, vgl. Arbeitshilfen S. 300.
- Sch schlagen im Lexikon S. 126 „Johannes Gutenberg" nach und gestalten die vierte Schautafel „Um 1500 n. Chr.".
- Sch fertigen Initialen an: Auf Holzklötzchen zeichnen Sch Initiale vor und kleben mit Paketschnur nach. Oder: Sch schneiden aus Moosgummi Initi-

Ein Bucheinband

ale, kleben diese auf Holzklötzchen. Druck ist mit gewöhnlichem Stempelkissen möglich.
- Ich lebe im Zeitalter von ...
- L stellt Sch verschiedene Massenmedien vor (Handy, Zeitung, CD, Diskette, MP3-Player).
- Sch denken über die Vorzüge dieser Geräte nach (schnelle Verbreitung von Nachrichten, Information, Spaß ...).
- Sch gestalten die letzte der vier „Schautafeln" mithilfe von Zeitungen, Prospekten, Bildern ...
- Sch überlegen sich eine Überschrift und einen zusammenfassenden Satz.

Vom Federkiel zur CD-Rom
- Sch vertiefen ihre Kenntnisse der Schreibmaterialien mit **AB 3.7.14, Arbeitshilfen S. 303**.
- Sch ordnen ihre Ergebnisse in eine chronologische Reihenfolge.
- Sch kontrollieren mithilfe von **fse 118/119**.

Jetzt kenne ich die Entstehungsgeschichte und Geschichten der Bibel!
- Sch ordnen Bildkarten: **AB 3.7.15, Arbeitshilfen S. 304**. *Lösung:*
1 Die Bibel – ein Buch mit einer langen Geschichte.
2 Menschen machen Erfahrungen mit Gott.
3 Menschen erfahren: Gott begleitet mich.
4 Menschen erfahren Gott ganz anders als erwartet.
5 Menschen erzählen sich viele Geschichten.
6 Menschen erzählen diese Erfahrungen weiter.
7 Schreiber notieren einzelne Erzählungen.
8 Texte werden geordnet und zusammengefasst.
9 Viele dieser Rollen wurden in ungefähr 1000 Jahren gesammelt. Das AT entsteht.
10 Jesus erzählt Menschen von der Liebe Gottes.
11 Zachäus erfährt von der Güte Gottes.
12 Wer ist mein Nächster?
13 Ein Mann hatte zwei Söhne ...
14 Jesus hat Freunde. Sie begleiten ihn bis zum Tod.
15 Die vier Evangelisten schreiben auf.
16 Im Mittelalter schreiben Mönche in Klöstern die Frohe Botschaft immer wieder ab.
17 Um 1500 erfindet Johann Gutenberg die Buchdruckerkunst. Die Bibel wird gedruckt.
18 Heute gibt es Bibeln in ca. 2000 Sprachen. Sogar auf CD-Rom können wir die Bibel lesen.
- Die Bildkarten sind auch – doppelt kopiert – als Memory einsetzbar.
- Die Bildkarten können dem Zeit-Seil, vgl. Arbeitshilfen S. 292, zugeordnet werden.

In der Bibeldruckerei
- Sch drucken in einer Schuldruckerei einen Text aus dem NT.
- Sch gestalten mit dem Computer einen NT-Text.
- Sch schreiben mit schräg angespitztem Bambusstab oder Federkiel und Tinte.

Wer weiß Bescheid?
- Sch entwickeln ein Frage-Antwort-Spiel „Vom Federkiel zur CD-Rom" oder verwenden die Fragen/Antworten **AB 3.7.16, Arbeitshilfen S. 307 ff**.
- Wenn L Vorder- und Rückseiten kopiert, passgenau übereinanderklebt und die ausgeschnittenen Kärtchen laminiert, entsteht ein haltbares Spiel zur Selbstkontrolle.

3. Jahrgangsübergreifende Lerngruppe

Bibelschreiber/in sein
Sch aus dem vierten Lernjahr schreiben eine kurze Zusammenfassung zur Geschichte des Bibelschreibens in ihr Lerntagebuch. Dazu können sie **fse 118** und **fse 119** die Tafeln abschreiben. Hier machen sie selbst die Erfahrung des sorgfältigen Abschreibens, die für die Mönche tägliches Lebenswerk darstellte. Im Gespräch oder in einer schriftlichen Reflexion nehmen sie die Mühsal des Abschreibens und die Erleichterung durch die Erfindung der Druckmaschine und der heutigen Kopier- und Computertechnik in den Blick.

In der Bibelwerkstatt fragen – suchen – entdecken 120/121

1. Hintergrund

Die Doppelseite **fse 120/121** hebt sich optisch durch ihre äußere Gestaltung vom gesamten Schulbuch **fse 3** ab. Als Rahmen für die verschiedenen Vorschläge zum kreativen Umgang mit der Bibel wurde jeweils ein WORD-Fenster gewählt. Die Texte in diesen Rahmen bieten eine Fülle von Anregungen und Ideen zur ganzheitlichen Begegnung mit der Bibel. L hat hier die Möglichkeit, aus der Vielfalt auszuwählen oder, angeregt durch **fse 120/121**, eigene Ideen zu Projekten im Rahmen des schulischen RU oder darüber hinaus im Rahmen der Schulpastoral zu entwickeln (z. B. Projekt- oder Kinderbibelwochen). Die Angebote in **fse 120/121** bieten die Chance für ökumenische Kooperation und für Gewinn bringende Zusammenarbeit mit den örtlichen Pfarrgemeinden. Auch kann hier Fächer übergreifend gearbeitet werden.

Schreibmaterialien früher

Wachstafel

Wachstafeln wurden hergestellt, indem man eine Holzplatte mit Wachs überzog. Meistens wurden sie für Notizen verwendet, die mit einem Metallstift eingeritzt wurden. Die Buchstaben konnten hinterher durch Glattstreichen gelöscht werden.

Leder

Neben Papyrus war Leder ein wichtiger Beschreibstoff. Leder ist Tierhaut, die von Haaren befreit, gereinigt und dann mit Salz, Mehl und anderen Mitteln haltbar gemacht (gegerbt) wurde.

Papyrus

Das billigste und einfachste Schreibmaterial in früherer Zeit war Papyrus. Es wurde aus dem Mark der Papyrusstaude hergestellt, die an Sümpfen wächst und bis zu fünf Meter hoch werden kann. Bei der Papyrusherstellung löste man die holzigen Teile des Stängels zuerst vom Mark ab. Das Mark schnitt man dann in dünne Streifen. Diese legte man nebeneinander und eine weitere Schicht quer darüber. Durch den Pflanzensaft im Mark klebten die Streifen zu einer festen Fläche zusammen. Diese wurde gepresst, getrocknet und geglättet.

Papyrus hat einige Nachteile:
- Es ließ sich nicht biegen und wurde schnell brüchig.
- Es zog leicht Feuchtigkeit an.
- Es war also nicht sehr lange haltbar.
- Deshalb sind heute nur noch Bruchstücke erhalten.

Pergament

Durch ein neues Verfahren (Pergamentherstellung) wurde Leder glatter und feiner gemacht. Dazu wurden Häute von Schafen, Ziegen, Eseln und Kälbern verwendet, die von Haaren befreit, gereinigt, gespalten und getrocknet wurden. Schließlich wurde das Pergament von beiden Seiten mit Steinen geschmeidig gerieben.

Vorteile des Pergaments:
- Es war haltbarer als Papyrus.
- Durch seine helle Farbe war die Schrift darauf wesentlich besser sichtbar.
- Es war dünner als Leder.

Jetzt kenne ich die Entstehungsgeschichte und Geschichten der Bibel

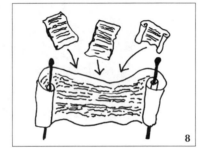

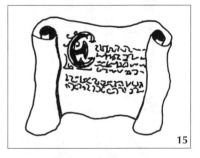

So könnte eine Bibelnacht ablaufen

„Weißt du, wie Jesus und seine Freunde gelebt haben?"

Jedes Jahr wird in der ersten Märzwoche die „Woche der Brüderlichkeit" gefeiert, deren Ziel es ist, die Verständigung zwischen Juden und Christen beider Konfessionen zu fördern. Daraus kann die Idee, eine ökumenische Bibelnacht zu veranstalten, entstehen. Ganzheitlich eintauchen in die fesselnde Welt des Neuen Testamentes ist die Intention des Themas. Adressaten für dieses Projekt im Rahmen der Schulpastoral sind alle Schülerinnen und Schüler der dritten Klassen. Ein großes Anliegen ist es, Erlebnisse und Erfahrungen in der Gemeinschaft zu ermöglichen und so Akzeptanz und Geborgenheit in der freiwilligen Gemeinschaft zu erfahren. Da so ein Projekt mit Übernachtung und Essen verbunden ist, wird für die teilnehmenden Kinder „ihre Schule" zum Lebensraum. Bereits in der Planungsphase ist es sehr wichtig, alle Teilnehmer/innen aktiv und verantwortlich, fern von Leistungsdruck und Noten, an der Durchführung und am Gelingen dieses Projektes teilhaben zu lassen.

Der „rote Faden" durch die Bibelnacht ist die Geschichte „Benjamin & Julius" von Horst Klaus Berg und Ulrike Weber. Anhand einzelner Kapitel dieses Buches erfolgt die Beschäftigung mit den Menschen zur Zeit Jesu und deren Lebenssituationen. Im Plenum lernen die Teilnehmer/innen durch das erste Kapitel die Jungen Benjamin und Julius kennen.

Jede/r beginnt hier mit der Gestaltung einer eigenen Mappe, die durch alle Stationen der ökumenischen Bibelnacht mitgeführt wird. Hier werden, dem Inhalt der Station entsprechend, einzelne Blätter gestaltet und hinzugefügt.

Sch werden in fünf Gruppen eingeteilt und wechseln so lange, bis alle Teilnehmer/innen alle Stationen besucht haben.

1. Station: Schalom-Sabbat
Kapitel 11 des Buches lesen, singen, eine Trommel basteln

2. Station: Aus Korn wird Brot – Brot backen
Kapitel 8 lesen, Brot backen und Brotteig für die nächste Gruppe vorbereiten
(L bringt den Teig für die erste Gruppe mit)

3. Station: Benjamin darf lernen
Kapitel 14 lesen, hebräische Buchstaben schreiben lernen, auf ein Wachstäfelchen hebräisch schreiben

4. Station: Ein Besuch bei Onkel Aaron – Fischer am See Gennesaret
Kapitel 11 lesen, Fischernetz knoten und Blatt mit Netz und Fischen gestalten

5. Station: Bei Benjamin zu Hause
Kapitel 5 lesen, biblisches Haus (aus Karton, Schuhschachtel …) evtl. bauen und einrichten, Korb flechten

Zur verantwortlichen **Mitarbeit** an den Stationen sollte je ein/e Erwachsene/r zur Verfügung stehen. Bei der Station „Benjamin darf lernen" wäre es für die Kinder sehr gewinnbringend, wenn ein örtlicher **Pfarrer** (diese lernen beim Studium Hebräisch) mitarbeitet und so die Verbindung zwischen Schule und Pfarrgemeinde herstellen kann. So kann es hier jedem Kind ermöglicht werden, unter Anleitung den eigenen Namen hebräisch zu schreiben.
Eine gemeinsame **Mahlzeit**, die aus Fladenbrot, Käse, Obst, Gemüse, Quark und Honig bestehen kann, wird zum Höhepunkt der Bibelnacht.
Haben alle Gruppen die Stationen durchlaufen, kann die wohlverdiente **Nachtruhe** einkehren. Den Abschluss bildet ein gemeinsames Frühstück und ein anschließender **Wortgottesdienst**, in dem sich Elemente der Bibelnacht wieder finden und wozu die **Eltern** eingeladen werden können.
Die **Finanzierung** eines solchen Projektes kann sich aus verschiedenen Beiträgen zusammensetzen: Die Teilnehmer zahlen einen kleinen Eigenbeitrag und die zuständigen Pfarreien honorieren dieses Projekt durch eine Spende. Auch eine Zuwendung des Elternbeirates scheint möglich.

2. Einsatzmöglichkeiten im RU

Die Bibelwerkstatt – ein Ort der Kreativität
Eine Klassenbibel erstellen
- Sch schmökern in Meine Schulbibel und wählen ihre Lieblingsgeschichte aus.
- Sch gestalten damit Seiten in ihrem Ich-Buch.
- *Alternative:* Sch gestalten Seiten, L heftet diese in Spiralbindung zusammen. Mögliches Titelblatt: **AB 3.7.13, Arbeitshilfen S. 301**.

Kreativ mit biblischen Geschichten umgehen
- Sch spielen biblische Geschichten aus einem veränderten Blickwinkel:
  - Der Freund des verlorenen Sohnes erzählt.
  - Der Zollgehilfe des Zachäus berichtet aufgeregt.
  - Die Frau des Levi ist entsetzt.
- Sch übertragen die ausgewählte Geschichte in die heutige Zeit.
  - Sch malen aus dieser veränderten Perspektive ein Bild bzw. eine Bildergeschichte.

Einen Psalmvers abschreiben und verzieren
- Sch suchen sich einen Psalmvers aus.
- Sch gestalten ihren Psalmvers kalligrafisch.
- Sch sammeln ihre gestalteten Psalmverse zu einer Klassenpsalmsammlung.
- Sch arbeiten mit der Psalmwortkartei (Elke Dieck Verlag).

Eine Bibelnacht planen
Vorschlag zum Ablauf: **AB 3.7.17, Arbeitshilfen S. 305**.
- Sch finden im Gespräch ein mögliches Thema, z. B.:
  - „Weißt du, wie Jesus und seine Freunde gelebt haben?" (begleitendes Buch: Horst Klaus Berg/Ulrike Weber, Benjamin und Julius, München 1996)
  - „Land und Leute der Bibel"
  - „Komm mit zum See Gennesaret"
  - „Eine Heilungsgeschichte"
  - „Wer ist mein Nächster? – Der barmherzige Samariter"
  - „Wie war das mit dem Propheten Amos?"
  - „Weißt du, wie es mit Elija war?"
  - „Die Bibel – ein Buch mit einer langen Geschichte" (vgl. Hans Freudenberg (Hg.), Freiarbeit mit Religionsunterricht praktisch, Göttingen 2002)
  - „Die Bibel – ein Buch der Rekorde"
  - „Bibel-Lesemarathon"
  - „So erging es den Israeliten in Ägypten"
  - „Jüdischem Glauben auf der Spur"
  - „Kleine Schritte zum Frieden"
  - „Vom Federkiel zur CD-ROM"
- Sch arbeiten bei der Gestaltung und Organisation der Bibelnacht mit.
- Einladung (Teilnahmeformular, Packliste für Übernachtung) erstellen.
- Verpflegung organisieren.
- Räume vorbereiten.
- Materialien besorgen und vorbereiten.
- Informationstext für die örtliche Presse, das Gemeindeblatt und die Kirchenzeitung schreiben.
- Pfarrer einladen.
- Eltern zum abschließenden Wortgottesdienst einladen.

Eine Bibelrolle basteln
- Sch gestalten mit Papier (Elefantenhaut, Urkundenpapier ...) und Holzstäbchen (Schaschlikstäbchen) Bibelrollen mit Texten und Bildern.
- Kooperationsmöglichkeit mit TAW: handgeschöpftes Papier herstellen.
- Jede/r Sch gestaltet eine eigene Rolle.
- Sch hängen ihre Rollen im Klassenzimmer auf einer Leine auf.

Biblische Erzählfiguren basteln
Sch stellen große Erzählfiguren zum Nachvollzug biblischer Dialoge her.
Dazu benötigt man: einen Kleiderbügel, einen großen Schwamm, eine Holzlatte, Klebeband, Tonpapier und verschiedene Tücher, Jacken oder Pullover zum Ankleiden der Puppe.
Der Kleiderbügel wird oben mit Klebeband an die Holzlatte geklebt. Der Haken ragt heraus. Darauf wird der Schwamm befestigt. Die Bekleidung wird auf den Kleiderbügel gezogen. Der Schwamm bekommt ein neutrales Gesicht aus Tonpapier. Ein Hut oder ein Tuch kann den Kopf bedecken. Die Bekleidung ist auswechselbar.
Die didaktische Bedeutung dieser großen Figuren liegt vor allem in der Gewichtung dessen, was oder wie die Figur *spricht*. Sie kann keine Gestik oder Mimik ausdrücken. Sie wird vom Sch ruhig gehalten und er kann hinter dem Oberkörper der Figur im Verborgenen sprechen.

Frage-Antwort-Spiel / Fragekärtchen: „Vom Federkiel zur CD-Rom"

Aus welchem Material wurde schwarze Schreibtinte hergestellt?	Welche Schreibgeräte kannten die Menschen zur Zeit Jesu?
Wie wird Papyrus hergestellt?	Woraus wird Pergament hergestellt?
Wo wurden die Bibeln im Mittelalter geschrieben?	Wer erfand den Buchdruck in Europa?
Worauf wurden die ersten Bibeln gedruckt?	Wie teuer war eine handgeschriebene Bibel im Mittelalter?
Was kostete eine gedruckte Gutenberg-Bibel damals?	Was wog eine Papierbibel von Gutenberg?

3.7.16

Frage-Antwort-Spiel / Fragekärtchen: „Vom Federkiel zur CD-Rom"

Holztäfelchen, Papyrus, Federkiel	aus Wasser, Harz und Ruß
aus Tierhaut	aus dem Mark der Papyrusstaude, in verschiedenen Schichten gepresst
Johannes Gutenberg	in den Schreibsälen der Klöster
500 Gulden	auf Pergament
13,5 kg	20 Gulden

3.7.16

Frage-Antwort-Spiel / Fragekärtchen: „Vom Federkiel zur CD-Rom"

Wie erfuhren Menschen, die nicht lesen konnten, von der Frohen Botschaft?	Wie viele Jahre brauchte ein Mönch, um die Psalmen abzuschreiben?
In welcher Sprache schrieb Markus sein Evangelium?	In welcher Sprache druckte Gutenberg seine Bibel?
In welcher Sprache ist deine Schulbibel geschrieben?	Wie heißen die schön verzierten Anfangsbuchstaben der Gutenberg-Bibel?
Wie besserte ein Schreiber einen Fehler auf Papyrus aus?	Wie besserte ein Schreiber seinen Fehler auf Pergament aus?
Wer konnte sich im Mittelalter eine Bibel kaufen?	Wer kann sich heute eine Bibel kaufen?

Frage-Antwort-Spiel / Fragekärtchen: „Vom Federkiel zur CD-Rom"

viele Jahre	durch Bilder und Predigt
in lateinischer Sprache	in griechischer Sprache
Initiale	in deutscher Sprache
behutsam mit einem Messer	vorsichtig mit einem nassen Schwamm
alle	sehr reiche Menschen, Könige

20 Basisfragen zum Bibel-Spiel

In welcher Sprache schreibt Markus sein Evangelium?	Aus welchem Material bestand früher die Schreibtinte?
Wie viel wiegt die kleinste gedruckte Bibel?	Wie heißt die älteste gedruckte Bibel?
Wie heißen die vier Evangelisten?	Jesus erzählt ein Gleichnis: Ein Mann fällt unter die Räuber ...
„Heute muss ich in deinem Haus zu Gast sein ...", sagt Jesus zu ...	Jakob sieht im Traum ...
Elija erfährt Gott im ...	Der Prophet Amos verurteilt ...

20 Antworten zum Bibel-Spiel

aus Wasser, Ruß und Harz	Griechisch
Gutenberg-Bibel	20 Gramm
Das Gleichnis vom barmherzigen Samariter	Markus, Matthäus, Lukas, Johannes
eine Himmelsleiter	Zachäus
Ausbeutung, Betrug, Ungerechtigkeit	Säuseln des Windes

20 Basisfragen zum Bibel-Spiel

Was erfand Gutenberg?	Wer schrieb im Mittelalter die Bibel mit der Hand ab?
Woraus wird Papyrus hergestellt?	Woraus wird Pergament hergestellt?
In wie viele Sprachen ist die Bibel übersetzt?	Was heißt Bibel auf Griechisch?
Was heißt Bibel auf Italienisch?	Wie viele Bibeln werden jährlich auf der ganzen Welt verkauft?
An welchem Ort nennt Gott dem Mose seinen Namen?	Welches Bild kennst du von Marc Chagall?

20 Antworten zum Bibel-Spiel

Mönche	Die beweglichen Buchstaben aus Blei
Aus Tierhaut	Aus der Papyrusstaude
Biblios βιβλοσ	In über 2000 Sprachen
500 Millionen	bibbia
Jakob erfährt Gott im Traum	Am brennenden Dornbusch

Eine biblische Geschichte im Spiel darstellen

- Sch basteln Stabfiguren (biblische Figuren mit Vorder- und Rückseite kopieren, dünnen, flachen ca. 30 cm langen Holzstab aus dem Baumarkt so zwischen die Figuren kleben, dass der Holzstab oben herausragt).
- Sch spielen vor selbst gestalteten Kulissen (Häusern, Palmen ...).
- Als Bühne eignet sich auch der OHP, über den ein schwarzes Tuch gelegt wird.
- Die Bühne kann aus dünnem Sperrholz angefertigt werden, Kulissen werden mit Wäscheklammern befestigt. Sch bespielen die Bühne von oben her.
- *Alternative:* Stab von unten in die verkleinerten Figuren kleben, aus einer Folie Kulissen ausschneiden, auf OHP legen und mit den Figuren spielen.

In der Kirche nach Bildern suchen,
auf denen biblische Erzählungen dargestellt sind.
- Sch erkunden mit L ihre Pfarrkirche/n vor Ort.
- Sch malen Grundriss und wichtige Einrichtungsgegenstände.
- Sch werden von L mittels eines Kirchenführers über die Besonderheiten ihrer Kirche informiert.
- Sch werden in alten Kirchen aufmerksam darauf, dass in der Nähe der Kanzel vier Figuren abgebildet sind: Löwe, Stier, Engel und Adler. Diese sind als Symbole jeweils einem Evangelisten zugeordnet:
  Matthäus – Engel, Markus – Löwe, Lukas – Stier, Johannes – Adler.
- Sch suchen ihr Lieblingsbild, entdecken den biblischen Bezug und ordnen dem AT und NT zu.
- L kopiert entsprechende Bibelstellen.
- Sch gestalten zu den verschiedenen biblischen Perikopen ein Plakat (evtl. in Kirchenform) mit dem Titel: „Meine Pfarrkirche erzählt von der Bibel".
- *Alternative:* Bilder in der Kirche mit Digitalkamera fotografieren und in die Heftarbeit integrieren oder der Klassenbibel hinzufügen.
- Bild vergrößern, laminieren und zum Puzzle zerschneiden.

Bibelfilme anschauen und besprechen
- „Der Prinz von Ägypten" (Walt Disney), auszuleihen bei den diözesanen Medienzentralen.
- Sch suchen Gemeinsamkeiten und Unterschiede zur Geschichte des Mose in der Bibel.
- „Angie & Karl-Heinz – ein himmlisches Magazin" br-alpha, Sonntag, 11.00 Uhr. Hier wird den Sch in 15 Minuten ein christliches Thema kindgemäß und interessant präsentiert.

3. Jahrgangsübergreifende Lerngruppe

Die Bibelwerkstatt auswerten
Sch des vierten Lernjahres arbeiten in der Bibelwerkstatt immer mit den anderen Sch gemeinsam. Sie schreiben in der Zeit danach für sich eine Nachbesinnung, z. B.: „Das war für mich in der Bibelwerkstatt interessant", „Meine wichtigste Erinnerung aus der Bibelwerkstatt" in ihr Lerntagebuch.

Büchersammlung Bibel
Sch des 4. Lernjahres basteln einen Bücherschrank mit allen Büchern der Bibel.
- Sie bekleben 73 leere Streichholzschachteln mit farbigem Tonpapier. Sie wählen für jede der 10 Büchergruppen eine eigene Farbe und beschriften die schmalen Seiten wie einen Buchrücken mit dem genauen Namen des jeweiligen Buches. Sie nutzen dazu die Kapitelübersicht einer vollständigen Bibel. Zum Beispiel:
- 5 hellgrüne Schachteln für die fünf verschiedenen Bücher des Mose
- 16 blassgelbe Schachteln für die Bücher der Geschichte des Volkes Israel
- 7 hellblaue Schachteln für die Bücher der Lehrweisheit und Psalmen
- 18 rosa Schachteln für die Bücher der Propheten
- 4 rote Schachteln für die Evangelien
- 1 braune Schachtel für die Apostelgeschichte
- 9 blaue Schachteln für die Paulinischen Briefe
- 5 grüne Schachteln für die Pastoralbriefe
- 7 beige Schachteln für die Katholischen Briefe

- 1 gelbe Schachtel für die Offenbarung des Johannes.

Sch sortieren die Bücher auf ein unterteiltes Tablett, das die Einteilung in Altes und Neues Testament zeigt (vgl. Abb.) oder in zwei flache Kartons.
- Die Aufgabe für andere Sch besteht darin, alle Bücher in der richtigen Reihenfolge in den Bücherschrank einzuräumen. Die Kapitelübersicht einer vollständigen Bibel wird der Büchersammlung als Kontrollblatt beigefügt.
- Als zusätzliche Aufgabe wählen Sch aus jedem Buch eine kurze Textstelle aus und schreiben sie auf einen kleinen Zettel. Diesen verstecken sie in der passenden Streichholzschachtel.

Ein Bibelspiel

1. Hintergrund

Die abschließende Doppelseite **fse 122/123** fasst das Kapitel spielerisch zusammen. In einem Bibelspiel unternehmen Sch eine Reise durch die Welt der Bibel. Gestartet wird in Betlehem, das Ziel ist Jerusalem. Die genaue Spielanleitung und die Spielregeln sind auf dem Spielplan abgedruckt.

2. Einsatzmöglichkeiten im RU

Die Landkarte nutzen
Hilfreich für Sch ist eine Wiederholung des gesamten Kapitels mit einer biblischen Landkarte, z. B. **fse 116/117**.

Wissen sichern und prüfen
- Je nach Klassengröße bilden sich 2 oder 4 Gruppen. Jede entwirft für das Spiel einer anderen Gruppe 10 Fragekarten.
- 20 Basisfragen und Antworten zum Spiel finden sich auf **AB 3.7.18, Arbeitshilfen S. 311-314**.
- Weitere 20 Fragekarten für die Experten und die Antworten finden sich auf **AB 3.7.19, Arbeitshilfen S. 317-320**.

3. Jahrgangsübergreifende Lerngruppe

Wissen ins Spiel bringen
- Sch aus dem vierten Lernjahr haben im Laufe der Erarbeitungen zur Bibel für sich wichtige Informationen in ihren Lerntagebüchern gesammelt. Daraus können sie nun weitere Fragekarten entwickeln und sie diesem Spiel beifügen.
- Sch nutzen die Fragekarten **AB 3.7.18, Arbeitshilfen S. 311-314**, und **AB 3.7.19, Arbeitshilfen S. 317-320**, in PA oder EA zur Überprüfung des eigenen Wissens.

20 Expertenfragen zum Bibel-Spiel

Warum muss Jakob fliehen?	Wie heißt der Bruder von Jakob?
Wie heißen die Eltern von Jakob?	Unter welchem Strauch sitzt Elija und ist verzweifelt?
Wie erwartet Elija Gott?	Was sind Psalmen?
In welchem Teil der Bibel befinden sich die Psalmen?	Nenne drei Speisen, die am Sederabend auf dem Tisch stehen.
Mit welchen Worten beginnt das Glaubensbekenntnis der Juden?	Was bedeutet Jahwe auf Deutsch?

20 Expertenantworten zum Bibel-Spiel

Esau	Er hat seinen Bruder betrogen und fürchtet um sein Leben.
Unter einem Ginsterstrauch	Rebekka und Isaak
Lieder und Gebete	Im Sturm, Erdbeben und Feuer
Wein, Bitterkräuter, Mazzen, Salzwasser, Mus	Im Alten Testament
Ich bin der Ich-bin-da	Höre, Israel …

20 Expertenfragen zum Bibel-Spiel

Wann beginnt der Sabbat?	Wer half nicht im Gleichnis vom barmherzigen Samariter?
Was bedeutet das Wort Evangelium?	Worauf kletterte Zachäus?
Nenne zwei Berufe zur Zeit Jesu.	Welche Berufe hatte Amos vor seiner Berufung zum Propheten?
Welches Symbol wird Johannes zugeschrieben?	Welches Symbol wird Markus zugeschrieben?
Welches Symbol wird Matthäus zugeschrieben?	Welches Symbol wird Lukas zugeschrieben?

20 Expertenantworten zum Bibel-Spiel

Ein Priester und ein Levit	Am Freitag Abend, bei Sonnenuntergang
Auf einen Maulbeerfeigenbaum	Frohe Botschaft
Hirte, Bauer, Zöllner, Töpfer, Weber, Fischer	Schafhirte und Maulbeerfeigenbaumzüchter
Löwe	Adler
Stier	Engel

Ich-Buch

fragen – suchen – entdecken 124/125

1. Hintergrund

fse 124/125 ist eine Anregung für Sch, ein „Ich-Buch" anzulegen oder fortzuführen, das sie während des Schuljahres begleitet.

Das Führen eines Ich-Buches will Sch dazu ermuntern, ihre Erlebnisse, Erfahrungen, ihre Vorstellungen, Wünsche und Träume in Wort und Bild auszudrücken. In Ruhe können Sch einem Gedanken, einem Problem, einem Thema, das sie beschäftigt, nachgehen, darüber nachdenken, dazu malen oder schreiben. **fse 124** regt Sch an, alles, was sie betrifft, in ihr Ich-Buch zu schreiben. Ihre Gedanken, ihre „Welterfahrung", ihre „subjektiv stimmigen Vorstellungen" (LP Grundlagen 2.1) sind mögliche Inhalte. Sch erfahren so, dass ihr Erleben und ihre Weltsicht es wert sind, aufgeschrieben zu werden. **fse 125** nennt Bereiche, die das Alltagsleben von Sch mitbestimmen. Die Seite hat anregenden Charakter, sie soll keinesfalls „durchgenommen" werden.

Das Führen eines Ich-Buches unterstützt die Zielsetzung des RU. Im Wahrnehmen und Deuten von Alltagserfahrung wird die Sinnfrage angesprochen. In der je individuellen Weltsicht kommt auch die Theologie der Sch zur Sprache, die Deutung von Gott und Welt. Sie wird von Erwachsenen nicht kommentiert und „richtig gestellt". Sch sind Subjekte ihrer „Lebens- und Sinnentwürfe und ihrer Glaubensvorstellungen" (Arbeitshilfen 3, S. 14).

Darüber hinaus lernen Sch, dass sie – wie jeder Mensch – ein Recht auf eine Privat- und Intimsphäre haben, die zu respektieren ist (LP Kap. II A, Familien- und Sexualerziehung), wie sie selbst auch die Intim- und Privatsphäre anderer respektieren. Nicht alles braucht in der Schule veröffentlicht zu werden. Deshalb darf ihr Ich-Buch von anderen nur eingesehen werden, wenn Sch die Erlaubnis dazu geben.

Das Festhalten von Erlebtem und Gedachten hat auch eine Zeitstruktur und unterstützt biografisches Lernen. Die Vergangenheit bleibt bis zu einem gewissen Grad erhalten, die Gegenwart wird festgehalten, die Zukunft wird in Fantasien, Wünschen, Vorhaben vorweggenommen. Sch entdecken, dass sie in der Zeit leben, dass sie bereits eine Vergangenheit haben, dass gegenwärtiges Leben wichtig ist, dass sie zuversichtlich in die Zukunft gehen können (vgl. Fachprofil Religion).

2. Einsatzmöglichkeiten im RU

Mit dem Ich-Buch beginnen

- Sch erstellen ein gemeinsames Ideenraster: Was kann in ein Ich-Buch geschrieben werden? Sie ergänzen **fse 125**.
- Sch gestalten gemeinsam eine „Musterseite". Dabei achten sie besonders auch auf die ästhetische Komponente.
- L gibt Hinweise, wie Sch mit ihrem Buch umgehen können: Wer darf es einsehen, wo wird es aufbewahrt, auch die Freiwilligkeit des Eintrags wird angesprochen.
- Sch und L überlegen, welche Zeit günstig für Einträge ist (Anfang/Ende der Woche?).
- L macht, wenn nötig, auf Anlässe aufmerksam, die einen Eintrag nahe legen. L bringt anfangs auch Anregungen (ein Bild, ein Gedicht, eine Geschichte, eine aktuelle Situation) ein, um Sch zu ermutigen und zu motivieren.

3. Weiterführende Anregung

Wenn RL eine Fachlehrerin oder ein Fachlehrer ist, legt sich die Zusammenarbeit mit der Klassenlehrerin nahe (Deutsch und SU).

- Sch blättern von Zeit zu Zeit in ihrem Ich-Buch und halten Rückschau: „Das habe ich erlebt, gedacht, das war mir wichtig."
- Am Ende des Schuljahres schließen Sch, die es möchten, ihr Ich-Buch mit einem Eintrag ab: „Das war mein drittes Schuljahr".
- Je nach Situation kann das Buch im nächsten Schuljahr fortgeführt oder durch ein neues ergänzt werden.
- *Hinweis:* In **fse 2**, S. 92, und in den Arbeitshilfen 2 – NRW, S. 252 f. sind weitere Anregungen zum Thema Ich-Buch zu finden.

Stichwortregister

(die Nummern vor den Stichworten zeigen die Kapitel an, in denen das jeweilige Stichwort vorkommt, und dienen nur der Orientierung)

Abendmahl 168, 182
Ablehnung 138, 170
Advent 218, 220
Ägypten 94
Allerheiligen 218
Altes Testament 281, 290
Amos 229, 238, 240, 243 f., 246 f., 248, 250
Angst s. a. Schulwechsel 262
Annahme 139, 150, 156
Aschermittwoch 220

Barbara 218, 220
Barlach, Ernst 278
Beichte, Beichtgespräch 161
Bibel 87, 274, 282, 286
Bibel-Teilen 284, 286
Bibelspiel 316
Bibelwerkstatt 302, 306
Bibelübersetzungen 280
Bilderschließung 56
Bischof Samuel Ruiz Garcia 229, 244, 248
Bitten 78
Brecht, Bertolt 282
Brot 27, 174, 181, 186, 198, 212
Bruder Martin Berni 258, 260
Buße s. a. Vergebung/Versöhnung 129
Bußgottesdienst 160

Chagall, Marc 70, 72, 90, 282

Danken 78, 184
Davidstern 120
Don Bosco 221
Duccio di Buoninsegna 168

Echternacher Evangeliar 178
Ehrlichkeit 142
Elija 74, 75, 76, 240
Elisabeth 218, 221
Emmaus 188
Erstgeburtsrecht 72
Eucharistie 194
Eucharistiefeier 212, 214
Evangelist 294, 296
Evangelium 218, 294

Fastenzeit 220
Filmgeschichte 236, 237
Franziskus 282
Frieden 229 f., 268, 271 ff.
Friedensgruß 158

Friedenstanz 127
Friedenspfeife 158
Friedhof 126
Frühschicht 198

Gebärden 44
Gebärdenfolge 47
Gebet 80, 84
Gemeinde 201, 204, 206, 208, 227
Gemeindereferent/in 208
Gemeinschaft 138, 172, 180, 200, 206
Gemeinschaftsteller 173
Gerechtigkeit 229, 238
Gleichnis 150, 151
Gott 36, 51, 100, 104, 128
Gottesbilder, Gotteserfahrung 40, 44, 51, 52, 57, 58, 62, 64
Gutenberg, Johannes 280, 300, 307 ff., 312 f.

Hebräisch 117, 126
Hedin, Sven 286
Heilige Messe 212, 214
Herrenfeste 218
Hicks, Edward 122
Hochgebet 214
Hospiz 262, 264
Hundertwasser, Friedensreich 130, 132
Hungertuch 231, 238

Ich-Buch 321
Ich-mag-dich-Akrostichon 164
Indonesien 232
Indratno, Suryo 232
Isaak 68
Israeliten 104, 183

Jahreskalender 221
Jahreskreis 218
Jahreszeiten 40
Jakob 70, 72, 76
Jeremia 265 f.
Jericho 252, 255 f.
Jerusalem 252, 255 f., 266
Jobeljahr 231
Judentum 87
Jugendleiter/in 208
Jungk, Robert 268, 270, 286

Kant, Immanuel 286
Kirche s. a. Pfarrgemeinde 210, 218
Kirchenerkundung 210, 218, 315

Kirchenjahr 200, 218, 220
Kirchweih 220
Klee, Paul 54, 202
Köder, Sieger 75, 288
Kommunion 212, 214
Kummerbuch 272

Lerntagebuch 278, 281, 288, 294, 296, 316
Levit 175, 252, 254, 256, 258
Liturgische Feier 80, 84, 160, 180, 186, 198, 218, 228
Litzenburger, Roland Peter 188
Loben 78, 124
Lucia 218

Maria 221
Martin 218, 220
Meldekette 234
Menschenrechte 244
Messdiener/in 204
Mesusa 110, 114
Misereor 231, 244
Mitte, gestaltete 190
Modersohn-Becker, Paula 254, 262, 264, 288
Mönche 100, 286
Mose 98

Nächstenliebe 229 f., 238, 240, 254
Nahrung 187
Natur 40
Neues Testament s. a. Evangelium 281
Nikolaus 218, 220

Ölberg 262, 264
Organist 208
Ostern 218, 220

Pater Ernst Schnydrig 260, 262
Pessachfest 87, 92, 110
Pfarrbrief 228
Pfarrer 207, 218
Pfarrgemeinde 201, 204, 206, 208, 227
Pfarrsekretär/in 208
Pfingsten 218, 220
Priester 241, 252, 254, 256
Prophet 74, 75, 229 f., 230, 238, 240 f., 245 ff., 265
Psalm 78, 84, 97, 124, 282
Psalterion 282

Redensarten 136
Reich Gottes 182
Rettung 101, 108
Riechen und Schmecken 32
Rugmark 244, 248

Sabbat 87, 88, 116
Samariter 230, 252, 254, 258 ff., 262
Schilfmeer 104, 106
Schimpfwörter 142
Schuld s. a. Vergebung/Versöhnung 128, 134
Schulwechsel s. a. Lerntagebuch 264
Slevogt, Max 151
Solidarität 230
Stein, Edith 260, 262
Stille 23, 27, 50
Stuttgarter Psalter 106
Straßenkinder 222
Streit 134, 138, 270, 271
Streitschlichter/in 142, 270
Symbol 27
Synagoge 87, 118, 126
Synoptiker 294

Tallit (Gebetsmantel) 90, 114
Teffilin (Gebetsriemen) 90
Tora 90
Trost 265

Unrechtssituationen 236, 244

Vater, barmherziger 150
Vergebung/Versöhnung 129, 130, 136, 150, 156, 158, 160

Weihnachten 218, 220
Weihrauch 32, 36
Wein 182, 186
Wortgottesdienst 216

Zachäus 129, 146, 148
Zeitstrahl 292
Zink, Jörg 274, 282
Zöllner 148, 176
Zukunftswerkstatt 268, 270
Zusammenleben s. Gemeinschaft

Quellenverzeichnis

3.0.1	T: Rolf Krenzer/M: Peter Janssens aus: Ich schenk dir einen Sonnenstrahl, 1985 © Peter Janssens Musik Verlag, Telgte-Westfalen – Tanzelemente von den Kindern der Klasse 4 (Schuljahr 98/99) der Wilhelm-Busch-GS in Ramm entwickelt.
3.0.2	© Vandenhoeck & Ruprecht, Hans Freudenberg/Anke Pfeifer (Hg.), Biblische Symbole erschließen mit Religionsunterricht praktisch, Göttingen 2000, nach: Peter Härtling, Die Möhre
3.0.3	Dr. Stefanie Aurelia Spendel, in: dies., Leben und Freude durch Gottes Wort, Verlag Friedrich Pustet, Regensburg 1984
3.0.4	mündlich überliefert
3.0.6	Uta Wallaschek, Freudenstadt
3.0.8	in: Rolf Krenzer, Lesebuch der Jahreszeiten © Verlag Herder, Freiburg im Breisgau ²1993, S. 159 f.
3.0.10	Ich male mir den Winter, in: Josef Guggenmos, Ich will dir was verraten, 1992 Beltz & Gelberg in der Verlagsgruppe Beltz, Weinheim & Basel – Die Tulpe, in: Josef Guggenmos, Was denkt die Maus am Donnerstag? 1998 Beltz & Gelberg in der Verlagsgruppe Beltz, Weinheim & Basel – Wolfgang Spode, aus: DER OHRWURM, Fidula Verlag Boppard/Rhein und Salzburg – Goldene Welt © Ingeborg Schuldt-Britting, Höhenmoos
3.0.11	in: Gerda und Rüdiger Maschwitz, Aus der Mitte malen. Heilsame Mandalas, München 1996, Nr. 10, 11, 16 – Dies., Neue Mandalas. Aus der Mitte wachsen, München 1998, Nr. 10
3.0.13	in: Hermine König, Das große Jahresbuch für Kinder, München 2001, S. 255
3.0.14	Fotos: Bavaria Bildagentur, Foto: Michael J. Howell – Christoph Ranzinger, München –Brigitte Zein-Schumacher, Arnsberg – Ledder Werkstätten
3.0.16	in: Knud Rasmussen, Die Gabe des Adlers, Verlag Clemens Zerling, Berlin ³1996 – T/M: Chris Herbring, auf: CD 910 „Weihnachtlich leben" © Christian Herbring Musik, Neuss
S. 54	Paul Klee (1879-1940), Grenzen des Verstandes, 1927, 298 (Omega 8), 56,2 x 41,5 cm, Bleistift, Öl- und Wasserfarbe auf Grundierung auf Leinwand; Bayerische Staatsgemäldesammlungen/ Staatsgalerie moderner Kunst, München © VG Bild-Kunst, Bonn 2004
3.1.1	Paul Klee, Grenzen des Verstandes, s. o., (Detail)
S. 57	Foto: Ursula Heilmeier, München
3.1.3	nach Leo Tolstoi
3.1.4	T/M: Die Rufer 1970 © Verlag Singende Gemeinde, Wuppertal
S. 62	Franziska, 10 Jahre
3.1.7	T: Reinhard Bäcker/M: Detlev Jöcker, in: Viele kleine Leute © Menschenkinder Verlag und Vertrieb GmbH, Münster
3.1.8	Jutta Modler, Wien
3.1.11	T: nach Johannes Paul I./M: Reinhard Horn © KONTAKTE Musikverlag, 59557 Lippstadt
3.1.17	Illustrationen: Eva Czerwenka, Straubing
3.1.19	T: Sybille Fritsch (M: Fritz Baltruweit) aus: MC „Ein ganzer Tag und noch viel mehr" © tvd-Verlag, Düsseldorf
3.1.20	T: Gesang aus Taizé/M: Jacques Berthier © Ateliers et Presses de Taizé, F-71250 Taizé-Communauté
S. 97	Foto: Ursula Heilmeier, München
3.2.4	in: Keel, Otmar, Die Bibel mischt sich ein, Zürich 1984
3.2.6	Nach einer Idee von Bettina Hondl
3.2.7	Quelle nicht zu ermitteln
3.2.9	T: Helga Storkenmaier/M: Detlev Jöcker, in: Danke, danke für die Sonne © Menschenkinder Verlag und Vertrieb GmbH, Münster
S. 108	Idee „Hände" nach Beate Leßmann, Geborgen in guten Händen, hg. v. PTI Religionsunterricht , Bonn 1994 – Foto: Andrea Schrom
3.2.14	T: Dtn 6,4-5/M: aus Israel – T: Dtn 6,4-5/M: unbekannt
S. 122	Foto: Astrid Ubl, Germering
3.2.21	Tanzbeschreibung in: Spuren. Andere Religionen, Teil 1: Das Judentum, Freiburg 1994
3.2.22	in: Medienpaket „Haus der Ewigkeit – Jüdische Friedhöfe", RPZ Heilsbronn 2001
3.3.2	T/M: Martin Gotthard Schneider, Rechte beim Autor
3.3.3	Kösel-Archiv
3.3.7	Illustration: Eva Czerwenka, Straubing
3.3.8	Hans Manz, Ich, in: Hans-Joachim Gelberg (Hg.), Was für ein Glück., 1993 Beltz & Gelberg in der Verlagsgruppe Beltz, Weinheim & Basel, S. 216
3.3.9	T: Rolf Krenzer/M: Paul G. Walter © Strube Verlag, München-Berlin
3.3.11	in: Hermann Weigold, Spiele und Lieder zur Bibel, München 1984, S. 106-112
3.3.13	Das Gleichnis vom verlorenen Sohn, letzte Seite, in: Ekkehard Stier, Comics für den Religionsunterricht Band 1 © ²2003 Calwer Verlag, Stuttgart
3.4.1	Illustration: Eva Czerwenka, Straubing
3.4.2	T/M: Heinz-Georg Surmund, Rechte beim Autor

3.4.3	in: H. Neuhold, W. Prügger, A. Scheer, M. Lienhart, Dem Jesusgeheimnis auf der Spur. Ein Leitfaden zur Erstkommunion-Vorbereitung © Don Bosco Verlag, München 2002, S. 129
3.4.6	T: Rudolf Otto Wiemer/M: Ludger Edelkötter, © KiMu Kinder Musik Verlag GmbH, Essen
S. 180	Foto: Michael Bauer, Nürnberg
3.4.8	Illustrationen: Eva Czerwenka, Straubing
S. 186	Foto: Ursula Heilmeier, München
3.4.10	Quelle nicht zu ermitteln
3.4.12	Illustration: Margarete Luise Goecke-Seischab, München
3.4.13	T: Mt 18,20/M: Jesusbruderschaft Gnadenthal © Präsenz-Verlag, Gnadenthal
3.4.14	T: Verfasser unbekannt/M: „Danke für diesen guten Morgen" Martin G. Schneider © Gustav Bosse Verlag, Kassel
3.4.17	T: Dieter Trautwein/M: Seminar des Ev. Stadtjugendpfarramts Frankfurt/M 1968
3.4.19	M: Albert Thate, 1935
3.4.20	T: Engl. Rhyme/M: Manfred Bauer
3.5.4	T: Reinhard Feuersträter/M: Reinhard Horn © Kontakte Musikverlag, 59557 Lippstadt
3.5.6	Fotos: Karl F. Bauer, Augsburg
3.5.7	T: Christine Gaud /M: Michel Wackenheim, Übersetzung. Diethard Zils aus: Mein Kanonbuch, 1986, Text-und Musikrechte unbekannt, Rechte für die Übersetzung: tdv-Verlag Düsseldorf
3.5.8	Duccio die Buoninsegna, genannt Maestà (um 1255 – um 1318), Abendmahl, Kösel-Archiv (Detail) – Foto: Karl F. Bauer, Augsburg
3.5.9	© Rolf Krenzer, Dillenburg
3.5.11	T: Don Bosco/M: Wilhelm Keller, aus: DIE MAULTROMMEL, Fidula-Verlag Boppard/Rhein und Salzburg
3.5.12	in: VKRG, 23. Ergänzungslieferung, 6. Jahrgang, 1995
3.5.13	Rudyard Kipling, Die kleine Schraube
3.6.1	Zusammenfassung (gekürzt und verändert) nach: Arbeitsheft zum Misereor-Hungertuch „Ein Jahr, das Gott gefällt – Neubeginn und Befreiung" © 2000, MVG Medienproduktion, Aachen
3.6.5	Nach: Rainer Oberthür, Kinder fragen nach Leid und Gott, Kösel-Verlag, München 1998, S. 160f.
3.6.8	Jakob Steinhardt, Trauernder Prophet, in: Unterrichtsmaterialien „Religion betrifft uns" (Ausgabe 2/1990 „Amos") © Bergmoser + Höller Verlag AG, Aachen – Willi Dirx, Der Rufer © VG Bild-Kunst, Bonn 2004 – Wilhelm Groß, Hörer göttlicher Rede, Rechte: Wilhelm Groß Nachlass, Berlin – Karl Schmidt-Rottluff, Große Prophetin, 1919, Holzschnitt, 50 x 39 cm, Brücke-Museum, Berlin © VG Bild-Kunst, Bonn 2004
3.6.13	Wolfgang Wagerer
3.6.14	in: terre des hommes (Hg.): Unterrichtsbogen 2: Das Papiertütenspiel
3.6.15	Ideen in: Information & Material 4/97 – 1/98 „Augen auf, wer ist mein Nächster?, Freiburg, S. 80
3.6.17	Paula Modersohn-Becker (1876-1907), Der barmherzige Samariter, 1907, Pappe, 31,2 x 37 cm , bez. u. l. PM-B, Busch/Werner WV Nr. 723, Privatbesitz
3.6.18	T: Rolf Krenzer/M: Paul G. Walter © Strube Verlag, München-Berlin
3.6.19	Infobroschüre des Caritas Baby Hospital, Betlehem
3.6.20	ebd.
3.6.21	Paul Reding, Auf der Straße nach Jericho © VG Bild-Kunst, Bonn 2004
3.6.23	T: Rolf Krenzer/M: Detlev Jöcker, in: Viele kleine Leute © Menschenkinder Verlag und Vertrieb, Münster
3.6.5	Renate Welsh, in: Jutta Modler (Hg.), Frieden fängt zu Hause an. Geschichten zum Lesen und Weiterdenken © Verlag Herder, Freiburg im Breisgau ⁶1990 – Huub Oosterhuis, Quelle nicht zu ermitteln
3.7.1	Ernst Barlach (1870-1938), Lesender Klosterschüler, Holz, 1930, Höhe 29 cm, Breite 18 cm, Tiefe 11,5 cm © Ernst und Hans Barlach Lizenzverwaltung, Ratzeburg (Umrisszeichnung)
S. 281	Foto: Ursula Heilmeier, München
S. 292	Foto: A. Batos, israel Museum – Foto: Ursula Heilmeier, München
3.7.6	© Vandenhoeck & Ruprecht, Hans Freudenberg (Hg.), Freiarbeit mit Religionsunterricht praktisch 3. und 4. Schuljahr, Band 1, Göttingen ²2002, S. 144
3.7.9	in: Reinhold Then, Das Judentum, hg. v. Religionspädagogischem Seminar der Diözese Regensburg, 1991
3.7.12	T/M: Sandra Siebenrath, Nettersheim
3.7.13	Quelle nicht zu ermitteln
3.7.14	Ambrosius-Handschrift, 12. Jahrhundert, Staatsbibliothek Bamberg, Msc. Patr, 5 fol 1r. – Christoph Weigel (1654-1725), Der Pergamenter, Kupferstich, in: Abbildung und Beschreibung der gemeinnützlichen Hauptstände, Regensburg 1698, Foto: akg-images – Idee und Text von Monika Schäfer, Augsburg
3.7.15	Illustrationen: Rudolf Heilmeier, München
S. 306	Foto: Karla Dommers, Viersen
S. 315	Foto: Ursula Heilmeier, München
S. 316	Gestaltung und Foto: Ursula Heilmeier, München

Lebensbilder

Motive aus dem Alltag von Kindern, symbolische Gegenstände, von Gottesdienst-Räumen und religiösen Vollzügen bieten Anlässe für situationsbezogene Gespräche und kreativen Einsatz, für Stille-Übungen und Meditation in Schule und Gemeinde.
Mit methodischen Hinweisen zu den Einsatzmöglichkeiten der Folien und mit Registern.

Lebensbilder 1/2 und **3/4**
Fotos aus dem Alltag
Religion in der Grundschule
36 Farbfolien zu Bd. 1 und Bd. 2
bzw. zu Bd. 3 und Bd. 4
Fotos: Hans-Werner Kulinna u. a.
je DIN-A5-Mappe. Je € 30,–

Lebensbilder 1/2:
ISBN 3-466-50700-6 (Kösel)
ISBN 3-403-04195-6 (Auer)

Lebensbilder 3/4:
ISBN 3-466-50701-4 (Kösel)
ISBN 3-403-04196-4 (Auer)

Kompetent & lebendig.
SPIRITUALITÄT & RELIGION

Kösel
Auer

Kösel-Verlag, München, e-mail: info@koesel.de
Besuchen Sie uns im Internet: www.koesel.de
Auer Verlag, Donauwörth, email: info@auer-verlag.de
Besuchen Sie uns im Internet: www.auer-verlag.de

fragen – suchen – entdecken

Religion in der Grundschule 1 – 4
Hg. von Barbara Ort und Ludwig Rendle
Kösel/Auer

Das neuartige Konzept greift religionspädagogische Einsichten über die Entwicklungsstufen im Kindesalter auf und geht konsequent von den altersentsprechenden Fragen und Einsichten der Kinder aus. Deren Lebenswelten und die »Theologie der Kinder« werden ernst genommen. Kinder werden zum Fragen ermuntert, beim Suchen und Entdecken mit allen Sinnen begleitet und zum praktischen Erproben angeregt.
Mit Anleitungen zum Stille-Entdecken.

fragen – suchen – entdecken 2
96 S. Kt. € 10,80
ISBN 3-466-50644-1(Kösel)
ISBN 3-466-03252-3 (Auer)

Arbeitshilfen 2 – NRW
256 S. Kt. DIN A4 € 19,95
ISBN 3-466-50695-6(Kösel)
ISBN 3-466-04111-5 (Auer)

Begleitmaterialien

Liederkiste 3/4
CD zu fragen – suchen – entdecken.
Bd. 3 und Bd. 4
Mit Booklet. € 17,95

Titel-Nr. 3-466-45738-6 (Kösel)
Titel-Nr. I-403-05916-2 (Auer)

fragen – suchen – entdecken 4
132 S. Kt. € 11,95
ISBN 3-466-50646-8(Kösel)
ISBN 3-466-03254-X (Auer)

Arbeitshilfen 4 – NRW
ca. 266 S. Kt. DIN A4 ca. € 19,95
ISBN 3-466-50697-2(Kösel)
ISBN 3-466-04113-1 (Auer)

Schatzkiste 3/4
24 Folien von Bildern der Kunst
aus fragen – suchen – entdecken
Bd. 3 und Bd. 4
€ 25,–
ISBN 3-466-50652-2 (Kösel)
ISBN 3-403-03502-6 (Auer)

Kompetent & lebendig.
SPIRITUALITÄT & RELIGION

Kösel
Auer

Kösel-Verlag, München, e-mail: info@koesel.de
Besuchen Sie uns im Internet: www.koesel.de
Auer Verlag, Donauwörth, email: info@auer-verlag.de
Besuchen Sie uns im Internet: www.auer-verlag.de